上海市杨浦区教育综合改革示范项目"学生创新素养和综合能力培育"研究成果

跨学科课程的杨浦构建与研究

陈 琳 编著

上海远东出版社

图书在版编目(CIP)数据

跨学科课程的杨浦构建与研究/陈琳编著. —上海：上海远东出版社，2022
ISBN 978-7-5476-1838-7

Ⅰ. ①跨… Ⅱ. ①陈… Ⅲ. ①中小学—教学研究
Ⅳ. ①G632.0

中国版本图书馆 CIP 数据核字(2022)第 152799 号

责任编辑　程云琦
封面设计　李　廉

上海市杨浦区教育综合改革示范项目"学生创新素养和综合能力培育"研究成果

跨学科课程的杨浦构建与研究
陈　琳　编著

出　　版	上海远东出版社
	（201101　上海市闵行区号景路159弄C座）
发　　行	上海人民出版社发行中心
印　　刷	上海新华印刷有限公司
开　　本	710×1000　1/16
印　　张	23.75
字　　数	389,000
版　　次	2024年2月第1版
印　　次	2024年2月第1次印刷

ISBN 978-7-5476-1838-7/G・1148
定　　价　88.00元

前 言

创新素养是创新人格、创新思维、创新实践等多方面的综合表现,既强化内隐的思维过程与人格特征,又强化外显的实践环节,同时还纳入对创造性实践的个人意义与社会价值的关照。创新素养本质上指向的是个体基于一定目的,能够利用相关信息和资源,基于创新性实践,产生出某种新颖、独特、有社会意义或个人价值的观点、方案、产品等创新性成果。

上海市杨浦区在推进"基础教育创新试验区"的建设历程中,努力聚焦学生创新素养培育,并以之作为创新试验区建设的价值追求,建构、反思、更新对于创新素养的理解,构建具有杨浦特色的创新素养内涵框架,关注学生创新思维、创新实践与创新个性的发展。随着理论研究与实践探索的推进,我们对于创新素养的理解也更加全面立体,发展出对创新素养的综合性理解。一方面发展对基础教育特定阶段的学生创新素养的认识,凸显该阶段学生创新素养的基础性与一般性,另一方面强化创新素养的整体性,提出创新素养作为个体素养结构的重要维度,也应反映人性的整全性特征,指向创新性知情意行的综合表现。

不仅如此,我们还立足"基础教育创新试验区"建设的宏观角度,在对学生创新素养理解的基础上,进一步扩展对"创新"的认识,形成对"创新"的"杨浦理解"。具体有:创新不只是学生创新素养的培育,更是基础教育发展模式的创新转型；创新不只是创造发明意义上的创新，更是发现与整合、移植与提炼、改造与重组意义上的创新；创新不只是课程、教学、教师专业发展和评价四方面的改革，更是四位一体的协同运作与机制创新；创新不只是发生于区域这一物理空间范畴，更是作为教育观念、行动与文化变革主体的区域共同体通过自身实践实现教育空间结构与功能衍化与变革的历程。

我们澄清创新素养的基本内涵与特征，建构创新素养的概念框架，以便为学生创新素养的培育奠定基础与提供参考。关于创新素养的培养，应从以下三个方面展开。一是创新素养培养的学校行动，从宏观的整个学校物质、制度、精神文化的建设，到中观的整体课程规划，以及以项目为线索推进、以课程为核心撬动的学校整体变革，充分彰显学校层面推进学生创新素养培育的可能性以及行动张力。二是创新素养培养的课程探索，学校基于现有的课程结构，进行创造性探索，研发与实施有利于学生创新素养的课程，拓宽创新素养培育的空间，架构自己的创新特色课程体系。三是创新素养培养的教学实践，创新素养培养的落地离不开教学实践，指向创新素养培养的教学有赖于教学目标、教学方式、教学评价等多个方面设计。

其中，在指向创新素养培养的教学实践中，有关教学目标，要做到参照课程目标的厘定，确认教学所指向的创新素养维度与指标，并进行表现性描述；有关教学设计，要注重学生在创造性活动中的行为投入与过程性表现，设计有利于创新素养表达输出的任务情境，增加学科融合、强调学生思维递进等方面的学习任务，使学生在任务完成中了解包括问题发现、问题形成、想法产生和想法评估的问题解决过程，经历问题识别和表征、信息搜集和编码、创意生成等问题解决的核心环节；有关教学手段，要合理利用现代信息技术载体，健全并完善实验活动室，开展课外活动与社会实践，促进学生探究能力、创新实践能力的发展，并且在教学步骤的安排上，重视留出时间让学生思考、讨论、质疑、分享，鼓励学生对已有知识经验的批判性思考；有关教学评价，要重视教与学的过程，依托非标准化的表现性评价观测学生的创造力发展表现，建立激励学生和教师创新的评价标准。

21世纪以来，构建跨学科课程成为培育学生核心素养和有效提升学生真实问题解决能力的路径之一。

在这样的时代趋势和区域背景下，我们开展了聚焦学生创新素养发展的跨学科课程开发与实施。其间，我们分享校际跨学科课程与活动文本，推动涌现一批跨学科先行教师,构建区域教师跨学科系列专题研修与教研网络,形成个性化、联盟型、项目式、辐射性的区域跨学科课程构建与研究特色,经过倾力打造、有机整合,充分营造并不断强化跨学科课程与教学创新新样态。

本书即是在充分梳理和提炼区域跨学科课程的实践经验与研究所获的基础上形成的。

全书共有三个篇章。第一篇的主题是"溯源",由第一、第二章组成。第一章是关于跨学科课程展开的理论溯源,为其他各章奠定理论基础;第二章呈现的是具有明显区域化特征的跨学科课程的创新设计与实施。第二篇的主题是"践行",由第三、第四、第五、第六章组成。其中,第三、第四和第五章依次为小学、初中和高中三个学段的理论研究与行动经验,并辅之以课程说明与教学案例。第六章则表现不同学段学校围绕"杨浦滨江"这一共同的在地资源,开展跨学科课程设计与实施的概貌,在提出"如何依托在地资源有效展开学段异构的跨学科课程设计与实施"课题的同时,也提供了"课程方案+典型课例"的组合式样例。第三篇的主题是"启思",由第七章构成,主要从跨学科课程的特点与认证、资源转化、作业建议,以及教师研修等方面,既对前文内容作补充与说明,也对跨学科课程发展提出思考与展望。

期待正在阅读本书的各位专家学者和教育同仁多提宝贵意见与建议。

目 录

前言 |001

溯 源

第一章　跨学科课程的概念溯源 |003
　　第一节　跨学科课程的概念界定 |004
　　第二节　跨学科课程的基本类型 |008
　　第三节　跨学科课程的基本特征 |014
　　第四节　跨学科课程的建设模型 |018
　　第五节　杨浦区中小学跨学科课程建设特色 |029

第二章　跨学科课程的整体设计 |037
　　第一节　设计理念的确立 |038
　　第二节　课程目标的制定 |044
　　第三节　课程资源的挖掘 |047
　　第四节　教学内容的提炼 |048
　　第五节　教学方法的选用 |054
　　第六节　课程评价的设计 |057
　　第七节　课程框架的构建 |067

践　行

第三章　跨学科课程的小学行动 ………………………………………… 071
　　第一节　基于内涵理解的跨学科课程 …………………………………… 072
　　第二节　大概念统整下的跨学科课程 …………………………………… 074
　　第三节　丰富的跨学科教师研修活动 …………………………………… 083
　　第四节　走进案例 ………………………………………………………… 084
　　　　【教学案例 3-1】会呼吸的雨水花园 …………………………………… 084
　　　　【教学案例 3-2】独一无二的"滨江 DREAMS 号" …………………… 095
　　　　【教学案例 3-3】缤纷乐高，助力跨学科 …………………………… 105
　　　　【教学案例 3-4】自动浇水装置 ……………………………………… 112
　　　　【教学案例 3-5】奇妙的动物仿生 …………………………………… 119

第四章　跨学科课程的初中行动 ………………………………………… 125
　　第一节　基于分科历史渊源认知的跨学科理解 ………………………… 126
　　第二节　以学生发展为导向的初中跨学科课程 ………………………… 130
　　第三节　初中跨学科课程应用建设与模式分析 ………………………… 131
　　第四节　走进案例 ………………………………………………………… 137
　　　　【教学案例 4-1】如何让每片叶子获取尽可能多的阳光 …………… 137
　　　　【教学案例 4-2】疫苗接种，人人有责 ……………………………… 144
　　　　【教学案例 4-3】小豆大用 …………………………………………… 165
　　　　【教学案例 4-4】海上溢油消除记 …………………………………… 176
　　　　【教学案例 4-5】仿生机器人制作 …………………………………… 185

第五章　跨学科课程的高中行动 ………………………………………… 194
　　第一节　跨学科学习的特征 ……………………………………………… 195
　　第二节　不同类型的跨学科课程 ………………………………………… 196
　　第三节　分阶段构建的课程框架 ………………………………………… 199
　　第四节　聚焦学习证据的课程设计 ……………………………………… 202
　　第五节　生动的跨学科教学形态 ………………………………………… 205

第六节　走进案例　206
【教学案例5-1】茶叶有效成分的探究　206
【教学案例5-2】让城市更新可持续发展　215
【教学案例5-3】指间大工程　223
【教学案例5-4】建设"碳中和"校园　231
【教学案例5-5】实验室艺术微改造　240

第六章　跨学科课程的学段异构　257
第一节　明晰核心素养，梳理关键问题　258
第二节　聚焦整体目标，夯实框架体系　259
第三节　优化教学氛围，发挥辐射效能　261
第四节　走进案例　263
【课程方案6-1】寻梦滨江，筑梦未来　263
【典型课例6-1】一滴水的旅行　274
【课程方案6-2】创意滨江，放飞理想　284
【典型课例6-2】探秘雨水花园　295
【课程方案6-3】魅力滨江，点亮志向　302
【典型课例6-3】建言滨江空间　314

启　思

第七章　跨学科课程的杨浦启思　325
第一节　跨学科课程体系建设的实践模型　326
第二节　构建跨学科教师研修新样态　332
第三节　跨学科课程的特征与认证　344
第四节　发现身边的跨学科课程资源　351
第五节　用一定的技术建设跨学科课程　356
第六节　跨学科课程的作业设计与实施　361

后记　365

溯源

第一章

跨学科课程的概念溯源

开发跨学科课程是课程领域谋求课程整合的具体行动体现,是将学校课程的所有学科有意识地统合在一起,形成常规的大单元或学程的行动。

我们从广义内涵出发去理解和推进跨学科课程,并突出核心素养时代跨学科课程发展的诉求。

由此,从跨学科课程教学的角度,我们将跨学科课程界定为:以跨学科素养培育为指引,有意识地运用两种或两种以上学科的知识观和方法论,去考察和探究一个中心主题或问题的课程。从跨学科课程演化的角度,我们认为,跨学科课程是指关于整合多个学科教学过程的具体而系统的规划。

同时,我们基于相对单学科课程的视角,梳理、提炼跨学科课程的多学科性、主题性、构建性、创新性、普适性等适应新时期教育教学发展和满足社会需求的课程特征。根据跨学科课程和各单学科间的关系,将跨学科分为多学科、单向跨学科、多视角跨学科、学科主题跨学科、非学科主题跨学科、交叉学科、横断学科、超学科等类型。

第一节 | 跨学科课程的概念界定

牛津词典中关于跨学科(interdisciplinary)的解释是:涉及不同领域的知识或研究(involving different areas of knowledge or study)。柯林斯词典的解释是:涉及多个学科(Interdisciplinary means involving more than one academic subject)。在英文中,inter 作为前缀有"在……之间""相互"的意思。所以,跨学科应具有学科间交叉、联系、融合的内涵。

胡庆芳等人认为,课程含有行进时所遵循的路线的意义,跨学科课程是指对跨学科综合及其进程进行安排。[①]

根据"词项所指概念作定义时,定义中不应出现词项本身"的原则,我们将跨学科课程的定义调整为:跨学科课程是指关于整合多个学科教学过程的具体而系统的规划。

杨四耕依据学科间的整合程度与行动特性,将跨学科课程分为三种实践形态(表 1-1)。

表 1-1 杨四耕关于跨学科课程实践形态的三种描述

类型	描述
多学科课程	在保留学科界限的前提下,用多个学科的视角、观念和方法探究一个问题或主题,由此催生多学科理解的课程实践形态,其特点是既保持学科原有的逻辑体系,又在学科之间建立联系
融学科课程	将两种或两种以上学科融合起来,模糊学科界限以生成新的思维逻辑,在探究一个问题或主题时催生融学科理解的课程实践形态
超学科课程	跨越所有学科的界限,围绕共同主题展开探究性学习,在解决问题的过程中发展超学科理解力

---

① 胡庆芳,严加平,黄开宇,许娇娇. 跨学科实践推进与教师能力发展[M]. 上海:华东师范大学出版社,2021:6.

比如，我们可以把"从地理、历史、生物、工程等多个角度探讨都江堰水利工程的智慧和伟大之处"理解为多学科课程内容，把"融合了音乐、美术、戏剧、舞蹈等学科的艺术课程"理解为融学科课程，把综合实践活动类课程理解为超学科课程。

我们可以发现，这三种形态的跨学科课程都是围绕主题进行的。所不同的是：多学科课程保持了学科原有的逻辑体系；融学科课程模糊了学科界限，生成了新的跨学科思维逻辑；超学科课程则是跨越了所有学科的界限。

那么，国外的专家学者是如何描述跨学科的呢？

法国学者博索特把跨学科方法分成三种类型：一是线性跨学科，即把一门学科的原理运用到另一门学科中去的做法；二是结构性跨学科，即在两门或两门以上的学科结合中产生新的学科；三是约束性跨学科，即在一个具体目标要求的约束下实现多学科的协调与合作。

由此看来，国内外学者在描述跨学科时的角度（学科界限角度和学科间作用方式角度）似乎不同，但实际上此跨学科非彼跨学科。因为前者聚焦于跨学科的教学方式，而后者聚焦于学科的发展或演化。

当把跨学科这种学科发展方式引入课程教学后，便形成了跨学科课程整合的概念。

在20世纪20年代前，"整合"的概念就已逐渐出现并且成为日后进步教育运动的核心概念。作为课程整合孕育时期的20世纪20年代，课程整合的倡导者在实践与理论上都在做着相关尝试。

20世纪90年代，不少课程理论家开始重新探讨课程整合的内涵。其中，以雅克布斯和比恩的理论最具代表性。雅克布斯讨论了跨学科课程整合的概念。她认为，跨学科即是将超过一门学科的方法论和语言有意识地应用于对一个中心主题、议题、问题、话题或经历的调查之中。与雅克布斯类似，熊梅和马玉宾认为，课程整合是指使被分化了的知识体系形成有机联系，成为整体的过程。[①] 它可分为学校层面（宏观层面）与教学层面（微观层面）的整合。在微观层面上，课程整合是指同一学科内不同教学内容之间的整合和不同学科间相关内容之间的整合。那么，跨学科课程整合即是指后者。

另一个具有代表性的跨学科观点来自著名的奥地利学者詹奇。他认为，对

---

① 徐晨盈.雅克布斯跨学科课程整合思想研究[D].上海：华东师范大学，2019：16，17.

于每一组相邻的层次而言,上一层次都赋予下一层次目的性的意义,而跨学科就是在相邻的高层次目的指导下,低层次中不同学科间的协调。所以,在詹奇看来,学科间的关系不只是横向并列的,有时还存在纵向层次。只有跨越了纵向层次,才能称得上真正意义上的跨学科。

詹奇的观点是独具一格的。他把跨学科课程分成了以下五种类型。

第一是多学科课程。比如一门科学普及课,第一章介绍太阳系,第二章介绍地球和海洋,第三章介绍水的性质、生命的起源和演化,第四章介绍生物的分类和人体的解剖学和生理学特征。那么,这种同时提供多种学科,但学科之间没有明显的合作关系的课程,就是多学科课程。

第二是群学科课程。比如,我们想要了解印度的农业。首先,我们发现印度的地形以平原和低缓高原为主,耕地面积大。并且,我们可以从地质、地貌学的角度进一步探究印度的平原和高原。其次,印度主要是热带季风气候,对于农业生产而言,水热资源丰富,至于热带季风气候的形成原因,可以进一步从气象、气候、海洋学等角度去探究。随后,我们发现印度人口多,劳动力丰富,可以从历史、经济学等角度去探究印度的人口。最后,印度盛产水稻、棉花、黄麻、茶叶等,可以从植物学、气候学、土壤学等角度探究印度的农作物种类和分布特点。在这样的课程中,各学科位于同一层次,课程中有多个目标,学科间相互合作,但不协同,这就是群学科课程。

以上海市惠民中学的"小豆大用"为例。学生需要从生命科学的角度探究大豆的营养价值对我们健康的帮助,植株的重茬减产与小麦、玉米间种增产的原因。学生需要从地理角度探究大豆主产区的分布,以及黑龙江省的地理环境适合种植大豆的原因,又需要从生命科学、地理和历史的综合角度探究豆腐在日本扎根的原因。在这里,生命科学、地理和历史等学科位于同一层次,课程中有多个探究目标,学科间有横向合作,但无纵向协同结构,所以可以认为该课程是詹奇意义上的群学科课程。

第三是横断学科课程。比如,我们在数学建模课上运用数学方法建立行星运动模型、物体冷却模型、种群动力学模型、传染病传播模型、需求-供给模型等,以解决一系列关于天文学、物理学、生物学、医学、经济学等问题。那么,这种各学科位于同一层次上,但其中一门学科的原理对其他学科施加影响而形成的,围绕这门特定学科的原理,各学科发生固定极化的课程,就是横断学科课程。

第四是跨学科课程。比如,从科学史的角度来看,如今的解析几何就是典型的跨学科产物。在欧洲中世纪时代,几何和代数是两个平行发展的不同学科,数学家笛卡尔和费马创造性地将几何和代数两个学科进行整合,就有了解析几何。在几何学上,两条互相垂直直线的夹角为90°。而在代数学中,两个向量正交的内积为零。解析几何中,在两条互相垂直的直线上各任取一点,这两点的坐标向量正交。如此,在相邻的高层次(解析几何)上,一组相关学科(几何与代数)的共同定理(垂直和正交)就得到了定义。通过纵向的高层与低层间的相互作用,形成了层次间的跨学科。所以,如果课程教学过程中出现了学科间的纵向协同(比如低层次的平面几何、初等代数与高层次的解析几何间的纵向互动),这就是詹奇意义上的跨学科课程。

第五是超学科课程。比如,在一门训练推理思维的课程中,我们对"地球表面是平直的"这一观点进行证伪,沿着历史上伽利略的思路推翻亚里士多德的观点,了解如何证明基因不是蛋白质,利用反证法证明$\sqrt{2}$为无理数等。虽然课程中的活动主题属于天文(地理)学、物理学、生命科学或数学等不同学科,但这些过程都是基于逻辑推理的归谬法完成的。这种以一般原理和正在形成的认识论模式为基础,各学科呈现出趋向于共同系统目的的协同的课程,就是超学科课程。

综上可以发现,边缘学科或交叉学科最接近詹奇意义上的跨学科。

那么,上海市杨浦区教师心目中的跨学科课程是怎样的?

2021年6月,我们对杨浦区内相关教师进行了问卷调查。调查结果显示,有28.5%的教师认为涵盖"物理""化学""生物"等多个学科知识的科学课程(詹奇意义上的多学科课程)最接近跨学科课程,有25%的教师认为诸如"草地沙化防治措施的探究"等项目化学习课程(詹奇意义上的群学科课程)更接近跨学科课程,另有25%的教师认为从各学科中提炼出通用的科学思维方法的思维科学或认识论课程(詹奇意义上的超学科课程)更接近跨学科课程,只有21.5%的教师认为"生物化学"等交叉学科课程(詹奇意义上的跨学科课程)最接近跨学科课程。

如果我们将詹奇意义上的跨学科课程视为狭义的跨学科课程,而将多学科、群学科、横断学科、交叉学科(狭义跨学科)、超学科课程均视为广义的跨学科课程,那么在我们的统计样本中,认同学科交融程度最低的多学科课程为跨学科课程的教师,其人数占比是最多的。

第二节 | 跨学科课程的基本类型

在对跨学科课程的概念进行界定的过程中,我们已涉及对跨学科课程的分类。以下,我们列举、比较国内外学者对跨学科课程分类的观点,并据此给出我们的看法。

雅各布斯根据课程整合方式将跨学科课程整合分为三种类型(表1-2)。

表1-2 雅各布斯提出的跨学科课程类型

类型	说明
并行式学科	将两门相关学科的某些主题安排在同一时间教学,而把建立两门平行学科之间关联的责任交给学生
多元学科	围绕同一个主题将多门相关学科整合在一个正式单元或学程里
科际整合单元	打破原有学科界限,将学校课程中的所有学科整合成一个大单元

雅各布斯主要是从课程建设的角度分析跨学科的。但是,由于未考虑学科发展,所以这种分类更多体现了教师的主动设计,而不是学科的自然整合。

加拿大学者苏珊·德雷克和美国学者丽贝卡·伯恩斯结合课程建设和学科发展规律,根据课程整合的目的,将课程整合分成了三种类型(表1-3)。

表1-3 苏珊·德雷克和丽贝卡·伯恩斯提出的跨学科课程类型

类型	说明
多学科课程整合	通过确定多个学科都涉及的主题来实现整合,旨在深化学科内容的学习,服务于学科知识的教学,学科边界依然存在
跨学科课程整合	通过确定交叉学科共有的基础知识和技能来确定主题、概念和跨学科技能,旨在学习跨学科知识和技能
超学科课程整合	以社会生活中的现实问题为组织中心,围绕现实问题或情境组织课程,旨在提升学生的生活技能和应对真实世界的能力

上述分类标准主要是教学目的——解决学科主题,为学科教学服务;解决

跨学科主题,为跨学科教学服务;解决生活或现实问题,为学生能力服务。这种分类方式较简单,无法涵盖所有的较复杂的跨学科现象。

我国也有相似的分类方法,比如对于综合课程的分类,国内有一种普遍观点,即根据各学科融合程度,将跨学科综合课程分为三类(表1-4)[①]。

表1-4 洪俊和刘徽提出的跨学科课程类型

类 型	说 明
相关课程	多个学科在一些主题或观点上相互联系,但又保持各学科的相对独立
融合课程	有关学科融合为一门新的学科,学科之间原有的界限不复存在
广域课程	能够涵盖整个知识领域的课程整体,不仅包括与学科有关的知识领域,还包括人类的所有知识与认知的领域

胡庆芳等综合了国内外课程整合模式,也将跨学科课程分为与上面类似的三种类型(表1-5)[②]。

表1-5 胡庆芳等提出的跨学科课程类型

类 型	说 明
拼盘式	将几门学科组合在一起,但仍保持各自的知识体系和独立性
融合式	将几门学科"融合"在一起,使各学科不再保持自己的知识体系,而是按照新的主线重新编排
再构式	完全打破学科界限,以科学概念或某个主题为中心重新组织

胡庆芳等人提出的再构式跨学科课程既包括学科性主题,又包括非学科性的个人或社会生活主题,所以要比苏珊·德雷克等人提出的超学科课程整合的内涵更深,外延更广。

在胡庆芳等人的分类中,"拼盘""融合""再构"是一种动态过程描述,反映了跨学科过程中各学科间的相互作用方式,但这种方式更多体现的是教师的主观设计行为,而非学科发展中的自然融合。

杨小丽等人从学科自然整合发展的角度,详细讨论了各学科间的具体作用

---

① 洪俊,刘徽.跨学科统整——国家课程的校本化实施[M].上海:华东师范大学出版社,2020:10.
② 胡庆芳,严加平,黄开宇,许娇娇.跨学科实践推进与教师能力发展[M].上海:华东师范大学出版社,2021:13.

机制,将跨学科整合分为四种类型(表1-6)①。

表1-6 杨小丽等提出的跨学科课程类型

类 型	说 明
解释移植	一门学科借用其他学科的理论、方法来解释该学科无法解释的现象,进而提出一种新的理论体系或产生一门新兴学科
互补共融	对于某一题材,不同学科在各自领域内常常分别涵盖该题材的某些要素,进而利用各自领域内的要素,使学科间相互补充、共同发展
横向断析	该机理强调事物的普遍联系性。由于不同学科常常具有相似的认识论和本体论基础,因此可以从横向上将这些相似性基础进行断析,从而形成具有普遍性和适用性的新兴学科
联动服务	该过程源自问题解决的驱动,致力于解决单一学科无法解决的复杂问题,通过将不同学科的理论和方法进行整合来探究问题的解决方式

以下,以区域内部分学校的跨学科课程为例,加以说明。

以平凉路第三小学"滨江DERAMS"跨学科课程中的学习主题"来来往往的船"为例。教师为学生提供一个项目化任务——设计、绘制、制作一艘"滨江梦之船"船模。活动过程中,教师指导学生为了减少阻力尽量将船身设计成流线形,船底成弧状。在了解了船舶的重心会影响到稳定性和浮力后,提醒学生在设计时尝试给船身加重物。这样就将静力学和流体动力学中的原理"解释移植"到了船模制作过程中,从而呈现出了活动的跨学科特性。

以上海理工大学附属中学的"指尖大工程"课程为例。在"高耸入云"主题活动中,教师给出活动任务——用各种材料搭建一座尽可能高的建筑物模型。为了追求高度,既需要"建筑物"足够稳定,又需要所用"建筑材料"足够坚固。为了保证稳定性,需要考虑物体的重心和力的均衡;为了保证坚固性,需要考虑材料的刚性、韧性等。于是,静力学和材料科学这两门学科在课程中"互补共融",体现出了课程的跨学科特性。

在杨小丽等人提出的四种跨学科整合中,"横向断析"是最具思维高度的。以分类思维为例,这种人类的科学思维方法在数学、计算机、化学、生命科学、地理学等各学科中均有普遍运用。

以上海市黄兴学校的"植物地理"跨学科课程为例。在百花竞放、生机勃勃

---

① 杨小丽,雷庆.跨学科发展及演变探讨[J].学科建设与发展,2018(4):56,57.

的春日里,学生利用蔷薇科植物检索表,去鉴定校园附近和黄兴公园里的蔷薇科植物。同样地,我们在生命科学学科中有利用分类检索表进行物种分类的学习要求。那么在地球科学(或地理学)中,我们也能利用检索表进行气候分类。虽然为了简化思维流程,并未使用二歧分类法(但可以转化为二歧分类),但这依旧是一种科学分类。因为以分类过程的第一个层次为例,全年多雨或湿润的气候(类型)、全年少雨或干旱的气候、降水各月分配不均的气候为三个集合。这三个集合的并为全集,任意两个集合的交为空集,那么分类的第一个层次就是科学分类(图1-1)。"并为全,交为空"的科学分类思维,在数学和计算机科学中有着更普遍的应用。在课程中,我们强调这种不同学科所具有的相似的认识论基础——科学思维,从而体现课程在"横向断析"上的跨学科(超学科)特性。

```
1.全年多雨或湿润..................................................................2
1.全年少雨或干旱..................................................................3
1.降水各月分配不均................................................................4
2.全年高温..............................................................热带雨林气候
2.全年温和..............................................................温带海洋性气候
2.全年炎热..............................................................热带沙漠气候
3.全年严寒或酷寒........................................................极地气候
3.冬冷夏热..............................................................温带大陆性气候
4.全年高温..........................................................................5
4.夏季高温..........................................................................6
5.位于非洲、大洋洲、南美洲..............................................热带稀树草原气候
5.位于亚洲..............................................................热带季风气候
6.冬季多雨..............................................................地中海气候
6.夏季多雨..........................................................................7
7.冬季温和..............................................................亚热带季风气候
7.冬季寒冷..............................................................温带季风气候
```

图1-1 模仿物种分类检索表制定气候分类检索表

当然,"横向断析"的跨学科整合方式具有过于显著的抽象性和学术性,因此对于青少年而言,"联动服务"的跨学科整合方式显然更受欢迎。

以同济大学第一附属中学的跨学科课程"实验室艺术微改造"为例。课程中有一项目化活动——利用废旧轮胎制作沙发、茶几。这种实用性、功能性、美观性、创意性较强的工艺制作任务是仅靠单一学科无法完成的。学生首先需要手工绘制平面设计图纸,这至少需要美术功底。如果要考虑节省材料和环保的话,那么就要涉及工程制图和计算,以及一些材料科学常识。为了使自己的想法和设计更好地呈现出来,并与真实职业要求相匹配,就需要用专业的电脑软件对构思方案做进一步优化,如从外形、色彩、多视角,以动画形式,呈现出沙发和茶几的虚拟3D视觉效果。对于不同的设计方案,需要综合技术、工程、材

料、艺术、环保等不同角度的方案评价和筛选、改进。对于中标的方案,在实践过程中要运用劳动技术进行轮胎打孔、支架和网绳的固定等。在外观装饰过程中,要考虑到轮胎沙发的休闲、解压、美观的功能,以体现出公共空间设计中的艺术理念。所以该项目化活动源自任务完成的驱动,致力于解决单一学科无法解决的复杂任务,通过将美术、工程技术、计算机、材料科学、劳动技术、艺术等不同学科的理论和方法进行整合来探究任务的完成方式,从而实现各学科"联动服务"解决实际问题的跨学科整合。

除了从各学科间相互作用方式、过程或机制的角度去分类外,还可以基于跨学科状态下各学科间所呈现的关系结构进行分类。比如,福格蒂将跨学科课程分为以下五种类型(表1-7)。

表1-7 福格蒂提出的跨学科课程类型

类型	说明
序列式	虽然不同学科仍采用独立教学的形式,但是在同一时间段内,不同学科关注的是相似的主题或内容
共享式	两门学科之间按概念、技能、态度,形成统整的主题或单元
张网式	以一个主题为核心,从这个主题的角度来架构和观照各学科的内容,围绕同一主题将不同学科连接成一个网状的结构
线串式	这是一种元课程的课程整合方式,它以思维技能、社会技能、学习技能、图形组织者、技术、多元技能等为线索,将不同的课程内容进行整合
整合式	从多门学科共有的概念和模式中提取出跨学科主题

以上的分类方法,或是基于课程设计,或是基于学科发展,各有偏向。

奥地利学者詹奇从各学科层次、目标、合作、协同的角度,用一种独具一格的系统论观点把跨学科课程分为以下五种类型(表1-8)。

表1-8 詹奇提出的跨学科课程类型

类型	说明	
	一般概念	系统的类型
多学科课程	同时提供多种学科,但学科间的关系不明确	同层次,多目标,无合作
群学科课程	通常在同一层次上并列的各种学科,该学科构成方式增强了学科间的关系	同层次,多目标,合作,但不协同

(续表)

类型	说明	
	一般概念	系统的类型
横断学科课程	在同一层次上,一门学科的原理对其他学科施加影响,因此围绕着这门特定学科的原理,各学科发生了固定的极化	同一层次,同一目标,从一门学科出发的固定控制
跨学科课程	在相邻的高层次或亚层次上,一组相关学科的共同定理得到定义,从而引进了目的意义,同时,通过高层与低层间的相互作用,形成层次间的跨学科	两个层次,多目标,更高层次上的协同
超学科课程	在一般原理(由目的层次自上而下导出)和正在形成的认识论(协同认识)模式的基础上,所有的学科和跨学科进行协同	多层次,多目标,趋向于共同系统目的的协同

根据詹奇的分类,以往认为的项目化学习式的跨学科课程均能归属于詹奇意义上的群学科课程。值得关注的是,詹奇对横断学科、跨学科、超学科的定义是极具启发性的。

基于上述各种跨学科课程分类方法,我们根据跨学科目的和各学科间的关系,将跨学科分为八种类型(表1-9)。

表1-9 区域提出的跨学科课程类型

类型	说明	
	主要特点	举例
多学科	同时提供多种相关学科,但学科之间的合作不明显	科学课
单向跨学科	一门学科借用其他学科的理论、方法来解释该学科无法解释的现象	借助脑科学、神经生理学、基因工程技术等解决心理学中的一些问题
多视角跨学科	从多个学科的角度去描述、分析、解释、研究同一种事物或现象	以"水稻"为研究对象,从植物学、作物育种、生态学、地理学、历史学、社会文化等多个角度进行研究
学科主题跨学科	通过多学科协同合作的方式解决单一学科无法解决的复杂学科问题	结合物理、化学、生物、数学等方法研究DNA结构

(续表)

类型	说明	
	主要特点	举例
非学科主题跨学科	通过多学科协同合作的方式解决单一学科无法解决的复杂非学科问题	结合数学、物理、计算机、人工智能、工程学、城市建设和管理、其他社会科学等方法解决老年人上楼梯困难的问题
交叉学科	对两门学科的交集部分进行研究,从而形成一门新的学科	生物化学、生物信息学、计算生物学、天体物理学等
横断学科	基于一门特定学科的原理或方法,去研究其他学科中的问题	数学建模等
超学科	研究各学科中普遍存在的认识论和本体论基础的学科	哲学、逻辑推理、思维科学、控制论、信息论、系统论等

第三节 | 跨学科课程的基本特征

跨学科课程的基本特征有多学科性、主题性、构建性、创新性、普适性等。这些特征是相对于单学科课程而言的。

一、多学科性

多学科性是跨学科课程最本质的属性。跨学科课程一定涉及多个学科,所不同的只在于这些不同的学科是如何联系或整合在一起的。

比如,黄兴学校的一节关于"科学防疫"的数学建模课告诉我们,可以从生命科学中传染病流行的三个基本条件——传染源、传播途径、易感人群去解释防疫措施的效果(表1-10),也可以从数学模型的角度去解释防疫措施的有效性(表1-11)。

表1-10 用生命科学中的知识解释防疫措施

控制传染源	切断传播途径	保护易感人群
患者隔离;等	勤洗手;消毒措施;勤通风;等	戴口罩;疫苗接种;减少去人口密集或封闭的场所;等

表 1-11　从数学建模角度解释防疫措施

减少"$S(t)/N$"的防疫措施	减少 β 的防疫措施	增大 γ 的防疫措施
疫苗接种;等	戴口罩;勤洗手;勤通风;减少去人员密集或封闭的场所;等	治疗设施、设备、药物等医疗资源的完善;抗病毒药物的研发;疫苗接种;等

注：当 $\dfrac{S(t)}{N} < \dfrac{\gamma}{\beta}$ 时，传染病无法流行。其中，$S(t)$ 为 t 时刻的易感者人数，N 为总人数，β＝未隔离感染者的传染率，γ＝感染者的治疗速率

从两个不同的学科角度，在定性方面，我们可以得到相似的结论。但是，生命科学更多从微观生物学机制角度加以解释，而数学建模则是基于群体动力学的宏观角度进行定量描述。二者是可以达成优势互补的。

二、主题性

这里的主题是指课程的设计、实施过程中所围绕的一个中心事物。这个中心事物可以是一个问题、项目、课题，也可以是一种核心能力或素养，抑或是一种普适存在的事物的本体论或认识论基础。

比如，在思源中学的"海上溢油消除记"跨学科课程中，师生围绕基本问题"如何清除海上溢油"和中心任务"设计消除预案，评价方案优缺点，方案优化"，共同开展基于真实情境下项目化的跨学科探究式学习。

比如，上海财经大学附属中学的跨学科综合实践活动——绿色校园环境教育方案设计。该活动围绕"测算和评估上海财经大学附属中学校园植被的固碳能力，并提出具有针对性的改善方法，进而对校园绿化进行合理配置，以达到更好的生态效益"这一建设"碳中和"校园目标，利用生物学知识、工程测量方法和信息技术，对校园植被的种类、分布面积、种植密度进行勘察和测算，并运用环境科学中的数学模型，对数据进行整理、计算和比较。再基于调查、计算、分析得到的科学数据撰写和改进方案，供学校总务部门参考。在这里，具有参考和推广价值的评估方法、流程和改进方案就成为该跨学科综合实践活动的核心主题。

三、构建性

每一门学科都有其自身的内在逻辑体系。跨学科课程以一个或一些主题为中心，打破学科内的逻辑框架和学科间界限，并重新构建一个新的跨学科逻

辑体系。

比如,控江中学的"城市更新与可持续发展"跨学科课程。该课程围绕城市更新、可持续发展等基本理念,从经济更新、环境更新、文化更新三个方面,通过行走、思考、实践三种学习方式进行感受、认知和展示,给予学生全方位体验、指导与认识。该课程协同跨学科资源,涉及艺术、历史、环境、通识、语文等多门学科的互动,打破学科界线,突破学科逻辑,以城市构成要素、学习方式为逻辑线索,采用项目化教学模式,构建出全新的跨学科课程结构(图1-2)。

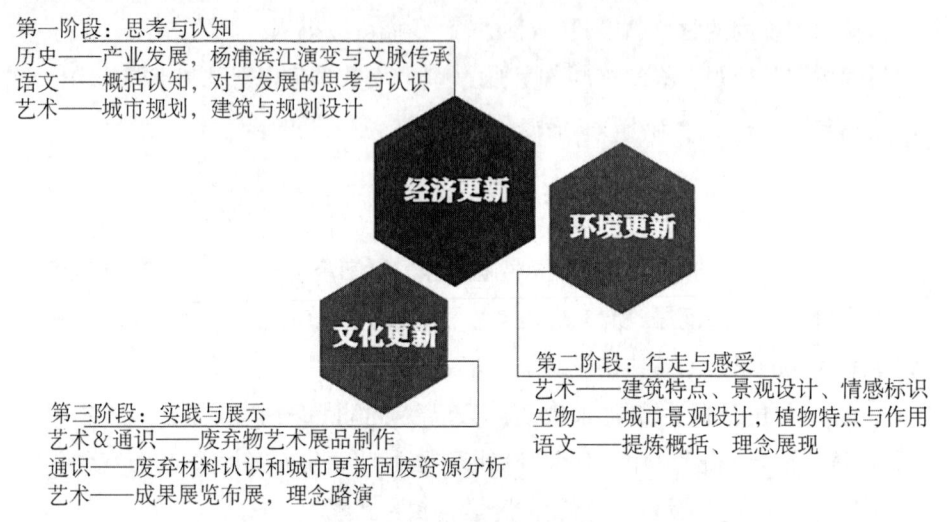

第一阶段:思考与认知
历史——产业发展,杨浦滨江演变与文脉传承
语文——概括认知,对于发展的思考与认识
艺术——城市规划,建筑与规划设计

第二阶段:行走与感受
艺术——建筑特点、景观设计、情感标识
生物——城市景观设计,植物特点与作用
语文——提炼概括、理念展现

第三阶段:实践与展示
艺术&通识——废弃物艺术展品制作
通识——废弃材料认识和城市更新固废资源分析
艺术——成果展览布展,理念路演

图1-2 "城市更新与可持续发展"跨学科课程结构

四、创新性

杨小丽等人认为,跨学科的一项重要产出是多种学科在相互作用下产生的一批新理论或新定律。而当这些学科间体现出越来越多的相似性,达到一定的理论一体化水平时,则形成了交叉学科[1]。比如电磁学、量子化学等,均是在跨学科研究过程中形成的。

虽然中小学阶段的跨学科课程不至于诞生出新的交叉学科,但它提供了一种新的认知或问题解决方式,进而生成了一些新的理解、方法、方案等思维或实体成果。

---

[1] 杨小丽,雷庆.跨学科发展及演变探讨[J].学科建设与发展,2018(4):57.

比如，复旦大学第二附属学校的"如何让每片叶子获取尽可能多的阳光"跨学科课程。我们从生物学视角看植物叶序，可以发现对生、互生、轮生、簇生的叶片排列特点。我们从数学角度看植物叶序，可以发现植物叶片生长过程中的数量变化服从等差、等比、斐波那契等数列变化特征。当我们从跨学科视角看植物叶序，认识到竹子的常数列型叶片生长方式有助于其主干的纵向生长，而结香的等比数列型叶片生长方式有助于其侧枝的横向生长（图 1-3）。

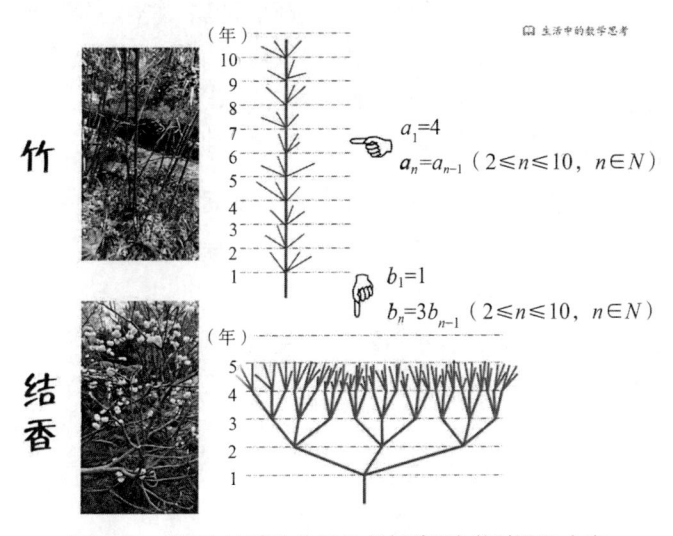

$a_1=4$
$a_n=a_{n-1}$ $(2 \leqslant n \leqslant 10, n \in N)$

$b_1=1$
$b_n=3b_{n-1}$ $(2 \leqslant n \leqslant 10, n \in N)$

图 1-3 "植物枝叶的分叉生长规律"跨学科课程内容

无论哪种方式，这里都是生物适应环境的具体表现，均有助于植物在其生境内获取尽可能多的光照资源。

所以，跨学科视角看事物的广度和深度，其创新性是单纯学科视角所无法比拟的。这是一种全新的视角，由此所生成的跨学科观点更接近于自然、世界和宇宙的真实面貌。

五、普适性

以跨学科中的高层次对象——横断学科和超学科为例。在横断学科中，一门学科的原理对其他学科施加影响，其他学科围绕着这门特定学科的原理发生固定的极化。在超学科中，各学科趋向于共同系统目的（一般原理、本体论或认识论基础）的协同。那么，将各学科整合在一起的中心学科原理、一般原理或本体论、认识论基础，就构成了跨学科的核心。而这样的核心由于适用于各学科，因而具有普适性。

同样地,跨学科课程也聚焦于这种普适原理。这使得跨学科课程中的知识、能力、方法、思维等也能以横向断析的方式迁移至其他各学科课程,从而具有普适性。

比如,黄兴学校的"科学建模"跨学科课程。该课程介绍了最小二乘法的应用,即最小二乘法应用于生命科学,建立哺乳动物心率和体重间的指数函数模型 $y=876.17e^{-0.286x}$[图 1-4(1)];应用于环境科学,建立污染物泄漏量关于时间的模型 $y=224.49x^2-604.2x+929.03$;应用于地球科学,建立地球内部温度和深度间的模型 $y=-0.0004x^2+2.2516x+422.62$[图 1-4(2)];应用于化学,建立产气量和底物浓度间的模型 $y=-1.7x^2+73.9x-116.5$[图 1-4(3)];应用于地理学,建立年降水量和海拔高度间的模型 $y=-2E-05x^2+0.1762x-29.286$[图 1-4(4)];应用于天文学,建立彗星运动模型 $y=1.233r\cos a-1.7889$[图 1-4(5)]。

基于最小二乘法的回归分析可用于各领域的数学建模,是一种对真实世界通用的认知方式。

第四节 跨学科课程的建设模型

跨学科教育是提升学生解决真实问题能力的一种教学设计和实施模式。学校是落实跨学科教育的主要阵地。

虽然建设跨学科课程是学校落实相关要求的必然行动,但建设过程必须尊重学校原有的课程基础,联通各类课程、活动和项目,并结合校情、学情,逐步彰显特色。所以,学校可以探索不同路径,选择不同的课程模型。

一、流程图模型

美国的沃伦博士基于"7 项 21 世纪学生技能"提出"'+1'教学法"(图 1-5)[1]。

---

[1] [美]阿卡西娅.M.沃伦.跨学科项目式教学[M].孙明玉,刘白玉,译.北京:中国青年出版社,2020:25,81,83,88,92,186.

(1) $y=876.17e^{-0.286x}$ $R^2=0.942$ ——指数（系列1）

(2) $y=-0.000\,4x^2+2.251\,6x+422.62$ $R^2=0.948\,1$ ——多项式（系列1）

(3) $y=-1.7x^2+73.9x-116.5$ $R^2=0.817\,2$ ——多项式（系列1）

(4) $y=-2\text{E}-05x^2+0.176\,2x-29.286$ $R^2=0.905\,3$ ——多项式（系列1）

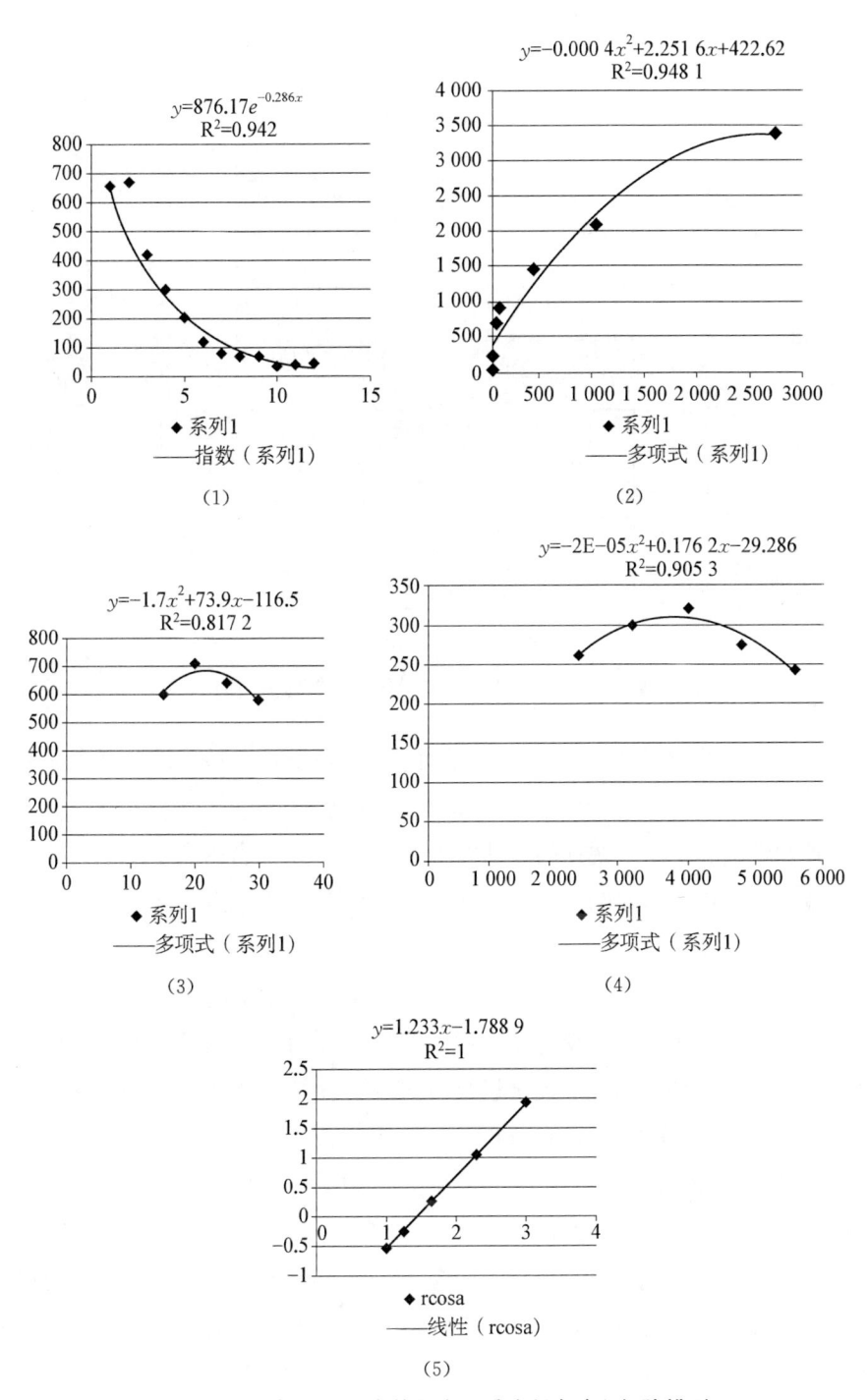

(5) $y=1.233x-1.788\,9$ $R^2=1$ ——线性（rcosa）

图 1-4 利用 Excel 中的最小二乘法程序建立经验模型

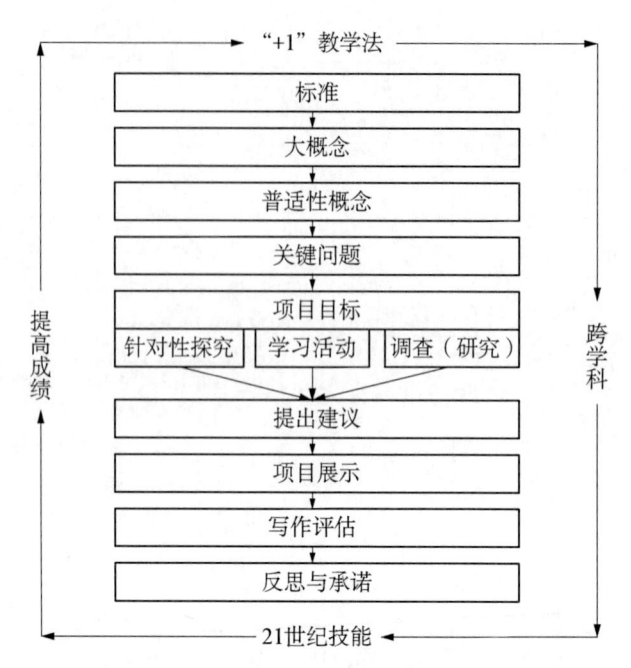

```
                  "+1"教学法
            ┌─────────────────┐
            │      标准        │
            ├─────────────────┤
            │     大概念       │
            ├─────────────────┤
            │    普适性概念     │
            ├─────────────────┤
            │    关键问题       │
            ├─────────────────┤
            │    项目目标       │
            ├─────┬─────┬─────┤
            │针对性│学习 │调查 │
            │探究  │活动 │（研究）│
            ├─────┴─────┴─────┤
            │    提出建议       │
            ├─────────────────┤
            │    项目展示       │
            ├─────────────────┤
            │    写作评估       │
            ├─────────────────┤
            │   反思与承诺      │
            └─────────────────┘
                  21世纪技能
```

图 1-5　沃伦博士的跨学科教学流程图模型

　　该模型中的大概念是指与主题、学科或项目相关的一些术语和概念。它们涉及的范围广泛，如跨学科或具体的话题、学科等。

　　普适性概念是指主题性的概括性陈述，可应用于学科内和不同学科间。关键问题是指构成学习主题的重要问题，它们可以具有特定学科性和跨学科性。比如，"系统""技术"是大概念，"系统的各部分是相互依赖的""技术提高了生产力"是普适性概念，"如果没有技术，系统能提升吗？"则属于关键问题。

　　另外，"＋1"教学法重视写作评估，强调议论文和说明文写作的重要性。在写作过程中关注提炼和表达关键思想、构建结构、整理资料来源、逻辑推理、陈述和反驳观点、组织论据、调查分析等。该教学法认为写作教学不是语言教师一个人的责任，而是每位教师共同的责任。教师需要提供更多的跨学科写作机会。

　　基于 21 世纪技能理念，来自大概念、普适性概念和关键问题的课程目标制定，项目式教学的设计和实施方式、重视跨学科写作，使"＋1"教学法为跨学科课程建设提供了一种具有规范流程的模式，而流程图模型使得我们对分解跨学科教学设计与实施过程等方面更加清晰明了。

从同济大学附属存志学校的"杨浦滨江创意地图的绘制"跨学科课程可见，以学生认知过程或活动流程的时间顺序为逻辑主线构建而成的线性教学结构流畅而明确(表1-12)。

表1-12 "杨浦滨江创意地图的绘制"跨学科课程结构

模块	序号	活动主题	涉及学科	学习时间
学习	1	主题报告"我眼中的杨浦滨江"，华东师范大学城市地理系主任何丹教授	地理、历史、生物、美术、摄影、体育	六年级第一学期
	2	社会实践——参观杨浦区规划展示馆	地理、历史、生物	六年级第一学期
	3	创意地图怎么画——技能准备课	地理、历史、生物、美术	六年级第一学期
实践	4	地图中的点、线、面——绿之丘站	地理、美术、历史、生物	六年级第一学期
	5	地图中的特殊符号——宁国路渡口站	地理、美术、历史、生物	六年级第二学期
	6	近代工业场所的变迁——船厂旧址站	地理、历史、社会、美术	七年级第一学期
	7	现代化城市的保障者——自来水厂站	地理、历史、社会、美术	七年级第二学期
	8	乡土草本植物与水中微生物的观察——东方渔人码头站	地理、生物、摄影、美术	八年级第一学期
	9	木本景观植物的观察——秦皇岛路渡口站	地理、生物、摄影、美术	八年级第二学期
应用	10	创意地图的个性定制	语文、地理、生物、历史、心理、体育	八年级第二学期
	11	创意地图的推广与应用	语文、地理、生物、历史、心理、体育	八年级第二学期

二、中心聚焦模型

以芬兰的跨学科课程建设模型为例，其构建了以七项跨学科素养为核心的课程体系(图1-6)[①]。这七项跨学科素养是：思考并学会学习；文化素养、互

---

① 胡庆芳,严加平,黄开宇,许娇娇.跨学科实践推进与教师能力发展[M].上海:华东师范大学出版社,2021:14,17.

动、自我表达;多模态识读素养;工作生活的能力、创业精神;参与、影响、建设可持续未来;自我照料、管理日常生活;信息通信技术素养。

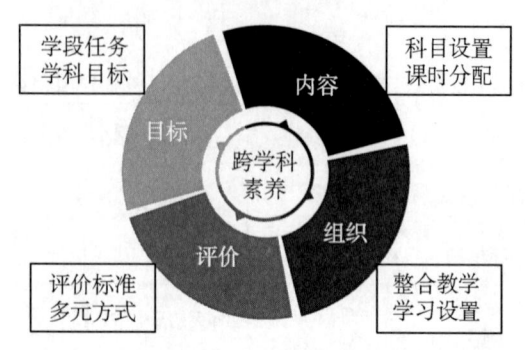

图1-6 芬兰基于跨学科素养的课程构建图①

因为跨学科课程的目标、内容、组织和评价均以这七项跨学科素养为中心展开,所以跨学科素养成为课程教学各环节必须坚守的标准,起到了统领课程要素、规约教学方向的作用。

比如,同济大学附属存志学校在设计和实施"杨浦滨江创意地图的绘制"跨学科课程过程中,围绕跨学科核心目标——学会学习、责任担当、实践创新进行展开,本质上也可以构造一个基于林崇德教授提出的学生核心素养(学会学习、健康生活;人文底蕴、科学精神;责任担当,实践创新)的中心聚焦模型。

为了突出跨学科特色,亦可以核心素养为逻辑起点构建课程结构。

比如,包头中学以"积极心理学"和"课程模式论"理论为指导开发"阳光课程"。该课程以尊重学生个体差异、满足学生发展愿望为原则,以培养具有"阳光"心态与人格的学生为目标,以丰富学生学习经历、促进学生健康快乐成长为内容构建了"5S"模型(图1-7)。模型为典型的中心聚焦模型,以 Sunlight(阳光)、Succeed(成功)、Share(分享)、Select(选择)、Subject(学科)为核心理念,围绕核心理念开发出语言与人文、体育与健康、逻辑与思维、科学与探索、艺术与审美、德育与活动六大核心课程。在模型的应用中,Subject(学科)是基础,Select(选择)与 Share(分享)是过程,Succeed(成功)是体验,Sunlight(阳光)是学生培养目标以及学校和谐发展的愿景。从而形成以学科(Subject)为引领,运用选择(Select)、分享(Share)的方式,带领学生学会学习、体验成功

---

① 王奕婷.基于跨学科素养的课程整合研究:以芬兰基础教育为例[D].华东师范大学,2018.

(Succeed)和沐浴阳光(Sunlight)的阳光校园文化,以促进每一名学生健康快乐地成长。

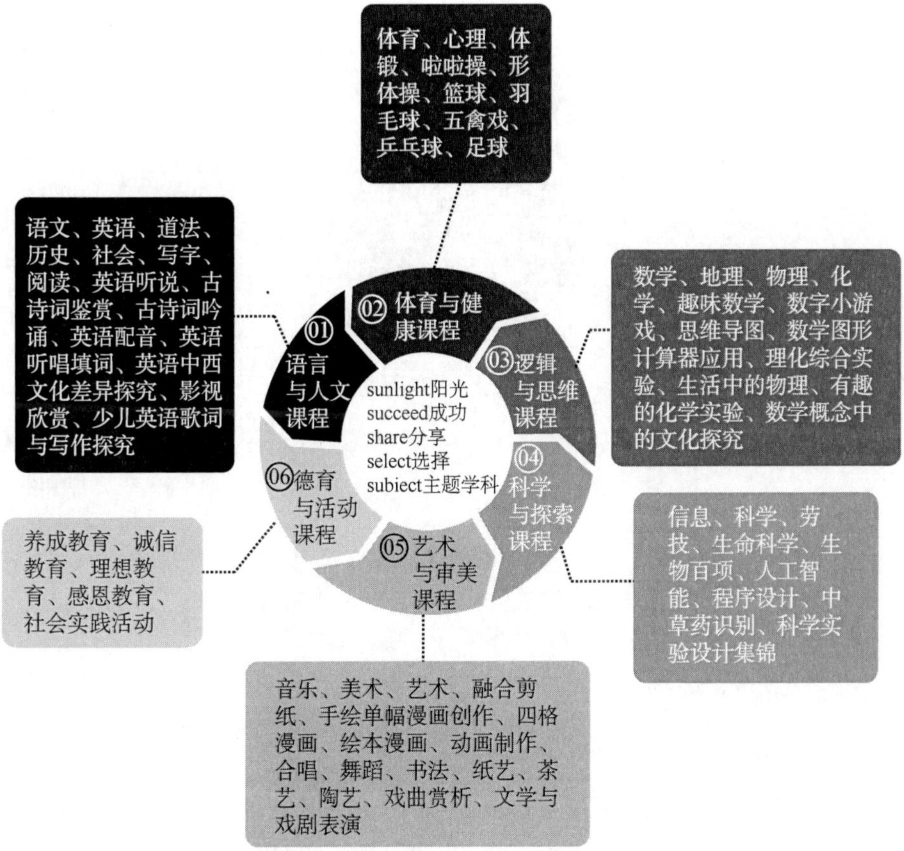
体育、心理、体锻、啦啦操、形体操、篮球、羽毛球、五禽戏、乒乓球、足球
语文、英语、道法、历史、社会、写字、阅读、英语听说、古诗词鉴赏、古诗词吟诵、英语配音、英语听唱填词、英语中西文化差异探究、影视欣赏、少儿英语歌词与写作探究
数学、地理、物理、化学、趣味数学、数字小游戏、思维导图、数学图形计算器应用、理化综合实验、生活中的物理、有趣的化学实验、数学概念中的文化探究
01 语言与人文课程
02 体育与健康课程
03 逻辑与思维课程
04 科学与探索课程
05 艺术与审美课程
06 德育与活动课程
sunlight阳光
succeed成功
share分享
select选择
subiect主题学科
养成教育、诚信教育、理想教育、感恩教育、社会实践活动
信息、科学、劳技、生命科学、生物百项、人工智能、程序设计、中草药识别、科学实验设计集锦
音乐、美术、艺术、融合剪纸、手绘单幅漫画创作、四格漫画、绘本漫画、动画制作、合唱、舞蹈、书法、纸艺、茶艺、陶艺、戏曲赏析、文学与戏剧表演

图 1－7　阳光课程"5S"模型

如果说小学和初中学段课程体系的核心理念具有通识性和关注个体成长的话,那么高中学段则更具专业性和关注职业体验、社会效益。

比如,上海理工大学附属中学以工程素养和"尚理"精神为核心,聚焦学生五大核心要素——人文情怀、系统思维、交流合作、设计创新、实践应用,构建出凸显"尚理"和"工程素养"的特色课程体系、课程实施体系和课程评价体系(图1－8)。基于此形成了工程素养培育"1＋3＋1"的特色课程群,即"工程素养培育通识"课程群、"工程与人文"课程群、"工程与技术"课程群、"工程与艺术"课程群及"工程实践体验"课程群,进而开发了思维创意、机器人基础、工程与机械基础、数学建模等特色课程。

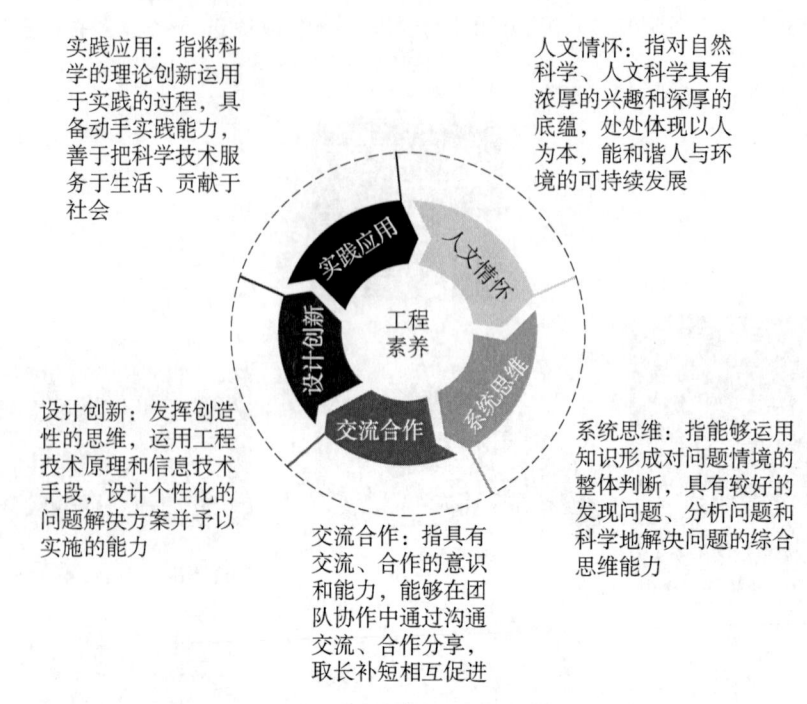

实践应用：指将科学的理论创新运用于实践的过程，具备动手实践能力，善于把科学技术服务于生活、贡献于社会

人文情怀：指对自然科学、人文科学具有浓厚的兴趣和深厚的底蕴，处处体现以人为本，能和谐人与环境的可持续发展

设计创新：发挥创造性的思维，运用工程技术原理和信息技术手段，设计个性化的问题解决方案并予以实施的能力

交流合作：指具有交流、合作的意识和能力，能够在团队协作中通过沟通交流、合作分享，取长补短相互促进

系统思维：指能够运用知识形成对问题情境的整体判断，具有较好的发现问题、分析问题和科学地解决问题的综合思维能力

图1-8 聚焦"工程素养"的跨学科课程建设模型

三、阶梯式模型

黄兴学校的跨学科课程"科学建模"根据问题解决方法的难度、准确性和便捷性，将同一个问题的不同解决方案分成四个递进层次：层次一是"线性模型＋手工计算"，为难度最低、准确性最低、便捷性最低的探究方案；层次二是"线性模型＋计算机运算"，为难度中等、准确性适中、便捷性较高的探究方案；层次三是"非线性模型＋计算机运算"，为难度较高、准确性较高、便捷性较高的探究方案；层次四是"非线性模型＋数学分析"，为难度最高、准确性最高、便捷性最高的探究方案（图1-9）。

阶梯式模型为探究型跨学科教学的分层教学设计提供了简便明晰的参考意见。其核心思想为跨学科课程目标所关注的学生的实际问题解决能力。

同时，黄兴学校基于学校美育育人的教育理念和课程的跨学科程度，提出了阶梯式跨学科课程模型（图1-10）。

第一级阶梯为"主题式跨学科"课程，各学科从三个维度（智慧 wisdom、科

```
            非线性
          模型+数
          学分析      难度最高、准确性最高、便捷性最高
       ──────────
        非线性模型+
         计算机运算    难度较高、准确性较高、便捷性较高
      ──────────
       线性模型+计算机运算   难度中等、准确性适中、便捷性较高
    ──────────
     线性模型+手工计算      难度最低、准确性最低、便捷性最低
```

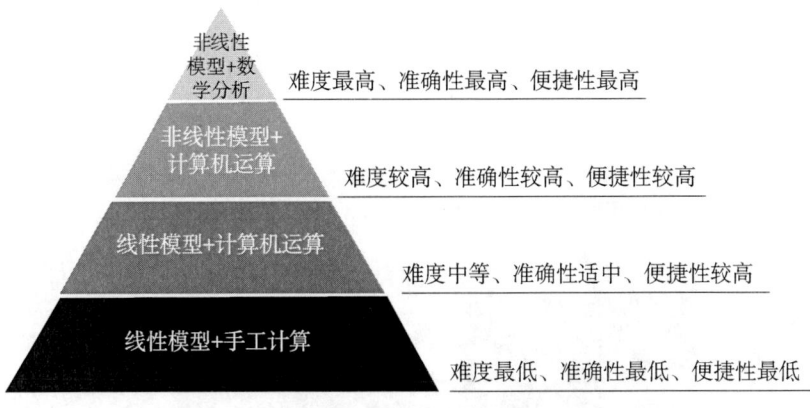

图 1-9 "科学建模"跨学科课程的阶梯式模型

学 science、社会 society)出发,聚焦六个指标(知识、方法、思维、习惯、精神、思想),采用问题中心的教学方式,进行 WSS 课程的教学设计和实施。学生需围绕某一主题,进行专题式学习,并在活动过程中综合应用多个学科的知识。第二级阶梯为"交叉学科"课程,比如植物地理学,融合植物学与地理学的学科知识、方法和思想,解决诸如公园植被分布图的绘制、探究粟的起源等交叉学科问题。第三个阶梯为"横断学科"课程,比如科学建模,将数学建模的方法和思想应用于物理、化学、生命科学、地球科学、地理学、天文学、社会生活等各领域学科。第四个阶梯为"超学科"课程,比如逻辑课、数据分析课,在实际问题的解决过程中提炼出通用的普适的思维方法,发现智慧之美,体验思维的乐趣,感受人类思想的强大力量。

```
       超学
        科       在实际问题的解决过程中提
                炼出通用的普适的思维方法
     ──────────
       横断学科    基于一门特定学科的原理或方
                法,去研究其他学科中的问题
    ──────────
      交叉学科    融合至少两个学科的学科知识、
                方法和思想,解决交叉学科问题
   ──────────
     主题式跨学科    WSS学科教学要求+问题中心教学
```

图 1-10 "WSS"课程群

四、多层次并列模型

基于设计的跨学科 STEM 理论为教学设计提供了一个多层次并列模型（图 1-11）。

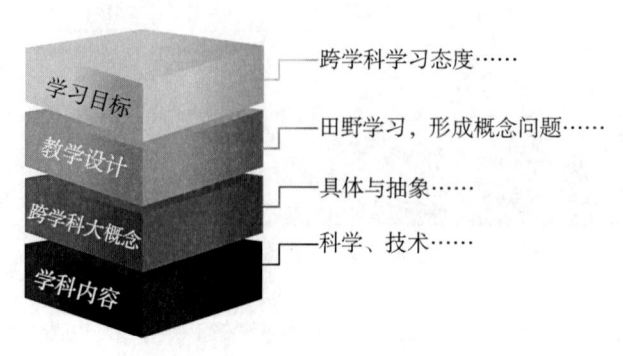

图 1-11 跨学科多层次并列模型

该模型将跨学科 STEM 教学分为四个层次：学科内容层、跨学科大概念层、教学设计层和学习目标层，而每个层次中内含有并列的主题。

与众不同的是，该模型提出了"跨学科大概念"，一方面将其作为学习目标层中的认知目标，另一方面又将其具体列出（具体与抽象、数量与比例、图式与模式、结构与功能、原因与结果），并单独作为模型的一个层次（表 1-13）。

表 1-13 基于设计的跨学科 STEM 理论框架

层次	主 题				
学习目标层	问题解决能力	跨学科学习态度	跨学科大概念	工程设计能力	科学探究能力
教学设计层	确定主题鉴定情境	田野学习形成概念问题	探究主题开发概念	开发原型构建产品	评价反馈分享展示
跨学科大概念层	具体与抽象	数量与比例	图式与模式	结构与功能	原因与结果
学科内容层	科学	技术		工程	数学

事实上，跨学科大概念是一种人类的思维模式。为了在教学设计和实施中融入跨学科大概念，教师首先要深刻理解这些大概念，这就对教师提出了跨学科理论素养上的要求。

五、树状分支模型

以平凉路第三小学的"滨江 DREAMS"跨学科课程为例（详见第六章）。围绕"滨江 DREAMS"这一中心，课程延展形成三个板块，每个板块再延展出若干个主题，每个主题有若干个单元内容（图 1-12）。课程以单元内容为基本组成单位，进行设计、实施和评价。

实践证明，对于规模较大、涉及面较广的跨学科课程，树状分支模型能较好地展现层次与结构关联，并能清晰地梳理与呈现其中的内涵脉络。

六、双向互动模型

双向互动的跨学科课程体系建设模型主要体现在"教师的教"和"学生的学"两种动机的转变上（图 1-13）。

以上海交通大学附属中学的"斑马鱼系列"跨学科课程为例。教师以学习者的身份参与跨学科性质的研究型课程。对于前沿的科学研究，教师所能提供的知识上的指导十分有限，于是教师自身先要进行探究性学习，获取更多的研究资源——专业书籍、专业期刊、专家指导、实验数据等，并为学生提供上述用于支持研究的资源或获取资源的途径，抑或是指导专业数据获取的过程。同时，学生也以教师的身份参与研究，比如高年级学生带教低年级学生，以有助于知识、技能高效传授和研究传统的传承。这种称为"渗透式组织模式"的跨学科课程组织方式，既起到了教学相长的作用，提高了学习和研究的效率，也有利于形成浓厚的学术研究氛围，适用于难度较大、水平较高的跨学科研究型课程。

当然，模型只是展示跨学科课程结构或课程建设过程的一种抽象的图示。每种模型各有其优点。比如，中心聚焦模型能凸显课程目标，多层次并列模型能明晰课程设计中的各相关要素，流程图模型能有条理地显示课程实施流程，矩阵模型有助于评价课程达成目标的程度，系统整合模型有助于构建课程体系、优化课程结构。

其中，课程目标的设置和课程体系的构建尤其重要，它赋予了课程的跨学科属性，并成为课程体系的逻辑起点、主线和归宿。所以，价值观念、核心素养、跨学科大概念、普适原理或超学科的人类的理性思维方式等为模型躯壳赋予了跨学科的生命力。

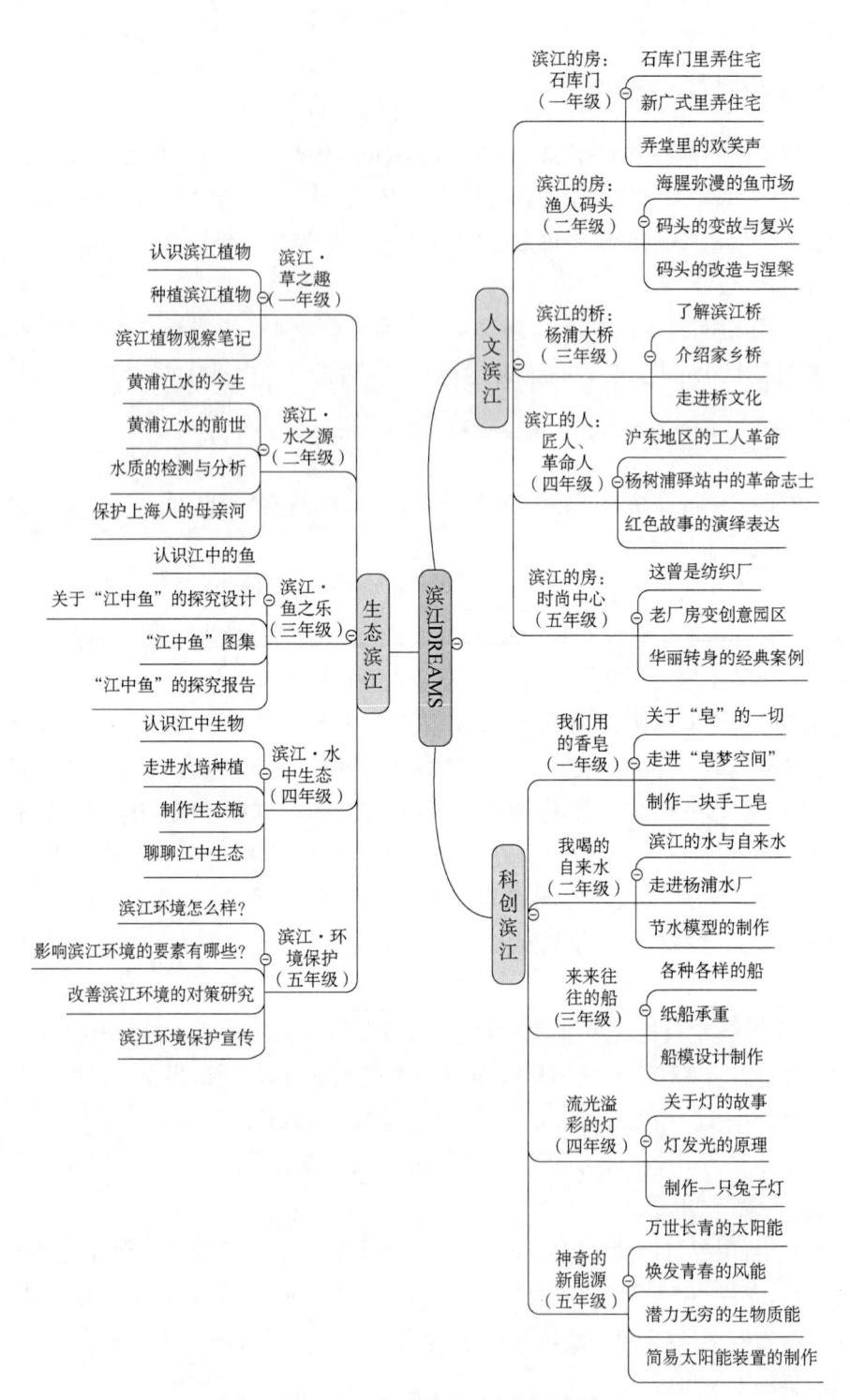

图 1-12　树状分支课程模型举例

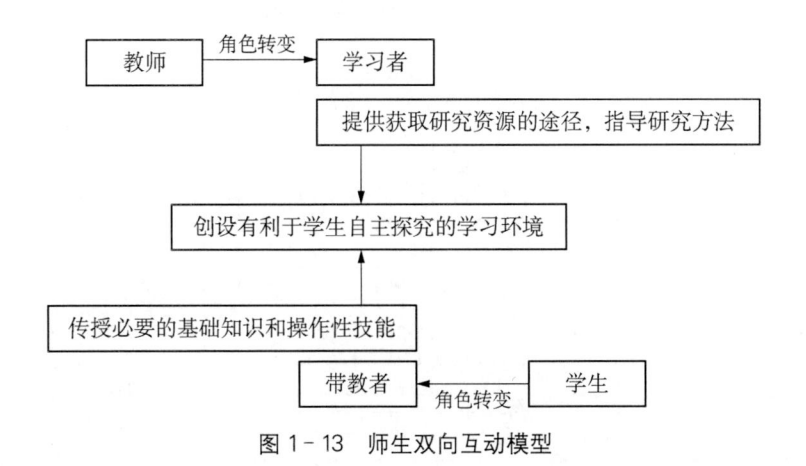

```
教师 ──角色转变──▶ 学习者
                      │
                      ▼
         提供获取研究资源的途径，指导研究方法
                      │
                      ▼
          创设有利于学生自主探究的学习环境
                      ▲
                      │
          传授必要的基础知识和操作性技能
                      │
              带教者 ◀──角色转变── 学生
```

图 1-13　师生双向互动模型

我们在跨学科课程框架模型的构造上有独特的创造性，尤其是包头中学的"5S"模型、平凉路第三小学的矩阵模型、上海交通大学附属中学的双向互动模型等，均从抽象的模型结构上凸显出课程核心理念、课程目标设定、教学设计与实施、教学方式的转变，乃至高层次课程体系的构建等方面的创新性和实效性。

第五节　杨浦区中小学跨学科课程建设特色

课程目标是课程的起始，亦是课程的归宿。目标指导、约束着后续的设计与实施，并与最后的评价首尾呼应。

我们在设定课程目标方面有着独到的方法——绘制课程矩阵。

比如，平凉路第三小学将学校育人目标与学校每一门课程的目标进行匹配，建立双向细目表，并对学校育人目标的落实度进行分析，从而发现现有学校课程在"有志向、会学习、会劳动、能审美"等维度的落实度比较高，而"有修养、有责任、会健体、能合作、能创新"的落实度比较低（表 1-14）。以此为基础，经过专家指导、组内研讨、调整修改，最终将跨学科课程总目标确定为：培养具有良好文化修养、创新意识，能够积极参与社会活动、寻求自主发展的新时代好少年。

表 1-14 平凉路第三小学的课程矩阵图

课程	育人目标	三有			三会			三能		
		有修养	有责任	有志向	会健体	会学习	会劳动	能审美	能合作	能创新
基础型	道德与法治	H	H	H	L	M	M	M	M	L
	语文	H	H	H	L	H	L	M	L	L
	数学	L	L	L	L	H	L	L	L	L
	英语	L	M	L	L	H	L	M	L	L
	音乐	H	L	L	L	M	L	H	L	L
	体育	L	L	L	H	M	L	L	M	L
	美术	H	L	L	L	L	L	H	L	M
	科学与技术	L	L	M	L	L	L	L	M	H
拓展型	青苹果生活俱乐部	L	L	L	M	M	M	M	M	L
	青苹果运动乐园	L	L	L	H	L	L	L	L	L
	青苹果快乐校园	L	M	M	M	M	L	L	L	L
	青苹果午间乐园	L	M	M	M	M	L	M	L	L
	青苹果实践乐园	L	H	M	M	M	M	M	M	M
探究型	探究型课程	L	L	L	L	H	M	M	M	M
	校本探究型课程	L	L	L	L	H	M	M	L	H

注：H 表示高，M 表示中，L 表示低

同样，上海市市东实验学校对学校育人目标"明理，乐群，好学，力行"的释义进行二级编码后，与国家课程目标相比较，建立课程矩阵，最终设定了基于学校特色的跨学科课程目标（表 1-15）。

表 1-15 上海市市东实验学校的课程矩阵图

国家课程设置	育人目标	明理			乐群			好学			力行		
		家城情怀	全球视野	法治意识	责任担当	合作共进	服务品格	人文底蕴	科学精神	信息素养	健康生活	社会参与	实践创新
语文		H	M	M	H	L	L	H	L	L	M	M	M
数学		L	L	L	L	M	L	L	H	M	L	L	H
外语		L	H	L	L	L	M	L	M	M	M	M	L
思想政治		H	H	H	H	H	H	L	L	M	H	H	M
历史		H	H	M	H	M	M	L	L	L	M	L	L

(续表)

育人目标 国家课程设置	明理			乐群			好学			力行		
	家城情怀	全球视野	法治意识	责任担当	合作共进	服务品格	人文底蕴	科学精神	信息素养	健康生活	社会参与	实践创新
地理	M	M	M	M	M	L	M	M	M	M	M	M
物理	L	L	L	L	M	L	L	H	H	M	M	H
化学	L	L	L	L	M	L	L	H	H	M	M	H
生物学	M	M	L	H	H	L	L	H	H	M	M	H
技术（含信息技术和通用技术）	L	H	L	L	L	M	L	H	H	M	M	H
艺术（或音乐、美术）	H	H	L	L	L	L	H	L	L	H	L	L
体育与健康	L	L	L	L	L	L	L	L	L	H	H	M
综合实践活动	H	M	H	H	H	M	L	L	L	M	H	H
劳动	M	L	L	H	H	H	L	L	L	H	H	M

注：H 表示高，M 表示中，L 表示低

这两所学校均对育人目标和课程目标进行了分解和排列，整合配对成课程矩阵。通过比较分析，找到育人目标中落实度较低的维度，从而在跨学科课程目标的设定上向低落实度方面进行侧重，最终建立起基于学校育人目标的具有学校特色的跨学科课程目标。这两个例子中，一所是小学，另一个主要针对高中学段。虽然育人目标与课程目标的内容截然不同，但在跨学科课程目标设定的方法和流程上却是统一的，并展现出了区域跨学科课程建设的创新之处。

在课程设计和实施的实践方面，我们将课程、活动和项目三者之间建立起一个动态的螺线形上升的递进关系——课程活动化、活动项目化、项目课程化。

以平凉路第三小学的"滨江DREAMS"跨学科课程为例。"探秘肥皂之旅"是"滨江DREAMS"课程中"科创滨江"板块下的一个以活动为主要形式的学习单元。该学习单元由认识肥皂、制作肥皂、感知肥皂、美化肥皂盒四个活动环节构成。其中的后三个环节是教师精心设计的融合观察、制作和思考的学习活动。即使是第一个环节"认识肥皂"，学生也不是被动听讲，而是经历了看一看、摸一摸、闻一闻、猜一猜、说一说的"五个一"活动。学生通过这项具身认知活动，会对肥皂有更全面、更深入的认识。

在高中学段的跨学科课程中，课程活动化也是必不可少的。

以上海市市东实验学校的"智慧交通绿波带"跨学科课程为例。学生在学习过程中扮演司机、交警、交通规划师、管理者等不同角色，真实感受不同路段设置、不同红绿灯切换频率设置对交通流量的影响，而这种直观感受正是后续抽象理论建立的现实依据。

杨浦区跨学科课程中的活动具有项目化的特点，体现出活动项目化的特色。项目教学法是指在老师的指导下，将一个相对独立的项目交由学生自己处理，信息的收集、方案的设计、项目实施及最终评价，都由学生自己负责。学生通过执行该项目，了解并把握整个过程及每一个环节中的基本要求及学习方法。活动项目化要求学生活动是为了实现一个项目目标，且活动过程应体现出信息收集、方案设计、项目实施及最终评价的整个项目操作流程，所以最终需要有一个项目成果——研究论文、创意作品、产品开发成果等。

小学阶段的项目化活动关注语言表达、动手能力、艺术想象力等多元智能的运用。

平凉路第三小学"滨江 DREAMS"跨学科课程中的"欢迎您来瞧一桥""探秘肥皂之旅""雨水花园——为滨江撑起绿伞"等学习单元，要求学生绘制杨浦大桥明信片、做国际小导游——为英国曼彻斯特博尔顿小学的师生介绍杨浦大桥、制作手工肥皂、制作带有精美图案的肥皂盒、向联合国教科文组织（UNSECO）提交校园"雨水花园"的设计方案等。这些活动都是一个个真实情境下的接地气的创意设计项目，最终的项目成果包括明信片、导游解说词、具有各种不同香味且形态和色彩各异的手工皂、精美的肥皂盒、设计方案。

在初中学段，项目化活动更加强调各种学科知识的融入和科学思维的养成。

思源中学的"海上溢油消除记"跨学科课程，创设海上溢油事件以及溢油应急中心工作人员的工作任务为真实情境，制定相应的应急预案，以清除海上溢油。其中的应急预案便是一个重要的项目化成果。而预案中的溢油清除方法则必须依据前期一次次科学理论设想和科学实验验证结果得出。

高中阶段的项目化活动更强调文科和理科间的大融合，以及学生的职业导向和社会适应能力的锻炼。

以上海交通大学附属中学的"茶叶有效成分的探究"跨学科课程为例。学生全程模拟科学家屠呦呦研究青蒿素的过程，先利用文言文阅读和专业文献阅读素养，从古籍或现代文献中找到关于茶叶中有效成分的信息进行文献研究，再利用化学方法分离提取出茶叶中的有效成分，表现出了一种文理大融合的跨学科特征。

再以杨浦高级中学的"模拟政协——滨江空间"跨学科课程为例。教师创设模拟政协委员的角色情境，学生自主查阅资料并通过小组合作完成实地调研与考察。在全面了解实际情况后，有序、规范地履行撰写提案、提出提议等政协委员（模拟）职责。进一步，政协委员们（模拟）在教师引导下修正并优化提议，于深度思考后提出更具现实性、可行性的提案，更好地作为政协委员（模拟）履行职能。该课程中，政协提案就是一个项目化成果。学生在完成该项目的同时，显著提升了职业素养，锻炼了社会适应能力，社会责任感也会得到有一定程度的升华。

活动项目化是杨浦区跨学科课程的一大特色。项目化的活动为学生提供了贴近自身家园、校园、社区和城市生活乃至国家的真实问题情境。学生更能体会到学习过程中的获得感和实际功能。这会带给学生更大的学习内驱力、更强烈的社会责任感，以及对周围真实世界更深入的认识和更持久的兴趣。

项目化的活动从形态特征上来说通常是一种综合实践活动，这些活动有别于学科课程，不能简单地以学科来划分学习边界，而是要求学生去完成现实生活中的某个真实任务（项目）。在任务或活动进行过程中，几乎不可避免地会涉及多个学科的参与，所以从领域特征上来说，这些项目化的活动往往就可以作为某个跨学科课程的核心内容。

项目课程化是杨浦区在践行跨学科课程建设过程中的又一项重要理念。

以同济大学附属存志学校的"杨浦滨江创意地图的绘制"项目化活动为例。这门跨学科课程很好地利用了杨浦区的区域教学资源——杨浦滨江。为了顺利完成创意地图绘制的学习任务，不可避免地涉及地理、历史、生物、美术、摄影、体育等多门学科的相互协作。这为跨学科课程的建设提供了构筑课程框架结构的重要逻辑线索。如表1-12所示，创意地图绘制的项目化活动是一项综合实践活动，通过教师的设计和实施，使之成为具有杨浦地域特色的跨学科课程。

杨浦高级中学的"模拟政协——滨江空间"跨学科课程恰到好处地利用了滨江公共空间这一地域特色资源。同样,平凉路第三小学的"滨江DREAMS"跨学科课程也十分巧妙地利用了杨浦大桥、滨江皂梦空间(上海制皂厂旧址)、滨江雨水花园等杨浦区特色化资源。

除了地域特色外,校园特色也是近在眼前的极具价值的教学资源。比如,上海市市东实验学校围绕"市政教育"办学特色,联合同济大学开发和建设了"人类城市进化史""城市科技大百科""城市生活新探索"三门通识课程,"城市人文""城市科技""城市生活"三类核心课程群,以及八个供学生开展深入探究的专题课程(表1-16)。上海理工大学附属中学基于学校的"工程素养"特色和"尚理"的办学理念,秉承科技教育方面的传统优势,开发并实施了工程素养培育"1+3+1"特色课程群,以培育学生的工程思维和工程意识。上海财经大学附属中学基于学校在财经素养培育方面的特色,充分利用杨浦区优质的大学教育资源,举办了多届大型校园综合实践活动——FEAST集市,尝试探索以财经为主线的跨学科课程设计。

表1-16 上海市市东实验学校的跨学科课程

通识	核心	专题	学科
人类城市进化史	城市人文类课程群	"上海方舟"的历史记忆和影响	历史、艺术、文学
		城市建筑布局和保护研究	艺术、历史、技术、地理
城市科技大百科	城市科技类课程群	智能环境监测和改进	技术、地理、生物、化学
		无人机应用与智慧城市生态管理	技术、生物、物理、地理
城市生活新探索	城市生活类课程群	滨江步道与城市运动文化的建立	体育、历史、地理
		垃圾分类与处理的成效与改进	生物、化学、劳动
		全球青年责任与全球治理关系探究	政治、历史、外语
		城市公民的权利与责任	政治、历史、文学

相关例子还有很多,深入挖掘区域本地化资源,或有效利用校本特色资源是杨浦区跨学科课程建设的一大特色。

另外,从学科间互动方式的角度来看,复旦大学第二附属学校的"如何让每片叶子获取尽可能多的阳光?"跨学科课程是具有深刻意义的(图1-14、图1-15)。

第一章 跨学科课程的概念溯源

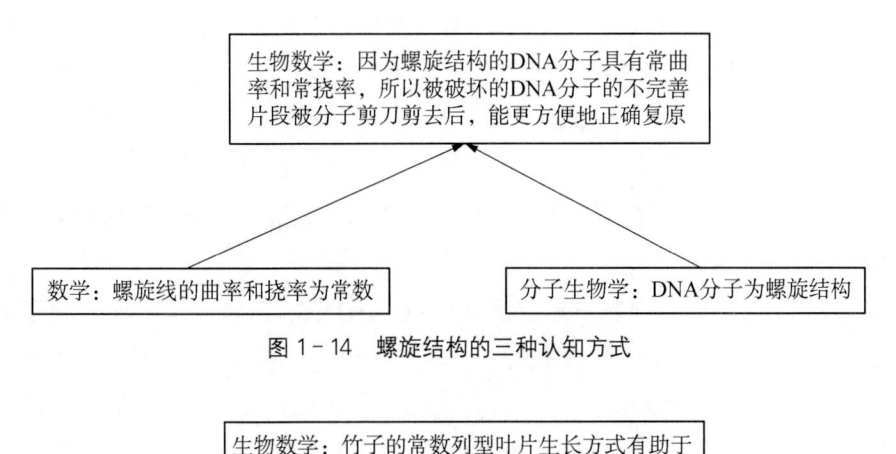

```
                ┌─────────────────────────────┐
                │生物数学：因为螺旋结构的DNA分子具有常曲│
                │率和常挠率，所以被破坏的DNA分子的不完善│
                │片段被分子剪刀剪去后，能更方便地正确复原│
                └─────────────────────────────┘
                       ↑                ↑
   ┌──────────────────────┐   ┌──────────────────────┐
   │数学：螺旋线的曲率和挠率为常数│   │分子生物学：DNA分子为螺旋结构│
   └──────────────────────┘   └──────────────────────┘
```

图1-14 螺旋结构的三种认知方式

```
            ┌────────────────────────────────┐
            │生物数学：竹子的常数列型叶片生长方式有助于│
            │其主干的纵向生长，而结香的等比数列型叶片生│
            │长方式有助于其侧枝的横向生长，无论是哪种方│
            │式都是生物适应环境的具体表现，均有助于植物│
            │在其生境内获取尽可能多的光照资源       │
            └────────────────────────────────┘
                    ↑                ↑
 ┌──────────────────────┐   ┌──────────────────────┐
 │植物学：植物叶片有对生、互│   │数学：常数列、等差、等比数│
 │生、轮生、簇生等生长方式 │   │列等的概念和数量变化特征 │
 └──────────────────────┘   └──────────────────────┘
```

图1-15 对叶序的两种认知方式和对数列的两种认知方式

该课程所呈现的不仅是同层次学科间的横向合作，更有低层次和高层次学科间的纵向协同。正如前文所提到的，这种詹奇意义上的跨学科认知方式使我们能站在更高层次上，对真实世界形成更深刻的认知。复旦大学第二附属学校的跨学科尝试意味着杨浦区的跨学科建设在关注学科间横向合作的同时，也在努力探索学科间的纵向协同。

纵观人类科学发展史，科学的发展经历了合-分-合的三个阶段：第一个阶段称为自然哲学和经验实践阶段，包括朴素的唯物主义哲学、炼丹术、炼金术等；第二个阶段称为学科分化阶段，经历了西方文艺复兴、科学革命后，物理学、化学、生物学等科学学科得以确立；第三个阶段称为交叉科学和系统科学阶段，随着真实世界中复杂问题的逐渐呈现，以及各学科在交叉相融过程中的发展成熟，统计学、系统建模、计算科学等的作用和地位日趋显现。跨学科课程便是在第三个阶段的历史大背景下蓬勃发展起来的。为了适应时代的变化发展要求，跨学科课程建设模型也应采用系统观点进行构建。

综上所述,通过绘制课程矩阵设定课程目标,以理论目标统筹全局;以课程活动化、活动项目化、项目课程化的螺旋式上升的动态结构为实践驱动力;以区域在地化资源的深入挖掘,以及校本特色资源的有效利用为实践内容;以师能研修、激励机制、技术支持等为后盾保障;关注学科间的横向合作和纵向协同,共同构成了杨浦区中小学跨学科课程建设的地域特色,并凸显了区域跨学科课程体系的系统构建。

区域的跨学科课程体系建设正在朝着学科间立体、多维互动的方向努力前行。

第二章

跨学科课程的整体设计

跨学科课程的设计与实施应体现整合思维的内涵,并可应用于多学科或科际整合。其特征是概念、单元或主题不再是组织中心,辨认不出学科界限,非常重视课程与真实情景和世界的联系,以及学生以研究者的身份参与学习活动等。

我们聚焦核心素养视角下的课程整合,围绕核心素养的有效转化,讨论学校课程整合的系统设计,关注指向核心素养培育基于课程整合的学校规划设计,探讨课程整合的教学与学习特征设计,探索课程整合的支持系统建设。

实践中,我们将跨学科课程设计与学校办学理念、校训和培养目标等加以勾连,突出跨学科课程体系的整体育人功能,达成核心素养时代对跨学科课程提出的新诉求。这一诉求集中体现于从学校育人目标出发所展开的学校跨学科课程体系的整体设计行动。

第一节 | 设计理念的确立

跨学科课程的实践主张所要阐述的是用怎样的教育思想或教育理念去培养怎样的人。这也是我们在开发、实施、评价、改进跨学科课程的过程中首先需要明确的设计理念。

为什么要开发和实施跨学科课程？目的在于两点：一是为了培养"全面发展的人"，而单学科无法统领人的全面发展，学科与学科之间又缺乏系统、有效的合作；二是为了解决真实世界中的实际问题。这些问题开放、综合而复杂，是单学科所无法解决的。所以，以培养具备中国学生发展核心素养的能够处理真实世界中实际问题的全面发展的人为目的的跨学科课程建设，应具备核心素养、五育融合等重要理念。

一、"核心素养"理念

中国学生发展核心素养，以培养"全面发展的人"为核心，分为文化基础、自主发展、社会参与三个方面。三个方面又分别具体表现为人文底蕴、科学精神、学会学习、健康生活、责任担当、实践创新六大素养，具体细化为十八个基本要点。其中，科学精神中的理性思维、学会学习中的信息意识、实践创新中的问题解决和技术运用与跨学科的意识、能力和认知方式有较多的交集（图 2-1）。

二、"五育融合"理念

与中国学生发展核心素养紧密联系着的就是"五育融合"的教育理念。德智体美劳相互融合，是教育深入发展的要求，更是人才成长之基。德育、智育、体育、美育、劳育之间的相互渗透、相互融合会对学生的成长产生综合影响，发挥综合效应。

德育对应核心素养中的人文底蕴、健康生活和责任担当。事实上，德育是基础，只有在德育的基础上，其他四育才会拥有意义。

图 2-1 中国学生发展核心素养

比如,同济大学第一附属中学的"低碳科技与生态"跨学科课程。该课程是在保护生态、保护环境、保护全人类,倡导社会可持续发展的价值观层面上开展的。

人的智慧、身体素质、审美、劳动都是指向造福社会的。德育为所有学科课程提供了价值观基础,包括跨学科课程。另外,所有学科都具有其价值理念和思想观念上的内涵。从这个角度来说,德育本身就是超学科的。

奥运冠军苏炳添说过:"以前以为加量苦练就能提升成绩。现在更加注重训练的细节,而且要动脑子。"苏炳添在每次比赛的时候都会拿尺子去调整助跑器,以便能用最佳的起步角度起跑。国家队也专门引入国外先进的生物学专家,利用计算机仿生模拟精确到运动员每一抬步的高度,帮助苏炳添找到问题所在,破除症结,使其实现了重大突破。所以,体育不是蛮力,体育和智育是紧密相连的。上海财经大学附属中学的"VR技术在高中篮球教学单手肩上投篮中的运用研究"跨学科课程,便是融合体育与信息技术,体现了跨学科教育中的五育融合理念,具有启发和借鉴价值。

斯塔夫里阿诺斯在《全球通史》中说道："哲学家、科学家与匠人实现联合，相互促进……若无西欧的缩小匠人与学者之间鸿沟的有利社会环境，人类学识上的这些成果独自原不可能引起科学革命……文艺复兴时期工匠地位的提高，使工匠与学者之间的联系得到加强……"

科学史的这种观点说明，劳育与智育的融合是一种能推动社会进步的力量。现在流行的 STEAM 教育也是这一理念的有力践行。将技术、工程与科学和数学融合在一起，是解决真实世界中复杂问题的必要途径。

比如，上海市控江中学的创客模型社团开展的"航空模型制作"跨学科课程。学生在学习过程中涉及数学、物理、计算机等方面的知识和原理，以及工程技术中的设计、组装和操控等技能，体现出跨学科课程劳育和智育的高效组合。

美丽的鹦鹉螺所呈现的斐波那契螺旋线十分优美。我们可以用 matlab 等软件编程绘制这种螺线，但前提是要知道并且深刻理解该螺线背后的数学结构。科学在看似无序的复杂世界中发现了有序而简洁的结构，使真实世界中的各种事物近趋完美。内在的美感和外在的实用需求是科技和社会进步的驱动力。另一个角度，知识的实用性本身就是一种美的体现。所以，美育和智育的结合，使跨学科课程锦上添花，从 STEM 到 STEAM 的演变，便体现了这种趋势。

比如，同济大学第一附属中学的"创意纸模型""三维实体设计""3D 设计与打印""实验室艺术微改造"等跨学科课程，将艺术与科学、数学、技术、工程进行跨学科整合，使美育与智育、劳育得以融合并展现出更强的生命力。

当然，跨学科课程的核心内容是偏向于智育的，但这种智育的立足点并不是传统的学科本位，而是聚焦于人和社会的发展与进步。

三、"STEAM 教育"理念

从"五育融合"教育理念的观点来看，STEAM 教育正是基于真实问题解决的智育、劳育和美育有机融合的理念与实践。

当前，STEAM 教育已在全球蓬勃发展。STEAM 是一种集科学（Science）、技术（Technology）、工程（Engineering）、艺术（Arts）、数学（Mathematics）多领域融合的综合教育，尤其注重学习者的过程体验和真实感悟。通过跨学科的应用与整合，真正提升学生解决真实问题的能力。较之学科课程或其他类型的综合实践活动，STEAM 课程更关注工程设计和科学探究，更强调跨学科大概念的提炼、理解和运用。

比如，入围 2020 年上海国际 STEAM 课程开发者黄金大奖赛的杨浦区参赛作品——"动手做科学——科学，让生活更美好"跨学科课程。该课程在一些科学实验的评价量表中指出了一种科学探究模式。该模式由四个环节组成：一是提出问题，给出可以用实验来支持或反驳的假设（猜想）；二是进行定量实验，记录实验数据；三是处理数据，归纳结论；四是建立假设和结论间的因果逻辑关系。这种实验探究模式不属于某个特定的学科，而是一种在所有自然科学、部分社会科学和形式科学中普遍使用的研究方法。这类方法是跨学科的，也是跨学科课程重点关注的。并且这种方法反映出了一种跨学科层面的思想观念或跨学科大概念，比如具体与抽象、数量与运算、原因与结果等。

四、"深度学习（大概念）"理念

STEAM 课程强调跨学科大概念的构建。学习者在"大概念"的统领下形成一个复杂的认知网络，并在该认知网络下跟随情景提取相应的信息，解决一定的问题。

围绕"大概念"构建起来的认知结构是学习者"深度学习"的结果。深度学习是一种基于理解的学习，指学习者以高阶思维的发展和实际问题的解决为目标，以整合的知识为内容，积极主动、批判性地学习新的知识和思想，并将它们融入原有的认知结构中，且能将已有的知识迁移到新的情境中的一种学习方式。这里，我们必须注意其中的关键字——知识迁移、知识整合、认知构建、高阶思维。

根据杨小丽等人提出的跨学科整合分类方法，知识迁移、知识整合在跨学科整合过程中可以理解为解释移植、互补共融的一种方式。而将新元素融入旧结构过程中的认知构建是进行跨学科横向断析的基础。

美国教育家布鲁姆认为，记忆、理解、应用属于低阶思维，分析、综合、评价、创造属于高阶思维。当然，对此我们并不完全赞同，因为分析和综合作为一种人的基本思维方式，在理解、应用，甚至记忆中也是广泛运用的，应用本身就有难易之分，某些应用是高难度的，本身就体现了创造性。但有一点是可以肯定的，那就是高阶思维是多维度的、发散的、非线性的，需要从动态、混沌的无序信息中发现静态、线性的有序结构。而单一学科在一定程度上犹如盲人摸象，是从单一维度的视角看世界的。但我们的真实世界一定是多维度的，所以跨学科视角是必须的。

五、"发现教育"理念

著名教学心理学家布鲁纳的"发现学习"理论强调：学生的学习应是主动发现的过程，而不是被动地接受知识。

发现教学法亦称假设法和探究法，是指教师在学生学习概念和原理时，不是将学习的内容直接提供给学生，而是向学生提供一种问题情境，只是给学生一些事实（例）和问题，让学生积极思考，独立探究，自行发现并掌握相应的原理和结论的一种方法。

在发现学习过程中，学生是学习的积极探究者，教师的作用是创设适合学生学习探究的情境，而不是提供现成的知识。

比如，"黄土高原的黄土是从哪里来的？"这一问题。如果直接给出答案，即是"黄土来自中亚、蒙古等地的荒漠、戈壁"。如果使用发现法，教师可以给出"风成说""水成说""风化残积说"等假说，再给出一些证据。学生探究这些证据可以支持或反驳哪些假说。在此过程中，可以拓展至地质学、地貌学、土壤学等各个领域，以呈现跨学科样态，也可以抽象总结出逻辑推理、实验研究等科学探究方法，以提炼出横断学科或超学科内容。

总之，当我们不满足于"知其然"，更想"知其所以然"时，自然而然地便进入了跨学科领域。

六、"生活教育"理念

陶行知的"生活教育"理论是对杜威教育思想的吸取和改造。

"生活即教育"是陶行知生活教育理论的中心，"社会即学校"是"生活即教育"思想在学校与社会关系问题上的具体化。"教学做合一"是"生活即教育"在教学方法问题上的具体化。

20世纪60年代，法国、美国等国家推行一种被称为"新数学"的数学教学改革。他们让幼儿园的小朋友学公理化集合论，让中学生学抽象代数中的环与理想。结果是学生吃不消，教师也叫苦连天，效果十分不理想。这或许就是背离生活实际所带来的结果。

单纯讨论抽象理论是空洞无趣的。教育过程中最惊喜的发现或许就是深邃思想与平淡生活间的深入浅出的联系。夏天烈日炎炎，大课间活动出操的同学渴望阴凉,但阳光却洒满了操场的每一个角落;冬天寒风凛冽,大课间活动出操的同学渴望阳光,但阳光却偏偏被对面的楼房所阻挡。这个"沮丧"事实背后的原理是抽象的太阳直射点的季节移动。当学生在校园生活中的亲身体验与天文学原理联系在一起时,原理就会变得"亲切自然"。这便是"生活教育"的一种具体表现。

上面的"沮丧"体验是一个地理或天文学问题,进一步抽象就转化成为几何问题。如果要将特例变成一般化的解答,这在本质上就变成了函数问题。运用数学方法解决这类地理问题,这便是跨学科中的"解释移植"过程。

生活中的问题是纷繁复杂的,绝大多数问题都不是单学科能解决的,所以跨学科是必然的途径。

七、指向超学科的跨学科教育思想

同样是追求抽象,德国数学家、哲学家莱布尼茨认为,所有的逻辑推理都可抽象为符号运算,而这些符号运算都可以还原为算术计算。所以,为了将复杂的实际问题最终归结为机械化的算术计算,他并未像牛顿那样运用高超的微积分技巧于物理学和天文学,而是花大量的时间和精力去设计便于运算的微积分符号和总结普遍的运算法则,同时去研究二进制和制作高效率的计算器。

"新数学"改革是失败的,因为这是为了抽象而抽象。莱布尼茨的抽象却是成功的,因为他是为了更高效方便地解决实际问题而抽象,超学科便是这一类抽象。

1972 年,奥地利学者埃里克·詹奇提出"超学科"概念,旨在构建一种推动知识整合、解决现实问题的系统性理论研究方法。

超学科有两个研究对象,一个是各学科中普遍存在的"认识论"基础,另一个是各学科中普遍存在的"本体论"基础。前者包括逻辑推理、抽象建模、科学思维、数理统计、数值计算、数据分析等"横行"于各个自然、社会、形式科学中的人类的科学认知方式;后者包括哲学、信息论、控制论、系统论等横断科学中所研究的事物的本质属性。

指向超学科的跨学科教育是倾向于研究前者的。由于超学科关注运用普适的认知方法以横向断析的方式研究各学科中的客观事物,解决各领域中的实际问题。那么,运用合适的教学方法让学生理解并能够在不同的学科或真实情境间迁移应用就显得十分重要。

另外，我们需要注意的是，超学科中的认知方法是一种在各学科发展过程中普遍起到主要甚至主导作用的方法，而不是那些在各学科中普遍存在的方法。

比如，逻辑推理是一种超学科的认知方法。这种方法在数学、自然科学等领域普遍存在，且至关重要。虽然语言阅读或表达也普遍存在于各领域，但这是一种人类进行认知的基本和必要条件，而非一种起主导作用的认知方法。

再比如，数值计算在数学、计算机科学、物理学、化学、生命科学、地球科学、天文学，甚至药物研发、航天科技等各领域中都是起到关键作用的研究方法。虽然简单的算术计算也渗透于生活生产中的各个方面，但它依旧是一种基本技能，而非超学科的研究方法。

第二节 ｜ 课程目标的制定

教育目标落实度的衡量不仅要考虑学科教育内容的广度，更要关注学科内涵所引导的思维和思想深度。

正如前文所述，设计并实施跨学科课程的原因是单学科课程无法涵盖与达成中国学生发展核心素养的目标，尤其是那些需要长期塑造的内化品格以及诸如实践创新等高阶思维和能力。但这些思维、能力和品格是解决问题，进而服务社会所必须的。

那么，哪些课程是单学科落实得比较好的？哪些课程是单学科的薄弱点？哪些课程需要跨学科去补充？

平凉路第三小学和上海市市东实验学校等学校分别基于中国学生发展核心素养，结合校情与特色，研究并制定了学校育人目标。这一跨学科课程实践极具启发性地为我们解答了这一问题。

平凉路第三小学以现有课程为行指标，以学校育人目标为列指标，构造课程矩阵（见表1-14）。课程矩阵中行列交叉点上的每一个元素代表某课程在某目标上的落实度。用 H、M、L 三个字母符号表示落实度的大小，H 为高，M 为中，L 为低。课程矩阵在课程设置和目标分解上条理清晰、层次分明，以高、中、低三个层次衡量的落实度具有构成序结构的半定量特征，可以进行横向学科间,以及纵向育人目标间的比较,从而使得目标的分析与制定变得更趋于精准、严谨和科学。学校通过分析课程矩阵发现,现有课程在"有修养、有责任、会健体、能合作、能创新"这五个方面的落实度比较低。

上海市市东实验学校通过课程矩阵分析了目前国家课程对于学校"明理、乐群、好学、力行"育人目标各细分指标的落实度(见表1-15)。由课程矩阵可见,现有课程在"服务品格""信息素养""社会参与"三个方面的落实度比较低。

为更合理地制定跨学科课程目标,我们尤其需要关注纵向维度上的信息。当某一育人目标在各单学科上的落实度总和较弱时,表示该单学科无法很好地落实这一育人目标。于是,自然而然地就要诉诸跨学科课程。据此,这两所学校在设计跨学科课程时便有针对性地将目标指向这些落实度较低的核心素养。

例如,上海市市东实验学校还基于对国家课程的矩阵分析,进一步规划设计跨学科课程的总体目标,并梳理和细分每一门特色课程的具体目标,与国家课程形成充分互补,真正落实"明理、乐群、好学、力行"育人目标(表2-1,表2-2)。

表2-1 上海市市东实验学校特色课程总体目标设计

课程类型	课 程 目 标
通识课程	了解"市政"内涵与外延,掌握多学科融合的市政建设基础知识,初步形成积极参与城市建设的情感倾向及承担市政建设的责任使命。
核心课程	体验不同学科知识在城市人文、城市科技、城市生活三个领域具体情境中的应用,深入理解多学科融合的市政建设知识,掌握分析问题、解决问题的方法和工具。
专题课程	综合应用多学科的知识、方法、工具,创造性地探究各种城市情境问题,学会自主设计研究方案、主动获取信息,形成具有建设性的研究成果,提升实践创新能力和社会参与能力。

表2-2 上海市市东实验学校每门特色课程的具体目标梳理

特色课程设置		明理			乐群			好学			力行	
	育人目标	家国情怀	全球视野	法治意识	责任担当	合作共进	服务品格	人文底蕴	科学精神	信息素养	健康生活	社会参与	实践创新
通识课程	人类城市进化史	M	H	L	M			H				L	
	城市科技大百科		M			L			H	M		M	M
	城市生活新探索				L		M		L	L	M	M	H

(续表)

特色课程设置	育人目标	明理			乐群			好学			力行		
		家国情怀	全球视野	法治意识	责任担当	合作共进	服务品格	人文底蕴	科学精神	信息素养	健康生活	社会参与	实践创新
城市人文课程	城市文化底色	H			M			H				M	
	跨文化交际		M				M	H		L		M	
	德语国家人文科技	L	M		L	L	M	L		L			L
	德语分级阅读		H			L	M	H			L		
	法语文化		M			M	M	H			L		
	城市规划的故事	L	L		M			M				M	M
	城市素描者	M					M	H			M		L
	走进博物馆	M			L		M	H				M	
城市科技课程	未来地下城市	L	L		M				H			L	M
	城市交通与桥梁				L				H	M		L	H
	智慧交通绿波带	L				L			M	M		M	M
	无人驾驶		L		L				M	H		L	M
	绿色建筑				M	L			H		M		
	城市机器人探秘				L				M			L	H
	未来建筑师				L	M			M	H			M
	数字孪生城市		L			L			M	M		M	
	微生物与环境安全					L		H	M		H		L
城市生活课程	数字公民			L	L				L	M		H	M
	案件聚焦	L		H	M		L					H	
	模拟政协	L		M	M	L						H	L
	动手做化妆品				L	L	L		M		H		M
	建筑内部安全疏散				L	M		M	L			H	L
	数学城市				L				M				M
	城市救援				L	M		M			H		M
	健康心理						M	M			H	M	
	气候变化与环境				L	M			M	M			
	城市美食家					L	H	L			H		M

上海市市东实验学校的特色课程目标梳理矩阵，给出了两个维度的信息。在横向维度上呈现出特色课程在育人目标层面的落实度，在纵向维度上呈现出某一育人目标在各课程的落实度。

课程矩阵从整体而言是一个具有典范性和引领性的创造性实践，是课程目标层次上的兼顾理论研究和实践操作的近乎完美的顶层设计。

第三节 │ 课程资源的挖掘

广义的教学资源包括教师和学生，教材和文献等文本资源，教具和设备等物品资源，以及地域环境、经费、政策等在教学过程中被教学者所利用的一切要素。

杨浦区的跨学科课程整体设计在教学资源利用上的最大亮点体现在地域环境的有效利用上。

杨浦滨江这一城市地标拥有着大量的教学资源。杨浦大桥、滨江码头、由厂房改造的创意园区、周边的石库门建筑、工厂旧址、自来水厂、滨江景区的绿化和设施、黄浦江上的船只和黄浦江里的水生生物甚至黄浦江江水等，可利用的教学资源极其丰富多样。

资源多固然是好事，但是过多的资源反而会显得繁多而杂乱。这时，对资源的分类整理和框架构建就是很有必要的。对此，平凉路第三小学、上海市市东实验学校、同济大学附属存志学校、杨浦高级中学、上海财经大学附属中学等学校的跨学科课程都在一定程度上予以体现。

以平凉路第三小学的"滨江 DREAMS"跨学科课程为例。概览"滨江 DREAMS"跨学科课程的结构图（见图 1-12）可以发现，通过分类整理，滨江的房、桥、人被划分至"人文滨江"板块，滨江的水、草、鱼和生态系统被划分至"生态滨江"板块，滨江的香皂、自来水、灯、能源和船被划分至"科创滨江"板块。整体上，滨江地域环境中的房、桥、水、草、灯、船等事物构成了一系列的活动主题，在这些主题下设计出了一个个学习单元。

以"滨江 DREAMS"中的"石库门里弄住宅"为例。作为一个学习单元,它被定位至课程中"人文滨江"板块下的"滨江的房:石库门"主题内的第一个学习单元。至此,具有地域特色的学习资源以活动主题的形式,上衔概括性的三大板块,下接具体的学习单元。其在课程整体设计中的层位结构得以确立,从而使繁多杂乱的教学资源变得层次分明、结构清晰、井然有序。

第四节 | 教学内容的提炼

教学内容是课程设计中联系教与学的实体媒介。

在日常教学中,我们经常说形式服务于内容。也就是说,内容是"硬件",是"实体",是"干货"。所以,找到、提炼或整理出适合跨学科教学的内容是跨学科课程整体设计的核心所在。

虽然真实世界中能用于跨学科教学的内容有很多,但是我们需要确立哪些内容是有意义的、有价值的。因为聚焦并经过深入挖掘和重点开发后的这些内容,才能形成和体现跨学科课程的实际价值。

前述提到过的教学资源中,有一部分就属于教学内容资源。比如,教材和文献等文本资源以及地域环境资源等。怎样将这部分资源经过整理而提炼出教学内容,这其中就需要进行信息筛选。筛选信息的前提是要设立筛选标准。比如,可以综合考虑理念、目标、跨学科特征、校情、学情等各个角度来设定标准。而在诸多角度中,学校的办学理念(以下简称"学校特色")可以很好地体现出内容设计中的区域特色。

比如,上海市控江中学的"创客教育"是学校素质教育中的一大亮点。基于校情和学情,其界定的"创客教育"以学生的志趣和创意为起点,以跨学科项目化学习方式整合运用科学技术手段、数字化工具、虚拟空间、社会性实践,助力学生"大胆创想""主动创为"和"开放创生"。据此,一个个以科创和文创内容为主题的跨学科课程应运而生(表2-3)。

表2-3　上海市控江中学校本特色课程综合赋能示意图(局部)

课程形态 课程系列	专业导航课程	主题活动	学生社团	高中-高校联培计划	社会实践	生涯辅导
科创类-物理与工程	创意结构工程；无人机设计原理与应用实践；3D打印	物理学术竞赛；同济结构赛；物理奥赛……	航空模型竞技社；Crazy Euler俱乐部；构建社……	"英才计划"；同济大学"苗圃计划"(含讲座、课题研究)	苗圃夏令营；科创社会考察……	生涯＋理想信念教育；生涯＋规划；生涯＋测评；生涯＋心理辅导；生涯＋家校互动……
文创类-创意与设计	文化创意设计与实践；绘画……	创意劳动；创客夏令营；汉文化节；鹿鸣小剧场……	创意发生社；书画社……	同济大学"苗圃计划"(含讲座、课题研究)	社区文创；校外琳琅临展；国际交流……	

以创客模型社团为例。航空模型是一类时尚电子设备，好玩，又兼具科技含量。航空模型的制作是一个基于学生兴趣的倡导造物的项目化学习过程。在该过程中，教师选择虚拟学习空间活动工具，主要包含学校网站(mooc平台)、腾讯会议、微信群和问卷网。建设线上虚拟学习空间，与线下课程同步。教师提前发布教程、任务，组织学生预习、讨论、学习交流和成果展示，体现"运用数字化工具，鼓励分享，培养团队协作能力"的创客教育理念。

同时，航空模型的制作是一个自然的跨学科解决问题的过程，其中涉及的原理很多，比如飞行中的流体力学、牛顿运动定律、电路知识等等；计算机学科方面，涉及Scratch编程、调参；数学方面，涉及空间几何、测量与计算；工程方面，涉及组装与操控，构件及参数说明、使用，涉及英语能力等等。可以说创客模型社团是综合实践活动、跨学科课程实践和学校创客教育特色融合发展的成果。

再来看上海市市东实验学校的跨学科课程。

上海市市东实验学校的育人目标是：在中国学生发展核心素养人文底蕴、科学精神、学会学习、健康生活、责任担当、实践创新的指引下，培养明理、乐群、好学、力行的面向未来的城市建设者。其内涵为：明理，即明城市发展之理；乐群，即乐城市发展之群；好学，即好城市发展之学；力行，即力城市发展之行。所以，体现"市政特色"是该校跨学科课程的一大亮点(表2-4)。

表2-4　上海市市东实验学校"市政特色"跨学科课程的内容体系

课程类型	课程名称	
通识	人类城市进化史	
	城市科技大百科	
	城市生活新探索	
专题	城市人文课程群	跨文化交际、城市文化底色、德国国家人文科技、城市素描者、走进博物馆、健康心理、数字公民、皮影创客、红色滨江且行且说，等
	城市科技课程群	城市交通、交通绿波带、无人驾驶、智慧工程（电网、供排水）、未来建筑师、未来地下城、绿色建筑、数字城市、医疗机器人、机器人探秘，等
	城市生活课程群	案件聚焦、城市救援、微生物与环境安全、动手做化妆品、建筑内部安全疏散、城市规划的故事、气候变化与环境、模拟政协，等
项目	"上海方舟"的历史记忆和影响	
	滨江步道与城市运动文化的建立	
	全球青年责任与全球治理关系探究	
	垃圾分类与处理的成效与改进	
	城市建筑布局和保护研究	
	城市公民的权利与责任	
	智能环境监测和改进	
	无人机应用与智慧城市生态管理	

以市政特色跨学科课程"智慧交通绿波带"为例。

学生在运用物理知识和数学坐标系的图解法与公式法进行计算分析、建立运动模型、设计交通绿波带理论模型时，需要理解、明晰理论模型中的物理学与数学原理，这即是"明理"。在实际教学中，以项目制模式让学生扮演司机、交警、交通规划师、管理者等不同角色，真实感受不同路段设置、不同红绿灯切换频率设置对交通流量的影响，同时体验社会成员间如何协同合作以实现绿波带模型的现实意义，这便是"乐群"。除了应用学科原理，实际教学时还要运用信息技术知识，实时查看模拟路段车辆行驶情况，感受数据管理等技术在城市情景中的使用。通过信息技术所获取的数据成为联系城市交通和学科原理间的关键桥梁。学生需要深入思考并体会这种指向实际问题的研究方法，这就是"好学"。为更有效地建立和理解绿波带模型，教师采用具身学习方法，打造智慧交通绿波带学习场景，在学校交通要道放置红绿灯、人行道、小车，真实模拟城市道路交通的情境，学习操控智能信号系统。在丰富真实感受、直观认识、经验认知和现实数据的基础上，应用学科理论，构建理论模型。这种由浅入深、由感受到认知、由具体到抽象、由经验到理论的学习过程，既有利于学生的理解构建，也有助于将源自实践的理论再应用于实践、应用于城市现实生活中，从而有助于学生的"力行"实践。

上海理工大学附属中学的"工程素养"类跨学科课程也很好地体现了学校"人文厚实、理工见长"的"尚理文化"办学理念（表2-5）。与STEAM教育理念类似，该系列课程以"工程素养"为核心，融入科学、技术、艺术、数学元素，关注问题解决和创意物化，倡导劳动教育理念，综合运用工程技术和信息技术分析处理问题，用工程思维开展研究，着力解决实际生活中的实际问题，培育学生实践探究和系统思维能力。

表2-5 上海理工大学附属中学工程素养特色跨学科课程内容

工程素养培育特色课程	具体课程内容
工程实训课程	数控铣削、特种加工、铸造、热处理、锻工、测量、3D成型等
工程素养通识课程	工程与创意单元
	尚理智造2035单元
	机器人基础单元
	人工智能基础单元
工程与艺术	数码摄影
	数字油画创作
	数码影像制作
	数字故事制作
	历史戏剧鉴赏与创作
	英语戏剧
工程与科学	舌尖上的化学
	生活中的化学

(续表)

工程素养培育特色课程	具体课程内容
	物理拓展实验力学篇
	物理拓展实验光学篇
	图形计算器应用
	数学建模
	未来科学家
	生物与工程(植物克隆)
工程与技术	废水污染与环境保护
	揭秘大气污染背后的故事
	机器人概论
	生命的奥秘
	奇思智能科创
	创意设计与制作(3D打印)
	PS图像处理与数字媒体
	初识Python与人工智能研究
	人工智能专项拓展
	OM、DI创意实践

"财经眼"系列

财经眼看世界
财经眼看中国

财经眼看科技
财经眼看艺术
财经眼看体育
财经眼看社会
财经眼看环保
……

图2-2 上海财经大学附属中学"财经眼"系列跨学科课程的内容体系

上海财经大学附属中学基于学校育人目标——着力培养"德优学精"、具有一定财经素养和国际视野的现代高中生,以及凸显学校财经特色的财经素养培育目标——成为自食其力的劳动者、成熟理性的消费者、诚信规范的理财者、保有财富的管理者、财富人生的创造者,开发了一系列"财经素养"类跨学科课程(图2-2)。

以"财经眼看世界"跨学科系列课程为例。该课程主要以政治、历史、地理学科知识为背景,采用各学科探究手段,解读经济现象,理解个体与社会、国家的经济关联,进而获得财经基本思想与境界。学生可以充分利用线上、线下课程资源,通过自主探究学习,培养自身应对经济生活所必备的财经知识、理财技能、财富观念与人生信念等基础修养。

上海财经大学附属中学与上海财经大学商学博物馆有着密切的联系,开展了馆校合作。在丰富的博物馆资源的基础上,形成了"商学博物馆+""转角遇到财经""财经眼看中国"三个学习模块课程,使得以"财经素养"为核心的跨学科体系得以建立。

上海市控江中学跨学科课程的核心内容反映了其体系成熟完备的"创客教育"传统。上海市市东实验学校、上海理工大学附属中学、上海财经大学附属中学的课程核心内容凸显了三所学校各自的办学理念和特色。

而同济大学第一附属中学跨学科课程的内容设计则更多体现了其与同济大学间的教育合作关系。

以同济大学第一附属中学的"AI 创新素养课程"跨学科课程为例。2019年,学校加强与同济大学的合作,开展了"基于人工智能的高中生创新素养培育"项目。该项目依托同济大学在人工智能领域的学科优势和优质师资资源,在同济大学专家导师团的指导下,共同搭建学校"高中 AI 创新课程体系",将"人工智能+"发展为学校跨学科课程的一大特色,为学生的创新素养培育提供了更高的发展平台(图 2-3)。

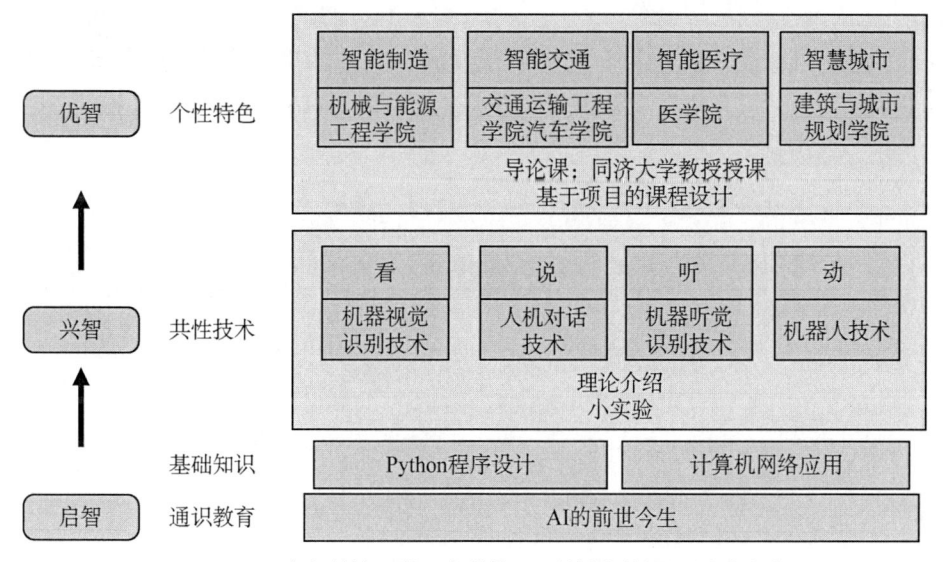

图 2-3 同济大学第一附属中学的"AI 创新素养课程"内容框架

该课程以"人工智能"为核心,以计算机编程技术为基础原理,将"人工智能"应用于工程制造、交通运输、医疗卫生、城市建设等各领域,体现了指向横断科学——人工智能信息技术的跨学科教育思想。

杨浦区建设有由高中学段学校牵头组建的创新实验室联盟。这些以联盟为单位开展的各类学习,在区域跨学科课程的建设和推进工作中具有关键作用。而各联盟盟主学校的跨学科课程内容也在这样的推动过程中生动凸显了其独具特色的办学传统、理念和优势。如上海市控江中学的"创客教育"特色、上海市市东实验学校的"市政特色"亮点、上海理工大学附属中学的"工程素养"理念、上海财经大学附属中学的"财经素养"目标、同济大学第一附属中学的"合作办学"优势。

当跨学科课程完美地体现校本特色时,区域各校的协同、合作与集聚效应便得到完美呈现,区域跨学科课程体系的整体构建得以互补互动、协调一致、高效运作、协同发展。

第五节 | 教学方法的选用

教学方法包括教师教的方法(教授方法)和学生学的方法(学习方法)两个方面的内容。教学方法有各种分类方式。在这里,我们采用李秉德教授的教学方法分类模式。

按照该分类模式,教学方法可以分为五类(表2-6)。

表2-6 李秉德的教学方法分类

类　　别	例　　举
以语言传递信息为主	讲授法、讨论法
以直接感知为主	演示法、参观法
以实际操作为主	操作法、实验法
以欣赏活动为主	陶冶法
以引导探究为主	发现法、探究法

第二章 跨学科课程的整体设计

由于跨学科课程的教学以研究和解决实际问题为根本,因此,以实际操作为主的操作法、实验法,以及以引导探究为主的发现法、探究法等就显得极其重要。

以黄兴学校"科学建模"跨学科课程中的一个主题活动"疫苗接种"为例。

在得到感染者人数关于易感者人数的数学模型 $I=(S_0+I_0)-S+\rho N\ln(S/S_0)$ 后,我们想知道当疫苗接种率达到百分之多少时,新冠疫情无法流行。我们采用计算机操作法来进行探究。比如,可以使用 Excel 软件进行如下操作:(1)在 A1 单元格输入 100,在 B1 单元格输入"=101-A1+20.2*LN(A1/100)";(2)在 A2 单元格输入"A1-1";(3)选中 B1 单元格,使用填充柄下拉至 B2 单元格;(4)选中 A2、B2 单元格,使用填充柄下拉至 A100、B100 单元格;(5)选中 A1:B100 单元格,插入散点图;(6)选中散点图,单击"布局"选项,选择"添加趋势线"。最终得到如图 2-4 所示的结果。我们再将数据计算结果整理到表格中(如表 2-7),不难发现,当初始时刻易感者人数为 20 人,即疫苗接种率约为 80%时,新冠疫情便无法流行。

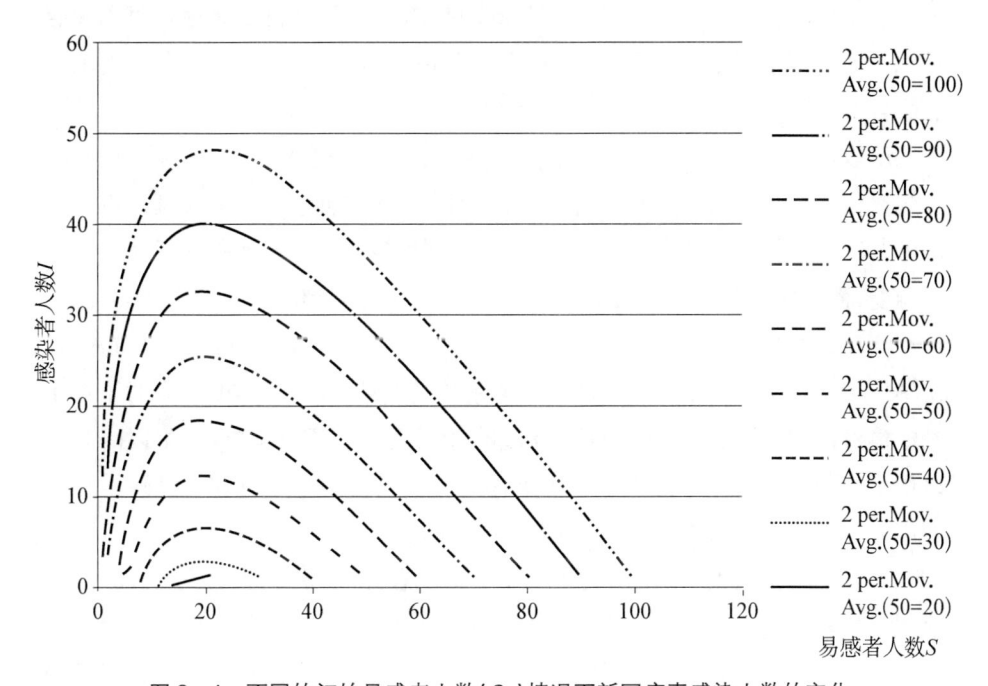

图 2-4 不同的初始易感者人数(S_0)情况下新冠病毒感染人数的变化

表 2-7　初始时刻易感者人数与感染者人数的最大值之间的数量关系

初始时刻易感者人数(人)	疫苗接种率(%)	感染者人数的最大值(人)
100	0	49
90	10	41
80	20	33
70	30	26
60	40	18
50	50	12
40	60	7
30	70	3
20	80	1

由上面的学习过程可以发现，教师使用的是操作法，但该操作法不是简单的机械式的模仿操作，其目的是为发现规律，进而探究问题。

学生以自主与合作的形式，通过亲身操作，借助计算机的高速运算以及直观和可视化等功能，发现大数据背后隐藏的自然奥秘。这是何等的激动人心啊！

所以，一方面，各教学方法之间并非界限分明而完全孤立的。事实上，我们看到操作法或实验法和发现法、探究法之间在某个层面上会产生交集。有时候两种方法只是从不同的角度去看待同一个教学过程。比如，操作法是从行为方式角度，而探究法是从教学目的的角度。另一方面，在跨学科课程教学方法的选用和设计过程中，应尽可能将教学方法贴近真实的科研或问题解决过程，以便学生掌握真实世界中用于问题研究和解决的普适工具。比如，如果对于一个数学建模问题，既可以使用一种较高超的特殊数学技巧来解决，也可以跨学科地使用一种通用的计算机软件来解决，那么，我们会将重点放在这种跨学科的通用方法上，而将高超的学科技巧置于选学部分。

再以上海交通大学附属中学的"斑马鱼课程"跨学科课程为案（表 2-8）。该课程的学习包含且融合了生物、化学、分子生物学、毒理学、计算机编程技术等。在学习过程中，学生通过阅读和查找文献讨论确定药物种类。通过问题设计，学生设计实验方案。依据实验结果计算半致死浓度，无死亡最大浓度以及鱼类全部死亡的最低实验浓度，并用专业绘图软件绘制死亡曲线。在实验过程中,通过对药物的筛选,药物浓度的设计和评估,引导学生运用生物化学的研究方法。在结果分析上有编程基础的同学可以利用 R 语言编程作图。教师在该课程的设计中选用了讨论法、实验法和探究法,且具体的实验和探究手段接近真实的科研过程,使教学过程的跨学科特征、现代化科研方法、科技前沿理念得以很好地呈现。

表 2-8 上海交通大学附属中学"斑马鱼课程"知识阶段

		4	胚胎工程与基因工程
	3	系统控制下的胚胎发育研究	环境、水生动物与毒理学
	2	交配、产卵以及胚胎发育观察	
1	饲养,微生物、节肢动物与鱼群观察		

所以,教学方法贴近真实的科研或问题解决过程,并关注现代化的通用技术方法,尤其是信息技术方法的使用,是跨学科课程教学方法选用和设计中的关键。

第六节 | 课程评价的设计

课程评价包括三方面内容,即对学生学习情况的评价(学生学习评价),对教师教学情况的评价(教师教学评价),和对课程建设本身的评价。

在跨学科课程整体设计初期,学生学习评价和对课程建设本身的评价是我们首先要关注的两个重要方面。

一、对学生学习的评价

根据课程理念和目标确定评价指标,设计评价量表是评价设计的基本步骤。

表 2-9 是上海市控江中学跨学科课程评价的部分量表。从表 2-9 中,我们可以看出其关注的两方面内容,一个是思维(尤其是高阶思维),另一个是自我认知和调节能力。这与其"创客教育"理念密切相关。该理念要求以跨学科项目化的学习方式,整合运用科学技术手段、数字化工具,创造性地解决问题。

这是对思维的一种高要求。同时,该理念要求学生协同合作,参与社会性实践,进行"大胆创想""主动创为"和"开放创生"。在团队合作和社会参与过程中,学生需要有一个合理的自我定位、自我规划、自我选择,并进行有效的自我调节。

表 2-9　上海市控江中学的跨学科课程评价量表(学生学习评价部分)

一级指标	二级指标	三级指标	分值	评分
学生培养 30%	参与	保证出勤和活动参与度	3	
		具有良好的学习习惯	3	
		善于积极思考,学习动力持久	3	
		不同层次学生乐于主动参与	3	
		准时完成作业或任务,有一定质量	3	
	素养	学生各类核心素养稳步提升	3	
		学生思维具有广度、深度,体现深度学习的高阶思维,如构建、批判、质疑、辩证等	3	
		领悟跨学科学习的思想和方法,创新意识和能力不断提升	3	
		形成更清晰的自我认知和自我定位,抗压力提升,能够进行有效的自我调节,能根据个人志趣进行自我规划	3	
		面对问题能自我选择和自信表达	3	

上海市市东实验学校的跨学科课程评价量表特别关注理念、情怀、品格和责任,其占比一定程度上超过了通常更受关注的能力维度的要求(表 2-10)。这是由其跨学科课程的"市政特色"所决定的。理念、情怀、品格和责任维度的评价指标是与其育人目标所倡导的明理、乐群、力行相关联的(表 2-11)。不难发现,这样的评价与育人目标有着很好的匹配度。它们共同反映了学校"市政特色"教育的理念和要求。

表 2-10　上海市市东实验学校的跨学科课程评价量表

一级指标	二级指标	评价要点
理念、情怀	公民与城市	认可度:认可学校市政教育特色,认可"人民城市人民建、人民城市为人民"的理念,认可未来城市全球化发展趋势。

(续表)

一级指标	二级指标	评价要点
	家城情怀	情感意向：具有成为未来城市建设者、成为世界公民的情感意向，定位生涯角色。
	国际视野	信念与追求：树立自己是城市公民与世界公民的信念和追求。
品格、责任	热心倾情服务	热爱程度：热爱城市，热心城市建设。合作发展：在城市建设与发展的学习活动与实践活动中与群体合作、共进。价值取向：具有参与未来城市建设与发展的乐观积极心态和服务城市建设与发展的责任感、使命感。
	个体与群体合作	
	责任与使命	
知识、能力	市政、市政建设、市政文化	学习能力：具有城市建设、城市文化，以及未来城市观指导下的智慧城市、科技城市的知识储备。实践能力：参与城市建设的项目实践，激活建设城市的潜能。创新能力：创造性地提出城市发展建议，利用新技术参与城市创新发展。
	未来城市发展趋势	
	创新发展能力	

表2-11　上海市市东实验学校的跨学科课程育人目标

一级目标	二级目标
明理	家城情怀
	全球视野
	法治意识
乐群	责任担当
	合作共进
	服务品格
好学	人文底蕴
	科学精神
	信息素养
力行	健康生活
	社会参与
	实践创新

上海理工大学附属中学的跨学科课程评价着重体现学生在工程素养上的达成度(表2-12)。

表2-12 上海理工大学附属中学的跨学科课程在工程素养方面的评价内容

工程素养 评价维度	评价具体内容
工程规范	指按照既定工程标准要求,使工程行为或活动达到或超越规定
工程实践	指把所学工程知识用于生活,能动地改造和探索现实世界的社会性活动
工程思维	指在工程设计和研究中形成的筹划性的思维,是运用各种知识解决工程实践问题的核心
工程兴趣	指以特定工程事物、活动及人为对象,所产生的积极和带有倾向性、选择性的态度和情绪
工程知识	指某来之不易范围内相对稳定的系统化的工程方面经验

依据学校特色教育内涵,学校将工程素养维度的评价指标划分成五个方面,对学生在跨学科学习过程中所表现出的工程素养给予评价。评价关注学生的学习过程、工程素养水平及其在工程活动中表现出来的情感与态度,从而激发学生在工程方面的学习兴趣,为未来的终身发展埋下兴趣的种子。

平凉路第三小学的跨学科课程评价量表则设计得十分具体而细致(表2-13)。一方面,其评价更体现过程性,表现为各学习单元"一单元一评价",并针对每个学习单元的活动目标和内容制定相应的评标标准,既有单元总的评价,也有课时评价。另一方面是基于学生可能出现的可检测的行为表现。即对每个评价指标都进行具体而合理的分级描述,并赋予相应分值,使评价的可操作性、客观性和准确性更强,从而使评价更科学严谨。

表2-13 平凉路第三小学"欢迎您来瞧一桥"主题终期表现性任务评价表

评价指标	评价等级及分值				得分
	A(5分)	B(4分)	C(3分)	D(1分)	
景点内容	有全面的介绍,包含基本信息、设计者、外形结构、价值功用等	有比较全面的介绍,有遗漏关键信息的情况	有比较简单的介绍	几乎没有介绍	

(续表)

评价指标	评价等级及分值				得分
	A(5分)	B(4分)	C(3分)	D(1分)	
导游素养	热情大方地运用"导游式"语言和动作介绍，游览路线清晰	比较完整与流利地介绍，突出重点、看点	为按照游览顺序介绍，路线不清晰	几乎不见"导游"形式	
介绍形式	形式新颖，构思独特	形式多样，图文并茂	能引起游客的注意	形式单调，比较枯燥	
小计					

借助信息技术手段，不少学校还开发出了线上课程评价平台。

比如，上海市市东实验学校利用人工智能技术开发了具有可视化、即时互动特征的评价工具和平台。学校在教学楼一楼大厅设计了学生"学习画像"，具象呈现学校市政特色课程体系，阐述"知识构建-解构-重构"的教学方式，评价学生在学习中的过程性表现。配套"学习画像"，学校开发了小程序。学生通过微信扫码后，可以看到自己的学习情况——已学板块的课程色彩会点亮，以及学习评价雷达图。老师扫码后可随时观察学生学习课程的整体情况。

上海理工大学附属中学为每一届学生定制了专门的评估工具软件。评估分为三个阶段：第一阶段供刚入学的新生进行，以了解新生的学习起点水平和工程素养潜力；第二阶段是对学生在完成相关课程后的评估，以了解学生在课程中的收获与成效。同时，通过能力与兴趣分析为学生推荐适合进一步学习的课程；第三阶段是自主拓展和研究课程修完后，对学生在校期间获得的工程素养进行评估，帮助学生合理规划升学与就业目标，为学生持续发展提供保障。

评价量表的优势是精确且科学严谨，线上评价工具和平台的优势在于大数据计算功能、可视化呈现方式和更快捷便利的过程性与个性化评价流程。二者的协同整合使其能更好地满足跨学科课程对过程性、多样性和多维度评价的特殊需求。

二、对课程建设的评价

通过对跨学科课程在建设层面的评价，可以考察课程的设计是否合理、规范，是否符合跨学科课程的属性，是否具备跨学科课程特征，以及是否拥有较好的跨学科育人价值。

从上海市控江中学的课程设计和实施的评价量表中可以发现,学校对跨学科课程的要求是要围绕核心素养,体现跨学科特点,凸显学校办学理念,符合学情,并聚焦于学生发展(表2-14)。

表2-14 上海市控江中学的跨学科课程评价量表(课程设计和实施评价部分)

一级指标	二级指标	三级指标	分值	评分
跨学科课程设计和实施 40%	规划	课程目标设置围绕六大核心素养的培育,体现跨学科特点、聚焦创新素养的培育	4	
		课程目标设置与本校办学理念、校园文化相符	3	
		课程目标设置符合本学段学生心智发展的认知水平,聚焦学生发展指导	3	
	规范	有比较完整的课程方案,课程资料形成文本积累,定期更新修订	3	
		课程内容选择能适应多样化学习需求,有学期、单元、课时或活动具体设计	3	
		设计使用科学评价量表,定期形成反馈	3	
	资源	拥有来自高校、科研基地、社区等校外资源,线上线下资源体系相辅相成,资源在校内外共享	3	
	实施	教育教学过程体现跨学科课程目标,落实明确、具体、合理,切合学生实际	3	
		理论学习和实践活动有机结合,教育教学过程组织合理、过程有序、环节完整、确保安全	3	
		是否基于真实情境进行各种教学资源和内容的有效整合,主题内容突出	3	
		教学方法得当,能兼顾全面需求和个性发展需要。教学策略丰富,各类工具使用得当	3	
		跨学科课程要素恰当渗透,彰显特色,能有效引导学生主动学习和探究活动	3	
	成果	有相关教研成果、学生成果,有可示范、可辐射、可推广的经验	3	

为体现学校"人文厚实、理工见长"的办学理念,上海理工大学附属中学的评价量表突出了技能、科技、创新和现代化等凸显"尚理文化"的评价要素(表2-15)。

表 2-15　上海理工大学附属中学的跨学科课程评价量表

评价内容	评价指标	评价量化
课程开发目的和意义	＊与国家、地方课程密切联系 ＊对学生各方面素质提高有现实意义 ＊课程宗旨较好体现现代价值观念 ＊对学生技能和创新意识培养有切实帮助	
课程目标的确立	＊目标明确、清晰 ＊知识目标、能力目标和情感目标具体 ＊能考虑学力分层的因素，贯彻因材施教的原则	
课程内容	＊体系完整，层次分明，教材框架清晰 ＊编排科学、启发性强，突出能力 ＊新科技、新观点、新方法含量高	
课程评价	＊评价可操作性强、方法科学、具有激励性和制约作用	

容易发现的是，学校的跨学科课程评价都力图呈现课程的规范性、核心素养的落实度和学校的办学理念及特色。有关跨学科课程独具特色的跨学科属性、特征和育人价值的分析、讨论方面的评价，还需要在课程建设的持续提升过程中逐渐具体和深入。

对此，我们需要研究和细分跨学科课程在教与学上特有的指标或量化标准，以此区分于其他课程而凸显跨学科无可替代的育人价值和独特魅力。

三、兼顾学生学习情况和课程跨学科特色的过程性评价

跨学科课程设计和实施过程中的"以终为始"是一个从学习结果开始的逆向思考过程。

贯穿于教学全过程的评价优化课程体系是指教师借助评价标准，从教学设计阶段将评价纳入教学全过程，以追求在设计教学活动的过程中体现过程性评价。其目的是收集对学习期望的反馈，从中分析教学效果，进而改进与优化课程本身。

上海交通大学附属中学的跨学科课程评价设计，强调以关注评价为先的整合评估标准和工具，首先设计课程实施的过程性评价和对应标准，然后再根据评价方法和评价标准设计课堂环节，如以"基于学习预期，教师设计的评价目标""学生举证质量的测量""观察记录表""访谈表"等方式记录并归入"学生跨学科学习档案"（表 2-16）。

表 2-16　上海交通大学附属中学基于学习预期设计的评价目标

预期目标	概念、技能及方法的学习预期表现	评价方法
概念理解		
技能使用		
方法掌握		
素养体现	观察学生学习表现，在可见的素养前打勾 ☑ 记录并描述证据	
	☐ 学会学习	
	☐ 实践创新	
	☐ 责任担当	

在厘清课程目标，明确评价设计指向的前提下，确定系列评价目标，同时从证据的数量和质量两个维度收集学生的学习证据（如表 2-17）来评价学生掌握这项能力的程度，以加强学习过程的评价。

表 2-17　上海交通大学附属中学学生信息筛选与文献引用标注评价框架

评价维度			发展水平			
			起步(D)	发展中(C)	达成(B)	典范(A)
信息筛选	外证据	来源	直接选用一篇网文	1. 政府网站(各部委、各地政府、新华社等) 2. 大学、研究所、科学院等官方网站 3. 纸质专著和期刊	1. 正规学术期刊数据库 2. 政府网站 3. 大学、研究所、科学院等官方网站 4. 纸质专著和专业期刊	同"达成"水平的描述
		发布者	没有考察发布网站与发布者	1. 专业知识生产机构 2. 权威部门	1. 了解发布者的法定或专业角色 2. 专业知识生产机构 3. 权威部门	同"达成"水平的描述
	内证据		无要求	无要求	无要求	能够从被引用者的学术贡献、引用文章的观点和自己研究内容的关联来阐述引用的理由

(续表)

评价维度	发展水平			
	起步(D)	发展中(C)	达成(B)	典范(A)
引用标注	简单地标注了一个网址	按照国家标准《文后参考文献著录规则》(GB/T7714－2006)标注了文献出处,但包含2—3处错误	按照国家标准《文后参考文献著录规则》(GB/T 7714－2006)标注了文献出处	同"达成"水平的描述

说明:等级评价从高到低依次为 A、B、C、D

简单来说,举证越多能力越强,举证的质量越高,越说明学生在寻找证据时对证据的可信度具有高要求。这样,学生的学习不再是简单的收集证据,而是会运用更多途径并有针对性地选择途径去收集和阅读证据。

跨学科学习的根本目的是为了探究真实世界,解决实际问题。问题的探究和解决是一个研究性学习的过程,所以过程性评价在跨学科课程设计中显得尤其重要。它可同时用于评价学生的研究能力和课程的跨学科研究特征。

以杨浦区在初中学段基于科学学科开展的"动手做科学"跨学科活动项目为例(表2－18)。其学习评价从发现并提出问题到研究问题,再到解决问题,既体现了对学生学习的过程性评价,也完美地呈现了定量描述、数据分析、因果推理等超学科的科学思维层面的内容,以及科学、技术与工程的跨学科整合流程,从而具体而有条理地展现了课程的跨学科特色,以便于对课程的跨学科特征和育人价值进行更有效的评价。

表2－18 "动手做科学"跨学科课程子项目学习评价表

评价维度	评价板块		评价水平			
			优秀	良好	一般	合格
科学探究	提出问题与猜想					
	计划制定与实施					
	证据收集与解释	用简单的实验仪器进行定性定量的观察和实验				
		准确记录实验现象或实验数据				
		通过比较、计算、描点绘图等方式对收集的信息进行分析				

(续表)

评价维度	评价板块	评价水平			
		优秀	良好	一般	合格
工程技术	进行简单的因果推理,归纳出较为科学的结论				
	对结论做出科学的解释				
	结论反映了对假设的全面分析,假设与结论间有很好的逻辑关系				
	结果交流与反思				
	问题思考与草图绘制				
	自主设计与动手制作				
	检验迭代与创意改进 / 检验是以经过深思熟虑和有效的方式开展				
	开展了多次试验				
	搜集的数据与问题相关,并/或组织良好				
	搜集到的数据被用于对产品的设计/蓝图做出恰当的修改				
	所有修改都是经仔细思考后呈现的				
	问题解决与交流宣传				

当然,在对跨学科课程的跨学科性进行评价的时候,我们需要避免一个误区,即跨学科的育人价值不是以该课程所跨学科的丰富度来衡量的,而应该关注在研究和解决问题过程中学生所采用的跨学科方式。

事实上,从"解释移植"到"互补共融",再到"联动服务",最后至"横向断析",其跨学科程度是在逐级递增的。

以"量算氢氧化镁的盐酸溶液的酸度"这个跨学科问题为例。我们首先要利用分析化学方法或仪器测定相关物质的量和浓度,再以物理化学中关于化学平衡的理论建立反应方程式,并列出离子浓度方程。随后,利用数学方法将离子浓度方程转化为多项式方程,可以使用代数方法求根,对于高次方程,则需要利用计算机进行数值求解,并利用分析学方法计算解的精度。

在这样的过程中,源自问题解决的驱动,致力于解决单一学科无法解决的复杂问题。通过将精确的定量实验、数学建模、数值计算方法、计算机技术等这些"高大上"的横断科学的理论和方法进行整合来探究问题的解决方式,这便是

"联动服务"式的跨学科研究方式。

当我们通过过程性评价,将跨学科研究和解决问题的流程一一分解出来时,其课程的跨学科属性、特征和育人价值似乎也就不言自明了。

当然,以上各观察点最终是需要以学生这一学习主体的表现为呈现,才能获得反馈,进而提升课程建设的。所以,对学生学习过程中的观察,也需要有比较适切的获得途径和构成方法。于是,对课堂内教学过程中学生的表现性评价,可由教师评价、学生互评以及学生自评等多种方式组成。课堂外的评价记录,可由授课教师、访谈教师、其他同学以"观察记录表""访谈表"等方式记录,并归入"学习档案"。由此,通过梳理对教师教学及学生学习的反馈等不同维度获得的表现性评价和过程性评价,以推动课程设计与实施的改进和优化。

第七节 | 课程框架的构建

我们常常会满足于教学设计和实施,满足于一堂精品课的精彩表现,但教学不同于课程。教学只是课程中的一个核心因素,课程是在一个主题统领下的一系列教学活动所遵循的规范路线。这个起统领作用的主题是多样性的。它可能是一个单学科或跨学科,也可能是一个研究对象、一种认知方法、一个探究问题或一类主题活动等。

显然,教学需要课程来规范,否则会显得凌乱而令人不知所措。

同样,课程涵盖了理念、目标、纲要或标准、资源、活动设计和实施、方法指导、教材、评价、师资、后勤保障等各个方面。于是,课程本身也需要一个梳理整体结构的建设框架来指引其形成、发展和完善。

再以"动手做科学"为例。一个好的课程建设框架应包括课程的各个要素,以及各要素间合理的结构关系。再配以可视化的易于理解的关系图,以完整且有条理地呈现出课程建设、实施、运维或改进更新的操作流程。

一个科学规范的课程建设过程应包括如图2-5所示的准备、计划、测试、实施和总结等各阶段。为了增强可操作性,可按照操作时间顺序,利用流程图模型来一一呈现。

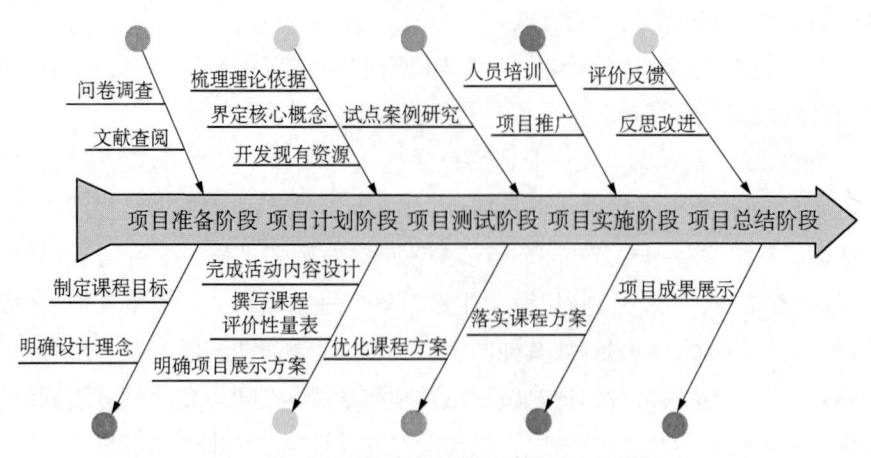

图 2-5 "动手做科学"跨学科课程建设框架

值得注意的是,该课程框架强调了试点研究、人员培训和项目推广。从单学科教学过渡到跨学科教学使得课程的复杂性和前沿性大大提升,课程实施对教师素养的要求也显著提高,这种客观事实促使我们在课程建设过程中要比以往更关注课程的可操作性和教师的跨学科专业素养。

跨学科作为一种研究方式并不是新生事物,但基础教育阶段的跨学科课程确实是一种崭新的尝试。

跨学科课程的理念是先进的,对学生发展和社会进步的重要性也是公认的。但如何让跨学科教学过程变得科学、合理且有序,是跨学科教师目前所急于想知道的。那么在我们孜孜不倦的求索过程中,规范而系统的跨学科课程建设一定是求得该答案的必经步骤。

践行

第三章

跨学科课程的小学行动

将知识按照学科来划分展开分科教学,有利于学生对知识体系的整体把握和理解,但割裂了学生与真实世界的有机联系。

进入 21 世纪,各地的学校教育走向开放、多元,对人才的需求走向综合、创新。学习方式也逐渐转向重新整合学科知识,提高学生综合运用知识去观察问题、分析问题、解决问题等能力的跨学科课程。

我们选取部分与价值取向相符合的观点进行梳理与分析,并结合区域小学跨学科课程构建的实践经验,为小学跨学科课程的研发提供参考路径。

例如:采取"分级构建"的策略展开跨学科课程体系建设,以大概念为锚开展逆向教学设计,通过"明确预期结果""确定合适的评估证据""设计学习体验和教学"三个阶段来设计单元学习活动。

第一节 | 基于内涵理解的跨学科课程

"跨学科"一词最早出现于20世纪20年代,并逐渐成为一种课程教学理念。[1] 不同学者从不同的角度对跨学科课程进行了界定。

米尔(Mill)和加德纳(Gardner)等认为,跨学科课程的基础是多学科间智力工具的应用。因此,真正的跨学科课程就是遇到那些用单一的学科知识不能彻底解决的问题时,自动运用不同学科的思想观念和思维方式加以解决的学科。[2] 雅各布斯(Jacobs)认为,跨学科课程是一种学科视角和课程方式,通过有意识地运用方法论和认识论,从多学科领域检验那些重要的主题、问题、难题、话题或者经验。[3]

20世纪90年代开始,我国陆续有学者对跨学科课程进行研究。蔡蓉认为,跨学科课程是指对课程内容和结构加以组织和融合,形成课程的横向联系的结构。刘定一把跨学科课程界定为超越学科界限,以实际生活中的主题来组织课程,学生从中习得各种各样的知识、经验、技能的课程。[4]

还有人认为,跨学科课程可以被定义为一种组织课程的方式,即"使课程超越学科的界限,关注综合性的生活问题"。

可见,跨学科课程是需要将相邻或相关的学科进行融合,形成新的课程形态的学习活动。

综上所述,我们认为跨学科课程具有以下几个方面的含义。

---

[1] VARS G F. Integrated curriculum in historical perspective [J]. Educational Leadership,1991,49(2):14-15.
[2] WINEBURG S E,GROSSMAN P E. Interdisciplinary Curriculum:Challenges to Implementation [M]. American Secondary Education,2000.
[3] JACOBS H H. Interdisciplinary Curriculum design and implementation[M]. Alexandia:ASCD,1989:1.
[4] 刘定一. 系统课程:无人区中的跨学科课程[J]. 上海教育科研,2013(4):4.

第一，在课程目标上，以解决真实问题为目标的实践活动，具有情境性、社会性和实践性等特点，旨在提升学生综合运用知识来解决问题的能力，增强学生对世界的整体认识；第二，在课程内容上，是具有内在逻辑或价值关联的两门或两门以上的学科知识、能力或情感的整合；第三，在课程组织上，按照非学科的逻辑，以学生的兴趣和需求为出发点，以学生感兴趣的主题或问题为逻辑线索来组织课程；第四，在课程实施上，强调认知情景的创造，学生在具体情景中展开具身学习。在学习样态上，根据艾德加·戴尔（Edgar Dale）"学习成效金字塔"理论，教师在课堂中更多地采用学生表演、小组合作学习、"做中学""教别人"或"马上应用"等方式；第五，在课程评价上，关注学生在课程学习过程中的表现与能力发展。

跨学科课程起源于国外，发展于国外。

美国作为跨学科课程的发起国，在 K-12 教育阶段重点关注跨学科教育，大力倡导跨学科教师进行实践研究，鼓励全面开展跨学科教育。英国、德国对跨学科课程的研究也逐渐提上日程，在政策、财力上积极推进。澳大利亚、日本通过对国际上先进教育理念的汲取，在跨学科方面尤其关注人才的培养。

国外的跨学科课程一般以生活实际问题为情景，设计基于项目的学习研究，旨在培养学生的创造思维、协作精神和问题解决能力。具体包括五个步骤。首先，明确课程目标。在确立跨学科课程目标时，教师可以先列出 5 至 15 个教学目标，并在此基础上建立学习目标图（Learning Goals Map）。所有教师交流、共享教学目标，并以此确定共同、核心的跨学科课程目标。其次，确定课程主题。依据内容视角的不同，主题可以被划分为概念（如文化、自由）、话题（如社会、合作关系）与类目（如传记文学、科学小说）等三大类型。主题的确定通常由师生通过头脑风暴的方法共同完成。接着，开发"实质性问题"（Essential Questions）。"实质性问题"是指与主题相关、能包含课程目标、无绝对答案的问题，通常一个跨学科单元应开发 4 至 6 个"实质性问题"。再接着，进行教学活动的设计。最后，反思跨学科课程。[①]

我国跨学科课程的开发一般以项目任务和实践步骤为导向。其过程为：先根据具体实践活动，对开展这些活动需要具备的能力和包含的行为进行深入细致的分析。再根据分析的结果选择具有综合能力和技能的典型实践行为构建

[①] 刘文，李丽霞.美国中小学跨学科课程述评[J].现代中小学教育，2012(7)：74—78.

学习领域,并以书面形式加以陈述。最后,本着先易后难、由浅入深的原则,结合实践活动及其联系,采用若干个学习单元完成学习领域的构建。①

如将国际 IB 课程在中国进行本土化重构,展开凸显校本特色的跨学科项目化学习。又如以综合实践活动形式,将生活情境中发展的问题,转化为跨学科课程学习主题,在一定程度上强调多学科知识的学习和运用。

跨学科课程的设计与实施备受国内外学者的关注,并取得了一定的研究成效。但由于目前尚未有明确的课程标准和成熟的课程方案,我国跨学科课程的研发还处于起步阶段。为避免由实践偏差所导致伪跨学科课程现象的出现,还需要从课程视域下,就跨学科课程的组织方式和形态进行深入细致的研究。

第二节 | 大概念统整下的跨学科课程

在明晰跨学科课程的价值取向与典型特征的基础上,我们将跨学科课程理解为整合两门及以上学科的观念和方法为内容,以综合探究性质为课程形态,多以主题式综合实践活动为样态来呈现的一种课程范式。

具体而言,就是将两种或两种以上学科融合起来,模糊学科界限以生成新的思维逻辑,探究一个问题或主题,引导学生围绕共同主题展开探究性学习,综合运用所学来解决复杂的现实问题,进而获得跨学科能力的发展。

课程体系的构建是一项庞大的工程,基于学校育人目标的跨学科课程体系构建也是如此。这其中蕴含着多个小体系,需要周密的研究计划和艰苦的实践探索;需要在大概念意识下,统整课程目标体系建设的总体路径和关键技术、活动内容的结构设计与课堂形态,以及教师研修等多维度的跨学科课程行动。

跨学科课程构建路径的逻辑起点是对跨学科课程内涵的把握。因此,可以采取"分级构建"的策略开展跨学科课程体系建设(图 3-1)。

"分级构建"策略应用于跨学科课程体系建设的步骤为:跨学科课程的概念厘定—核心素养的校本化解读—跨学科课程目标的确立与细化—跨学科课程框架的构建与优化—跨学科课程(试点单元)的设计与实践—跨学科课程(试点

---

① 周波.跨学科学习领域课程的建设[J].基础教育课程,2018(22):14—19.

第三章 跨学科课程的小学行动

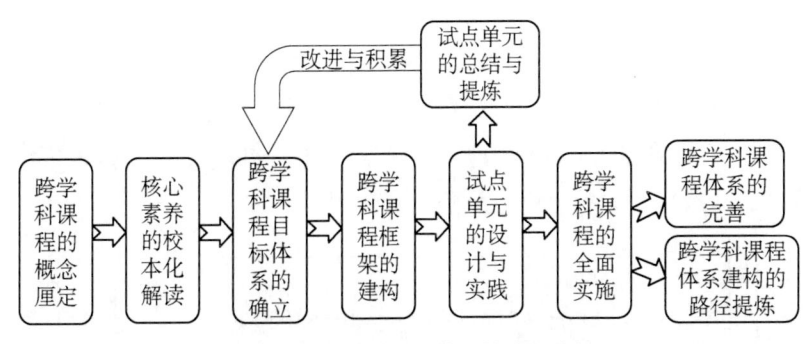

图3-1 跨学科课程体系的建设路径

单元)的优化与工具提炼—跨学科课程的全面实施—跨学科课程体系的完善—跨学科课程体系操作性工具的提炼。

"分级建构"策略还可应用于诸如课程育人目标体系等的构建(图3-2)。

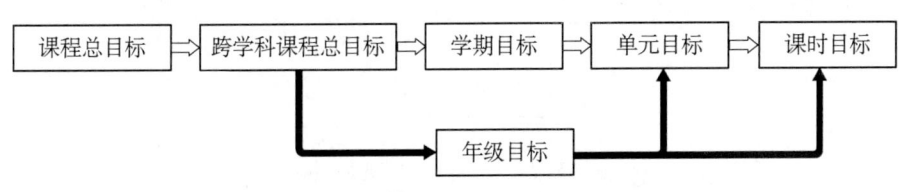

图3-2 跨学科课程育人目标体系的构建

跨学科课程育人目标体系的构建可分解为学校育人目标的转化、跨学科课程目标的确立、跨学科课程目标的分解等多个环节。其中,跨学科课程育人目标通过"课程总目标—跨学科课程总目标—学期目标—单元目标—课时目标",形成自上而下的育人目标体系。再通过"跨学科课程总目标"与"年级目标—单元目标—课时目标"之间的对应,形成学校跨学科课程的各级目标。通过检验与调整各层级目标之间的对应与适配程度,使课程目标构成一个具有一致性、递进性,并相互关联的有机整体。

在跨学科课程体系建设的完整推进路径中,任何环节的实践都必须遵循各自的构建原则。这其中包含着各自的构建技术,如课程目标分解的关键技术、课程框架构建的技术路径等。

比如,课程目标分解的关键技术中,课程目标确立的路径为:依托"课程矩阵"找出育人目标落实的弱点—提炼跨学科课程的关键要素—确立与诠释跨学科课程总目标。跨学科课程的育人目标体系构建则依照"分级策略"实施(见图

3-2)。

比如,课程框架的构建,从整体布局入手,以学习板块、学习主题和学习单元为抓手,按照"根据育人追求厘定课程目标—根据课程目标确定学习内容—根据学习内容选择学习样态—根据学习样态匹配评价方式"的路径来构建跨学科课程框架(图3-3)。

图3-3 跨学科课程框架构建技术路径

以平凉路第三小学为例。学校研判课程目标、课程内容、课程实施和课程评价等课程要素,制定课程实施方案,构建了"滨江DREAMS"跨学科课程框架(图3-4)。

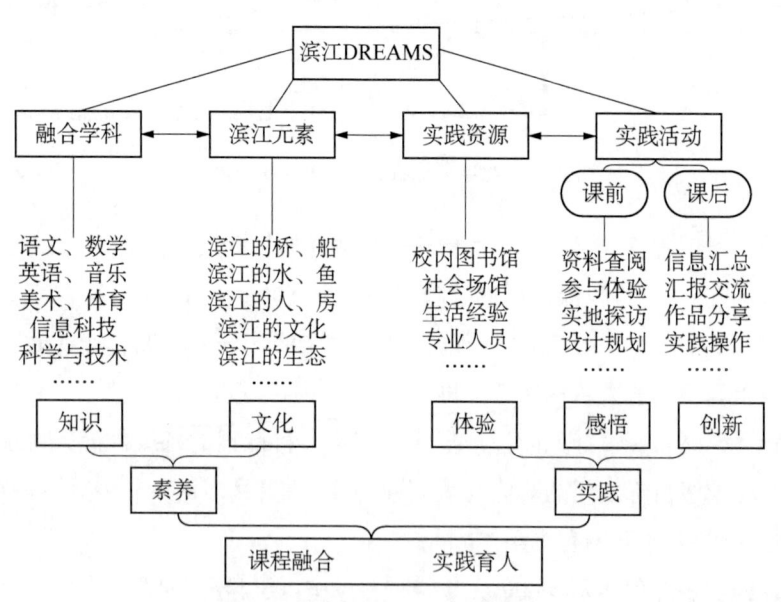

图3-4 "滨江DREAMS"跨学科课程定位

课程体系构建的逻辑起点是对课程价值定位的把握。课程以核心素养的培育与迁移应用为中心,依据"知行结合、内容整合、方法综合、价值契合"原则,通过课内外结合,学科间整合,活动中弥合的方式,实现"整体的人"的发展。

在建设一所师生共同喜爱,生动成长的学校的办学愿景下,学校形成"三有

"三会三能"的育人目标;期望能够借助跨学科课程独有的育人价值促进学校育人目标的均衡化落实。

学校通过绘制课程矩阵来评估学校育人目标落实程度,发现在"三有三会三能"育人目标基于板块处于基础地位的"有修养"维度落实得还不够,在"三会"和"三能"维度,处于要求层次最高的"会学习"和"能创新"这两个维度还有待加强。此外,"有修养""会学习"和"能创新"三个维度的落实需要信息整合、知识构建、迁移应用和问题解决等特征的深度学习过程。

为此,学校将"滨江 DREAMS"跨学科课程总目标具体表述为以下四个方面。

一是获得对家乡文化的认同感和归属感,能够做滨江文化的传播者和践行者;二是形成创新思维,通过动手操作实践,能够将创意物化;三是掌握学习的有效方法与策略,能够成为自主的终身学习者;四是具有迁移能力,能够在不同的情境下,综合运用所学(包括知识、技能和各种思维方式)去解决复杂的问题。

确定目标后,学校着手设计并形成与课程目标相匹配的内容标准。最终从整体布局入手,确定以课程板块、课程主题、课程单元三个层级构建"滨江 DREAMS"课程的结构系统。

杨浦滨江在人文、生态、科技方面有着非常丰富的教育资源。因此,课程框架分为"人文滨江""生态滨江"和"科创滨江"三大板块。随后,对各板块的学习目标、学习内容和学习方式进行系统的思考。把"迁移应用"的目标贯穿三个板块的始终。除此之外,各板块以重点落实一个跨学科课程目标为主轴,构建与学生身心发展密切结合的教育内容体系,实现课程结构和功能的优化。

"人文滨江"板块重点落实"文化认同与理解"的跨学科课程目标。通过文旅结合的方式,运用资料学习、聆听故事、实地探访等形式,组织学生探寻优秀历史建筑和致敬身边的先锋人物。

"生态滨江"板块重点落实"学会学习"的跨学科课程目标。该板块以程序性知识为核心,通过观察、实验、制作等小组合作探究活动,在学习滨江水生动植物基本知识、掌握实验基本操作技能、了解滨江的生态理念与系统的同时,教会培育学生的思维方式和探究技能,引导学生掌握有效学习的方法与策略。

"科创滨江"板块重点落实"实践创新"的跨学科课程目标。该板块依托场馆和高校资源,通过实地参观、原理探秘、动手操作、产品创作、实验改进等活动,学生在体验现代科技所带来的幸福感的同时,就现有材料展开科技创新,实现创意物化。

同时,通过"立足历史与现实特色""立足兴趣与生活需求"以及"立足年龄与学段特点"这三个"立足",来确定学习主题与单元。

综合考量具体板块的目标与定位、杨浦滨江的各类资源、依托场域资源所能设计的活动、学生的年段特点与兴趣爱好以及基础型学科课程的融合度五大因素,形成板块的学习主题。

各主题下设三个学习单元。各学习单元按照了解、感知、体验、探究、实践、创新六大水平维度层层推进。如"桥之韵"主题下设桥见历史、桥见友谊、桥见未来这三个学习单元。每个学习单元内容的构建按照五大步骤进行课程设计。

学校通过基于目标、立足特色、快速迭代的方式,对"滨江DREAMS"跨学科课程框架进行了优化设计,初步确定每个板块的学习目标、学习主题、学习内容,形成跨学科课程图谱(见图1-12)。

跨学科课程框架的构建路径可具体确立目标体系、挖掘场域资源、匹配课程内容、组织内容序列等步骤。

第一,确立目标体系。课程目标是对育人追求的回应。因此,需要在厘清育人追求的基础上,对课程目标进行分解,形成自上而下的目标体系。各学习板块分解落实课程目标,同时各学习板块又形成课程合力,共同指向跨学科课程总目标,共同指向学校育人追求。

第二,挖掘场域资源。校本课程的建设离不开校本资源的支持。每所学校周边都有非常丰富的场域资源,如高校、社区等等。跨学科课程的构建通过对原有场域资源的再挖掘,将这些看得见、摸得着、走得近的场域资源变成最鲜活的教育载体。

第三,匹配课程内容。学习内容和学习方式是将课程目标转化为学生能力的纽带,在跨学科课程框架的构建中起承上启下的重要作用。因此,在匹配课程内容时,以课程目标为领域和界限,根据每个学习板块的学习目标,通过对主要培养什么能力、能力培养到什么水平等问题进行综合考量后,对课程内容和学习方式进行选择和取舍。

第四,组织内容序列。在内容基本确定的基础上,借助课程理论,根据学生的身心发展水平对各个学习单元进行组织,使得内容纵向上与学生的认知发展水平相衔接,横向上各板块相贯通。学校跨学科课程分别用问题导向、情景体验和任务驱动等方式来建立符合学生认知特点和兴趣意愿的分层递进、螺旋上升、整体衔接的内容序列。

跨学科课程的设计则可以引入以大概念为锚的逆向教学设计。以学生对大概念的深度理解为追求，创建真实的驱动性问题和成果，用高阶学习包裹低阶学习，让学生经历模拟专家创造性问题解决的过程。

以大概念为锚的逆向教学设计，通过"明确预期结果""确定合适的评估证据""设计学习体验和教学"三个阶段来设计单元学习活动。

第一阶段是"明确预期结果"。

该阶段要明确当课程或单元学习结束后，学生应该知道、理解和具备的能力。在此阶段，需要弄清几个关键内容，分别是大概念、本质问题、驱动性问题和概念性理解，尤其是要建立好彼此之间的关联（图3-5）。

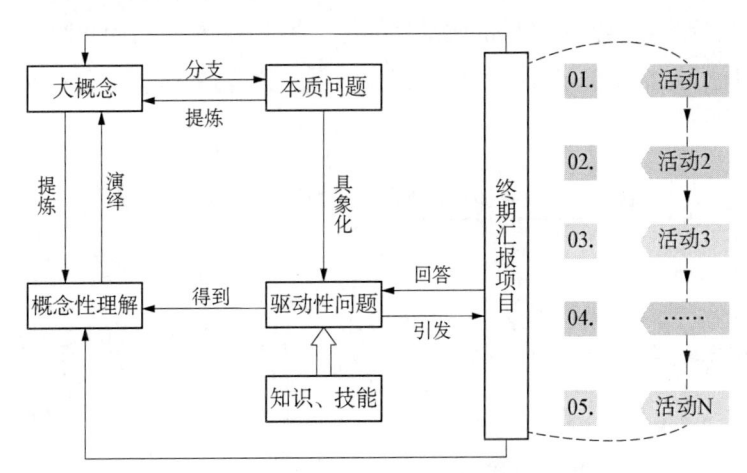

图3-5 "滨江DREAMS"跨学科课程设计参考框架

首先是大概念的提出。大概念的提出主要以滨江资源为基础，具体分三个步骤制定：一是深度挖掘滨江资源背后的教育意蕴；二是结合具体场域，逐步抽取出该场域的核心内涵；三是综合考虑主题单元教学内容和学生的年段特征，挖掘核心内涵背后的价值与意义，最终确定大概念。

其次是本质问题的明确。本质问题是连接大概念和驱动性问题的桥梁，具有永恒性、普遍性的价值，是学科或者人生发展历程中最有意义的东西。比如关于"桥梁"的概念，可以将其转化为：什么是桥？又比如说"创新"，可以提出：如何在继承传统的基础上进行创新？再比如"能量"，可以提出：能量是如何循环的？对这些本质问题的回答，甚至能影响学生的一生。

最后是驱动性问题的提出，就是将比较抽象、深奥的本质问题，转化为适用于特定年龄阶段学生感兴趣的问题。一个好的驱动性问题能营造一种由求知欲驱动的学习氛围，持续维持着学生的注意力。引导学生在寻求解决的过程中积极寻找问题的解决方案，不断补充知识，开展探究，收集证据和辩论观点，持续推动项目进程并获取最终成果。

好的驱动性问题具有以下五个特点：一是情境性，与学生所处的社会生活相联结；二是挑战性，具有一定的认知负荷；三是可行性，符合学生的年龄特点与知识能力水平，学生能够在各自努力和相互的合作下解决；四是开放性，问题能够调动学生的批判思维和创新思维；五是有趣味，当老师把这个问题呈现给学生的时候，至少大部分学生听起来是觉得有趣的、激动人心的。

学校参照安德鲁·米勒的驱动性问题分类框架，将驱动性问题分为哲学/争议导向、产品导向与角色导向三种类型，并提供相应的样例供教师参照（表3-1）。

表3-1 安德鲁·米勒的三种驱动性问题类型与特点

类型	特点	举例
创意物化的驱动性问题	学生需要将创意物化做出相应成品	作为一名节水小卫士，如何运用生活中常见的东西设计制作节水装置？ ——《一滴水的旅行》
角色带入的驱动性问题	学生需要将自己看作是在真实世界中的某个人物	做国际小导游——为英国曼彻斯特博尔顿小学的师生介绍杨浦大桥。 ——《欢迎您来瞧一桥》
问题导向的驱动性问题	学生对日常生活中具有争议的问题进行探索	如面临两难抉择的时候，我们该如何选择？ ——《致敬先锋人物》

第二阶段是"确定合适的评估证据"。

成果的终期汇报是学生在课程终点所产生的有意义的活动，是学生驱动性问题的回应，也是学生对学习内容的深度理解和可视化表达。

以"探秘皂梦空间"为例。杨浦滨江畔的上海制皂厂承载了上海百年工业的历史和上海人对化工生活用品的记忆。随着时代的变迁，肥皂的材质、制作工艺和市场需求都发生了变化，为此制皂厂也进行了相应的改革和创新，以满足现代人的个性化需求。由此，提炼出"变迁""传承与创新"的单元大概念，设计终期表现性任务——在皂梦空间开一家"滨江创皂"主题的快闪店,设计带领学生从历史、经济和工艺三个维度去探究肥皂。

学生将会学习上海制皂厂的发展变迁、不同时代人们对肥皂需求的变迁、制皂工艺的变迁。同时,在传承制皂工艺与工匠精神的基础上,利用现有环保材料制作一块有滨江印记、满足现代人需求的肥皂。通过实物展品、沉浸式体验、数字科技互动等方式,展现肥皂的文化内涵与魅力。

第三阶段是"设计学习体验和教学"。

设计学习体验和教学是聚焦大概念和终期汇报任务的完成。设计一个个环环相扣的学习序列,引领学生在解决问题的过程中实现对知识的掌握、技能的提升,进而获得概念的理解和素养的达成。

该阶段按照"任务推进的逻辑",以终期汇报任务为主线,在一个大任务统领下做一件事情的过程中,一系列任务和一系列活动相互关联,先后有序,引导学生自己提出问题,并经过思考自己解决问题,从而形成以课程内容为组织的"逻辑链",即"学习模块+任务链+活动组=指向终期汇报任务完成的学习路径"。

跨学科课程是一个长周期课程,需要将终期汇报任务进行分解,形成若干个学习模块。每个学习模块中,遵循"为了完成某个特定的任务,需要获得什么样的知识与技能"这样一种思路,形成若干任务序列,从而形成主线。通过以"活动组"为单位,完成一系列任务以推动课程的进展。以完成任务为目标,把学习内容巧妙地隐含在每个任务中。在完成任务的同时,让学生获得概念的理解。

如"桥见历史",设计了以下几个活动组(表3-2)。

表3-2 "桥见历史"活动单元

模块	任务	活动
启动课程	任务1:明确终期汇报任务 任务2:组建学习小组 任务3:制定工作方案	活动1:思考:如果没有桥,我们的生活是怎样的?世界上最早的桥是谁发明的?它又是怎样的? 活动2:鉴赏:世界各国桥梁合集 活动3:介绍终期汇报项目 活动4:组建团队,小组制定完成终期汇报项目的工作方案,列出清单或绘制图表

(续表)

模块	任务	活动
我国桥梁发展史	任务1:了解我国桥梁发展史 任务2:参观同济大学桥梁馆 任务3:绘制我国桥梁发展史的时间轴	活动1:观看视频《中国桥梁的发展》 活动2:通过多种途径了解我国桥梁发展的历史 活动3:参观同济大学桥梁馆 活动4:讨论与分享:我国桥梁发展的历史
探究某一阶段的桥梁	任务1:探究我国桥梁发展史上每个阶段的特点 任务2:绘制某一阶段桥梁的小报	活动1:阅读:儿童桥梁建筑科普读物《桥梁》 活动2:讲座:《各个时代的桥》 活动3:探究-思考-分享:各个时代,我国的社会经济状况、工程技术、建筑美学是怎样的? 活动4:绘制:某一阶段桥梁的小报
策划"桥见历史"的主题微展览	任务1:明晰主题微展览的内容与形式 任务2:策划:形成"桥见历史"主题微展览的策划书	活动1:游览"伟大历程辉煌成就——庆祝中华人民共和国成立70周年大型成就展"数字化网站展馆 活动2:思考与交流:为什么要举办微展览?微展览需要呈现什么内容?怎样才能举办一场微展览? 活动3:讨论:我们该如何设计我国桥梁发展史的主题微展览?
举办"桥见历史"的主题微展览	任务1:完成"桥见历史"微展览的筹备活动 任务2:举办"桥见历史"主题微展览	活动1:各小组选择一个时代,对该时段的桥梁发展史进行布展准备,完成展板设计与布置、解说词的准备等筹备工作 活动2:微展览的试运行:轮组走展,对他人的展厅进行评价 活动3:根据其他小组的建议与意见进行调整 活动4:邀请低年级学生观看我国桥梁发展史的微展览

综上所述,我们可以发现课程设计有两条主线:一条是围绕问题解决展开的"创设驱动性问题—探究并解决问题—形成终期汇报成果"的"问题线";另一条是围绕概念理解展开的"确定大概念—构建大概念—应用大概念"的"概念线"。

在滨江课程的学习中,构建概念、应用概念与问题解决、产品形成是整合在一起的。学生探究问题、解决问题的过程就是构建和应用概念的过程。当学生能解决问题,并完成作品时,也就意味着他们理解了概念,拥有了概念工具。

跨学科课程的实施不同于传统课堂的教学模式,要体现学生"核心素养"培育的课程目标。我们认为,小学跨学科课程的深度实施应遵循真实情境驱动、学习方式多元、凸显学习经历、小组合作探究等重要原则。

真实情境驱动是指要开发和挖掘具有开放的实践情景和适当的活动空间,创设丰富多元的活动内容与任务情境,鼓励在校园、社区和自然环境中去感受,去模仿,去尝试。

学习方式多元是指要减少以教师传授和讲解为主的活动,避免学科化倾向严重的活动,提倡以游戏、参观、表演、情景模拟、现场体验、小实验、小制作、演讲等符合个性、彰显特长的表达和表现方式。

凸显学习经历是指要关注学生的亲身经历、实践体验与经验习得,充分体验在"做做玩玩"中学习,让儿童在各种有价值的经验中获得成长。

小组合作探究是指在课程的学习中,多以小组合作探究的方式展开,以满足未来社会对学生培养提出的更高要求。因为只有学会合作,才能更好地发展自我,才能更快地适应社会。

第三节 丰富的跨学科教师研修活动

师资是跨学科课程实施的关键。

无论以课程为单位,还是以学校等其他形式为单位,均应积极开展聚焦跨学科课程的教师研修。

"外引内驱"的整体推进研修是"理论学习+项目研修+实践探索"相结合的研修方式,为课程教师提供综合实践活动理论学习的源泉,搭建综合实践活动研修和实践的平台。比如,以学校为单位,各学习单元的教师团队每周举行一次教师例会,每次例会都做到"四有",即有主题、有重点、有收获、有记录。在例会中,团队教师针对课程设计与实施过程中遇到的难点和重点内容展开详细的讨论,分享优秀经验。

基于智慧多向传导的课程设计研修以成立"逆向设计深度研修工作坊"为表现。学校可以"板块-模块"为核心建立相应的工作坊,建设"团队共建—单元预研—量表导引—框架参考—头脑风暴—迭代设计"的结构化研究资源,形成诸如专家-工作坊整体的理论传导、工作坊核心成员-团队成员的实践传导、工作坊不同模块成员间的学习传导、工作坊-专家的反哺传导等各种多向传导模式,着力实现专业赋能,形成以梦想课程构建为核心的智慧传递链。

基于课程融合实施"1＋2＋N"领航教师的实践倡导学习活动实施配备"1＋2＋N"教师团队,即"一位领航教师＋两位核心教师＋N位相关资源教师",建立课程建设共同体,构建协同执行实施表,共同有效推进课程。

第四节 走进案例

教学案例3-1

会呼吸的雨水花园[①]

为了落实学校"三有、三会、三能"的育人目标,拓宽学习时空,开拓视野,提升实践创新及解决问题的能力,在深度挖掘杨浦滨江教育资源的基础上,有机融合学校资源,分析学情,开发了"会呼吸的雨水花园"主题实践活动。

我们通过设置终期汇报项目的驱动性任务,层层递进,采取课外分散和课堂集中两种形式,引导学生在真实情境中,综合应用各学科知识与技能,知道"雨水花园"的设计原理与意义,从而阐释生态系统中能量循环和生态平衡的重要性,进一步深化可持续发展的理念,激发身为滨江小主人的自豪感和社会责任意识。

经过三轮实践,课程实施取得了较为理想的效果,形成可借鉴和推广的课程设计、实施及评价方面的若干经验。

学生对"雨水花园"产生了浓厚的探究兴趣,并能阐释"雨水花园"的结构功能以及其中的能量循环,感悟了可持续发展的理念,增强了保护滨江生态环境的意识。在完成终期汇报项目的过程中,学生经历设计、制作等过程,不仅提高

---

① 本案例由上海市杨浦区平凉路第三小学施玉豪、许月提供。

了实践创新以及问题解决的能力,更增强了合作意识,激发了社会责任感。

一、内容说明

在杨浦滨江上有一个非常特别的花园——雨水花园。它充分落实"海绵城市"的设计理念,通过植物、沙土的综合作用使雨水得到净化,并使之逐渐渗入土壤,涵养地下水,是一处可持续的雨洪控制与雨水利用设施,是尊重原生态的经典与亮点。

这里符合学生的生活经历。他们对雨水花园的好奇生发了探究的内驱力。"为什么要叫雨水花园?""为什么这里会有这么一座雨水花园?""雨水花园是怎么设计出来的?"……这一系列问题随之产生。教师便以此为资源引导学生的探究兴趣。

基于上述学情,我们以杨浦滨江的"雨水花园"为切入,开发了"会呼吸的雨水花园"学习单元。"会呼吸的雨水花园"是"滨江 DREAMS"课程中生态滨江板块的内容之一,专为四年级学生设计,教学所需时长为一年(图 3-6)。

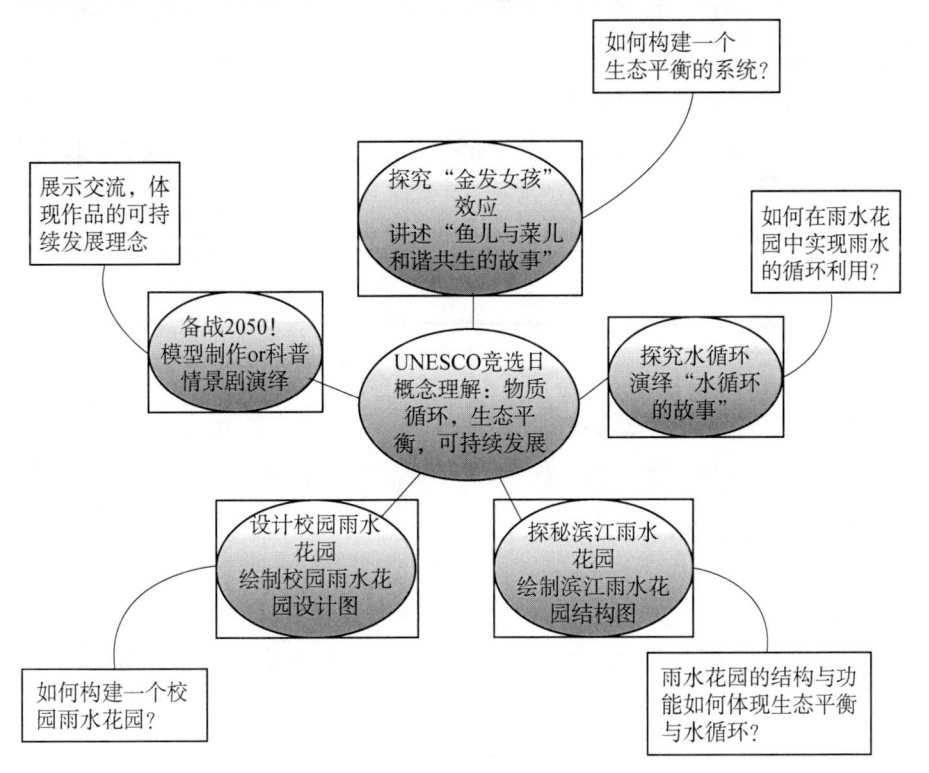

图 3-6 "会呼吸的雨水花园"课程图谱

该单元以滨江"雨水花园"为载体,按照"以大概念为锚"的课程框架,通过"确定预期结果—确定评价证据—设计教学活动"三步走的流程进行逆向教学设计。

在深度分析学情和场馆资源的基础上,结合中国学生核心素养,提炼出可迁移和应用的"大概念",即能量循环、生态平衡与可持续发展,并围绕"大概念"设计终期汇报项目。

我们通过设置终期汇报项目的驱动性任务,层层递进,采取课外分散和课堂集中两种形式相结合,引导学生在真实情境中,综合应用各学科知识与技能,知道"雨水花园"的设计原理与意义,从而阐释生态系统中能量循环和生态平衡的重要性,进一步深化可持续发展的理念。

二、活动目标

通过深度挖掘场域资源,结合校情和学情,制定以下活动目标。

（1）通过查阅资料、实地考察等活动,能阐释"雨水花园"的结构功能以及其中的能量循环,感悟可持续发展的理念,增强保护滨江生态环境的意识。

（2）通过绘制校园雨水花园设计图和模型制作,发展设计制作的技能,提高实践创新以及问题解决的能力。

（3）能用情景剧的形式演绎"水循环"过程,通过自信的表达,激发身为滨江小主人的自豪感和社会责任意识。

（4）在合作学习中表达自己想法的同时,能倾听同伴的想法,并与同伴分工合作完成任务。

三、活动过程

（一）绘制心中的"雨水花园"

老师带领学生走近雨水和雨水花园,探究其中的奥秘。

环节一:

（1）观察:图片——雨水,了解雨水是一种可利用的重要资源。

（2）观察:图片,文字讲解,指出雨水资源得不到有效利用的现状。

（由雨水资源得不到有效利用的现状,引出需要加大收集和利用雨水资源的力度,帮助学生了解雨水花园的意义）

（3）学生思考并讨论:雨水资源的浪费与有效利用。

环节二：

(1) 观察：图片——雨水花园典型剖面图，帮助学生初步了解雨水花园的构造和原理。

(2) 学生思考交流：雨水花园的构造特点。

环节三：

"藏"在杨浦滨江的雨水花园。

(1) 观察图片，文字讲解，了解杨浦滨江雨水花园的功能与特点。

(2) 学生思考交流：雨水花园的功能特点。

在老师的带领下，学生走进"雨水花园"（图3-7），完成学习单，探秘其构造和功能（图3-8）。

图3-7 学生走进"雨水花园"

图3-8 学生完成学习单

环节四：

(1) 发布课堂任务：画一画你心中的雨水花园。

(2) 学生活动：回忆雨水花园的基本构造，发挥想象力，设计并描绘心目中的雨水花园。

环节五：

(1) 课堂展示与评价：同学上台展示作品。

(2) 学生分享交流：就自主设计的成果，说一说雨水花园的构造和设计理念。

学生通过观察与讲解图片，了解雨水花园的基本构造、功能与意义，初步建立保护生态环境的意识，以及热爱家乡的情感。通过手绘心目中的雨水花园的课堂任务，巩固雨水花园的基本构造等知识，激发并引导想象力与创造力。

(二) 绘制"雨水花园"生态链

在学生了解了雨水花园的基本结构，并实地探访杨浦滨江雨水花园，获取更直观体验后，设计"绘制雨水花园生态链"活动。

学生通过讨论，掌握并运用雨水花园中的生态链特点，进行聚焦雨水花园生态系统的设计。通过查阅资料，完成植物库的选择，进一步发展信息提取的关键技能。以小组为单位绘制雨水花园生态系统，发展设计、制作的关键技能。并根据评价标准，找出设计图中的问题，分析原因，寻找解决方法，同时做出修正，发展科学严谨的规则意识。

环节一：情境引入，明确任务

(1) 回顾引入

回顾雨水花园生态系统的特点：一是独立的生态系统，二是植物都能净化水质。

(2) 提出任务，明确选址

学生化身为小小设计师，设计不同城市的雨水花园生态系统。通过PPT展现三座城市，并请同学们阅读城市简介，说出城市的特点（城市A温暖湿润，绿化空间小；城市B很冷，潮湿，污染很严重；城市C温暖，降雨量少，有台风）。

(3) 小组讨论：为雨水花园确定选址，并完成学习单。

环节二：设计和改进"雨水花园"生态系统

(1) 讨论：如何选择合适的植物？有哪些具体要求？（一是适合当地环境，

二是植物类型需要有所涵盖)

(2) 小组讨论并记录:阅读植物库,将选好的植物粘贴在学习单上。

(3) 全班交流:以评价表为依据,通过讨论,发现存在的问题。未达标的小组进行修改,其他小组进行进一步优化(表3-3)。

表3-3 关于"雨水花园"生态链绘制的评价

评价内容	★★★	★★	★
设计合理	能实现完整的生态链且包含多种动植物,完整且准确地介绍设计题图	动植物种类单一,但能实现完整的生态链,有简单的设计说明	生态链不能实现闭环,他人只看设计说明无法理解其设计意图
制作规范	比例尺、花园尺寸标准、剖面图、材料与动植物的种类和数量说明等设计图绘制元素完整且准确	遗漏1—2项设计图绘制元素	只绘制了主体,缺少3—4项设计图绘制元素
分析合理	能自己发现并分析问题,找到解决问题的方法并作出合理修改	能发现问题并简单分析,未能找到解决问题的方法	经他人提示,能发现问题

环节三:绘制"雨水花园"生态系统设计图

(1) 小组讨论并记录:将选好的植物粘贴在雨水花园设计图上。

(2) 全班交流互评。

(3) 小组评分反思:根据评价标准,我们的设计图可以得几颗星?为什么?

本节课,大部分小组完成了雨水花园生态系统的绘制。部分未完成的小组在课后继续完善。

在搭建雨水花园模型活动时,同学们能根据物体的特性分析设计的优劣,养成比较严谨的科学态度。

(三)"雨水花园"竞标会

环节一:回顾学习过程

(1) 活动告示:为推广以共同世界教育学(Common World Pedagogy)、可持续发展理念为核心的《2050年教育宣言》,即日起,联合国教科文组织(UNESCO)在全世界范围内向中小学学生征集生态城市、生态校园的优秀设计方案,并于近日举行学校评选和颁奖活动。请参与竞标的团队向UNESCO提交"雨水花园"的设计方案(包括设计图纸和模型),并在现场进行7分钟的作品展示,分享作品的可持续发展理念。

(2) 过程回顾:数字视频展示学习与制作过程。

环节二:分组展示

为保证竞标全程公平公正,采用抽签的方式决定竞标顺序。学生按照抽签顺序汇报成果。

五个小组宣布自己的竞标宣言,并从设计理念、图纸方案、模型设计和制作以及合作中的反思等方面进行汇报和总结。各小组组名为:

- 第一组:雨水花园之梦中仙境
- 第二组:绿色梦之队
- 第三组:水滴石穿组合
- 第四组:绿色宝石队
- 第五组:彩虹小队

以第一组为例:

雨水花园之梦中仙境

尊敬的老师们、同学们,大家好!

我们来自原野景观设计有限公司,我们设计了一个雨水花园。我们把它称为梦中仙境,是一个颜值与实力并存的雨水花园。

光听这个名字,你们是不是就充满了期待?大家请看,这就是我们的设计图纸。

远远看去,我们的雨水花园就像一个梦幻城堡。如果说有一种花可以跟普罗旺斯的薰衣草相媲美,那一定是每年秋日霸屏朋友圈的粉黛乱子草。所以在最外圈,我们种植了粉黛乱子草。这个灵感来自杨浦滨江景观带。9—11月,盛开的粉黛乱子草成了滨江初秋里最赏心悦目的一幅景色,柔软的粉黛乱子草随风荡漾开来,像是一片粉色的绒毯。

再往里看,一圈绿色的是庭荫树。它根系发达、生长快速、茎叶肥大、茎叶繁茂、净化能力强,是雨水花园植物的最佳选择之一。

继续往里,由防腐木、鹅卵石和人工草坪组合搭配而成,使整个雨水花园既有层次感,又兼具实用与美观,成为人们休闲娱乐的好去处。

这么美的景色一定会让人忍不住驻足观赏。所以,我们特意在雨水花园的正中央搭建了一个观赏亭,让大家可以在这里拍照、休息、聊天。遇上蓝天白云，晴空万里，随手一拍，妥妥的大片。

当然，我们的雨水花园不仅仅长得好，更重要的是它还很科学。

雨水花园是通过植物与土壤的截流与下渗作用对城市雨洪进行控制的一种生态型雨洪利用措施。因此，我们的雨水花园首先通过地形的作用和雨水口的设计将场地周边的雨水引入。通过蓄水层、滞水层、种植土层和人工填料层等组成部分截流与下渗雨水，多余的雨水被贮存在雨水的蓄水空间中。当雨水持续增加，径流量超过雨水花园的承载能力时，雨水会通过溢流装置排入到城市的排水管道中。

随后，我们根据图纸进行了模型设计（图3-9）。

图3-9 "梦中仙境"图纸

我们采用的主要材料有：纱布、活性炭、石子、土壤、棉花、草皮和植物等。

我们的模型制作流程是：先铺设过滤层，再构建花园。过滤层建造从下至上的材料使用顺序是：活性炭、纱布、土壤、纱布、石子、纱布、棉花、纱布、土壤。构建花园顺序是：先铺设草皮，然后栽种植物，再铺石子路，最后布置人工湖（图3-10）。

如果我们的方案能够评选上，我们将考虑过滤层使用土壤、石子、微生物、透水砖等可以透水的材料。用树木、花草等材料进行雨水花园的实体搭建，实

图 3-10　我们在制作模型

时跟进项目进度,后期安排人员对雨水花园进行定期维护监管。

我们的竞标宣言是:让我们携起手来,共创美丽城市,守护地球家园。

环节三:公布竞标结果

根据评价标准,由师生评委评选出杰出设计奖、巧手工匠奖、妙语连珠奖、精诚合作奖、最佳落地奖。

四、成效与反思

"会呼吸的雨水花园"通过"问题导向""任务驱动"的学习方式,引导学生进入"真实任务"的情境,将知识和能力运用于"任务"的完成与问题解决过程。

同时,教师也对跨学科课程的设计与实施有了一定的理解与反思。

(一) 巧设趣味活动,点燃学习热情

教师要努力创设有趣的学习活动,多开发和挖掘开放的实践情景与活动空间,创设丰富多元的活动内容与任务驱动。在课程中,要多与专家对话,多开展实地探访等活动。

例如"绘制雨水花园生态链"的教学活动中,老师为了让学生能更好地理解植物选择与当地气候息息相关这一要点,为学生提供了去向三个典型城市的飞机票。学生可自主选择感兴趣的城市,去深入了解当地雨水花园的植物情况,将零散的知识用站点形式巧妙串联(图 3-11)。

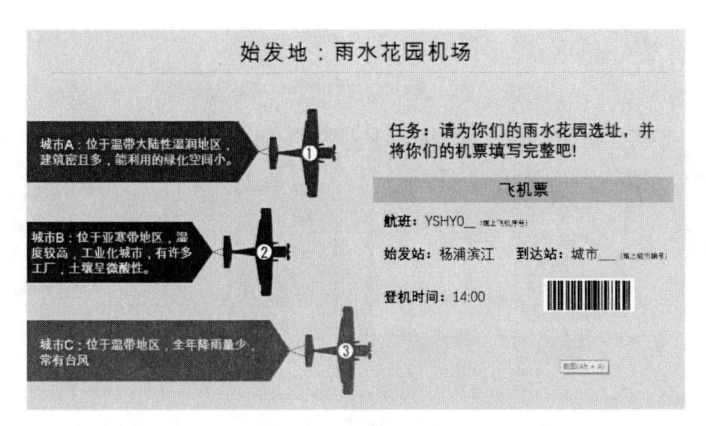

图 3-11 "绘制雨水花园生态链"准备阶段学习单

(二) 借助思维工具,提供学习支架

发展心理学认为,12 岁以下的孩子完全脱离具体事物进行抽象思考和操作是有困难的。教学过程要凸显学生的主体地位,教师的指导作用就显得尤为重要。在学生开展课程学习时,教师通过设计"滨江 DREAMS"课程学习手册为学生的高阶学习提供支架(图 3-12)。

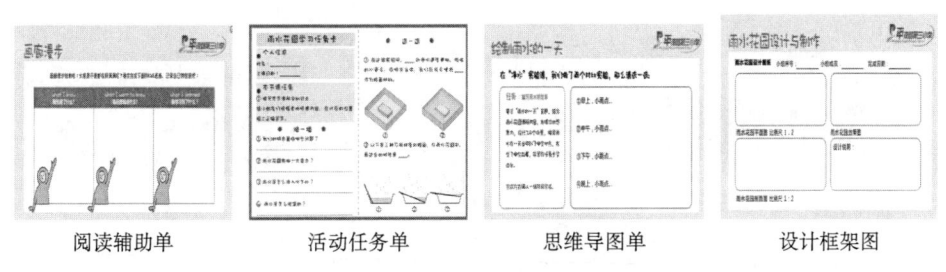

阅读辅助单　　活动任务单　　思维导图单　　设计框架图

图 3-12　给学生提供思维工具

活动中,教师提供课前任务单以确保学生的课前学习质量;为学生提供可视化工具——思维导图。在泡泡图(Bubble Chart)这一可视化工具的辅助下,学生的知识形成了初步的有层次结构的网络;教师还为学生提供任务书,引导小组分工、有序合作。

(三) 分配学习导师,提供个性支持

学校项目组为每个课程的实施配备"1+2+N"教师团队(1 位领航教师+2 位核心教师+N 位相关资源教师),建立课程建设共同体,构建协同执行实施表,共同有效推进课程(图 3-13)。

图 3-13 导师进入各个小组进行个性化指导

(四) 成果与成效

通过一年的课程学习,学生能阐释"雨水花园"的结构功能以及其中的能量循环。在绘制校园雨水花园设计图和模型制作过程中,发展了设计制作技能,提高了实践创新以及解决问题的能力(图3-14,图3-15)。学生通过不断学习新知,锻炼了查阅资料、设计制作等各种关键技能,从中也明白了可持续发展的重要性,提升了保护滨江生态环境的意识,更养成了科学严谨、与人合作等规则意识,以及身为滨江小主人的自豪感和社会责任意识。

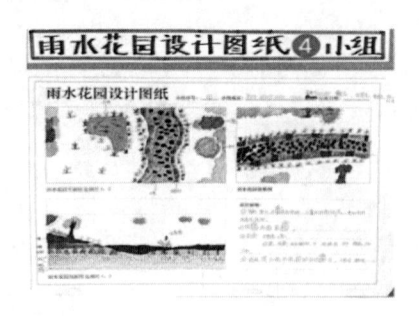

图 3-14 雨水花园设计图纸

图 3-15 雨水花园模型

◆ 教学案例 3-2

独一无二的"滨江 DREAMS 号"[①]

《义务教育小学科学课程标准》明确指出倡导跨学科学习方式,并指出以项目学习、问题解决为导向的课程组织方式,以利于学生创新能力的培养。

新课标的指向促进了一线教师教育观念的更新,也指引了科学课堂教学发展的新方向。由此,小学科学教育从相对单一的科学探究开始走向科技项目实践。项目总策划老师对小学科学项目化学习实践阶梯的架构做了些许尝试,结

---

① 本案例由上海市杨浦区平凉路第三小学华雯、张祎提供。

合具体案例呈现项目化学习各环节的具体实施,以助力提升学生跨学科学习的实效。

基于学校的地理位置优势,活动从生活实际出发,引发学生探索滨江上的船。通过四个模块的项目式学习活动,提升学生对船的结构和功能理解以及与"低碳"理念相结合进行创新设计,激发研究兴趣,把眼光从理论引向实际,最终回归生活。

整个活动过程关注学生自主学习、发现问题、分析问题、探究时间、解决问题等各种能力,切实推动核心素养的落地,让学生获得更立体的成长。

一、背景介绍

伴随着杨浦大桥以西至秦皇岛路码头的杨浦滨江2.8公里岸线实现贯通,"百年工业遗存博览带"上的一座座老厂房建筑将以全新的面貌和功能与大家见面。上海船厂位于杨树浦路468号。这里是上海船厂西厂的原址。中国第一台国产半潜式钻井平台"勘探三号"、中国第一艘出口万吨轮"绍兴号"、中国第一台随船出口的低速船用柴油机均诞生于此。

学校位于杨树浦路滨江段原上海船厂西厂附近。孩子们总会看见滨江上来来往往的船。他们也常常讲述自己的坐船经历。有的学生住在造船厂附近,每天能看到起重机吊起各种船体的部件,有的学生乘坐过摆渡船,也有的学生乘坐过浦江游览船……

"船"是住在这里的学生生活中的一部分,符合他们的生活经历。所以,在一次关于"我的缤纷世界"的语文习作时,一名学生讲述了他与船的故事。这个故事激发了他们对"船"的浓厚兴趣,生发了对"船"一探究竟的内驱力。

基于这样的学情,我们以杨浦滨江上来来往往的"船"为切入点,设计了"来来往往的船"学习主题。"来来往往的船"是"滨江DERAMS"课程科创滨江板块中的内容之一。这个学习主题是专为四年级学生设计的,预计时长一年。该主题以滨江上"来来往往的船"为载体,按照"以大概念为锚"的课程设计框架,通过"确定预期结果—确定评价证据—设计教学活动"三步走的步骤进行逆向教学设计。在深度分析学情和场馆资源的基础上,结合中国学生核心素养,提炼出可迁移和应用的"大概念",即结构与功能、敏捷结构、现代工艺,低碳环保并围绕"大概念"设计终期汇报项目(图3-16,图3-17,图3-18)。

我们通过设置终期汇报项目的驱动性任务,层层递进,采取课外分散和课

第三章　跨学科课程的小学行动

1. 第一阶段：学习了解船的结构和功能

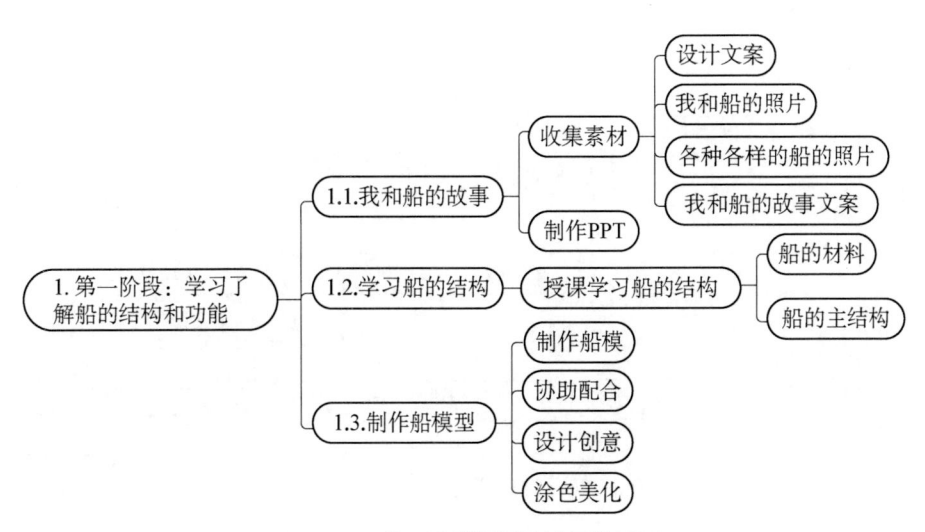

- 1.1. 我和船的故事
  - 收集素材
    - 设计文案
    - 我和船的照片
    - 各种各样的船的照片
    - 我和船的故事文案
  - 制作PPT
- 1.2. 学习船的结构
  - 授课学习船的结构
    - 船的材料
    - 船的主结构
- 1.3. 制作船模型
  - 制作船模
  - 协助配合
  - 设计创意
  - 涂色美化

图 3-16　第一阶段课程设计思维导图

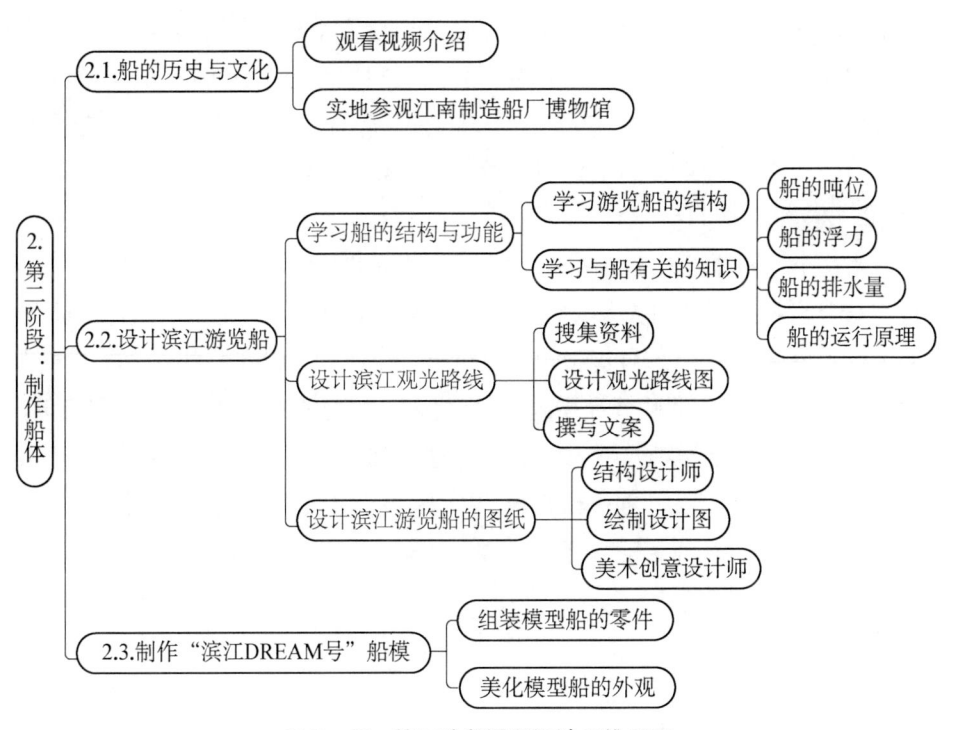

2. 第二阶段：制作船体

- 2.1. 船的历史与文化
  - 观看视频介绍
  - 实地参观江南制造船厂博物馆
- 2.2. 设计滨江游览船
  - 学习船的结构与功能
    - 学习游览船的结构
    - 学习与船有关的知识
      - 船的吨位
      - 船的浮力
      - 船的排水量
      - 船的运行原理
  - 设计滨江观光路线
    - 搜集资料
    - 设计观光路线图
    - 撰写文案
  - 设计滨江游览船的图纸
    - 结构设计师
    - 绘制设计图
    - 美术创意设计师
- 2.3. 制作"滨江DREAM号"船模
  - 组装模型船的零件
  - 美化模型船的外观

图 3-17　第二阶段课程设计思维导图

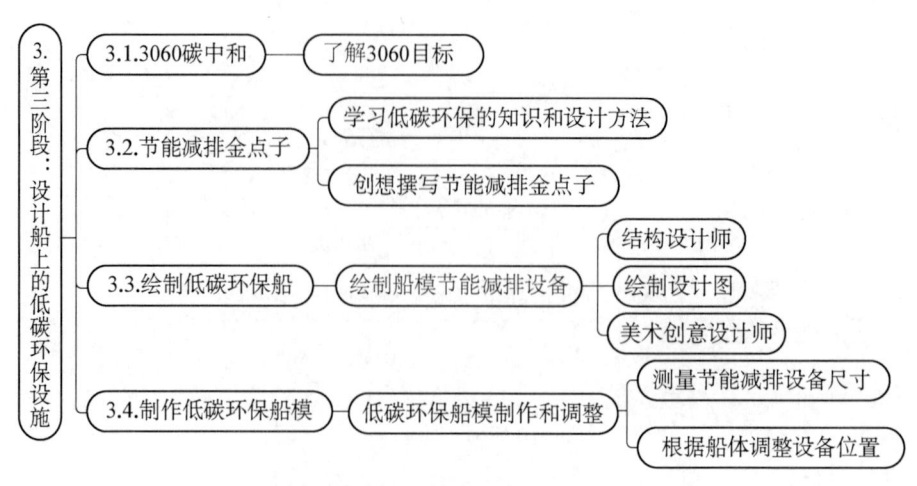

```
3. 第三阶段：设计船上的低碳环保设施
├── 3.1 3060碳中和 ── 了解3060目标
├── 3.2 节能减排金点子 ┬── 学习低碳环保的知识和设计方法
│                      └── 创想撰写节能减排金点子
├── 3.3 绘制低碳环保船 ── 绘制船模节能减排设备 ┬── 结构设计师
│                                              ├── 绘制设计图
│                                              └── 美术创意设计师
└── 3.4 制作低碳环保船模 ── 低碳环保船模制作和调整 ┬── 测量节能减排设备尺寸
                                                    └── 根据船体调整设备位置
```

图 3-18 第三阶段课程设计思维导图

堂集中两种形式相结合。主题课程设置引导学生在真实的情境中，综合应用各学科的知识与技能，通过收集与船相关的信息，增加对各种各样船的认识；通过对不同船的结构和功能的研究，学生综合运用口语交际、测量、多媒体制作、艺术表达等能力，拓宽学生本土文化视野。激发学生关心滨江上的船、了解滨江上有些什么船，做滨江的小主人。让学生知道"船"的结构和功能，从而能了解船的结构和功能如何与文化性、审美性相融合，打造出一条游览滨江的滨江游览船。

当这个主题课程开展了两个阶段之后，学生们对这条"船"仍然意犹未尽。他们结合当年的世界趋势——全球绿色低碳转型的大方向是保护地球家园需要采取的最低限度行动，各国必须迈出决定性步伐。中国将提高国家自主贡献力度，采取更加有力的政策和措施，二氧化碳排放力争于 2030 年前达到峰值，努力争取 2060 年前实现碳中和。我们的这条"船"由原来的大概念"结构和功能"增加了"可持续发展"这一理念，给单一的"船"增加了更为丰富的内涵。

于是，我们微调原定的大概念，增加了第三阶段的学习课程。学习的主题在深入，外延在扩展。

二、课程单元的设计

我们尝试使用逆向设计模板来进行主题活动的整体设计，从三个步骤展开教学设计。

（一）步骤1：确定预期的学习结果——提炼大概念

步骤1的设计内容包括学习目标和表示目标达成的学习结果。学习目标要转换成基本问题。学习结果包括预期的迁移、预习的理解、将要掌握的知识和技能。具体包括提炼"船的功能和结构"这一大概念，并列出需要思考的基本问题（图3-19）。

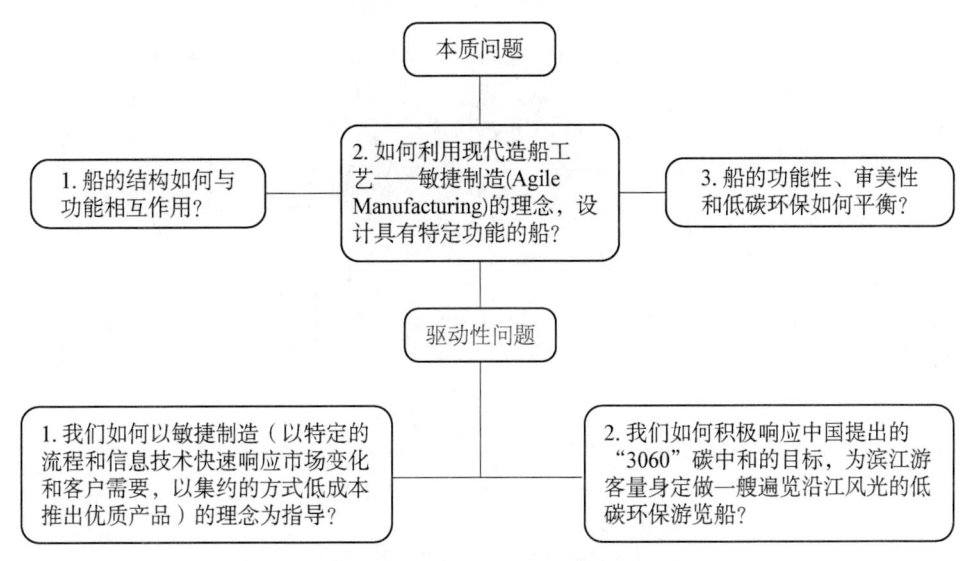

```
                        本质问题
                           │
1.船的结构如何与    2.如何利用现代造船工    3.船的功能性、审美性
  功能相互作用？      艺——敏捷制造(Agile     和低碳环保如何平衡？
                     Manufacturing)的理念，
                     设计具有特定功能的船？
                           │
                        驱动性问题

1.我们如何以敏捷制造（以特定的        2.我们如何积极响应中国提出的
  流程和信息技术快速响应市场变化        "3060"碳中和的目标，为滨江游
  和客户需要，以集约的方式低成本        客量身定做一艘遍览沿江风光的低
  推出优质产品）的理念为指导？          碳环保游览船？
```

图3-19 提炼大概念的思维导图

（二）步骤2：确定评量证据

1. 表现性任务

   A. 团队任务——演绎"我和船的故事"

   B. 个人任务——介绍"滨江老船厂的历史故事"

2. 根据预期结果，需要收集其他证据

   A. 使用多种方式收集和船的功能与结构有关的资料

   B. 学生微信组群协商

3. 学生的自我评价和反馈

   A. 组内分工合作完成表现性任务

   B. 学生能够比较熟练地使用文字、电脑技术

以上评量证据用于衡量学生对知识和技能、概念理解、迁移能力是否达到水平。

根据学生水平,我们设计了一份终期汇报任务,通过"创设情境—赋予角色—明确任务要求—制定成功标准"四步来设计终期汇报成果。

与此同时,我们也对终期汇报成果的成功标准给予相应的评价细则(图3-20)。

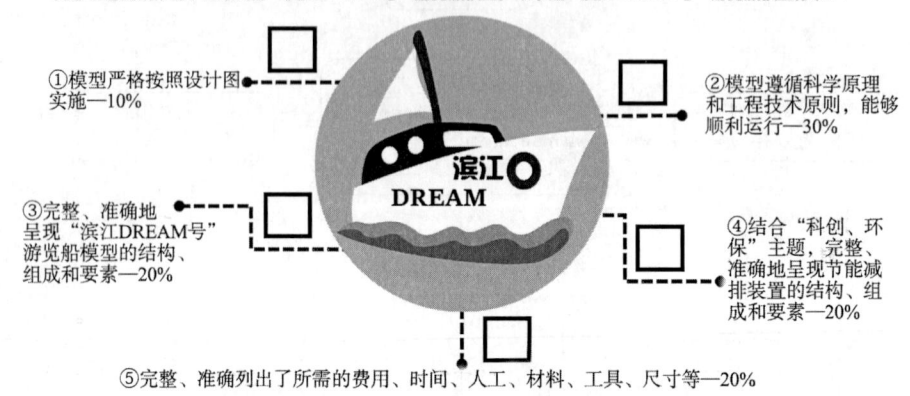

"滨江DREAM"游览船模型制作评价表　小组:_____　总分:_____

同学们请完成你们小组最终的"滨江DREAM号"游览船模型。以下是"滨江DREAM号"游览船模型标准:

① 模型严格按照设计图实施—10%
② 模型遵循科学原理和工程技术原则,能够顺利运行—30%
③ 完整、准确地呈现"滨江DREAM号"游览船模型的结构、组成和要素—20%
④ 结合"科创、环保"主题,完整、准确地呈现节能减排装置的结构、组成和要素—20%
⑤ 完整、准确列出了所需的费用、时间、人工、材料、工具、尺寸等—20%

图3-20　"滨江DREAM"游览船模型制作评价表

(三)步骤3:设计学生完成理解和迁移的学习活动

步骤3的学习活动设计要思考三个要素:一是活动顺序,二是关键活动,三是活动编码。即,教与学的体验顺序如何安排,才有助于学生发展和展示出预期的理解?要依据顺序逐次列出关键的教学和学习活动(表3-4)。

表3-4　具体的教学活动安排

模块	任务	活动
明确探究任务	发布任务 接受挑战	活动1:了解瑞镕船厂的发展与演变 活动2:表现性任务:探索船的奥秘的路径
了解船的起源与发展	阅读绘本故事: 1.《船的起源与历史》 2.《揭秘中国首艘自制船——黄鹄号》	活动1:阅读绘本 活动2:表现性任务:制作时间轴 活动3:小组活动:探访瑞荣船厂 活动4:班级参观:船舶博物馆 活动5:表现性任务:录制微视频
船的故事	初探船的结构与功能	活动1:思考:船的结构与功能的关系 活动2:小组讨论:不同的船在什么情况下使用? 活动3:探究性绘制:小组合作编写《船的故事》

(续表)

模块	任务	活动
探究船的结构与功能	绘制：滨江雨水花园结构图	活动1：认识早期船舶的结构 活动2：表现性任务：讲述早期船舶与蒸汽机船的差异 活动3：操作：什么是浮力？ 活动4：认识功能各异的船
设计制作船体	制作：三种材质的船体	活动1：制作纸船 活动2：制作塑料船 活动3：制作木板船 活动4：实验操作：不同材质对船的承重量的影响 活动5：实验操作：不同材质对船的稳定性的影响
备战2060！	接受2060挑战	活动1：发布任务：开发"滨江绿线"，设计"绿色交通" 活动2：征集报名
探究"可再生"	探究"绿色能源"	活动1：阅读绘本 活动2：思考：地球上的能源消耗完，人类会面临哪些问题？ 活动3：环保技术在行动 活动4：表现性任务：设计"节能减排"金点子
制作"滨江DREAM"号	制作模型	活动2：分组探究 模型制作组：表现性任务：船体模型设计 节能减排设计组：表现性任务：节能减排模型设计
竞选日	终期汇报成果	活动1：表现性任务：终期项目汇报 活动2：分享、反思 活动3：讨论：我们还能为这艘绿色环保船增加哪些更丰富的内容？

三、课程单元的实施

（一）巧设驱动性问题情境，开启活动之旅

驱动性问题是能够吸引并推动学生自主学习的很有"魔力"的问题。它包含有价值的内容，以真实世界中的情境作为"锚"，进而促使整个项目活动保持连贯一致。

"来来往往的船"活动以情境出发为始：为了应对气候变化，《巴黎协定》提

出了全球绿色低碳转型的大方向,是保护地球家园需要采取的最低限度行动,各国必须迈出决定性步伐。中国将提高国家自主贡献力度,采取更加有力的政策和措施,二氧化碳排放力争于2030年前达到峰值,努力争取2060年前实现碳中和。为实现碳中和这个远大的目标,也为了更好地开发滨江观光带的人文资源旅游,上海船厂和滨江管委会决定联合开发"滨江绿线"游览线路。我们是上海船厂和滨江管委会聘请的"绿色交通"设计工作室的船舶工程师。此活动将于2021年6月30日举行评选和颁奖活动。

真实的评选和颁奖活动驱动学生发散自己的思维。在特定的目标下,他们造船情绪高涨,自觉开启了造船探究之旅。

(二)优化学习实践过程,起航项目之实

从实践意义来说,学生在学科项目化学习中要尽可能像真正的学科专家那样进行思考与实践:既像一名真正的作家、科学家、船舶设计师那样迅速决策和解决遇到的问题,也要考虑作为一名现代公民在面对真实且复杂问题时,该如何积极思考和明智行动。

在项目化学习中,四(1)班的35名学生根据个性差异以及兴趣爱好分成6组。每组"梦之船"小组都配有不同的"工种",有设计师、节能环保师、编撰美文师、美学大师、后勤机动队员、搭建大师,以明确的人员分工应对造船的庞大工程。学校还配备了1名总策划导师,1名船舶结构实践指导师,1名科学技术指导师,1名美术美工指导师,进行全程跟踪与指导。其中,总策划导师负责整个活动的课时安排,落实采购物质清单,安排上报学校总务处统一采购。因此,项目活动有了充足的物质保障与明确的职责分工。

设计之初,学生在进行了几个课时的学习以及小组收集资料后,讨论和思考"造一艘怎样的船"。从个人想法到头脑风暴,最终确立方案并设计出图纸,学生经历了一次又一次平等对话与知识决策。后续,教师提供可视化辅助工具、小型课程资源包、信息组织图,以及各方老师时时参与到活动中的评价与针对性提问,指导学生实时修改完善船模图纸和低碳环保设备设计稿,不断合理安排学习进度,优化学习过程。

(三)巧搭项目学习支架,领航项目之行

在教学实践中,教师可搭建学习支架,提供必要的支持,引导学生踮起脚尖够及学习目标。随着学生学习方法的养成与学习能力的发展,可后续逐步撤除学习支架。

项目课程是一个系统连贯的学习过程,通常包含长线项目、链式课程项目。其学习任务一般会按环节或阶段拆分成若干个项目子任务。教师可在学生现有知识和学习目标间建立一种帮助学生理解的支架,助力学生掌握、构建、内化所学知识技能。

"来来往往的船"主题课程之初,总策划老师以"要造出一艘船,你觉得需要具备哪些结构和功能"等问题引发学生自主思考、合作交流。学生提出,船除了要能够载人,船体上的设备还要努力达成低碳环保的理念等。通过系统梳理,共同得出船模设计时应考虑其安全性,能承重,现代美观等多个因素。

那么,船模设计怎样才能达到以上目标呢?虽然学生可通过图书馆或网络学习关于船的资料与浮力概念,但因理解能力等个体差异因素导致理解不正确、不透彻、不深入的现象普遍存在。因此,科学技术指导老师设计了"船舶实验室",引导学生以小组为单位在探究活动中理解相关知识(表3-5)。

表3-5 船舶设计探究实验记录单

实验材料	船形橡皮泥	水滴形橡皮泥	长条橡皮泥	块状橡皮泥
我的猜想				
我的验证				
我的结论				

通过探究,学生构建了"浮力大小与物体的形状有关""浮力大小与物体浸入水的体积有关"等概念,并能够对"为什么钢铁造的船能漂浮在水面上"做出比较科学的解释;同时也理解了"物体在水中的沉浮状况与物体受到的浮力有关"。通过"浮力"这个知识支架,老师引导学生串联起既有知识与新的学习目标,取得了良好的成效。

目标支架的设计要有清晰的目标驱动。实现目标的一个个关键点就像一个个锚,链接学生原有认知体系,既要保持学习动机,又要清晰认识新的学习目标。

(四)巧借成果过程评价,引领迭代之终

在项目学习过程中,教师如何反馈阶段性学习成果?如何将学生的个性化学习进程可视化?项目期间如何使用形成性评估?怎样确保学生朝着完成项目成果的正确方向前进?

"船"项目过程评价量规从资料收集、设计创意、分工协作、成果展示四方面入手,很好地解决了以上问题(表3-6)。

表3-6 "船"项目过程评价量规

评价维度	评价内容				得分
资料收集	简单收集船资料	收集多种资料	对资料进行标注,书写启发感受	对资料进行分类整理	
设计创意	设计方案未改进,作品按照设计突进型制作	老师指导改进方案,改进部分能提高作品的性能或美观程度	小组自行收集资料,改进设计方案,改进部分能提高作品的性能或美观程度	能多次改进,具有创新性	
分工协作	无明确人员分工	每位组员都知道自己的任务	每位组员都努力完成自己的任务	每位组员努力完成自己的任务,组员共同合作	
成果展示	完成简单的船模	能根据图纸完成船模,满足船的结构性和功能性要求	满足船的结构性和功能性要求,能兼顾美观	船设备设计响应"低碳环保"的理念	

(五) 分配学习导师,提供个性支持

学校项目组为每个课程的实施配备"1+2+N"教师团队,即1位领航教师,2位核心教师,N位相关资源教师。所有老师共建课程,协同合作推进课程实施。比如,在设计船模型图纸前期,科学技术指导师带领学生做各种有趣的小实验,帮助学生了解船结构的基本知识和功能。设计船模型图中期,美工指导师进入课堂,结合船的功能和结构带领学生了解现代船体的经典造型。不同的导师还在学生设计讨论中,根据小组的设计图纸予以进一步的个性化指导。

四、成果与成效

学生在船的顶部设计了"太阳能收集器""雨水收集再利用""风能发电"等设备,无不体现出节能减排的创意设计和"低碳"原则。而不同的小组根据对船结构的认识和理解,设计出不同的船体。他们认真仔细地全情投入于设计和制作,一步步把难以理解的知识学习、消化、转化到船结构之中。

教师则通过不同的视角记录课堂观察、课堂评价以及学生作业和成品,从中反思课程的设计与实施。

无论从课程实施的周期还是复杂程度来看,对小学高年级学生而言都是前所未有的挑战。但他们对船充满好奇与热情,能在老师巧心设计的各种课程活动引导下,保持这份热情,并将这样的学习状态投入课程延续性学习中。

从充满创意的节能减排设备,富有童趣的滨江游览船作品可见,课程设计以立德树人为本,贯彻培养学生核心素养的理念,结合小学生身心发展特点。活动各环节充分利用和整合学校师资与校外资源,以驱动问题出发,巧设情境,引领学生在情境中学习、讨论、设计、制作。这种沉浸式体验型学习,将烙进学生的终身学习。

◆ 教学案例 3-3

缤纷乐高,助力跨学科[①]

近年来跨学科教育是一个十分热门的话题。

上海师范大学附属杨浦滨江实验小学开设了"AI 小能手"乐高机器人社团,旨在引导学生运用乐高 BricQ 套件和 Spike 套件,以小组为单位开展乐高智能机器人的设计制作,提高观察分析、动手、想象、创造的能力,培养参与、实践、合作意识,为学生提供跨学科学习的平台。

"赛车比赛"一课,引导学生们以乐高 BricQ 套件为载体,经历拼搭、测试实验、编故事等活动,培养数学测量、科技实验分析数据、语文编故事等能力,体验"控制变量法"这一实验数据分析方法,融合多学科知识,从多方面挖掘学生的学习潜力。

一、内容说明

跨学科教育在近年来是一个十分热门的话题,比如 STEM 课程就是一个典型的例子。如何更好地整合多学科内容并运用于教学活动中,是目前的一个瞩目课题。

我们开设了"AI 小能手"乐高机器人社团,为学生提供跨学科学习的平台。

"AI 小能手"社团旨在引导学生运用乐高 BricQ 套件和 Spike 套件,以小组为单位开展乐高智能机器人的设计制作,提高观察分析、动手、创造的能力,

---

[①] 本案例由上海师范大学附属杨浦滨江实验小学左罗威提供。

培养参与、实践、合作意识。

在用 BricQ 乐高套件制作机器人的过程中，同学们通过拼搭基础模型，经历实验过程，体验科学分析方法，认识机械运动规律和其他物理知识，为以后机器人编程中的外型搭建打牢基础。

"赛车比赛"一课中，同学们运用乐高 BricQ 套件拼搭简单的赛车模型，通过实验认识赛车的运动规律以及影响这些运动规律的一些因素。并在此基础上，发挥想象力与创造力，个性化拼搭属于自己小组的特制赛车，并为自己的赛车编制故事，真正达成以乐高为载体，经历跨学科学习（图 3-21）。

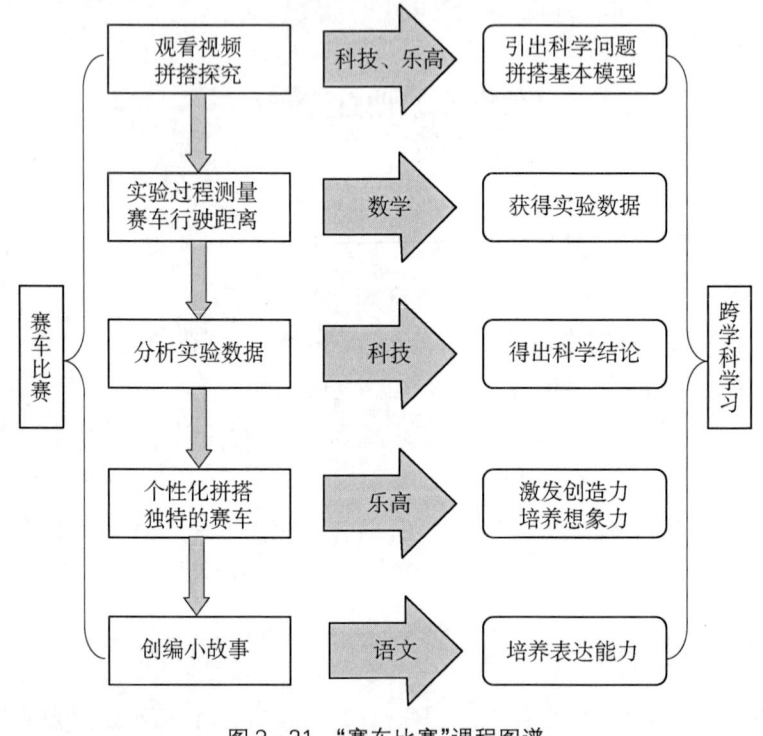

图 3-21 "赛车比赛"课程图谱

二、学习目标

1. 利用乐高 BricQ 套件，按图示指引，两人一组拼搭基础赛车模型，培养动手实践能力与合作能力。

2. 运用拼搭好的基础赛车模型进行多次测试实验，初步认识赛车的运动规律，以及影响赛车运动规律的因素。在实验过程中，通过测量得到赛车行驶的距离,养成记录实验数据的习惯,体验"控制变量法"这一实验数据分析方法。

3. 每个小组个性化拼搭出独特的赛车模型,培养想象力、创造力。

4. 根据个性化拼搭出的赛车模型,小组合作,创设情景,创编一段小故事,培养表达能力与合作能力。

5. 课程整合科技、数学、语文等多门相关学科知识,培养动手创造、观察分析能力,提高参与实践、合同协作的意识。

三、学习过程

(一) 引入激发,引出主题

又到了每周三下午"AI 小能手"乐高社团的活动时间。

老师为同学们带来一段精彩的赛车比赛实况视频。孩子们看着刺激的赛车比赛,直呼精彩,但也有孩子歪起了小脑袋。

1. 围绕视频中赛车比赛体现的"力",开展分组讨论

(1) 哪种力能使赛车移动?

(2) 哪种力能使赛车停止?

(3) 怎么做可以使赛车行驶得更快或更慢?

2. 各小组代表交流

生 1:我觉得肯定有个力在后面推赛车,赛车才往前动。

生 2:我知道发动引擎赛车就能动,刹车的话赛车就会停下。

生 3:使劲踩油门,车就会加速。

生 4:我知道车有个东西可以变速的,可以把车的速度调快或调慢。

3. 教师评价并引出主题

师:大家说的都非常有道理。那么到底是怎么回事呢?

(1) 作用在车轮上的反作用力或推力使赛车移动。这种力来自电机或其他推动汽车前进的部件。

(2) 在车轮滚动过程中,摩擦力会消耗汽车的能量,减慢它的移动速度,这种力被称为"滚动阻力"。

(3) 减少质量和表面摩擦力可以使汽车跑得更快,增加质量和表面摩擦力会减慢车速。

师:现在,我们一起来用乐高搭建赛车模型和发射器,并通过实验认识赛车的运动规律。

通过观看视频,讨论与汇报,同学们引出问题并进行思考。在老师的讲解下初步认识赛车移动的原理,以及影响赛车移动的一些因素。

随着老师引出主题——认识赛车的运动规律,同学们开始活动。

(二) 模型拼搭,开展探究

1. 两人一组轮流进行模型的搭建

(1) 一位同学寻找需要的积木,另一位同学进行组装。

(2) 每一步骤结束后,两人互换分工。

(3) 拼搭完成后举手示意,教师给予指导性评价。

2. 实验一:使用中号黄色车轮进行测试

(1) 给拼搭好的赛车换上中号黄色车轮。

(2) 将发射器拉到位置3,然后放手。

(3) 观察赛车行驶多远,用直尺测量行驶的距离,并将数据记录到表格中(表3-7)。

表3-7 数据记录表格

	↓	↓

(4) 将发射器拉到位置5,然后放手,再进行一次数据记录。

(5) 教师依次巡视指导。

3. 引导发现

师:通过刚才的实验,你们发现什么规律了吗?

生1:老师,我发现发射器拉得越大,小赛车跑得就越远。

师:你们觉得赛车行驶的距离与什么因素有关?

生2:我觉得与推进器拉开的距离有关。

生3:发射器拉得越开,放手后赛车行驶得就越远。

生4:发射器拉得越开,对赛车施加的推力也就越大,赛车也就跑得越远。

师:小朋友们,你们真棒,发现了"推力越大,赛车行驶得越远"这个规律。

在这个实验活动中,学生们通过合作、探究的方式学习。在组建赛车模型时强调合作,有利于加强同学们的团结协作能力。在之后的探究过程中,学生们运用学习过的数学知识对赛车行驶的距离进行测量,记录实验数据,通过分析数据、思考讨论,得出最后的科学结论。

4. 实验二:使用小号灰色车轮和大号白色车轮进行测试

(1) 给赛车换上小号灰色车轮。

(2) 将发射器拉到位置3,然后放手。

(3) 观察赛车行驶多远,用直尺测量行驶的距离,并将数据记录到表格中。

(4) 将发射器拉到位置5,然后放手,再进行一次数据记录。

(5) 将赛车车轮换成大号白色车轮,再进行一次前述步骤。

(6) 教师依次巡视指导。

5. 引导发现

师:观察表格中某列数据,在尝试不同型号车轮的过程中,你们观察到什么现象(表3-8)?

表3-8 数据反馈实例

	15 cm	9 cm
	20 cm	19 cm
	23 cm	21 cm

生1:小车轮的赛车跑得比较近,大车轮的赛车跑得比较远。

生2:发射器拉到相同的位置,小车轮赛车跑得比大车轮赛车近。

生3:奇怪了,用的力明明是一样的,为什么小车轮赛车跑得比较近呢?

师:你们发现了最关键的问题,真厉害!为什么用的力相同,较小车轮的赛车行驶的距离会小于较大车轮所行驶的距离呢？这是因为车轴上较小车轮的旋转速度大于较大车轮的旋转速度，所以会产生更多的摩擦。

生4：我明白了，赛车行驶的距离和摩擦力也有关系。

师：说的不错。

在这次实验中，由于大车轮赛车行驶的距离比较远，超出了一把尺的量程，同学们光用一把尺测量遇到了困难。但困难难不倒聪明的同学们，有些同学合作用两把尺，也有同学运用数学课上学到的知识，分次进行测量，最后得到准确的数据。得到足够的数据后，教师引导学生们用控制变量法观察和分析数据。同学们体验了科学的数据分析方法，并得出相关科学结论。

6. 思考

师：我们今天通过组装与实验，发现了一些与赛车行驶距离有关的因素。那么现在谁能来说说，如果要让你们的赛车跑得尽可能远，可以怎么做呢？

同学们踊跃发言，提出了自己的看法。

生1：尽可能大地拉开发射器的弹簧，可以让赛车跑得更远。

生2：可以尽量用大尺寸的车轮，让它跑得更远。

生3：可以在尽量光滑的平面上启动赛车，让它跑得更远。

生4：我觉得也可以减轻赛车的重量，它可以跑得更远。

(三) 延伸拼搭，激发创造

热闹非凡的科学探究环节后，开始了大家最喜欢的自由拼搭环节。同学们充分发挥自己的想象力与创造力，利用套装里剩余的积木个性化呈现自己的赛车。

1. 利用剩余的积木个性化呈现赛车

师：同学们今天都做得非常棒。如果让你们自己拥有一辆赛车，你想要一辆怎么样的赛车？

生1：我想要一辆带有钢铁装甲的赛车。

生2：我想要一辆多功能赛车。

生3：我想给我的赛车配备上厉害的武器。

师：大家的想法真是丰富多彩。那么接下来，大家可以用剩余的积木，把自己的赛车装饰成心目中的模样。

生：太棒了！

2. 小组展示个性化赛车

家用旅游型赛车、水陆两用型赛车、宇宙赛车、雪地赛车……

每个小组都充分发挥想象力,拼搭出了自己心目中的赛车作品。

(四)自设情境,创编故事

师:你觉得你的赛车会有怎样的奇妙经历呢?你能不能编一段故事,和大家分享呢?

同学们纷纷展开了激烈的讨论,开始构思自己小组的故事。比如:白雪皑皑的冬天,里欧与小伙伴们要去北极探险。雪地赛车准备就绪!伙伴们在雪地上进行了一场激烈的赛车比赛。在比赛中,他们还看到了北极熊呢!里欧是一名老练的赛车手,他知道如何让自己的赛车行驶得更快。瞧,第一名诞生了!

(五)评选优秀小组(表3-9)

表3-9 小组互评表

1. 有没有听从老师安排,遵守课堂秩序?	☆☆☆☆☆
2. 有没有按时完成课堂任务?	☆☆☆☆☆
3. 能通过作品展现想象力,有各自的想法。	☆☆☆☆☆

四、成效与反思

"赛车比赛"一课,从视频引出问题,借拼搭基础赛车模型探究问题的解决,再发挥创造力改造赛车模型,最后通过创编的故事展示作品。环节的整体设计循序渐进,不仅跨越了科技、数学、语文等学科领域,更以乐高这一载体充分展示了孩子们的创造力与想象力。

教学过程的课堂气氛始终十分活跃,学生们的学习兴趣持续浓厚。课堂活动培养了数学测量、科技实验分析数据、语文编故事等能力,体验了"控制变量法"这一实验数据分析方法,融合了多学科知识,从多方面挖掘了学生的学习潜力。

跨学科课程中比较著名的有STEM课程。STEM,意为科学(Science)、技术(Technology)、工程(Engineering)、数学(Mathematics)教育。纵观本节课的每个环节,探究赛车的运动规律和各个实验过程可以归为科学,实验过程中包含赛车行驶距离的测量可以归为数学,合作拼搭的过程可以归为技术,而设计特别的赛车这一环节可以归为工程。STEM提及的几大领域在本课的实施中都有所体现。后续,可以将科学与拼搭设计更紧密地连接起来,可以设计一个创意比赛,在拼搭出个性化赛车后,重新比较谁的赛车能跑得更远,以引导学生在聚焦影响因素的基础上进行相关改良。这样,真正地将科学知识运用到了设计当中,使二者形成更紧密的联系,也进一步体现 STEM 教育理念。

作为一名教师,更要有终身学习的意识。跨学科教学涉及多个学科,作为跨学科教学的教师,不能拘泥于单一学科的认识。在平时,要多关注不同领域的内容,形成终身学习、多面学习的意识,并寻找不同领域间的共通点,以此切入,整合多学科知识,为学生带来更加系统、更加全面的学习体验。

作为跨学科教师,因为涉及的知识面比较广,因此,也要关注合作学习。一方面是作为教师与学生的合作学习。另一方面则是教师与教师之间的合作。教学过程中的教与学是双向的,在合作学习中,学生也能教老师,老师也能学知识,这样不仅有利于学生思维、能力等方面的成长,也能有助于教师激发课堂教学的灵感与知识。当然,教师与教师之间的互相学习与研讨更是一个互相取长补短的学习过程。不同学科教师之间形成良好的合作,必将有利于跨学科课程的整体建设。

教学案例 3-4

自动浇水装置[①]

"自动浇水装置"的课程设计与实施以"假期出行,家中植物无法浇水,面临枯死的问题"这一真实的生活情景为任务驱动,引领学生开展探究活动。同时,进一步思考并解答"为什么将花盆放在装有水的托盘中,托盘中的水会往上渗入泥土"等问题。最终通过探究知道水的毛细现象,且利用该现象和大气压力原理设计制作"自动浇水装置"。

"自动浇水装置"将"毛细现象"和"大气压力"等科学原理,精准量取吸管的孔径以及在塑料瓶身上开孔等技术集于项目工程中,即有机整合"科学""技术""工程"和"数学"等学科知识与技能,培养学生发现身边的科学问题,利用日常能接触到的材料,亲身经历以探究为主的学习活动,体现小学科学与技术学科兼具综合性与活动性的跨学科学习特点。在激发学生好奇心和探究欲的同时,

---

[①] 本案例由上海市杨浦区控江二村小学沈佳炜提供。

达到通过理解和应用科学本质解决真实问题的育人目标。

一、内容概述

在实际教学中,很多老师通常简单地把跨学科学习认为是各学科的杂糅和拼盘。这是有悖跨学科学习本意的。

根据理论研究,我们可以将跨学科学习理解为运用两个及两个以上学科知识综合解决问题,实现学习者心智转换,创造出新成果的行为过程。因此,将跨学科学习适切地应用于常规教学,是提高学习积极性、提升学习专注力、提升学习效能的有效途径。

"自动浇水装置"是科学与技术学科"农业技术的发展"单元中关于现代灌溉技术运用的学习内容之一。在该单元中,"自动浇水装置"属于拓展教学板块。

基于小学科学与技术的课程理念、教学特点及学习要求,该内容的项目化拓展非常符合"学生通过学习感受科学、技术与人们日常生活的关系"的要求。因此,教师基于认识与介绍"现代农业技术"的角度,结合学生的生活实际与探究需求,发现"自动浇水装置"所蕴含的实践探究内涵,设计以项目化学习为开展形式的教学活动。

在活动中,学生通过实验、交流,知道土壤中存在毛细现象,学会利用毛细现象在短期内补充花盆土壤中的水分。还通过比较单吸管、双吸管装置控制出水的方法,知道大气压力的存在,掌握物理学常识。教师则在项目引领中,基于科学、技术、工程与数学间的关系综合各学科特点,强调多学科交叉融合,将探究思维的形成、知识的提炼、方法与工具的利用以及创新设计制作的过程进行有机统一。

"自动浇水装置"任务融合了不同学科所经历的不同实践活动、呈现不同的学科内涵,有助于更有效、全面地提升学生创新精神与解决问题的实践能力(图3-22,图3-23)。

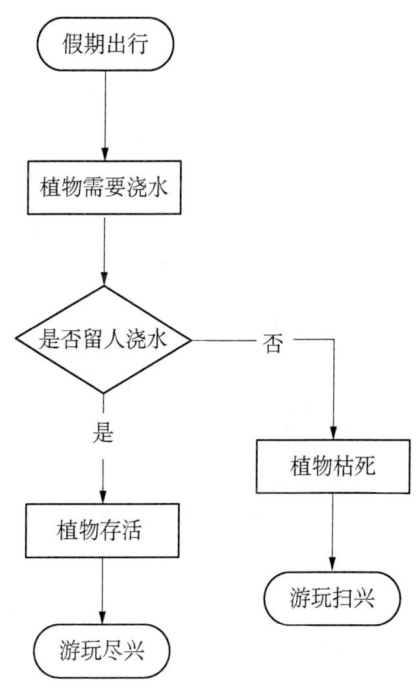

图3-22 "自动浇水装置"核心问题链

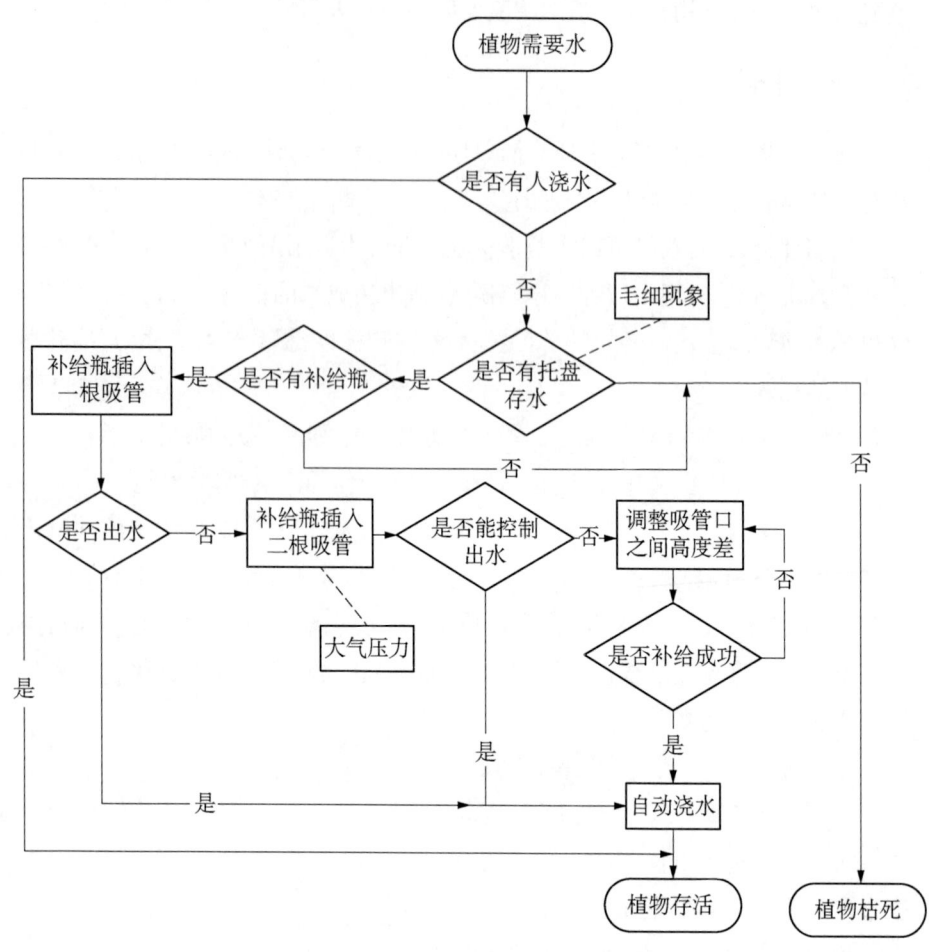

图 3-23 "自动浇水装置"教学思维导图

二、目标设计

学习目标的设计应以真实问题为情境,以一个相对独立且具有挑战性的项目任务为载体,以学生兴趣为驱动,以多样化的解决方案为策略进行设计。其要旨在于超越把学生当作纯粹的客体,单纯灌输知识的教学实践;引导学生通过有逻辑、有层次的活动,融合多学科知识,重构已知;构建逐步走向启迪智慧、用科学知识解决实际难题的新型教学方式。

本活动的具体目标为:

(1)通过观察和讨论,能在真实情境中主动发现问题,能积极尝试探究解决问题的方法，提高学习兴趣和综合实践能力。

（2）通过讨论和实验，能深入探究逐步改进设计方案，能借助辅助工具，建立思维联系，提升探索意识，严谨研究态度。

（3）通过融合多门学科，能不断完善作品功能，能体验跨学科融合后提高作品质量的收获，初步树立跨学科探究学习的观念。

三、学习过程

跨学科学习能突破传统学习模式中单纯依靠某一类知识无法解决问题的窘境。在跨学科学习过程中，贯穿理论与实践相结合理念的课堂教学将实现"科学""技术""工程""数学"等学科价值的整合。

（一）呈现真实情境，提出核心问题

新课程理念要求探究活动的设计加强与生活实际的联系，并从学生身边熟悉的事物出发。因此，教师要与学生共同确立一个有待解决的核心问题，而这个核心问题对接的项目任务必须是与学生现实生活紧密相关的真实且有挑战性的探究问题，以引导学生发觉所学知识与现实生活间的联系，激发探究欲望和任务完成后的成就感。

根据学生的生活经历观察发现，举家出行时，要么任植物无人照看，要么有家庭成员放弃出行，留守家中，为植物浇水。于是，"离开家以后，我的花没人浇水，可能会干死"这样的生活难题，便能引起学生的共鸣。因为对孩子来说，这是一个无法兼顾的两难局面，当然也就成为用学科知识与技能解决困难的良好契机。

跨学科学习选取一个对学生而言略有挑战性的任务作为学习动机，以开放的知识观角度弱化对知识的记忆要求，侧重对科学概念的理解及应用。最终，当整个项目完成后，学生获得的不单是一个解决方案，更能从中体会"知识改变生活，科学技术改变生活"的成就感。

（二）引发参与兴趣，尝试主动探究

跨学科探究活动的设计，应当符合小学生的心理特点，尽量设计学生喜爱的活动，激发学习兴趣和好奇心，或者创设一个有冲击力的情境，引导学生提出自己最想知道的问题，或者创设一个故事情境，使主要的观念戏剧化，以此凸显该主要观念，或者找到正反两个对立面、矛盾的两个特性，以激发学习欲望，或者勾画出能够引起想象的情境，抑或提供与日常生活有关的经验等。

在活动实施过程中，教师要充分发掘主题中蕴含的多领域知识与技能，引导学生开展小组合作，积极投入问题的解决过程。

比如，出示情境后，可引导学生结合生活经验讨论、提出解决方案。比如，将花盆放在装有水的托盘中，托盘中的水会往上渗入花盆里的泥土中。虽然大家一致赞成这样的解决方案，但这明显是学生在生活经验中直观获得的信息反馈，从科学思维角度来讲，未必很好地了解到其中的原理。

由此可见，"水为什么可以顺着土壤由下往上走"便是学生最想寻找答案的问题，也是想要解决"自动浇花"这个难题须迈过的第一道坎。

（三）巧设任务阶梯，深入探究过程

只要学生有了兴趣，教师加以适当引导，学生就能够积极思维、自主探究。于是，确立一个与学生真实生活和经验相关联的任务以激发学生的学习兴趣是开展跨学科学习的可靠基础和有效保障。而设立的项目任务一定是要有挑战性的，学生无法"一蹴而就"的。

一个探究任务的结束往往是另一个新探究的起始和基础。教师不能按照自己的主观意志，将操作方法灌输给学生。应当设置一个个"阶梯"，层层推进。这样才能帮助学生用多元化的方式完成任务，提升学生解决复杂的综合性问题的能力。

比如，教师首先要引导学生解决能"自动吸水"的方法，引出水的毛细现象这一科学概念。当有意识地引导学生将关注点放到针对毛细现象原理的探究时，学生通过讨论，开始思考"将花盆放在有水的托盘中，真的可以让花盆保持足够的水分吗"这样有意义的问题。学生用身边的各种材料开展实验，尝试感受"水能通过隙缝和小孔往上爬"，并结合生活中其他实例，初步了解生活中的各种毛细现象，认识其作用，从而真正了解这种方法的原理。

待这个问题解决以后，学生会发现第二个问题：托盘里的水是有限的，要不断补充托盘里的水，植物才能继续存活。家中无人照看时，谁来为托盘补给水？因为科学的思维已经启动，他们便开始主动寻找方法。很快，学生就想到用一个大容量存水装置作为水源即可。

至此，问题解决的思路进一步具体化。学生们开始追问细节，如"怎么给托盘补水"具体到"怎样用塑料瓶给托盘补水"。此时，学生通过观察、实践，发现开一个口的塑料瓶，并不能像他们想象中的那样顺利地出水、补水。这时，我们可以结合生活经验，引导学生初步学习大气压强的作用。学生知道打开瓶盖，

或者再插上一根进气管,就能解决出水难的问题。

但通过实践,学生又一次发现:虽然出水问题解决了,但需要更好地控制水流,才能达成项目任务的最终要求。

整个过程,教师引导学生的思维拾级而上,围绕解决问题作出充分的设想,为实践操作奠定扎实基础,让思维发生真正的碰撞(图3-24)。

图3-24 学生分享思维过程

(四) 利用简易教具,建立思维联系

作为教学过程的主体对象,小学阶段的学生思维形式还是以形象思维为主,具象的教具在多种知识和技能融合下的跨学科学习中显得尤为重要。

就本活动而言,无论是前期多种浇水方式的板贴呈现,还是"自制自动浇水装置"这一关键教具,其可操作性和开放性都起到了促进思维发展的作用。

例如,在强调"无人控制"之后,学生能提出"托盘中水位的高低能控制塑料瓶中水的流出"这一设想。于是,我们根据设想即时展示并演示"托盘水位下降,装置及时补水"的实验过程。鼓励学生积极思考,尝试解释这一装置的工作原理,进一步巩固认识。而放手让学生亲历装置运作的全过程,也促进了创新思维与实践能力的有效提升。

"自动浇水装置"这一学习过程,让学生经历了情景再现、活动设计、问题驱动、教具辅助等环节。教师只有厘清这一脉络的逻辑结构,才能引导学生真正完成最终的任务目标,即完成自动浇水装置的制作和应用。

跨学科教学的新理念告诉我们,作为一种项目任务的探究式教学,教师不是自上而下地传授知识,告诉学生"是什么""该怎么做""该怎么做"。教师不再是一个教学目标和教学过程的设计者,更应是逐步转向学习过程、学习任务设计的研究者与实施者。在教学过程中看似不经意的一问一答,实则是精心设计的层层"关卡"。基于师生合作,学生参与并亲历一个个可递进、可持续发展的活动,一个个科学探究过程,从中获得感受、体验并内化,进而自觉梳理已积累的生活知识和科学概念,为深度学习提供思考和重新建构科学模型。

跨学科教学以达成项目任务为显性学习目标,但更要重视科学思维培养的表现,关注主动思考,注重分析事实证据和科学结论间的关系,引导学生初步学会用综合知识和经验进行简单设计和构思,发展综合解决实际问题等能力。

(五) 加强学科融合,追求精益求精

跨学科教学以提升学生综合能力为隐性学习目标。制作没有所谓的"失败",就算暂时没完成,也能通过一次次修整,最终达到成功。而这个成功不单单是一个作品,更多呈现的是学习者通过多学科融合创新设计,不断获得的新体验和新概念,以及由此形成的新理解。

学生不断尝试冲破思想和制作的瓶颈,以现有科学知识为基础,以技术为工程支撑,通过精确计算最终完成自动浇花装置。

以下呈现的是学生作品成功前的一次次发现问题,直至解决问题的过程(图3-25,图3-26)。

图3-25　自动浇水装置在科学、工程、数学、技术方面的密切相关

图3-26　完善后的作品图

四、成效与反思

本活动是基于跨学科学习模式，在项目化学习理念指引下的探究式教学。在以"学生为学习主体"这一根本原则指导下，教师以学生兴趣为驱动，以多样化的解决方案为策略开展设计与实施。学生不用揣测教师想要他们回答的结果，而是通过有逻辑、有层次的活动，对已知进行重构，逐步抽象启迪智慧，用科学知识解决实际难题。

在这样的教学体验中，教师从"独霸讲台"变成"在旁指导"。通过引导学生加强"科学""技术""工程""数学"等现有单独学科知识与技能的相互联系，以任务为驱动背景，逐步达到趋近预设的教学效果。

"自动浇水装置"是小学科学与技术学科教学基于跨学科和项目任务相结合的教学尝试。这种教学模式在内容选定、材料准备、教学方式等方面发生了很大改变。科学与技术课堂不再是让学生通过一次次机械性的操作去验证普遍真理，更着眼于学科、学生、社会间的相互融合，强调学生发展、社会责任的整合。跨学科教学促使我们要寻找建立学科间关联的突破口，打破学科壁垒，从真实生活情境入手，确立亟需解决的现实问题为任务驱动，并通过层进教学，引领学生体会相关学科的联结性与啮合度。让智慧不单发生在脑，还要现形于手，达成手脑并用，融通共进。

◆ **教学案例 3-5**

奇妙的动物仿生[①]

在不断推进和发展素质教育的今天，学科融合是学科发展的趋势。学科融合相互渗透，不仅打破传统分科教学模式的界限，改变学科之间缺乏有效联系的现状，更显现出课程结构的综合性和均衡性，也更能培养学科融合意识，提高综合素质与能力，促进全面发展。

以探究型学科"奇妙的动物仿生"为例，我们积极探索和实践跨学科融合教学。在学生初步了解仿生学的基础上，通过语文学科的《夜间飞行的秘密》，引导学生解开仿生之谜。以小组合作形式，通过主动查找、收集、整理与仿生学相

[①] 本案例由上海师范大学附属杨浦滨江实验小学陈卫静提供。

关的资料，以习得更多的仿生学知识。在与语文、信息、美术等学科的跨学科融合教学中，提升学生收集信息、处理信息、口语表达等方面的能力。

一、内容概述

科技的创新离不开创新人才的培养。作为基础教育的重要阵地，小学阶段的教学更要注重学生创新能力的培养。当学校采用分科教学模式时，学生对各学科专业知识的学习和掌握比较扎实，但也导致另一种弊端的产生，即缺少学科间的联系与融合。学生的学习是割裂的，所获得的知识是碎片的，学习过程缺乏趣味性与系统性。

在割裂化的学习过程中，学生很难系统地理解和掌握知识，也很难实现多维度运用知识解决实际问题的目的。与此同时，创造性地运用所学知识将会变得更加困难重重。

跨学科融合教学是将不同领域的学科知识与技能的教学整合到一种教学范例中。这样，不仅可以优化传统的教学模式，将零碎的知识变成互相联系的统一整体，而且能使不同学科的课程内容呈现开放性，更有助于学生创新能力的培养。

在学校"跨学科融合教学的实践与探究"课题的引领下，四年级第二学期探究型课程"奇妙的动物仿生"，便是对跨学科融合教学的一次尝试与探索（图3-27）。

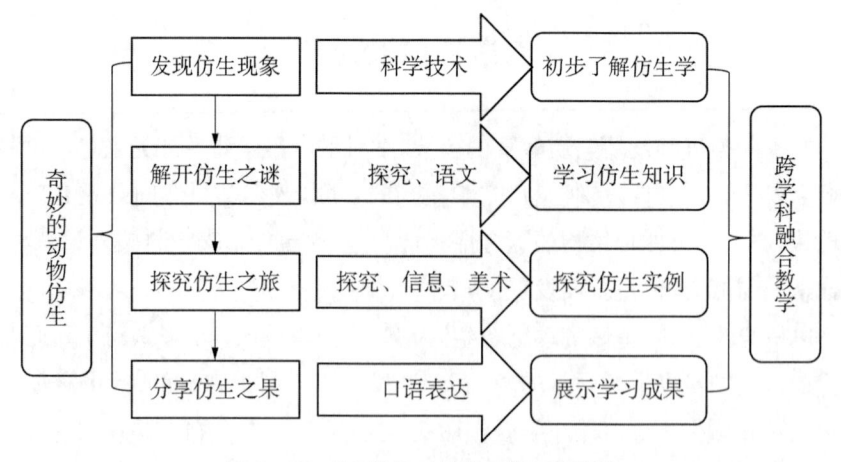

图3-27 "奇妙的动物仿生"课程图谱

二、目标设计

（1）通过学习，初步了解"仿生""仿生学"，知道动物与人类的关系密切。

（2）通过查找、收集、整理与"仿生学"相关的资料，提升收集信息、处理信息的能力。

（3）通过成果汇报、展示过程，体验实践出成果的喜悦感，感受到与他人合作交流的快乐。

（4）通过语文、信息、美术等相关学科的整合与探究，锻炼动手创新、处理文字、图片材料等综合能力。

三、学习过程

（一）发现仿生之象

师：同学们，请仔细观察，寻找每组图片间的必然联系（图3-28，图3-29，图3-30）。

图3-28　潜水艇与鱼

图3-29　直升飞机与蜻蜓

生1：我知道，潜水艇的发明是受到了鱼鳔的启发。

生2：人们看到蜻蜓，后来就发明了直升飞机。

生3：变色龙可以根据环境的变化改变身体的色彩。人们受到启发，就发

图 3-30　迷彩服和变色龙

明了迷彩服。

师：是的，自然界中各种生物的奇异本领成了科学技术及重大发明的源泉。这就是我们所说的"仿生"。并且，这已成为一门奇妙有趣的学问——仿生学。我们可以这样定义仿生学：模仿生物原理来建造技术系统，或者使人造技术系统具有或类似于生物特征的科学。

（二）解开仿生之谜

师：从《夜间飞行的秘密》这篇课文里，我们看到，为了弄清蝙蝠夜间飞行和飞机夜航之间的联系，科学家们做了三次试验，每次试验的目的是什么？用了什么方法？结果怎样？

生1：科学家在三次不同的试验中证明了蝙蝠夜里飞行，靠的不是眼睛，而是靠嘴和耳朵配合起来探路的。

生2：蝙蝠一边飞，一边从嘴里发出超声波，蝙蝠的耳朵能听见超声波。超声波向前传播时，遇到障碍物就反射回来，传到蝙蝠的耳朵里，蝙蝠就立刻改变飞行的方向。

生3：飞机上安装了雷达，雷达的工作原理与超声波类似。雷达通过天线发出无线电波，无线电波遇到障碍物就反射回来，被雷达接收到，显示在荧光屏上。飞机驾驶员能看到，所有飞机的飞行就安全了。

师：同学们弄清了科学家从蝙蝠飞行得到启发，发明了雷达，使飞机夜间变得更为安全。

（三）探究仿生之旅

1. 小组合作，开展探究

师：人们还从哪些动物身上得到启示？请以小组为单位，通过书籍、网络等途径收集仿生学实例,并通过展板图文并茂地展示。

小组合作收集与动物仿生相关的信息,整理处理信息,进行展板布置,并为展板取标题,注意图文搭配合理、字体和颜色吸引人等相关事项。

2. 小组整理,汇报数据

(1) 整合调查资料,准备交流材料。

(2) 各小组汇报研究情况,其他人员提出疑问或建议,请研究人员解答和完善。

(3) 研究相同问题的小组在一起汇总调查结果,达成共识。

(4) 对本次研究的主题进行最后的整合,得出最后结论。

(四)分享仿生之果

师:其实,动物仿生在我们生活中无处不在。只要同学们细心观察,认真查阅,就会发现许多这样的例子。

生:大家请看,这是我们通过上网查询的形式收集到的动物仿生资料。我们展板的主题是"豹爪和钉鞋",钉鞋的发明是模仿豹爪创造的……

(五)评定优秀小组(表3-10)

表3-10 小组互评表

评选内容	获得星星数
1. 展板标题是否合适?	☆☆☆☆☆
2. 图文搭配是否合理,字体和颜色是否吸引人?	☆☆☆☆☆
3. 文字处理是否恰当,是否符合动物仿生实例要求?	☆☆☆☆☆
4. 小组合作是否分工合理,是否和谐?	☆☆☆☆☆

四、成效与反思

"奇妙的动物仿生"探究型教学活动,充分跨越了语文、信息技术科学、美术等多门学科。以"奇妙的动物仿生"为主题,通过"发现仿生现象",让学生发现仿生学的奥秘,知道动物与人类的关系密切。通过"解开仿生之谜"环节,跨学科复习语文课文《夜间飞行的秘密》,加深对动物仿生的认识,为后续的探究活动做好铺垫。"探究仿生之旅"环节更是充分发挥学生的学习主动性,放手让学生自己解决问题。"分享仿生之果"更是为学生搭建展示个性、交流分享的平台,让学生在互评中提升自己。整节课循序渐进,环环相扣,学生自始至终都兴趣盎然。

跨学科融合教学使学生从被动学习转换为主动学习,乐于投入、参与其中,从而把学习变成一种乐趣。课堂因此而活跃起来,学生的"主体"作用得到充分发挥,真正成为学习的主人。学生通过灵活多样的表达方法,充分展现自我。

跨学科融合教学过程,能形成一种与传统课堂不一样的课堂形式。经历过这样的教学,学生会得到来自同伴的关爱和支持,而且会收获合作与交流沟通的能力,更有助于兴趣的培养、创造能力的开发。

第四章

跨学科课程的初中行动

跨学科探究课程是指以主题活动的形式，综合运用学科课程、专题活动、综合实践活动课程的知识和技能，认识、分析和解决现实问题，提升综合素质，着力发展核心素养，融合校内探究课程和校外研学活动的教育教学活动的课程形式。

《上海市义务教育项目化学习三年行动计划（2020—2022年）》提出初中阶段的跨学科学习要以创造性问题解决能力为导向，以项目化学习的实践和研究为着力点，以活动项目、学科项目和跨学科项目为载体，促进义务教育学校"教与学"方式的变革。同时，2021年新中考改革新增学科案例分析考试科目，考查学生运用地理和生命学科的基础知识、关键能力对实际问题加以分析，考试题型以综合情境为主。

虽然目前初中阶段的跨学科考查仅涉及地理和生命科学学科，但这可以看作是教育部门对基础教育阶段的人才选拔方式趋向多元化的探索。从最初注重基础知识和基本技能，逐渐发展到对综合运用能力的考查，向着培育学生综合素养、探索育人本质的方向不断迈进，这也预示着此轮教育改革的坚定决心。

可见，初中跨学科课程关注通过发展学生对跨学科探究主题的理解和核心素养的培养，帮助学生适应快速变化的社会生活、职业世界和个人自主发展的需要，迎接信息时代和知识社会的挑战。

第一节 | 基于分科历史渊源认知的跨学科理解

要理解跨学科,就要先认识和理解学科分类的历史渊源。

传统的分科教育是工业化时代的产物。在工业化进程中,社会分工越来越细,每人只要学好一门学科,掌握一门技术,就可以在社会上生存,成为经济发展的螺丝钉。但随着社会生产力的大发展,尤其是进入信息时代,互联网和物联网把所有的人和物连接在一起,形成了一个巨大的相互交织复杂的网络社会,从而导致传统的分科教育开始出现不能适应信息时代的要求。比如,当学生步入社会,面临复杂的现实问题时,精细化的分科教育不利于学生对知识体系部分到整体的把握和理解,更割裂了学生与真实世界的有机联系。

于是,跨学科学习成为传统学科教育的重要补充,不管是学校教育还是新时代领导者的商业教育,都融入了跨学科的思想。

也正因如此,经济最为发达,也最早步入信息时代的美国是最早研究跨学科理论和进行实践的国家。

很多国外的研究性大学都设有跨学科课程,例如美国杜克大学的"交叉文化",加州大学洛杉矶分校的"美国公民资格及种族特征"等横跨艺术、人文和社会科学知识领域的跨学科课程。加州大学洛杉矶分校的"自然界的数学规律"和"进化"等横跨工程、健康科学、数学和自然科学。密歇根大学的"全球变化",杜克大学的"科学、技术和社会",马里兰大学的"创造力"等横跨人文社会科学、工程科学和自然科学。又如融合了科学、技术、工程与数学等学科与能力要求的 STEM 教育。

当前,国内外的主流教育体系中,科学、技术、工程和数学四门学科在 K-12 教育中得到了有机整合,从而培养学生的问题解决能力、创新能力和综合实践应用能力。STSE 教育是科学(Science)、技术(Technology)、社会(Society)、环境(Environment)的英文缩写。STSE 教育思想也是一种跨学科学习。它倡导人类在发展科技、生产的同时,保护人类赖以生存的环境。环境教育已经成为社会可持续发展的基础,是全球公民的基本素养。

与此同时,欧洲的发达国家也不甘落后。法国教育部提出 IDD"发现之旅"课程,融入自然与人类、艺术与人文、语言与文明、创造与技术四大主题,培养学生的跨学科思维能力。

随着中国经济和信息技术的突飞猛进,跨学科课程也已成为中国社会的重要教育内容。上海作为中国教育的改革先锋,也率先对此进行研究学习,不论是新中考的地理、生命科学跨学科,还是杨浦区的"跨学科课程与教学创新实践"项目,都是对跨学科课程的尝试和探索。

目前,学界有多种关于跨学科的解释,其中得到比较广泛认同的有以下四种。

第一个定义是由戴安娜·罗顿、马克·秦等人提出的。他们将跨学科课程定义为:一种课程设计与教学模式,由单个教师或教师团队对两门及以上的学科知识、资料、技术、工具、观点、概念或理论进行辨识、评价与整合,以提高学生理解问题、处理问题、创造性地使用多学科的新方法解决问题的能力。

第二个定义由维罗妮卡·曼西拉提出,认为跨学科是整合两门及两门以上的学科知识与思维模式以推动学生认知进步的能力,例如解释现象、解决问题、创造产品或提出新问题等。

第三个定义由美国国家科学院在《促进跨学科研究》中提出,认为跨学科是由个人或团体对两门及以上学科的信息、资料、技术、工具、观点及理论进行整合的研究模式,为了提升基本认识或解决问题,而那些问题的解决方案通常超出了单学科或单个研究实践领域的范畴。

第四个定义由艾伦·雷普克在《如何进行跨学科研究》中提出,认为跨学科研究是回答问题、解决问题、处理问题的进程。这些问题太宽泛、太复杂,靠单门学科不足以解决。跨学科以学科为依托,以整合见解、构建更全面认识为目的。

由此,我们可以发现,虽然定义不同,但它们有不少共通之处。它们均认为跨学科概念有以下几大要素:跨学科要以现实问题的研究和解决为依托;跨学科要以学科为依托,但要超出单学科研究的视野,关注复杂问题或课题的全面认识与解决;跨学科要有明确、整合的研究方法与思维模式;跨学科还旨在推动知识融合,鼓励在跨学科基础上完成创新与创造。

当然,我们也要注意到,重视跨学科课程并不意味着放弃传统分科式的学科教育。初中阶段的跨学科应该结合初中生和中国学生的实际情况,作为分科式学科教育的重要补充。学科教育应当是跨学科课程的前提和基础。

从课程内容上看,基于学科知识融合视角开发相关跨学科课程,有利于学生统整所学知识,巩固已学内容,同时可以在实践中感性认知未来可能学到的知识。

从课程实施上看,基于学科知识融合视角开发相关跨学科课程,有利于引导学生融会贯通,将校内课堂扩展到校外。让学生在实践活动中掌握学科知识,并能跨学科理解和运用,最终达到提升学生核心素养发展的目的。

因此,跨学科课程的设计应当引导学生在实际生活情景中,自然运用跨学科思维方式解决问题。

在跨学科实践中必然要解决知识融合的问题。这有助于培养学生在不同学科领域之间建立更完善的知识体系并强化如分析、综合、评价和创造等高阶思维技能。当然,这也就要求学生必须具备扎实的学科基础。学科不扎实,跨学科也就无从谈起。

学科之所以自成体系,是因为其具备完整的知识架构和研究方法。这是完成跨学科的基础。在跨学科课程设计上,应当通过适当的问题设定,引导学生自发进行知识融合。这其中既有学科间直接叠加,比如在地图绘制时除了要有地理学的相应知识,也要求基本美术功底的掌握,还有不同知识的内在统整,比如通过调查、实地考察、分析等方法,在实际生活中掌握地理、生物、历史等学科学习的共通之处,学会用综合的思维分析处理问题的能力。在解决实际问题过程中,学生会发现不同学科领域和素养之间存在多重交叉相连的关系。某一种素养的培育很可能是多个学科的目标。师生基于跨学科意识,围绕一个或几个中心主题或问题,融合多门学科的观念、内容和方法,共同对真实问题展开探究。

核心素养是不同学习领域、不同情境中不可或缺的共同素养。它强调任何学科的内容只是促进人发展的一个素材。只有将不同学科的知识与能力相关联,将知识与知识运用的情境相关联,才可能提升学生整合不同学科知识的能力,才可能切实促进一个"人"的发展,达到真正实现培养全面发展的人的目的。

学生发展核心素养,主要指学生应具备的、能够适应终身发展和社会发展需要的必备品格和关键能力。研究学生发展核心素养是落实立德树人根本任务的一项重要举措,也是适应世界教育改革发展趋势、提升我国教育国际竞争力的迫切需要。跨学科课程有助于学生养成和发展学会学习、责任担当、实践创新等核心素养。

为了培养学生良好的综合性学习素养，为学生终身发展奠定基础，我们应当根据不同学校的基础性课程教学计划、学生的认知水平发展以及各校学生实际情况，设计不同主题的跨学科课程，为学生提供综合学习的机会。通过开展活动，注重增强学生的实践性、体验性以及趣味性，创造学生之间相互合作的学习环境，提升其实践与创新能力，提升学生跨学科理解和应用知识的能力，培养学生核心素养。

对于学生而言，首先，跨学科课程有利于学生科学思维方式的形成。当学生面对生产与生活实际问题时，学生不再局限于单一学科视角审视，而是从多视角，运用多学科知识综合性分析，拓展学生思维的广度与深度。其次，为增加学生对课程的体验和感知，跨学科课程让学生在真实的自然、社会情境中习得课程知识的内涵以及感受学习的快乐。最后，在跨学科课程中，我们关注学生的个性发展，注重发挥学生的兴趣、发扬每个人的长处，有利于学生在今后的社会生活中发挥出自己的个人价值。它们将有益于学生的终身学习。

同时，除了学生个性发展以外，跨学科课程因其固有的本质特征，有利于培养基础宽厚、学科面广、知识跨度大、创新与实践能力强、素质全面的复合型人才，这也与核心素养的最终目标相一致。

对于教师而言，跨学科课程需要教师为其付出相当的时间与精力对其进行思考与探索。通过多学科知识的融合，教师不仅不会陷入唯我独大的僵局，而且会拓宽自身思维的深度、宽度和广度，从而更深刻全面地认识到不同学科知识的价值和意义，丰富自己的知识储备。

作为一名教师，这样不仅可以教授给学生更全面、客观的知识以及传授给学生正确的思考角度和思考方式，同时也可能在将来承担更多不同学科的教学任务，以实现真正的育人价值以及多层次的自我价值。

在设计课程目标时，应避免陷入一个误区，即只考虑基于学科知识层面的目标，而忽略跨学科的核心目标——关于培养学生核心素养的教育目标。

核心素养是一种"高级素养"。它是跨学科且高于学科知识的。同时，它还是综合性的，是对知识、能力、态度的综合与超越。

核心素养是不同学习领域、不同情境中不可或缺的共同素养。它强调任何学科的内容只是促进人发展的一个素材。只有将不同学科的知识与能力相联,将知识与知识运用的情境相关联,才可能提升学生整合不同学科知识的能力,才可能切实促进一个"人"的发展,达到真正实现培养全面发展的人的目的。

因此,跨学科课程目标的设计必须以培养学生核心素养为本,从学生成长和发展的角度,不局限于某门学科知识,而且应该关注人的长远发展,培养创新与实践能力,寻求课程与教学的改进。

这一目标到底需要什么样的课程来实现?这才是跨学科课程的核心。

第二节 | 以学生发展为导向的初中跨学科课程

基于核心素养的跨学科探究课程是国内新一轮课程改革的重点,对落实立德树人教育方针具有重要的意义和价值。

在这种课程之下,可以培养全面发展的人才,激发学生的学习热情,最大程度调动学生的各种思维,帮助学生触类旁通,举一反三,更好地将学到的知识与实际生活结合起来,最终提升学生的核心素养。

依据 2018 年 12 月 30 日,由中国教育信息化产业技术创新战略联盟发布的《跨学科探究课程建设标准和应用指南》,可以明确初中跨学科课程建设的具体要求,应遵循整体性、综合性、探究性、实践性、实用性等基本原则。

整体性原则:初中跨学科探究课程的主题及内容组织,要结合学生发展的年龄特点和个性特征,以促进学生的《中国学生发展核心素养》为核心,整体兼顾《德育工作指南》《综合实践活动课程指导纲要》《关于推进中小学生研学旅行的意见》及各学科课程标准,均衡考虑学生与自我的关系、学生与所处时空方位的关系、学生与情感态度价值观的关系、学生与自然界和自然规律的关系、学生与人类各类发明创造的关系、学生与他人与社会和其他生物之间的关系。

综合性原则:跨学科探究课程对主题的内容组织、探究和体验,要体现个人、社会、自然的内在联系,强化科学、人文、社会、艺术、体育等不同学科及德育教育等方面的内在整合,重视语言、数学、技术等多项工具的综合应用。

探究性原则:探究式学习既是本课程的核心学习方法,也是重要的学习目标之一。对主题的内容组织和教学,均应给予学生应用结构式探究、指导式探究、开放式探究的学习活动安排,建议在有条件的情况下,可在内容组织和教学中安排周期式探究的学习活动。

实践性原则：跨学科探究课程强调学生亲身经历各项活动，在"动手做""实验""探究""设计""创作""反思"的过程中进行"体验""体悟""体认"，在全身心参与的活动中，发现、分析和解决问题，体验和感受生活，发展实践创新能力除了校内的实践性活动安排之外，每个主题在内容组织上均应安排与主题密切相关的外出研学活动。

实用性原则：跨学科探究课程的建设，必须充分考虑到作为课程实施者和使用者的学校管理者、教师、家长和学生的综合应用需求，从活动设计、活动实施、内容组织、学生手册设计、教师手册设计、资源建设、教学方案、研学服务、课程评估等多个方面，尽可能降低课程的实施难度，便于课程学习成果的收集、保存、展示，并且为不同学校根据本校的实际情况灵活实施本课程提供便利。

跨学科探究主题体系聚焦于核心素养的发展，是为学生探索人类共有经验而制定的跨越各类学科界限的"核心共性"主题体系，是能够将各类学科实践活动、专题活动、综合实践活动课程纲要推荐主题、研学旅行融合为一体的动态有机体系。

根据不同阶段学生的身心成长特点，不同学段有不同的设计安排。其中，初中阶段，跨学科探究主题应是发展学生深度思考和理解的概念性话题。面向学生对其"必备品格"与"关键能力"相关概念的构建，按照《中国学生发展核心素养》，分为人文底蕴、科学精神、学会学习、健康生活、责任担当、实践创新六个大类。

学生能从学科应用、专题活动、个体生活、社会生活及与大自然的接触中获得丰富的应用与实践经验，形成并逐步提升对知识、自然、社会和自我之间的内在联系的整体认识，具有学会学习、健康生活、人文底蕴、科学精神、价值体认、责任担当、问题解决、创意物化等方面的意识和能力。

第三节 ｜ 初中跨学科课程应用建设与模式分析

跨学科课程的实现最终要体现在课堂教学和实践活动中，并通过教学实践来实现教学目标和验证教学成果。这是跨学科教学的落脚点。

初中跨学科课程的课堂教学要求创设真实情境,引导学生在所创设的情境中主要运用生命科学和地理学科的相关知识展开学习探究。

跨学科实践活动要求真实的学习情境,打破学习空间的局限,把课堂从室内搬到室外,从教室延伸到校园和社会。实践活动课程以活动为主要形式,以实践学习为主要特征。作为学习内容,要充分利用生活中与生命科学和地理相关的"活"的资源,如湿地、森岭公园等。让学生有针对性地运用实地考察法研究自己的主题,研究可以研究的主题,锻炼自我。引导学生体验各种综合实践学习方法,积极参与各种跨学科性社会实践活动,在调查、实验、探究等一系列活动中发现和解决问题。积累和丰富经验,自主学习知识,培养具备融通各学科思维,能应对未来社会挑战的创造性人才。

初中生命科学和地理学科之间的知识交叉主要是常识性的基础知识(如农作物生长的自然条件)和同一知识(如生物多样性),在不同学科有不同侧重点。两个学科的交叉还体现在科学方法和能力上的交叉(如综合分析、解决问题的方法和能力)以及情感态度价值观的交叉上(环境保护、可持续发展理念)。所以日常教学中,可以从两门学科中相互寻求解决问题的灵感。

例如,可以用地理有关气候、地形和陆地自然带分布的原理来解释生物种群的结构与演替,寻求生物现象的解释;可以用地理中的气压梯度的相关知识来解释人体吸气和呼气的原理,寻求生命科学中难点的突破;还可以通过地理中环境保护的知识来分析生态破坏,寻求生命科学价值观的传导。

下面以一个初中生命科学和地理充分整合的跨学科教学的应用案例加以说明。

此案例是以"三江源地区"作为研究情境,生物多样性和生态系统的保护为整合主题的复习跨学科课程。

基于教学目标,制定的整体教学思路如图4-1所示。

图4-1 "三江源地区"教学思路

地理教师和生命科学教师先分别分析和把握此主题下包含的重要相关学科概念和知识以及教学目标，然后通读对方学科教材，两学科老师展开多次共同研讨，进行学科整合，情境整合（为学生还原一个现实世界中真实的区域情境，其中本就包含有大量的被人为划分开的地理学科和生命科学学科的知识概念），以及教学设计思路整合。教师把原本学科中所关注的情境问题的某方面和另一学科的另一方面进行有效整合。

教学过程中，教师提供大量的文字事实资料和视频资料，鼓励学生分组探究，进行自主学习；设计大量的课堂探究实践活动，充分体现学生为课堂主体的地位。学生讨论分享后，由教师进行总结。两位教师共同合作完成课堂教学。

首先，由地理老师引导学生构建以"水"为核心的三江源河流、湖泊相互补给的关系，理解湖泊及湿地对调节河流流量的重要意义，为三江源环境问题的危害探究做好铺垫。生命科学教师则通过引导学生对三江源的环境进行地理探究，从而深化学生对生物多样性概念的理解。

然后，生命科学教师先带领学生从生物视角解读草场退化过程中土壤、动植物、微生物种群类型以及气候的变化过程，从生命科学的学科视角来理解植被变化对地理环境中其他要素的影响，增加地理环境整体性的理解，也深化对于生态系统概念的理解。地理教师从地理学科视角总结植被的破坏带来的区域自然环境中各种要素的变化，点明自然要素之间相互影响、相互作用的关系，让学生理解高寒气候下生态环境的脆弱性。

紧接着，地理教师总结三江源生态恶化对当地社会、经济、生物的影响以及对河流下游地区的影响，强调三江源地区重要的生态价值。生命科学教师总结生态系统、生物多样性的概念内涵，点明生物多样性保护的关键是保护生态环境，渗透环境保护的观念。

最后，基于三江源真实环境问题的治理，小组讨论提出可行的措施。教师进行评价和总结，引导学生形成立足人地关系的意识，培养学生分析问题和解决问题的高阶能力及时空思维。

跨学科整合，要围绕核心素养进行教学设计。一旦教师对跨学科的理解有偏差，设计不到位就会变成各学科内容相互割裂的"拼盘式"整合，容易忽略整合原因和目的。

"三江源"跨学科教学从整合学科内容的角度出发，以培养核心素养实现综合育人功能为根本宗旨。通过提供丰富的图文资料、视频资料,创设真实的问题情境,对地理学科自然环境特征的分析,帮助学生深刻理解环境与生物的关系,理解生命科学中生态系统多样性的含义,促进学生对知识的全面掌握。同时,从生物视角认识到三江源生物多样性的独特性和珍贵性,从地理视角理解三江源生态环境的脆弱性,理解其作为重要的水源涵养地和我国生态安全屏障的重要意义,真正唤醒学生的环境保护意识,认识可持续发展的必要性。综合运用地理学科和生命科学学科分析环境问题的危害和原因,评价三江源自然保护区的保护措施,帮助培养学生分析和解决问题的高阶思维。通过三江源生命科学和地理交叉知识的整合,帮助学生对知识的整体性把握,提高学生对真实世界的认识,也很好地锻炼了学生分析、解决问题的能力,树立了科学的生态环境观、人地协调发展观,更好地实现了综合育人的功能。

跨学科教学,要求教学内容充分整合。要考虑到地理学科核心概念、地理环境、人地关系与生命科学核心概念,以及生物多样性的关系,以生命科学和地理学科之间跨学科通用概念生态系统为纽带,以生物多样性的保护为跨学科整合的主题。

同时,因为地理是一门综合性较强的学科,其学科知识更具包容性,把生命科学的相关知识镶嵌在地理知识框架中更能反映真实的客观世界。因此,确定以地理学科的知识脉络作为课程的知识框架,以三江源地区人地关系的发展和变化为主线,揭示人地和谐相处是可持续发展的必然选择。

在两学科教学内容的整合过程中,既注重相近知识点和概念的整合,互为对方学科教学中重难点的突破提供良好的知识支撑,促进学生综合理解现实的客观世界,又强调各自学科知识的独立性和系统性,使教学内容的整合度大幅提升。

当然,在跨学科教学过程中,活动设计应做到能层层深入,以引导高阶思维的渐进和生成。

学习是一个循序渐进的过程,需要从简单到复杂。"三江源"案例通过递进式学习活动的开展,促使学生逐渐达到较高的思维水平。

第一课时,通过小组合作学习,交流区域的地理环境特征(自然环境特征和人文环境特征)以及生态系统的特征,并说明这些要素间的相互关系,帮助学生建立对三江源区域较为全面的学科认知,形成较有逻辑的知识群。第二课时,依据教师提供的丰富的情境资料,综合分析三江源区域的环境问题及危害，评价三江源的环境保护措施，并设计课后探究任务，为后期的环保措施提出改进建议。这无不体现出思维认知水平的不断进阶发展，符合课程改革的要求。

跨学科课程的整合、开发与设计，要求教师具有"空杯"的心态。

一开始进行跨学科教学设计时，很容易出现两个学科教师都希望在整合课程中突出各自学科特色，完成各自教学目标的情况。本案例中，两位教师经过不断的探讨反思，认识到要真正实现地理学科和生命科学学科跨学科整合，就需要认真学习对方的学科体系，找到学科间的交叉概念和相关内容，将这些内容融合并对知识进行逻辑梳理。从落实学科核心素养要求的角度出发，充分考虑和分析学生现阶段的能力水平与思维认知发展过程，在现实情境中进行一体化的教学设计，帮助学生认识完整的区域面貌，进而认识到书本知识与现实世界的密切联系，才能让学科整合更有价值。

诚然，教学观念的转变是痛苦的，但教师必须要怀有"空杯"心态，投入精力不断学习和钻研，更新已有的教学观念，丰富自己的知识储备。学校内通过不断加深不同学科间教师的合作，提升教师的综合素养，以实现跨学科教学活动的深度开展。

除了在课堂内营造真实情境，现阶段，随着生态校园的建设发展，很多初中校园内增加了不少绿色环境的建设，如校园人工湿地、厨余垃圾处理设备、植物工厂等等。这些在身边真实世界中存在的真实情境能及时、最大限度地让学生通过实地观察、分析，对生命科学、地理理论知识进行验证，打破教室的边界，更有利于学生动手实践能力的培养。良好的校园生态环境，加上相辅助的实验室建设，有助于学生学习方式的转变。

除了校园环境可为跨学科实践课程的开发提供丰富的课程资源外，还可以充分开发和联通学校周边生态环境资源进行跨学科课程开发。

跨学科课程群除了基于课本知识框架展开，也可以学校社团课等其他形式，赋予更强的实地考察性和拓展性来开发和开展。

因此，初中跨学科课程可以作为学校的一门跨学科探究特色校本课程，可以作为一门跨学科探究与研学旅行实现统整的特色校本课程，可以作为学校与研学旅行实现统整的综合实践活动课程，可以作为学校的统整校本课程、综合实践活动课程和研学旅行活动的核心课程，等等。

在初中跨学科课程开发、实施的过程中，我们可以深切体会其中的价值与意义。

学科教研活动的整合,助力教师专业成长。学习主题能够打破传统单一学科教研的形式,与主题相关的学科教师因为同一个主题目标走到一起,开展跨学科教研活动。各位教师不仅要研究透本学科,也要了解其他学科的特点、功能,寻求同一主题下各学科的共同育人价值,共同设计体现教学内容内在逻辑的教学形式,提高学生、教师整体认识和理解问题的能力,形成完整的知识结构的价值取向。同时,这种跨学科的教研形式还促进了教师的专业发展和教师团队的建设。

多元化学习方式,搭建全面发展的平台。在学生学的方式上,强调自主、合作、探究的综合性学习方式,把有意义的接受式学习和自主探究式学习结合起来;把个性化学习和协作学习结合起来;把纸笔上的学习和实践、体验式学习结合起来,设计多种方式的学习活动。

打破学科壁垒,提升学生的综合素养。跨学科课程整合的开展深受学生们的喜爱,学科间的整合让学生们更全面地看待事物、理解事物。

压缩课时,增加实践学习机会。在课程设置上,我们尝试着打破年级界限,进行学段管理,同时结合学生的年龄特点、思维特点和心理特点,安排主题单元的教学时间,尝试跨年级进行主题整合,保证同一主题知识的全面性、系统性。

走出课堂,充分利用社会资源。在主题学习中,课程资源由课学延伸到课外,由学校延伸到社会;学校里的教师、家长、社会各界人士、学生同伴都可以成为学生的老师;有一位教师上一节课,也有多位教师同上一节课的实践研究(例如:每一次主题教学的成果发布会)。这种整合使课程不再是学科的整合,而是扩展为各种资源的整合。

多元化评价方式,让学生得到更全面的反馈。在学生评价方式上,探索了形成性评价和终结性评价相结合的综合评价方式,充分发挥评价促进发展的功能。在评价主体上,除了教师评价(既有单学科教师评价也有多学科教师联动评价)外,加大家长评价和生生互评,以及自我评价在评价结果中的比重;在评价内容上做到多元,既有对知识的评价、方法的评价,也有对学生情感、态度、价值观的评价;将终结性评价和过程性评价相结合,注重学生在学习过程中的表现和进步。通过这样评价方式的整合,力求对学生在主题综合学习、综合实践活动中的表现给出一个全面科学的评价。

第四节 | 走进案例

教学案例 4-1

如何让每片叶子获取尽可能多的阳光[①]

本跨学科课程是在数学学科的课程拓展中生成的。其缘由为提示学生以数列的视角观察植物的分叉生长现象，同时引出数列与斐波那契数列的知识点。

准备阶段，数学教师与生物教师交流评估可行性，阅读生物学文献提升专业性，开展实地考察拓展实用性。实施阶段，学习者以植物虚拟角色为代入，体会枝叶为获取尽可能多的阳光，采取分叉和旋转这两项基本策略。进而将树枝分叉抽象为数列，并以递推的方法认识该数列，尝试运用数学的语言描述其规律，知道多数植物的分叉生长与斐波那契数列契合。由此，通过搭建模型对问题形成了直观认识，学会用数学工具观察、描述植物的分叉生长与旋转生长（本课时侧重于前者）。随后，学习者基于问题指引与学习支架的支撑，对探索植物生长规律产生了兴趣，对数列形成了初步的认识，数学与生物的学科核心素养得以培育。作为一例跨学科课程，生物学科认为可以呈现更多植物叶序的例子，数学学科期待各种斐波那契数列及其变式的进一步展示与学习。

学习者对这节课及授课教师的学科属性形成了新的认识，更对学习过程的真实性和学习成果的效度产生了浓厚的兴趣。

一、内容概述

这节课来源于自编课程"生活中的数学思考"，意在启发学生从生活中的实际问题出发，探究数学之趣，体验数学之用，欣赏数学之美。此系列课程含 10 个主题，每个主题一般为 2 课时。这节课是第 4 个主题活动"如何让每片叶子获取尽可能多的阳光"的第 1 课时。

[①] 本案例由复旦大学第二附属学校刘文菊提供。

本主题活动源发于网易公开课可汗学院"数学涂鸦"课程前3集:螺旋形,斐波那契和植物。① 选取其中斐波那契数列与植物生长角的部分作为活动主要内容,虽然这一内容很容易激发学生的兴趣,但也很容易把数学课变成美术课(学生用植物最佳生长角作画)。为了突破这一困境,在这个内容之前设计了本节铺垫课,意在提示学生以数列的视角观察植物的分叉生长现象,同时引出数列与斐波那契数列,为第二课时认识旋转生长作准备。

如图4-2所示,学生代入植物的虚拟角色,为获取尽可能多的阳光,寻找自己的生长策略。学生通过搭建模型对问题形成直观的认识。本课程重点关注的是用数学工具观察、描述植物的分叉生长与旋转生长(本课时侧重于前者)。学生在问题的指引与学习支架的帮助下,对探索植物生长规律产生兴趣,对数列形成初步的认识,数学与生物的学科核心素养得以培育。

自编课程:生活中的数学思考					
序号	课题	涉及领域	问题链	学生活动	核心素养
1	车轮为什么做成圆的	工程学			
2	如何调出Tiffany蓝	物理学			
3	高跟鞋只为了增高吗	设计学			
4	如何让每片叶子获取尽可能多的阳光	生物学	如何让每片叶子获取尽可能多的阳光?	搭建植物模型 记录俯视图	生命观念 直观想象
5	A4纸名为何意	管理学	怎样用数学语言描述枝叶分叉生长的规律?	画出4种枝叶分叉生长模式的图示 用数列描述枝叶分叉生长的规律	理性思维 数学抽象 逻辑推理
6	学写字为何需要田字格	测绘学			
7	循环再生标志如何体现循环之意	拓扑学	枝叶以怎样的角度错开生长?	猜想什么是植物的最佳生长角	科学探究 直观想象
8	排球赛中队长做的是什么手势	密码学			
9	超市为何设置"快速结账通道"	运筹学			
10	国际奥委会为何不设国别奖牌榜	统计学			

图4-2 "生活中的数学思考"课程内容

刘定一老师说:"我心目中的跨学科,不是从自身教的学科跨出去,实践'某学科+',而是心中根本不存学科概念。"通过本节课的设计与实践,对于这句话有了更深入的理解,教师自身对所跨学科的学习深度,正是衡量跨学科的尺度,最终才能转化为学生学习的深度。

二、目标设计

数学学科中的数学抽象与生物学科中的生命观念是本课时重点关注的两项核心素养。课时活动中,学生通过学习并体验用数列描述植物分叉生长的规

---

① Vi Har. 数学涂鸦[OL]. 网易公开课.

律，积累将自然现象抽象为数学问题的经验。通过代入植物的虚拟角色，为获得更多阳光调整生长策略，从而体会生物结构与功能之间的关系。

(1) 学习目标

通过代入植物角色，了解枝叶通过分叉和旋转使叶子获取尽可能多的阳光。将树枝分叉抽象为数列，并以递推的方法认识该数列，尝试运用数学的语言描述其规律，知道多数植物的分叉生长与斐波那契数列契合。

(2) 学习重点

用递推的方法寻找数列的规律并尝试用数学语言描述。

(3) 学习难点

了解分叉是叶子获取尽可能多的阳光而采取的诸多策略中的一种，体会可以将树枝分叉抽象为数列问题进行研究。

三、学习过程

(一) 资源准备

课程中涉及植物方面的内容，数学老师容易产生"吃不准，摸不透"的感觉，为了确保课程中生物学部分准确、到位，并能娴熟地在课堂上向学生讲解，从以下三个方面进行教学资源的准备。

1. 请教生物老师：课程设计的可行性评估

在备课前，先将自己的大致想法与生物老师进行沟通，评估课程设计的可行性，这是非常必要的。如果生物老师确认课程涉及的生物学内容如叶序、生长角等知识点适合该年龄段的学生进行讲授，并可以通过数学得到有效解释，那么该课程的设计就具有了可行性。

生物学知识的内容融入整体设计框架之后，再次征求生物老师的意见，这也是非常必要的。生物老师的专业教学经验丰富，可以预测学生对光合作用、叶序、生长角等知识点的接受度，并提出宝贵的合理化建议。

2. 阅读专业文献：课程设计的专业性提升

请教生物老师是衡量课程设计是否可行的必要步骤，但在可行性评估通过后，数学老师还是要自己扎扎实实做好功课。课程所涉及的生物学知识，数学老师都要自己充分掌握，深入消化，才能准确无误地传达给学生。

要做到这一点，数学老师就要认真阅读生物学的相关文献，明确授课相关的叶序、生长角、光合作用等内容在植物生物学和植物生理学整体框架体系之中的位置,厘清这些生物学知识从发现到研究的学术史过程和发展现状,熟练掌握相关生物学专业术语的使用。① 只有这样,才能确保自己在授课过程中成竹在胸、游刃有余,不对学生造成误导。

3. 生物实地考察:课程设计的实用性拓展

生物学是一门注重观察和实验的科学。生物学的研究对象比数学的研究对象更容易在日常生活中被学生注意到。② 笔者到单位附近的公园,选取当地、当季常见的植物,进行照片拍摄和标本采集,并在课堂上展示给学生。

一旦学生惊喜地发现,这些花花草草正是他们在上学路上天天看到的,他们就会对课程的内容产生亲近感,并自然而然地迸发出学习兴趣。当这堂课程结束后,学生放学回家,再次看到路边的花花草草,他们就会以一种全新的视角,去观察这个世界,产生强烈的好奇心和求知欲。

(二) 实践过程

1. 如何让每片叶子获取尽可能多的阳光?

植物的生长有赖于光合作用获得能量,而叶是植物进行光合作用的主要器官。那么,植物如何生长从而能使每片叶子获取尽可能多的阳光呢?

学生用圆柱形泡沫、仿真树叶模拟植物的生长,记录俯视图,交流各自的策略(图4-3)。

让12片叶子获取尽可能多的阳光
为叶子选择合适的生长位置,画出俯视图

图4-3 驱动性问题

---

① 申芳芳,张万里,李德志. 植物叶序研究的源流与发展[J]. 东北林业大学学报,2006(05).
② 李景功. 植物的叶序[J]. 生物数学学报,1986(01).

小结：植物的叶序主要有对生、互生、轮生、簇生。为了让每片叶子获取尽可能多的阳光，叶子错开生长。"错开"意味着：分叉与旋转。

设计意图：学生代入植物的角色，体会枝叶为了获取尽可能多的阳光与生长空间，需要错开生长。错开意味着分叉和旋转。[①] 其实，还需要调节茎的长度、叶子的形状与大小，乃至受到生长激素、遗传基因的影响。而第一课时主要讲分叉，第二课时讲旋转。与此同时，熟悉学具的操作，为第二课时研究其旋转问题时制作叶序比模型作铺垫。

2. 分叉：从一根树枝到一串数字

学生尝试解决以下 4 个问题，写出求解过程，画出示意图（图 4-4，图 4-5）。

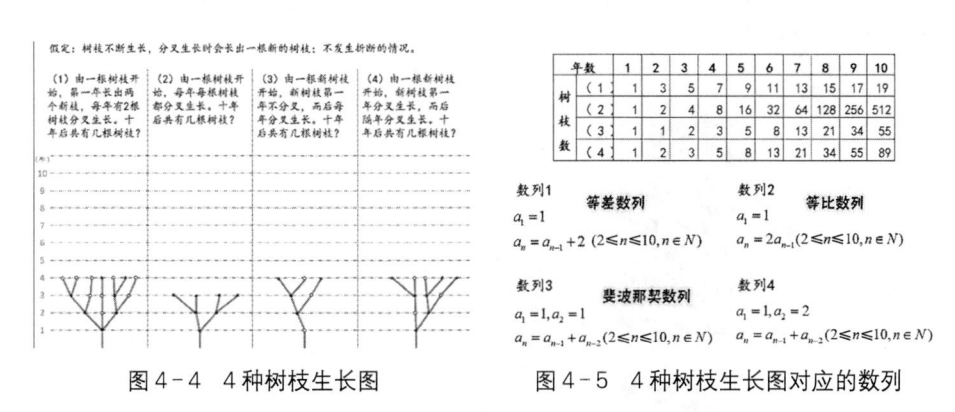

图 4-4 4 种树枝生长图　　图 4-5 4 种树枝生长图对应的数列

数列1　**等差数列**
$a_1 = 1$
$a_n = a_{n-1} + 2 (2 \leq n \leq 10, n \in N)$

数列2　**等比数列**
$a_1 = 1$
$a_n = 2a_{n-1} (2 \leq n \leq 10, n \in N)$

数列3　**斐波那契数列**
$a_1 = 1, a_2 = 1$
$a_n = a_{n-1} + a_{n-2} (2 \leq n \leq 10, n \in N)$

数列4
$a_1 = 1, a_2 = 2$
$a_n = a_{n-1} + a_{n-2} (2 \leq n \leq 10, n \in N)$

年数	1	2	3	4	5	6	7	8	9	10
树枝数（1）	1	3	5	7	9	11	13	15	17	19
（2）	1	2	4	8	16	32	64	128	256	512
（3）	1	1	2	2	3	3	4	4	5	5
（4）	1	2	3	5	8	13	21	34	55	89

假定：树枝不断生长，分叉生长时会长出一根新的树枝，不发生折断的情况。

（1）由一根树枝开始，第一年长出两个新枝，每年有 2 根树枝分叉生长。10 年后共有几根树枝？

（2）由一根树枝开始，每年每根树枝都分叉生长。10 年后共有几根树枝？

（3）由一根新树枝开始，新树枝第一年不分叉，而后每年分叉生长。10 年后共有几根树枝？

（4）由一根新树枝开始，新树枝第一年分叉生长，而后隔年分叉生长。10 年后共有几根树枝？

写出这四种情形下 1—10 年相应的树枝数，得到数列，写出递推公式。

[①] 吴志松. 植物叶序现象背后的数学规律[J]. 科技创新导报，2010(26).

小结：这四种形态的树在自然界中可以看到，我们可以把生活中的现象抽象为数学问题进行研究。我们运用递推的方法得到 3 个数列：等差数列、等比数列、斐波那契数列，它们是我们数学学习的对象。

设计意图：将数学史上的斐波那契兔子问题改编成与本节课主题一致的树叶生长问题，并配合设计其他三个问题。问题 1 抽象出等差数列，问题 2 抽象出等比数列，问题 3 和问题 4 抽象出斐波那契数列。学生解决这组问题时，通过寻找分析递推关系，可以将问题简化。教师呈现递推公式，下一环节供学生模仿。

3. 用数列递推公式描述图片中的植物

观察植物图片，将树枝数量逐年列出，并尝试用递推公式描述该数列（图 4-6）。

竹　$a_1 = 4$
　　$a_n = a_{n-1}$（$2 \leqslant n \leqslant 10$，$n \in N$）

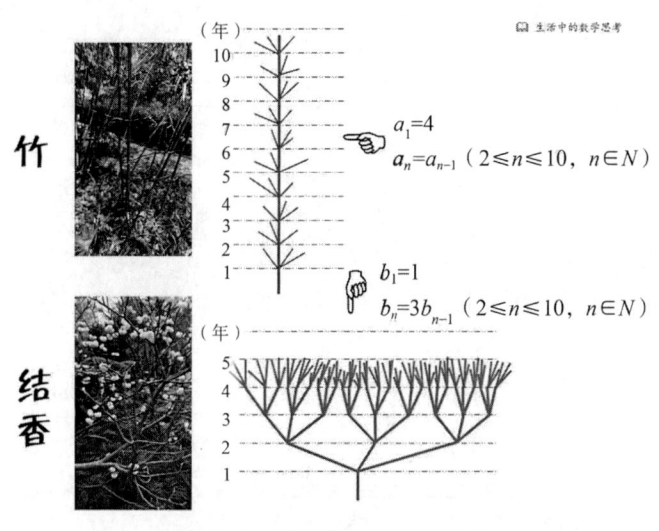

结香　$b_1 = 1$
　　　$b_n = 3b_{n-1}$（$2 \leqslant n \leqslant 10$，$n \in N$）

图 4-6　关于竹与结香的练习

① 结香 $a_1 = 1, a_n = 3a_{n-1}$（$2 \leqslant n \leqslant 10, n \in N$）【等比数列】

② 竹 $a_1 = 4, a_n = a_{n-1}$（$2 \leqslant n \leqslant 10, n \in N$）【常（数）数列】

小结：我们可以从数列的视角观察世界，捕捉数列中的递推关系将有助于我们了解、刻画数列。

设计意图：通过看图写数列，一方面训练学生抽象思维的能力，另一方面呈现更多的数列，帮助学生理解数列的含义。

4. 旋转：以怎样的角度错开生长？

植物学家和数学家对植物生长中的旋转进行了研究，他们发现了植物的一个小秘密：多数植物会以最佳生长角生长。

出示用"植物最佳生长角"画一株植物的范例视频。

小结：下节课，我们将深入了解植物最佳生长角与斐波那契数列的关系。植物虽然不懂斐波那契数列，但它们在适者生存的大自然中做出了选择，让芽占有尽可能多的空间，让叶子获取尽可能多的阳光和雨水，让花尽可能多地展示自己吸引昆虫传粉，让种子尽可能密集地排列。我们可以在自然界中找到斐波那契数列的踪迹。

设计意图：与第一个环节呼应，帮助学生整体把握两课时的关联，为下一课时的学习内容作铺垫。

四、成效与反思

（一）生物老师：植物的叶序意犹未尽！

在这节课试讲时，邀请了本区初中生物环境社团的指导老师。听课之后，他们的反映在于：关于植物叶序仅一笔带过，意犹未尽，可以让学生再多多动手，插一插实物模型，画一画俯视图，而每一种叶序对应的植物，更应当以图片的形式呈现更多的例子。

也许，插一插、画一画，还可以用"时间不够"作为借口来逃脱，但是，对于呈现更多的例子，其实在课堂上确实占用不了多少时间，只是教师要在前期做大量的准备，这就对教师提出了更高的要求。生物方面的图片，要么不出现，出现了就不能有错。数学教师对生物图片的熟悉把握程度必然不如本专业内容，因此要确保生物图片的准确性，稳妥的方法是请生物教师来旁听，对课程有关生物方面的内容进行把关。

如果一节数学跨学科拓展课要获得生物老师的认可，身为数学老师，必须冲破舒适区，而踏出舒适区的每一步正是学习深度的显现。

（二）数学老师：斐波那契数列为何浅尝辄止？

在这节课正式展示交流时，来听课的是名师工作室的高中、初中数学老师，课后，笔者个别联系了一些老师，真诚地请教他们的建议。多数老师的想法是，斐波那契数列的例子还有很多，可以通过呈现各种斐波那契数列及其变式，让学生对它有透彻的理解。

其实,这是对"去数学化"的警示,数学老师会觉得数学知识点尚未讲透,因此数学知识内容的深入程度要根据学生的实际接受能力进行调整。教师需要善于把握这个度,既让学生能够消化这节课需要掌握的内容,又给学生留下进一步思考的空间。

如果一节数学跨学科拓展课要获得数学老师的认可,必须要使学生扎实地掌握相关的数学知识,不能因为跨学科而降低要求,这也就是学生突破学科边界投身另一门学科学习的深度。

(三)学生:老师您是教什么学科的?

本课程的两次教学实践都是针对外校学生,因此学生并不认识笔者。课后,有学生私下问:"老师,您是数学老师还是生物老师?"面对学生的疑问,笔者有些许得意,因为在学生眼中,笔者具备了做生物老师的可能性;同时也有万分担忧,是不是笔者不那么像一名数学老师?

如果一节数学跨学科拓展课要获得学生的认可,就不能只有一节或几节课。通过顶层设计,让学生经常有机会接触这一类跨学科课程,学习的深度最终将转化为让学生受益终身的素养与能力。

◆ 教学案例 4-2

疫苗接种,人人有责[①]

面对严重危害人类身体健康和人类社会稳定发展的新冠病毒,疫苗接种是保护易感人群、对抗病毒的最高效方法之一。

为了向广大市民科学宣传疫苗接种的必要性,笔者从数学建模、科学论证、科普宣传的角度设计了本课程。通过项目化学习过程,学生需要完成一份关于疫苗接种的科普宣传作品。

为了体现作品的科学性,需要融入来自科学实验和观测的数据,以及从定量水平上准确反映科学预测结果的数学建模与模型运算。数学模型的预测结果显示,当未隔离感染者的传染率为 19.9%,感染者的治疗速率为 4%,疫苗保护率为 100% 时,疫苗接种率至少应达到 80%,才能阻止新冠疫情的传播流行。

[①] 本案例由上海市黄兴学校韩櫟提供。

并且选取不同的参数,可以相应得到不同的对疫苗接种率的要求。

我们基于数据和模型,利用信息技术制作了预测新冠病毒传播的动态曲线图,并将此置入科普宣传作品中,以便广大市民对疫苗接种率和病毒传播之间的关系有一个动态直观的了解。

一、内容概述

2020年3月10日,上海市公共卫生临床中心健康与生物安全大数据超算中心成立,借助超级计算机,科学家们对新冠病毒进行基因测序只用了10小时,并可以对病毒的变化进行推演,进而制定相应的治疗方案。甚至可以针对新型冠状病毒的多个靶点快速计算筛选数亿条级别的化合物数据库,以寻找新型结构类型的先导化合物,为下一步新药研发工作提供依据。"天下武功,无坚不摧,唯快不破","模型＋计算方法＋计算机技术"正是人类在与病毒对抗的过程中以快取胜的关键。

初中阶段学生正处于具体运算后期和形式运算前期的重要的思维发展过渡时期。伴随着青春期的开始,学生的分析、逻辑和抽象思维的发展也出现了质的跳跃。此时,培养学生的科学实证、科学描述、科学解释和科学建模的方法、能力、习惯和态度,就显得格外重要。学校在"美育育人"的办学理念引导下,形成了"以智慧为美""以求知为美""以科学为美""以科学服务社会为美"的新美育理念。"数学建模"课程以该理念为根本,提升学生的科学思维素养,为科学服务生活、科学服务社会、科学服务祖国、科学服务人类贡献出自己的一份力量。

本课程共9课时,授课对象为七年级和八年级学生。主要内容为:了解什么是数学建模、什么是数学模型;体验数学建模的基本流程;理解一些建模的基本概念,比如变量、常量、函数、线性关系、向量、矩阵等;认识模型的分类——统计模型、函数模型、线性模型、非线性模型;了解数学模型的预测功能;初步掌握如何基于模型进行科学解释和科学建议;体验如何运用计算机进行模型运算;简单了解地球科学和生命科学中的数学模型(图4-7)。过程和方法上的目标主要为:理解和初步掌握基于数据构造可运算的数量关系式,将现实问题转化为数学模型;利用数学模型进行科学预测;综合科学观测、观察、实验、调查数据或科学原理,并结合数学模型的计算结果进行科学解释,最终通过科学建模的方法,解决实际问题。情感、态度与价值观目标主要为形成科学服务生活、科学服务社会的社会责任意识。

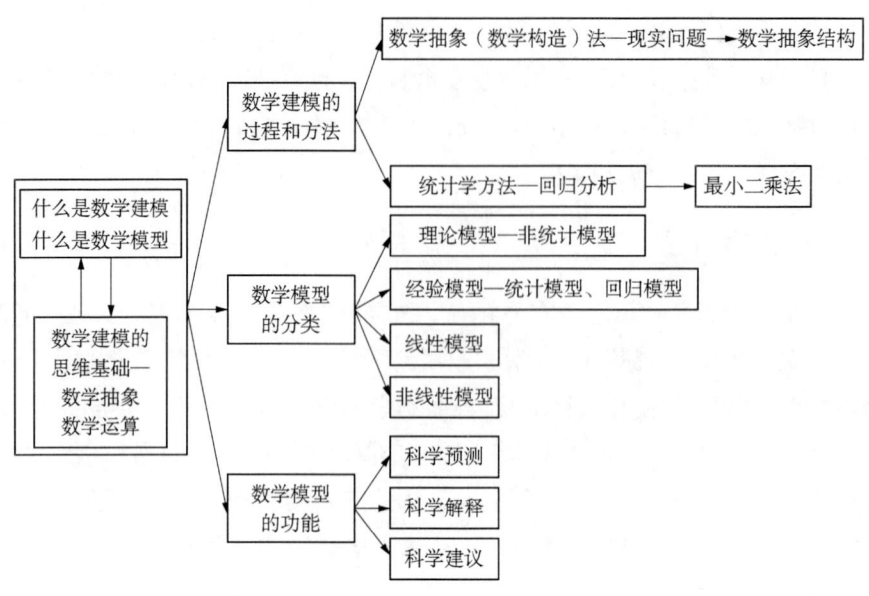

```
                          ┌─ 数学抽象（数学构造）法—现实问题→数学抽象结构
              数学建模的 ─┤
              过程和方法   │
                          └─ 统计学方法—回归分析 → 最小二乘法

                          ┌─ 理论模型—非统计模型
什么是数学建模             │
什么是数学模型             ├─ 经验模型—统计模型、回归模型
     ↑        数学模型 ───┤
数学建模的    的分类        ├─ 线性模型
思维基础—                  │
数学抽象                   └─ 非线性模型
数学运算
                          ┌─ 科学预测
              数学模型 ───┤
              的功能       ├─ 科学解释
                          │
                          └─ 科学建议
```

图 4-7 "疫苗接种,人人有责"课程结构

二、目标设计

从学校层面来看,本课程的开设丰富了跨学科课程体系的内容,具化了观察和研判学生综合素养提升的途径。

从学生层面而言,本课程既是对学科课程的补充、拓展和深入探究,更是引导学生将跨学科整合用于实际问题解决的一种尝试。从而丰富学习体验,开拓认知视野,激发学习兴趣,增强学习内驱力,以及引导对科学的信心和崇尚之情(表4-1)。

表4-1 "疫苗接种,人人有责"活动目标设计说明

活动目标	设计说明
学会发现现实事物或过程中的数量特征和结构,掌握和形成将自然语言的定性表述转化为数学语言的定量描述(或符号化描述),从而构造出数学抽象关系的方法和意识	将现实问题转化为数学抽象结构是数学建模过程中的第一步
体验、理解并初步掌握通过文献查阅设置参数数据,并利用数学模型进行科学预测的过程和方法	利用数学模型,基于科学数据,进行科学预测,提供科学解释和科学建议是数学模型的重要功能
理解并初步掌握综合科学原理和数学模型的计算结果进行科学解释的过程和方法	

(续表)

活动目标	设计说明
初步掌握结合计算机的计算作图功能和数学模型的抽象分析技能的跨学科定量描述思维方法	计算机计算作图整合数学抽象分析的跨学科协同探究方式在对问题进行定量分析时具有强大的功能
从生命科学和数学建模两个角度解释、论证防疫措施的效果	发挥两者的优势,形成互补
能利用生命科学知识、数学建模结论和计算机技术,制作疫苗接种科普宣传作品,作品具备科学性、趣味性、创新性	科学研究的根本目的是为了造福社会
能正确体会国家普及的疫情防控措施,并树立起积极科学的价值观、强烈的社会责任感和爱国主义情感	科学服务生活、科学服务社会的社会责任意识是本课程一项重要的育人目标
通过数学建模的方法解决实际问题,形成科学服务生活、科学服务社会的社会责任意识	

三、学习过程

(一) 活动前准备:了解经典的传染病传播动力学模型——SIR 仓室模型

以课堂教学方式进行活动前准备,目的是提供活动所需的理论性知识。

教师提供资料单,资料单中包括以下内容。

材料 1:2021 年 3 月 24 日,复旦大学附属华山医院感染科主任张文宏在中国耐多药结核病超短程方案研究启动会的研讨访谈环节中介绍,按照相关数据模型来推算,中国要完成 70% 的新冠疫苗接种才能完成免疫屏障的建立。并且张文宏认为,就中国来说,疫苗接种率最好达到 80% 以上,并强调"上不封顶",这样才能保证国门开放时的全民安全。2021 年 4 月 11 日,中国国务院联防联控机制新闻发布会在北京举行。中国疾控中心流行病学首席专家吴尊友指出,新冠疫苗的接种比例需要达到人群的 70% 至 80%,才能产生群体保护效果。

材料 2:1926 年 Kermack 和 McKendrick 在研究 1665—1666 年伦敦黑死病与 1906 年孟买瘟疫的流行规律时,构造了著名的 SIR 仓室模型。该模型是流行病动力学中最基本、最经典的模型,后来许多研究传染病传播动力学的模型都是基于此而改进、衍生出来的。

材料 3：SIR 仓室模型将一个群体内的个体分为 3 类（即 3 个仓室）：$S(t)$ 为 t 时刻易感染者人数，$I(t)$ 为 t 时刻感染者人数，$R(t)$ 为 t 时刻从感染者中移出（比如，已被治愈）的人数。

SIR 仓室模型的建立基于以下 3 个假设：

(1) 群体在研究时段内为封闭群体，群体中的总人数保持稳定（即不考虑人口自然增长率、人口迁移等种群动力学因素）；

(2) 感染者与易感者接触就必然具有一定的传染力。在 t 时刻，单位时间内被一个感染者所传染的易感者数量与易感者人数占总人数的比例成正比，比例系数为 β；

(3) 感染者从感染群体中移出的速率，与感染者人数成正比，比例系数为 γ。

学生读材料，思考以下问题：

(1) 为了有效阻断新冠病毒传播，疫苗接种率至少应达到百分之多少？（见材料 1）

(2) 为什么疫苗接种率至少应达到上述百分比？

师生互动，建立基于新冠病毒传播动力学的"SIR 仓室模型"。

1. 用数学语言描述假设 1

问题链：

(1) 仓室模型将一个群体中的个体分成 3 类：易感者、感染者、移出者。我们如何将这句话转化为数学式（数学模型）？

(提示：总人数、易感者人数、感染者人数、移出者人数之间有怎样的数量关系？预设解答：总人数＝易感者人数＋感染者人数＋移出者人数)

(2) 在代数中，我们习惯上用简单的字母符号来代表数量，所以如果我们设总人数为 N，易感者人数为 S，感染者人数为 I，移出者人数为 R，那么上面的等式可以如何简化表达？

(预设解答：$N=S+I+R$)

(3) 等式"$N=S+I+R$"中的 N 与 S、I、R 在数量变化特征上有何差异？

(预设解答：因为群体中的总人数保持稳定，所以数量 N 不变，而 S、I、R 随着时间推移在不断变化)

教师总结：

(1) 数量 N 恒定不变，所以称为常量，数量 S、I、R 不断变化着，所以称为变量。

(2) 设时间为 t,用 $S(t)$、$I(t)$、$R(t)$ 来代替 S、I、R,以区分常量和变量,其中,时间 t 称为自变量,随着时间 t 而变化的 $S(t)$、$I(t)$、$R(t)$ 称为因变量。于是,得到了如下数学式或数学模型:$N=S(t)+I(t)+R(t)$。

2. 用数学语言描述假设 2 和假设 3

阅读表 4-2,并在第 3 列空白单元格中填充计算结果,归纳"易感者人数占总人数的比例"与"单位时间内被 100 个感染者所传染的易感者数量"间的数学关系。

表 4-2　易感者人数与感染者传染率之间的数量关系

易感者人数 占总人数的比例 (%)	单位时间内被 100 名 感染者所传染的易感者 数量(名)	单位时间内被 100 名感染者 所传染的易感者数量/ 易感者人数占总人数的比例
90	27	
50	15	
10	3	

结论:单位时间内被 100 名感染者所传染的易感者数量=30×易感者人数占总人数的比例

引出"正比"概念,为之后的数学建模做理论铺垫:

上述数学关系式中,不妨设"易感者人数占总人数的比例"为自变量,那么"单位时间内被 100 名感染者所传染的易感者数量"就是因变量,容易发现,在这个例子中,因变量与自变量之间的比值为一个常量(本例中为 30)。这时称因变量与自变量成正比,它们的比值称为比例系数。

教师以填空的形式呈现建模问题,以降低难度:

使用前面的字母符号,根据假设(2),在 t 时刻,单位时间内被一名感染者所传染的易感者数量=β＿＿＿＿;在 t 时刻,单位时间内被所有感染者所传染的易感者数量(易感者被感染的速率)=$\beta[S(t)/N]$＿＿＿＿。

[参考答案:$S(t)/N$,$I(t)$]

同理,根据假设(3),在 t 时刻,单位时间内感染者从感染群体中移出的数量(即感染者从感染群体中移出的速率)=γ＿＿＿＿。

[参考答案:$I(t)$]

3. 建立 SIR 仓室模型

总结基于前提假设得到的数学关系式：

$N=S(t)+I(t)+R(t)$

易感者被感染的速率$=\beta[S(t)/N]I(t)$

感染者从感染群体中移出的速率$=\gamma I(t)$

问题链：

(1) 填空：随着易感者接触感染者而被传染，易感者人数在_____（减少/增加）；所以，易感者_____（减少/增加）的速率_____（小于/等于/大于）易感者被感染的速率。

（参考答案：减少，减少，等于）

(2) 将等式"易感者被感染的速率$=\beta[S(t)/N]I(t)$"变为"易感者人数的变化速率$=-\beta[S(t)/N]I(t)$"，思考为什么等式的右边多了一个负号？

（参考解答：因为随着易感者变为感染者，易感者人数在减少）

(3) 填空：单位时间内感染者增加的数量＝单位时间内由易感者转变为感染者的数量_____（填"＋"或"－"）单位时间内感染者从感染群体中移出（比如治愈）的数量

单位时间内由易感者转变为感染者的数量$=\beta[S(t)/N]I(t)$

单位时间内感染者从感染群体中移出（比如治愈）的数量$=\gamma I(t)$

(4) 填空：单位时间内感染者增加的数量$=\beta[S(t)/N]I(t)$_____（填"＋"或"－"）$\gamma I(t)$，或者换一种说法，感染者增加的速率$=\beta[S(t)/N]I(t)-\gamma I(t)$

总结：

在这种表示增减变化的模型中，可以用正数表示增加的量，用负数表示减少的量。

描述传染病传播过程的仓室模型：

易感者人数的变化速率$=-\beta[S(t)/N]I(t)$

感染者增加的速率$=\beta[S(t)/N]I(t)-\gamma I(t)$

基于跨学科视角的评论：第二阶段这一环节的跨学科性并不强，该阶段主要是为学生提供建模所需的主要数学工具——变量、函数、正比，学习如何将描述事物数量属性的自然语言转化为数学抽象结构。

(二) 活动1:利用SIR仓室模型,探究疫苗接种的必要性

1. 探究方式1:利用计算机进行计算探究

教师提供活动材料,内容包括学习材料、计算机操作流程、表格和关键问题。

学习材料:

设 S_0 和 I_0 为初始时刻易感者和感染者的数量,S 和 I 为 t 时刻易感者和感染者的数量。利用仓室模型,可以得到 I 关于 S 的数量关系式:$I=(S_0+I_0)-S+\rho N\ln(S/S_0)$

式中 ρ 表示 γ/β,ln 表示自然对数(函数)。

假设 $S_0=100$ 人,$I_0=1$ 人,$N=101$ 人,$\rho=0.2$,上面的等式变为

$I=(100+1)-S+0.2\times 101\ln(S/100)$

计算机操作流程:

利用 Excel 软件,做出 I 关于 S 的关系图(散点图)或趋势线。

操作示例:

(1) 在 A1 单元格输入 100,在 B1 单元格输入"=101-A1+20.2*LN(A1/100)";

(2) 在 A2 单元格输入"A1-1";

(3) 选中 B1 单元格,使用填充柄下拉至 B2 单元格;

(4) 选中 A2、B2 单元格,使用填充柄下拉至 A100、B100 单元格;

(5) 选中 A1:B100 单元格,插入散点图,得到如下图所示;

(6) 选中散点图,单击"布局"选项,选择"添加趋势线"。

学生尝试操作,当初始时刻易感者人数(S_0)为 100 人、90 人、80 人、70 人、60 人、50 人时,I 关于 S 的散点图分别是怎样的形态(图4-8,图4-9)。

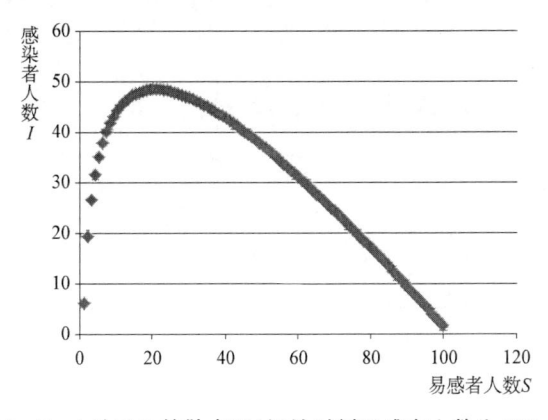

图4-8 I 关于 S 的散点图(初始时刻易感者人数为 100 人)

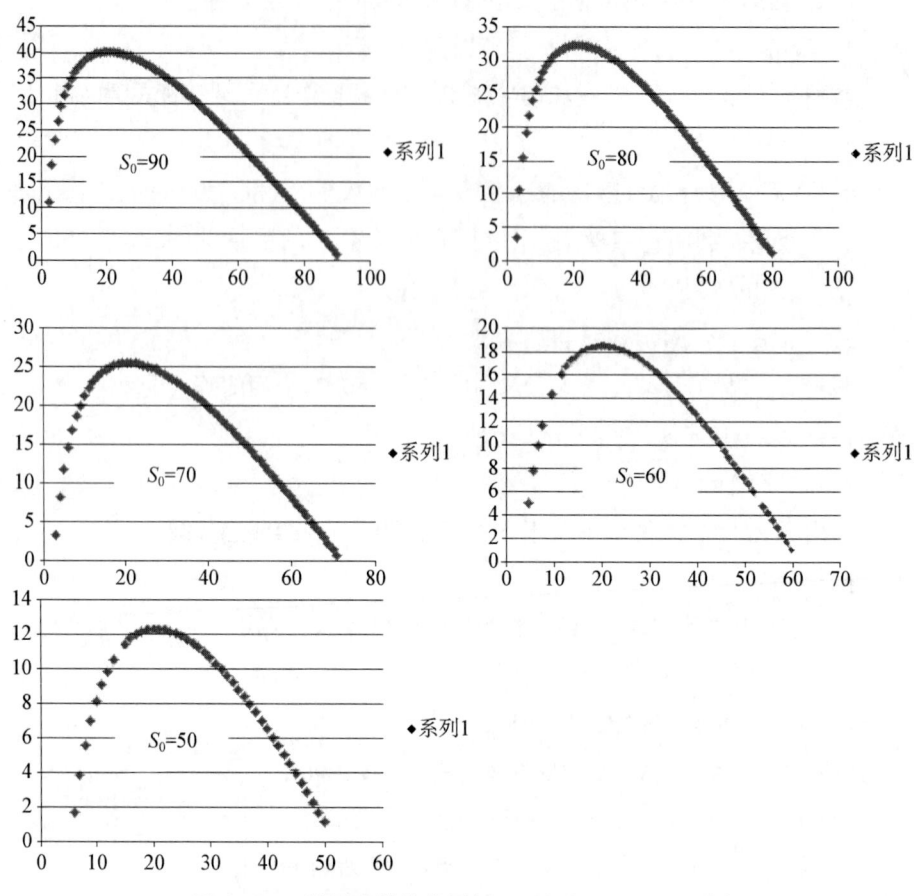

图 4-9 I 关于 S 的散点图(S_0＝90、80、70、60、50 人)

问题 1：根据你得到的散点图，完成表 4-3 的填充；参考表格，将 S_0＝100、90、80、70、60、50 人的 6 幅 I 关于 S 的散点图进行比较，你发现了什么？

表 4-3　初始时刻的易感者人数与感染者人数的最大值之间的数量关系 1

S_0（人）	感染者人数达到最大值时的易感者人数（人）	感染者人数的最大值（人）
100	20	
90	20	
80	20	

(续表)

S_0(人)	感染者人数达到最大值时的易感者人数(人)	感染者人数的最大值(人)
70	20	
60	20	
50	20	

（预设解答：

S_0(人)	感染者人数达到最大值时的易感者人数(人)	感染者人数的最大值(人)
100	20	49
90	20	41
80	20	33
70	20	26
60	20	18
50	20	12

随着时间的推移，易感者人数越来越少，感染者人数先增加后减少；无论 S_0 为多少，感染者人数均是在易感者人数减少至大约 20 人时达到最大值；但是随着 S_0 的减少，感染者人数的最大值也相应减少）

问题 2：继续利用 Excel 进行操作，完成表 4-4 的填充；试着估计一下当 S_0 为多少时，感染者几乎无法传染易感者（图 4-10）？

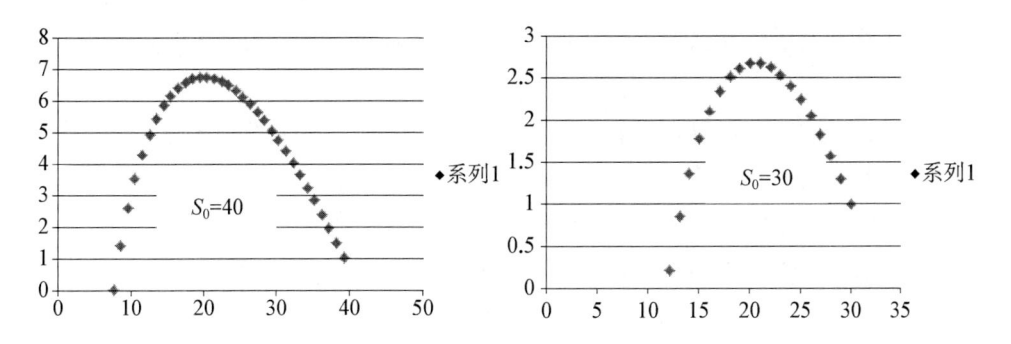

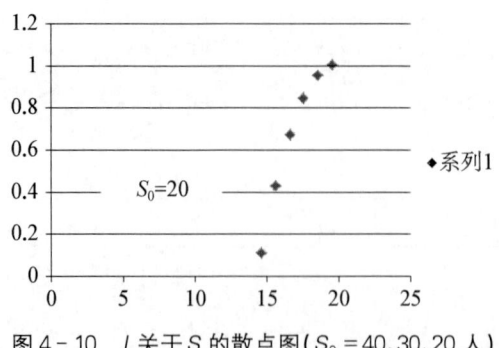

图 4-10　I 关于 S 的散点图（$S_0 = 40、30、20$ 人）

表 4-4　初始时刻的易感者人数与感染者人数的最大值之间的数量关系 2

S_0（人）	感染者人数达到最大值时的易感者人数（人）	感染者人数的最大值（人）
40	20	
30	20	
20	20	

[预设解答：

S_0（人）	感染者人数达到最大值时的易感者人数（人）	感染者人数的最大值（人）
40	20	7
30	20	3
20	20	1

当初始时刻的易感者人数（S_0）为大约 20 人时，感染者几乎无法传染易感者]

（问题设计说明：以直观的坐标图启发学生思考，以表格填充的方式整理数据，方便学生比较，引导学生发现数据背后的规律）

问题 3：怎样才能减少初始时刻的易感者人数？请说明理由。

[预设解答：接种疫苗，因为接种疫苗使易感者成为免疫者，有效减少了易感者数量（S_0 减少），当 S_0 减少至一定数量（本例中为 20）后，免疫者为易感者构筑起了免疫屏障，使感染者几乎无法传染易感者，从而阻断了疫情传播]

过渡：探究 1 是假设总人数为 101 人，代入模型，使用计算机模拟运算所得到的一个具体结论。但为了得到更普遍的结论,我们需要利用探究 2 中的数学方法。

2. 探究方式 2:利用数学进行分析探究

教师提供包含问题链的活动材料,利用计算机进行大量计算和反复操作所得到的结论,用数学分析方法短短几步即可完成,但这里面的数学技巧和高阶的抽象思维方法需要学生进行细致而深入的思考。(可由团队中擅长数学的成员带领其他组员探究完成)

问题链:

(1) 利用仓室模型中已知的数量关系式:感染者增加的速率 $=\beta[S(t)/N]I(t)-\gamma I(t)$

当传染病无法流行时,感染者增加的速率<0(即感染者在减少)

因为感染者增加的速率$=\beta[S(t)/N]I(t)-\gamma I(t)$

所以 $\beta[S(t)/N]I(t)-\gamma I(t)<0$

所以 t 时刻易感染者人数占总人数的比例 $S(t)/N$ _____ γ/β(小于/等于/大于)

(提示:不等式两边同时乘以或除以一个正数,不等号方向不变;不等式两边同时乘以或除以一个负数,不等号方向改变。参考答案:小于)

(2) 表 4-5 显示了 2019—2020 年武汉新型冠状病毒疫情传播过程中各阶段未隔离感染者的传染率和感染者的治疗速率的变化情况。

表 4-5 2019—2020 年武汉新型冠状病毒疫情传播过程中各阶段未隔离感染者的传染率和感染者的治疗速率[1]

阶段	未隔离感染者的传染率	感染者的治疗速率	(治疗速率/传染率)×100%
疫情自由传播期	0.303	1/60	5.50%
疫情快速蔓延期	0.293	1/56	6.09%
疫情发展高峰期	0.266	1/40	9.40%
疫情有效控制期	0.207	1/32	15.10%
疫情衰退期	0.199	1/25	20.10%

---

[1] 桑茂盛,丁一,等. 基于新冠病毒特征及防控措施的传播动力学模型[J]. 系统工程理论与实践,2021, 41(1):130.

在这里,β=未隔离感染者的传染率,γ=感染者的治疗速率,我们利用疫情衰退期中的数据,得到 $\rho=\gamma/\beta\approx 0.201$。为了确保新冠病毒无法在人群中流行,则 $S(t)/N$ _____ γ/β(小于/等于/大于),易感染者人数占总人数的比例 $S(t)/N$ 应当小于_____%,即免疫人群(疫苗接种人群,假设疫苗有效率接近100%)占比应当达到_____%,即约80%。如果疫苗有效率为80%,则免疫人群(疫苗接种人群)占比应当达到_____%,所以专家学者提到的疫苗接种率最好达到80%以上,并且"上不封顶"是有理论依据的。

(参考答案:小于,20.1,79.9,100)

重要结论:当 $S(t)/N<\gamma/\beta$ 时,传染病无法流行。

基于跨学科视角的评论:第三阶段的教学环节生动展现出了结合计算机和数学的跨学科探究方法。计算机有超强的数值计算能力,操作方法简单机械,通过计算机作图,可形象直观地呈现出传染病传播过程的动态变化,容易吸引学生的注意力,激发兴趣。但缺点是步骤繁琐,计算量大,受精度限制,结果不一定准确,且依赖于初始值和插值的归纳推断也是不够科学严谨的。数学方法简洁、巧妙、准确而严谨,但是过程抽象、技巧性太强,对数学技能的要求较高,二者可优势互补,发挥"计算机计算作图+数学抽象分析"的跨学科协同探究优势。

(三) 活动2:结合数学模型和生命科学原理,探究防疫措施的必要性

(活动设计说明:如何利用数学模型的运算结果去论证实际的防疫措施的必要性,这需要结合生命科学原理,以跨学科的方式来完成)

教师提供活动单,活动单中包括重要结论、问题链和表格。

重要结论:当 $S(t)/N<\gamma/\beta$ 时,传染病无法流行。其中,$S(t)/N$ 表示易感者人数占总人数的比例,β 表示未隔离感染者的传染率,γ 表示感染者的治疗速率。

问题链:

(1)根据上面的公式,为了遏制传染病流行,要使"$S(t)/N$"尽可能地<u>小</u>(大/小),"γ/β"尽可能地<u>大</u>(大/小),即 β 尽可能地<u>小</u>(大/小),γ 尽可能地<u>大</u>(大/小)。

(2)为了遏制传染病流行,就要使易感者人数占总人数的比例尽可能地小,未隔离感染者的传染率尽可能地小,感染者的治疗速率尽可能地大。通过疫苗接种可以使"$S(t)/N$"大大减少,思考还有哪些防疫措施可以使 β 尽可能地小,γ 尽可能地大,完成表 4-6 的填写。

表 4-6　从数学建模角度认识防疫抗疫措施的有效性

减少"$S(t)/N$"的防疫措施	减少 β 的防疫措施	增大 γ 的抗疫措施

注:当 $S(t)/N<\gamma/\beta$ 时,传染病无法流行,其中,β=未隔离感染者的传染率,γ=感染者的治疗速率

(预设解答:

减少"$S(t)/N$"的防疫措施	减少 β 的防疫措施	增大 γ 的抗疫措施
接种疫苗等	1. 戴口罩 2. 勤洗手 3. 勤通风 4. 减少去人口密集或封闭的场所等	1. 治疗设施、设备、药物等医疗资源的完善 2. 抗病毒药物的研发 3. 接种疫苗等

)

(3) 回忆生命科学课程中关于防止传染病传播的 3 个环节(表 4-7)。

表 4-7　从生命科学角度认识防疫措施的有效性

控制传染源	切断传播途径	保护易感人群
患者隔离等	1. 勤洗手 2. 消毒措施 3. 勤通风等	1. 戴口罩 2. 疫苗接种 3. 减少去人口密集或封闭的场所等

结合数学模型和生命科学原理,解释为什么戴口罩和疫苗接种可有效阻断传染病流行?

[预设解答:

感染者戴口罩作为一种控制传染源的有效措施,可阻断病毒从感染者到易感者间的传播路径。如果病毒从感染者到易感者间的传播路径被阻断,那么 β(未隔离感染者的传染率)必将下降,在控制其他变量的前提下,β 减少到一定程度,必然 $S(t)/N<\gamma/\beta$,此时传染病便无法流行。

接种疫苗,有助于易感者成为免疫者,从而有效保护易感人群。易感者成为免疫者,$S(t)$(易感者人数)减少,在控制其他变量的前提下,$S(t)$减少到一定程度,必然 $S(t)/N<\gamma/\beta$,此时传染病便无法流行]

(问题设计说明:启发学生以跨学科的思维方式,认识和理解真实世界背后的运行原理或机制)

(4) 你觉得在解释和论证防疫措施有效性的过程中,生命科学和数学建模各有何优势?二者如何做到优势互补?请以小论文的形式论述一下你的观点(300 字以内即可)。(选做)

基于跨学科视角的评论:从两个不同的学科角度,在定性方面,我们可以得到相似的结论,但是生命科学更多地从微观的生物学机制角度去解释,而数学建模则是基于群体动力学的宏观角度进行定量描述。所以生命科学着眼于微观个体,数学建模聚焦于宏观群体,生命科学以物理、化学机制,从学科逻辑角度进行定性解释,数学建模以数学原理,从数据分析角度进行定量描述,二者是优势互补的。另外,从戴口罩、接种疫苗到传染病无法流行间的因果性解释,是单一学科无法做到的,需要生命科学和数学建模间进行横向连接,形成一个从个体到群体、从微观到宏观的完整因果链,最终生成一个高层次(基于生物数学的)的跨学科认知(表 4-8)。

表 4-8 单学科的认知是局限的,跨学科则能构成真实世界的完整因果链

防疫措施	生命科学(单学科)	数学建模(单学科)	生物数学(跨学科)
戴口罩	感染者戴口罩作为一种控制传染源的有效措施,可阻断病毒从感染者到易感者间的传播路径	如果病毒从感染者到易感者间的传播路径被阻断,那么 β(未隔离感染者的传染率)必将下降,在控制其他变量的前提下,β 减少到一定程度,必然 $S(t)/N<\gamma/\beta$,此时传染病便无法流行	戴口罩→病毒传播受阻→β 减小→$S(t)/N<\gamma/\beta$→传染病便无法流行
接种疫苗	接种疫苗,有助于易感者成为免疫者,从而有效保护易感人群	易感者成为免疫者,$S(t)$(易感者人数)减少,在控制其他变量的前提下,$S(t)$减少到一定程度,必然 $S(t)/N<\gamma/\beta$,此时传染病便无法流行	接种疫苗→易感者成为免疫者→$S(t)$减少→$S(t)/N<\gamma/\beta$→传染病便无法流行
……	……	……	……

基于上述两个课外活动,教师进行如下总结:

通过建立 SIR 仓室模型,利用计算机计算或数学分析方法,基于新冠病毒传播流行的相关数据,可以科学地得到对于疫苗接种率应达到的要求。利用公式"$S(t)/N < \gamma/\beta$",可以从社会人群的宏观角度,在数学模型层面上定量地解释"戴口罩、勤洗手、减少去人口密集或封闭的场所等"防疫措施的有效性。

(四) 活动 3:利用反映疫苗接种率和病毒传播之间关系的动态曲线图,制作科普宣传作品

(活动设计说明:前文所进行的数学建模、计算机计算作图、数学分析、结合数学模型和科学原理的跨学科解释的根本目的,是为了利用这些结果来绘制反映疫苗接种率和病毒传播之间关系的动态曲线图,制作科普宣传作品,从而造福社区居民,造福社会)

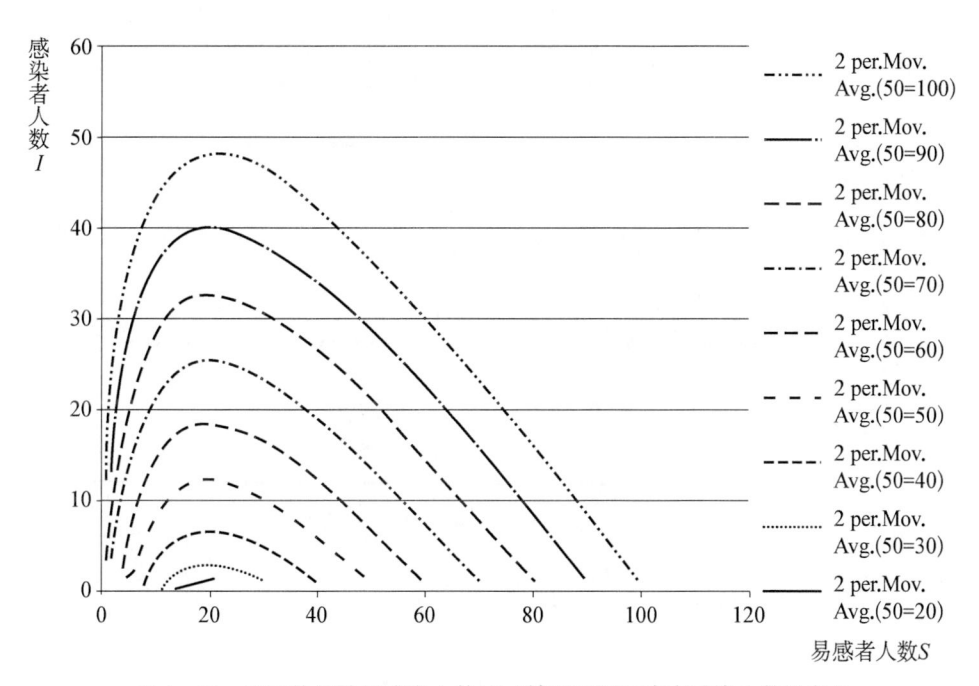

图 4-11 不同的初始易感者人数(S_0)情况下新冠病毒感染人数的变化

从图 4-11 可以看出,随着初始时刻易感者人数的减少(从 $S_0=100$ 人到 $S_0=20$ 人)感染者人数的峰值逐步下降。当 $S_0=20$ 人(对应接种率为 80%)时,病毒无法传播,疾病无法流行(假设模型参数选择 $\beta=0.199$,$\gamma=0.04$,疫苗保护率为 100%)。学生可以利用 PPT 或其他软件制作出不同接种率所对应的易感者人数的动态变化图。并基于此图制作关于疫苗接种的科普宣传作品，以便广大社区居民认识到疫苗接种的科学性和重要性(图4-12)。

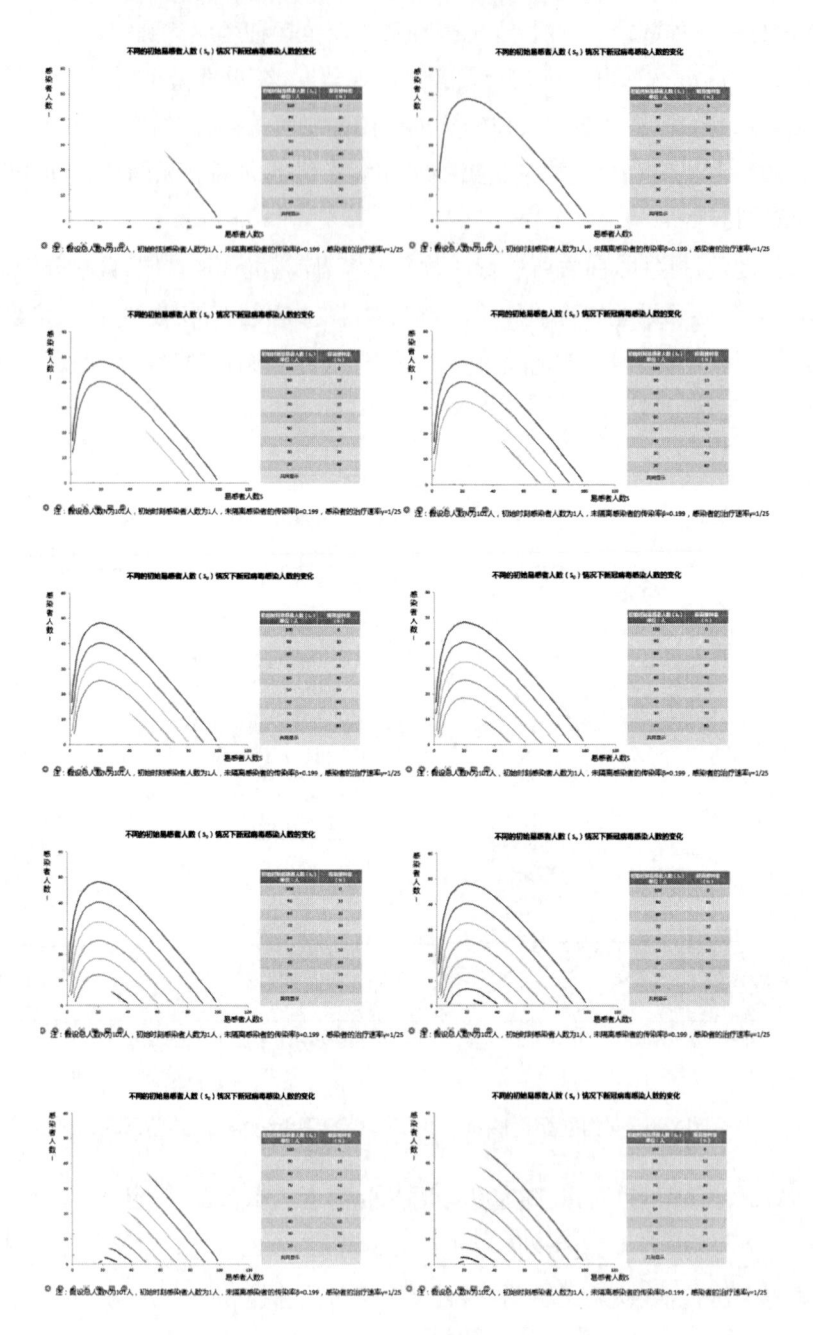

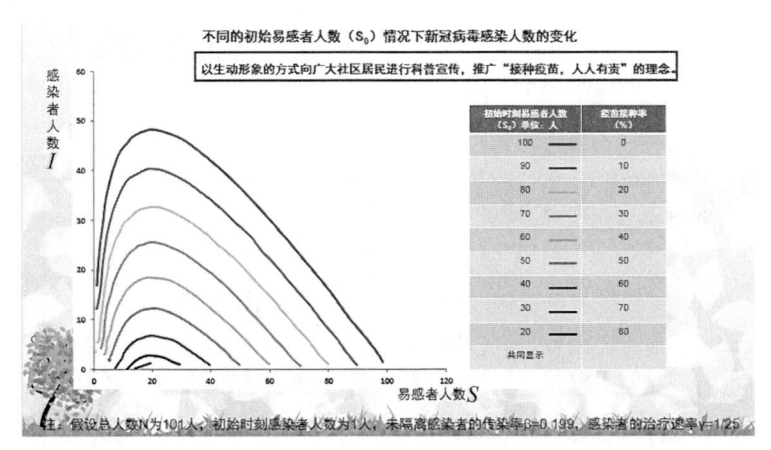

图 4-12　不同的初始易感者人数(S_0)情况下新冠病毒感染人数变化的动画演示

四、课程评价

本课程评价包括学生自评、团队评价、教师评价和学校评价,并将过程性评价和终结性评价相结合。在教师评价学生学习活动情况方面,设计了评价量表。

该评价量表(表 4-9)是基于活动目标来设计和制作的。量表包括 3 个评价维度——思维方法、实践创造、情感态度和价值观。其中思维方法维度包括 4 个评价指标——数学建模、模型预测、模型解释、跨学科思维方法,实践创造维度具体表现在作品成果的创作上,情感态度和价值观包括 2 个评价指标——对待疫情防控措施的积极阳光的态度和关于科学的积极阳光的价值观。同时,基于学生可能出现的可检测的行为表现,对每个评价指标都进行具体而合理的分级描述,并赋予相应分值,使评价的可操作性、客观性和准确性更强,从而使评价更科学严谨。

表 4-9　"疫苗接种,人人有责"活动评价量表

评价维度	评价指标	评价等级及分值				得分
		A(5分)	B(4分)	C(3分)	D(2分)	
思维方法	数学建模	能发现现实事物或过程中的数量特征和结构,能将自然语言的定性表述转化为数学	能发现现实事物或过程中的数量特征和结构,能将自然语言的定性表述转化为数学	能发现现实事物或过程中的数量特征和结构,但未能将自然语言的定性表述转化为	具有建模或数量思维意识,但未能发现现实事物或过程中的数量特征和结构	

(续表)

评价维度	评价指标	评价等级及分值				得分
		A(5分)	B(4分)	C(3分)	D(2分)	
		语言的定量描述（或符号化描述），并构造出数学抽象关系	语言的定量描述（或符号化描述），但并未构造出数学抽象关系	数学语言的定量描述（或符号化描述）		
	模型预测	能通过文献查阅设置参数数据，并利用数学模型进行科学预测	能通过文献查阅设置参数数据，但未能利用数学模型进行科学预测	能通过文献查阅找到相关参数数据，但参数的选择不合理，以至于模型的预测效果不佳	具有查找文献搜寻数据的意识，但未能查找到有效数据或信息	
	模型解释	能综合科学原理和数学模型的计算结果进行科学解释	仅从数学模型的计算结果进行解释，未结合科学原理	仅使用已知的科学原理进行解释，未利用数学建模方法	给出了不科学或不合理的解释，或解释缺乏科学依据和数据支持	
	跨学科思维方法	利用"计算机计算作图＋数学抽象分析"的跨学科协同探究方式对问题进行定量分析，并从生命科学和数学建模两个角度解释、论证防疫措施的效果	仅从计算机计算作图和数学抽象分析两者中的一个角度对问题进行定量分析，但能从生命科学和数学建模两个角度解释、论证防疫措施的效果；或能利用"计算机计算作图＋数学抽象分析"的跨学科协同探究方式对问题进行定量分析，但仅从生命科学和数学建模二者中的一个角度解释、论证防疫措施的效果	仅从计算机计算作图和数学抽象分析两者中的一个角度对问题进行定量分析，并且仅从生命科学和数学建模二者中的一个角度解释、论证防疫措施的效果	仅从计算机计算作图和数学抽象分析两者中的一个角度对问题进行定量分析，但未能从生命科学或数学建模的角度解释、论证防疫措施的效果；或未能运用计算机计算作图或数学抽象分析的方法对问题进行定量分析，但能从生命科学和数学建模二者中的一个角度解释、论证防疫措施的效果	

(续表)

评价维度	评价指标	评价等级及分值				得分
		A(5分)	B(4分)	C(3分)	D(2分)	
实践创造	作品成果	能利用生命科学知识、数学建模结论和计算机技术，制作疫苗接种科普宣传作品，作品具备科学性、趣味性、创新性	能利用生命科学知识、数学建模结论和计算机技术，制作疫苗接种科普宣传作品，作品具备科学性，但缺乏趣味性或创新性	能利用生命科学知识、数学建模结论和计算机技术，制作疫苗接种科普宣传作品，但作品在科学严谨性上存在一些问题	有利用生命科学知识、数学建模结论或计算机技术，制作疫苗接种科普宣传作品的行为和意识，但未能成功完成作品	
情感、态度和价值观	对待疫情防控措施的积极阳光的态度	对待国家普及的疫情防控措施，采取一种积极科学的价值观、强烈的社会责任感和爱国主义情感	在自我对待国家普及的疫情防控措施方面，有着一种积极科学的价值观，但在社会责任感方面，未意识到将这种价值观进行社会普及和推广	对待国家普及的疫情防控措施，还未形成一种科学的价值观和社会责任感，但谈及疫情防控方面的话题时，能激发出积极正向的爱国主义情感	在认知上知道国家普及的疫情防控措施的科学意义和社会意义，但还未内化为态度和价值观	
	关于科学的积极阳光的价值观	形成科学服务生活、科学服务社会的社会责任意识	仅形成了科学服务生活的积极情感和意识，但未能从更大的社会角度去思考	从认知上知道科学能服务生活、科学能服务社会，但未形成积极的情感和意识	仅从认知上知道科学能服务生活，但未形成积极的情感和意识	
小计						

五、成效与反思

（一）聚焦课程设计与实施的整体评价

1. 关注学习过程、学习方法的实效性和实用性

本课程在教学设计和实施过程中重整体流程，而轻细节原理，学生应掌握简单的科学建模的基本流程，比如，获取数据→绘制散点图→线性或非线性拟

合,得到模型→根据误差或决定系数 R^2 等评价拟合效果,选择最优模型→利用模型进行科学预测→评价观察值与预测值之间的误差→改进模型(将问题解决过程流程化、步骤化,将复杂问题分解为若干个简单问题)。

对于超出该阶段学生能力水平的细节性知识,可以暂且避开原理,关注操作:比如,确定彗星轨道模型 $r=\beta+e(r\cdot\cos a)$ 中的待定系数 β 和 e,虽然 r 和 a 间的关系是非线性的,但可以将该模型看成是关于 r 和 $r\cdot\cos a$ 的线性模型。并且不对九年级上会学到的角的余弦做解释,而是直接告诉学生,如何通过 Excel 求出 $\cos a$。

2. 关注真实学习的持续性影响

学生总是渴望获得一种神奇而强大的方法或能力。无论是什么层次的学生,几乎都想学会这种利用数学模型来快速预测未来的操作方法,这让人体会到杜威说过的一句话——孩子们都有想要做事的愿望或冲动。更何况这是一件似乎展现出先知般超能力的事情。当然,孩子们热衷于体验奥妙,但并非都想要了解奥妙背后的深刻原理。毕竟一节课 40 分钟的时间十分短暂。学生们能够以亲身操作体验的方式感受到模型的威力,而非以说教的方式被告知其意义,那么,亲身经历所带来的影响一定是更深刻、更持久的。笔者的第一步是想要让孩子们学会操作,而爱上建模。因为迷恋于电子游戏的孩子,并不需要知道电子游戏的设计和编程原理。对于建模亦是如此。对于模型背后的深刻原理,更应由初中生自己在课后挖掘探究,而不是教师在课堂上进行极易让孩子们犯迷糊的讲解。所以,笔者教学的首要目标一直是让学生觉得"这种方法真厉害,我想去了解一下"。

3. 关注信息技术的应用

现实世界是复杂的,所以从现实世界中获取的数据也是复杂的。简单的关系不等于有简单的数据。本课程中科学数据取自科学研究中的实际观测,虽然所建立的数学模型在数量关系上通常是简单的(比如线性模型),但对于计算而言,如果要预测长期的数量变化趋势,手工计算的工作量是惊人的。所以,在通过建模解决实际问题的过程中,手工计算只能作为一种体验而开始的前两步进行操作,最终的结果运算基本上是依赖计算机(比如使用 Excel 函数和迭代运算功能)的,要不然整堂课就将变为枯燥乏味的计算课。所以本课程在实施过程中计算机工具是贯穿始终的。在这个过程中,学生也深刻地体会到了"相对简单精巧的来自思维过程的模型"在和"计算机机械化的高速运算过程"相整合

(二) 课程实施获得的效果

通过数学建模课程的学习,学生能理解什么是数学建模——"数学建模就是将现实世界中的具体事象转化为数学抽象结构的过程和方法"。初步学会使用 Excel 建立回归模型的方法,获得建模学习过程中的成就感。体验数学模型的强大威力——科学预测、提供科学解释和建议,从而认可科学建模的实用价值和现实意义,形成或增强科学服务社会的意识和崇尚科学的态度。

(三) 总结得失,提炼经验

通过课程实践和反思,发现在课程实施过程中时常会过于关注方法层面的指导,而忽略了思想层面的启发。正如笔者前面所想到的:教师的指导除了包括操作前的方法指导和操作时的技术指导外,还应涉及操作后在思维上的更深入的启发引导。对于"看似平稳"的曲线是否意味着"真的平稳"呢?视觉误差是否存在?有没有比观察折线图更严谨可靠的方法?这一类问题有着十分高级的思维层次,甚至可以上升到哲学和认识论的高度。笔者应当整理一下而呈现给学生,科学的理性方法可以弥补人体感觉器官的缺陷。这本身也是科学的巨大魅力之一。另外,由于数学建模过程中可能会涉及一些出乎意料的高深的数学问题,所以预设必须要尽可能充分。教师自身在专业理论学习上更需要"博观而约取,厚积而薄发",这样对于学生提出的发散性问题,才能做出专业的技术层面的引导。

此外,由于笔者的建模数据主要来自专业书籍和期刊中的学术论文,那么建模的内容就或多或少有些学术。过于学术的课程内容会离学生的生活较远。如果能从学生身边,从学校生活和家庭生活中获取数据,那么或许学术性的情况能变得少一些。所以,通过实践获取具有生活价值的数据是很有必要的。这也为笔者今后的建模课程设计提供了一个努力的方向。

◆ 教学案例 4-3

小豆大用[①]

"小豆大用"是基于中考改革背景的跨学科教学初探,其内容主要涉及地理

---

① 本案例由上海市惠民中学杨慧文提供。

和生命科学等学科。因此,本教学以学生熟悉的地理事物——大豆作为研究对象,将地理与生命科学的相关知识进行融汇,开展学习。

案例下分为重识大豆、大豆种植、大豆饮食和大豆贸易四个部分。第一部分通过不同植物图片对比,让学生重新认识大豆的根、花、叶、果。第二部分解决大豆种植中可能遇到的问题。通过撰写研究报告和绘制思维导图,引导学生在面对问题时,能理清各方条件,利用相关知识进行综合分析与考量。第三部分通过辨析生活中被加工成各种形态的大豆,探究环境与饮食习惯的关系,构建学科知识的链接。最后一个部分,以辩论的形式发生思维碰撞,探索进口大豆的利弊,提升学生思考和表达过程的逻辑性。

通过围绕大豆的四个部分的学习,学生不断利用习得的知识解决问题、陈述看法,加强跨学科意识与思维,进而感受科学知识的实用性,同时也感知跨学科学习的深度与广度。

一、内容概述

2018年3月,上海市教育委员会印发《上海市进一步推进高中阶段学校考试招生制度改革实施意见》(沪教委〔2018〕3号)。其中,在中考测试中增设跨学科案例分析题,内容主要涉及地理、生命科学等学科。因此,思考如何进行地理与生命科学的跨学科教学,提高学生的综合学习能力成了笔者在不断思考与探究实践的一个问题。

本案例是一个以"大豆"为研究对象的地理、生命科学跨学科学习单元设计。以大豆为引,旨在让学生利用地理和生命科学两门课程的学科知识与日常生活经验,探究环境与人、食物和文化之间的关系。

大豆起源于我国,是我国传统的五谷之一。由于大豆的营养价值很高,在我们的日常生活中,有很多利用大豆制作的食物。学生对于豆制品非常熟悉,因此以大豆为研究学习的对象,对于学生来说更为亲切,更能让他们感受到课堂所学知识在日常生活中的运用,从而在学习的过程中更具有参与性和成就感,也能让他们感受到课堂知识的实用性。

本案例是以拓展型课程为主的单元教学,共分为重识大豆、大豆种植、大豆饮食和大豆贸易四个课时,通过材料分析、资料调查、小组讨论、合作探究等形式,从地理和生命科学不同的角度入手,了解与讨论大豆的营养、用途、产地、饮食和粮食安全等问题,让学生全面认识大豆这种经济作物的价值、种植、利用、销售等问题,从而感受综合运用地理和生命科学的相关知识能让我们更有深度和广度地认识身边事物(图4-13)。

二、目标设计

单元下分4课时。第1课时学习主题为营养与人体健康。通过认识大豆的植株特点,了解大豆的营养和用途,让学生感受生命科学知识能够让我们更有深度地认识身边常见的事物。第2课时学习主题为生物与环境。探究我国大豆主产区黑龙江省的优势区位条件,让学生感受地理知识能够让我们更有深度地分析身边的环境。第3课时学习主题为饮食文化与环境。以学生日常生活中常见的大豆制品——豆腐为引,通过分析我国各地产生的不同口味的豆腐进行探究,感受环境对饮食文化的影响。第4课时学习主题为国际贸易与粮食安全。通过分析图表、数据,探究我国大量进口大豆的原因,探讨中国粮食贸易格局向全面净进口转变后对我国粮食安全的影响。

本单元的学习目标为:

(1) 通过大豆与其他主食的营养成分对照表,描述大豆的营养价值;

(2) 通过观察大豆根系图,了解根瘤菌对于大豆的作用,分析大豆与根瘤菌的关系;

(3) 通过了解大豆的生长习性,利用图册中的不同地图,分析黑龙江省成为大豆主产区的原因;

(4) 通过搜集资料,分析相关数据,以小组合作的形式,探究大豆重茬减产的原因,并提出解决措施;

(5) 通过我国不同地区对于豆腐的不同吃法,感受地理环境对饮食习惯的影响;

(6) 比较豆腐与其他肉类、鱼类等蛋白质较高的食物的价格,结合日本的地理环境特征,分析豆腐在日本扎根的原因;

(7) 通过综合前面课程的学习内容,总结中国大量进口大豆的原因,并分析大量进口大豆的利弊。

跨学科课程的杨浦构建与研究

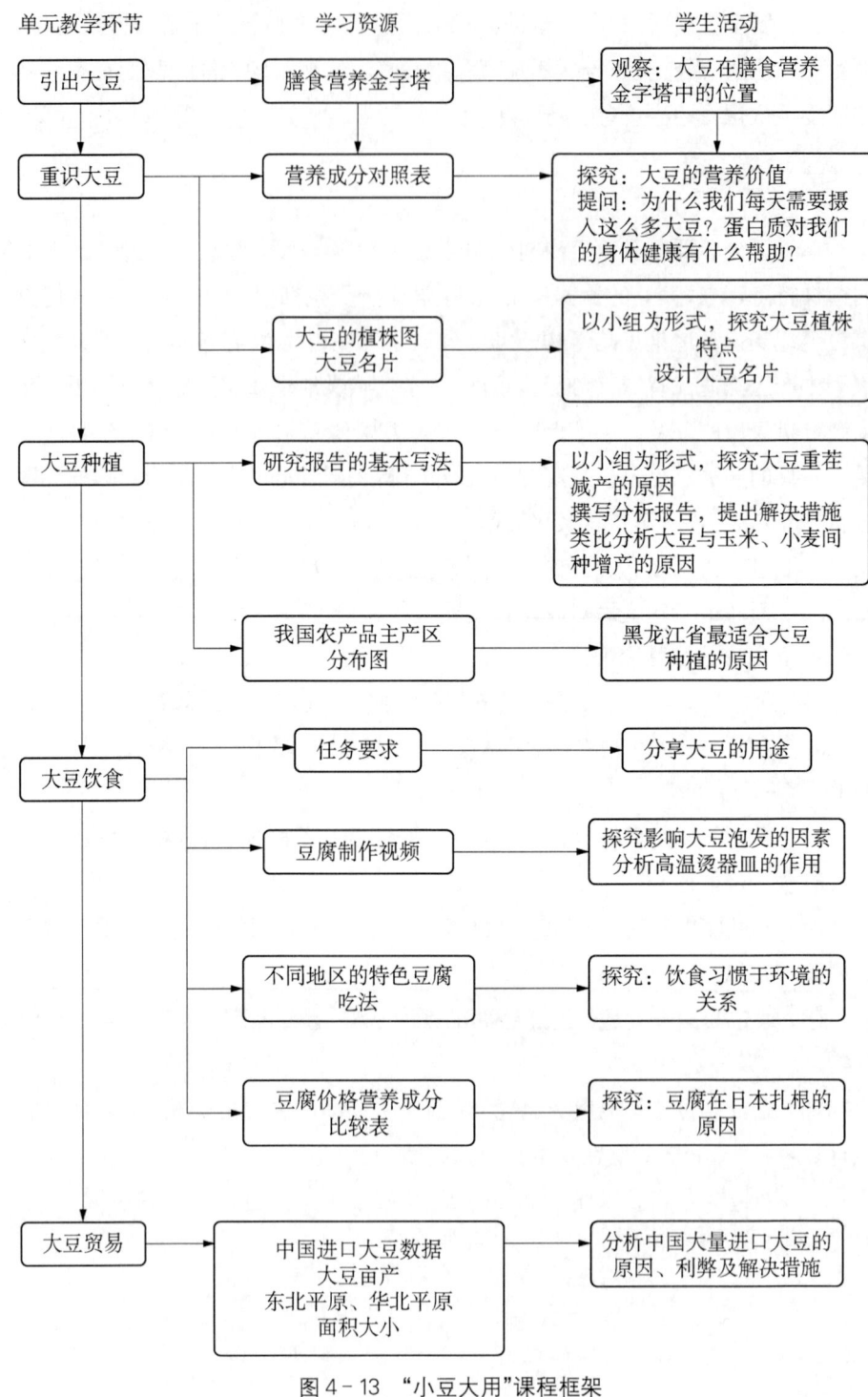

单元教学环节	学习资源	学生活动
引出大豆	膳食营养金字塔	观察：大豆在膳食营养金字塔中的位置
重识大豆	营养成分对照表	探究：大豆的营养价值 提问：为什么我们每天需要摄入这么多大豆？蛋白质对我们的身体健康有什么帮助？
	大豆的植株图 大豆名片	以小组为形式，探究大豆植株特点 设计大豆名片
大豆种植	研究报告的基本写法	以小组为形式，探究大豆重茬减产的原因 撰写分析报告，提出解决措施 类比分析大豆与玉米、小麦间种增产的原因
	我国农产品主产区分布图	黑龙江省最适合大豆种植的原因
大豆饮食	任务要求	分享大豆的用途
	豆腐制作视频	探究影响大豆泡发的因素 分析高温烫器皿的作用
	不同地区的特色豆腐吃法	探究：饮食习惯于环境的关系
	豆腐价格营养成分比较表	探究：豆腐在日本扎根的原因
大豆贸易	中国进口大豆数据 大豆亩产 东北平原、华北平原面积大小	分析中国大量进口大豆的原因、利弊及解决措施

图4-13 "小豆大用"课程框架

三、学习过程

(一) 引出大豆

导入环节通过展示"膳食营养金字塔"(图4-14),引导学生观察大豆在膳食营养金字塔中的位置及其背后的含义来完成。在"膳食营养金字塔"中,大豆处于底层的位置,说明我们每天需要摄入的量是最多的,从侧面反映出它对于我们身体的重要性,引发学生对于探究大豆的好奇心。

图4-14 中国居民平衡膳食宝塔[1]

(二) 重识大豆

在我们的日常生活中,大豆制品是非常常见的:豆奶、豆腐、豆皮、酱油等等。学生对其所含有的营养成分有一定的认识,但并不了解它与其他主食的不同之处。因为在我们的日常生活中,大豆并不是作为一种常见的主食出现的。除此之外,学生在生活中接触到的更多是大豆制品,而非大豆本身。因为大豆本身的滋味并不佳,除非是鲜嫩的毛豆。所以学生对大豆植株本身的了解也不足。

因此第1课时主要从营养和植株两方面入手,让学生"重识大豆"。

活动一:展示大豆与常见主食大米、小麦、玉米、红薯的营养成分对照表,让学生进行观察,通过对比感受大豆在营养成分上的优越性,并利用科学课程中

---

[1] 图片选自《中国居民平衡膳食宝塔(2016)》。

所学过的知识,阐述大豆中的主要营养成分——蛋白质的作用,进一步感受大豆对于身体健康的重要性。

活动二:展示大豆植株图,观察大豆植株特点,并设计一张大豆名片。

教师为学生提供大豆植株照片,包括其根、叶、花、果等,并提供相同和不同纲、科的植物进行对比,结合自己日常的生活经验和小组特色,对大豆的植株特点进行归类,设计一张小组大豆名片,并进行名片的交流与展示。

以下展示大豆"叶"部分提供的材料(图4-15,图4-16)。

图4-15　课程材料1　　　　图4-16　课程材料2

以下展示学生作品(图4-17)。

图4-17　学生作品1

介绍小组成员各自的贡献,名片的亮点,以及通过对比材料图片中的哪些特征归纳出了大豆植株的特点。其他同学提出建议或不同观点,老师进行点评。

最后,播放视频《根瘤》,让学生进一步了解根瘤菌在大豆种植中的作用。然后展示材料:重茬大豆植株生长迟缓,矮小,叶色发黄,易感染病虫害,致使大豆荚小,粒小,产量低,一般重茬减产 20%—30%。如果连续 5 年以上,将带来毁灭性灾害。提出问题:既然根瘤菌能够提供大豆生长所需要的氮,那为什么大豆重茬会减产呢? 布置作业:以小组形式查阅资料,了解大豆种植过程中所需要的营养和可能遇到的病虫害,并制作成资料卡片,要求每段材料不超过 300 字,材料卡片不超过三张。以"既然根瘤菌能够提供大豆生长所需要的氮,那为什么大豆重茬会减产呢?"这一问题为主题,撰写分析报告,并提出解决措施。

(三) 大豆种植

通过上节课的学习,学生对大豆有了一定的了解。这节课以大豆种植为主题,通过"大豆重茬揭秘"和"大豆在东北安家"两个活动的设计,让学生能够利用地理和生命科学知识解决生产生活中的实际问题,感受课堂知识的实用性。

活动一:展示"大豆重茬减产揭秘"报告。

以小组为单位,派出代表,展示上节课制作的资料卡,介绍本组在收集资料后对大豆重茬减产原因的探究,总结大豆重茬的原因,并提出解决措施。

学生代表从探究问题、分组分工情况、减产原因分析、解决措施、小组成员感想收获等方面进行报告。有的小组从大豆生长需要除氮以外的其他营养入手,有的小组从带病大豆种入手等分析重茬大豆减产的原因,并提出不同的措施,如优选大豆种、轮种等。

老师结合我国大豆种植实例,给学生展示了大豆与玉米、小麦轮种的实际场景,让学生感受课堂中的知识在实际生活中的运用,感受生命科学知识的实用性。

活动二:大豆为何在黑龙江省安家。

展示我国大豆种植分布图,学生通过观察,确定我国大豆主要产地——黑龙江省,探究大豆为何在东北安家。这里利用了七年级地理中学习的中国地形、气候等相关知识,可以让学生带上七年级第一学期的地图册,而大豆的生长习性、黑龙江省气温曲线降水量柱状图需要教师进行补充。黑龙江省气温曲线降水量柱状图可利用七年级第一学期地图册气温、降水分布图进行代替。

以小组为单位,分析黑龙江省适合大豆种植的原因,绘制属于学生自己的思维导图。

学生代表交流:这是我们小组的思维导图(图4-18),我们主要分析了黑龙江省的自然环境为什么适合大豆的生长。首先,我们利用材料一大豆生长习性中对温度、光照、水分的要求,结合材料二黑龙江省的气温曲线降水量柱状图,发现黑龙江省5月气温在11℃左右,适合播种,而夏季气温在20℃左右,适合大豆的生长。冬季,黑龙江省的气温很低,在0℃以下,可以冻死越冬的害虫。因此在气候条件上,黑龙江省适合大豆的生长。

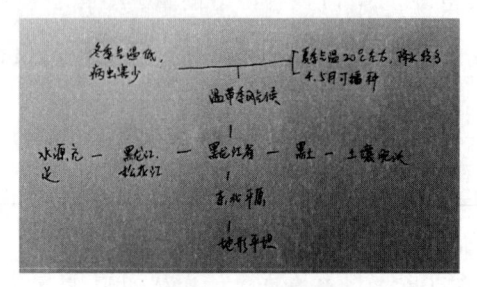

图4-18 学生作品2

我们利用地图册中的中国地形图发现,黑龙江省位于东北平原,地形平坦、土壤肥沃,且有黑龙江、松花江等作为灌溉水源。所以黑龙江省非常适合大豆的生长,因此它成为我国大豆的主产区。

师:这一小组从黑龙江自然环境方面分析了其成为大豆主产区的原因,还有小组想要补充吗?

生:这组同学在气候分析中没有提到光照,我觉得可以加上黑龙江省纬度高,夏季白昼长,光照资源充足这一条件。

师:很好,这组同学还考虑到了光照。还有其他小组想要补充吗?

生:我觉得除了考虑自然环境的影响,社会经济因素的影响也可以放进去。我们小组翻阅了中国人口密度分布图,黑龙江省虽然位于黑河-腾冲线的东部,但是相较于华北平原、长江中下游平原,这里的人口不算太多。加上东北平原平坦辽阔,这里的农业机械化程度应该很高。

师:这组同学还考虑到了社会经济因素的影响,很好。

生:我们小组觉得这和上节课我们研究的大豆与玉米间种增产也有关系。

我们观察了中国主要农作物的分布图,发现黑龙江省由于纬度较高,夏季气温较南方不高,因此粮食作物以小麦为主,那么种植大豆既可以肥沃土地,又能让小麦增产。

教师对大豆落户黑龙江省的原因进行总结,补充展示国家扶持黑龙江省种植大豆的文件等补充材料,让学生明确影响植物生长的除了自然条件——气候、地形、水资源、土壤等外,还有劳动力、市场、交通、政策等社会因素,让学生感受到地理知识在日常生活中的实用性。

最后,布置作业。以小组为单位,从生产生活中去寻找大豆的影子,制作成PPT,下节课进行分享,时长为3—5分钟。

(四) 大豆饮食

通过前面的学习,学生了解了大豆的营养和影响种植的自然因素和社会因素,但是日常生活中,直接食用大豆比较少,更多的是对大豆进行加工再食用。而在这一方面,老祖宗的智慧和创意是无穷的。所以布置了课前作业让学生自行了解,并在课堂上进行介绍。

在这一环节的展示中,教师除了对内容进行指导,还需要对学生制作的PPT进行指导。PPT的字号、字体颜色、排版等需要清晰明了,不能影响下面学生的观看。

在众多的大豆制品中,豆腐可以说是学生非常熟悉的食材了。因此后面的活动设计就以豆腐为引,引导学生利用地理和生命科学的知识进行探究。

活动一:豆腐的制作。首先观看家庭版的豆腐制作视频,激发学生的好奇心,鼓励学生在家进行尝试。但是在制作过程中,有一些注意事项。这里直接利用两个探究问题来让学生注意视频中的细节。一个是影响大豆泡发的因素,视频中展示了不同地区泡发时间是不同的:北方长,南方短,学生针对南北方的不同特点猜测影响泡发的因素;第二个是器皿要用高温烫一下,涉及的是学生在生命科学中学到的微生物的相关知识。

了解了豆腐的制作,豆腐在不同地区的吃法也是不同的,因此有了活动二:豆腐的花式吃法,主要探讨的是饮食习惯与环境的关系。展示麻婆豆腐、毛豆腐、冻豆腐的图片、产地及制作方法,分析当地产生这种吃法的原因。教师将学生分成三组对应三种不同的吃法,分别进行研究。在这一环节的分析中,同学们不仅分析了四川盆地属于亚热带季风气候,降水较多,盆地地形使得这里湿气重,吃辣可以祛湿,还将地理和生命科学的知识结合在了一起,从地形和营养的角度分析麻婆豆腐的诞生。辣椒和盐一样,都可以补充人体的电解质,四川盆地四面环山,古时候交通不便,盐的价格可能会很贵,因此可以吃辣椒来代替盐。这一活动旨在让学生感受到环境对人的影响是非常大的,饮食差异其实反映的是环境差异。

活动三在活动二的基础上将范围扩大到世界范围——在我们一衣带水的邻邦日本,豆腐被鉴真和尚传了过去,很好地适应了异地生活,是受到了什么因素的影响?由于自然环境相近,这里教师需要引导学生从社会经济因素去分析大豆的价格。

(五) 大豆贸易

展示近几年中国进口大豆的数据,向学生传达一个信息——大豆起源于中国,近几年种植的量却越来越少,进口量不断增加,引导学生利用前面了解的大豆知识,从内因、外因两方面分析原因。内因在前面大豆种植中了解过,大豆是一种低密度的植物,虽然它的用途很广,但种植"收益"不高。外因也是学生能想到的,但是能想到的学生并不多。老师可以展示我们三大平原景观图,引导学生观察图片上的农作物是以粮食作物为主的,也可以利用七年级第一学期我国粮食作物分布图,感受水稻、小麦在我国的种植面积,引导学生分析出要保障粮食安全,进而压缩了大豆的种植面积,转而进口。

那么保障了主粮的安全,谁来保障大豆的安全呢?观看视频《大豆之死》,分析中国大量进口大豆的利弊和解决措施。通过观看视频学生发现,大量进口大豆也存在弊端,不能过度依赖进口,还是要扶植本地大豆的种植。这里教师可以提供国家对于黑龙江省大豆种植扶植的相关文件。不要小看一粒大豆,它可有大用。

最后,让学生撰写本单元学习后的感受与总结。

四、成效与反思

"小豆大用"作为地理与生命科学的拓展型单元教学,在设计过程中强调的是地理和生命科学对我们认识身边的事物更具有深度和广度,俗话说"外行看热闹,内行看门道",这是笔者撰写这一案例的初衷。案例的主体可以是大豆,也可以是身边其他的事物。我们希望学生学会的,是一种利用知识研究事物的方法。

学生通过四个课时的学习，对大豆有了有别于常识的认识。这一过程需要利用到课堂中所学习的地理和生命科学知识。很多同学在最后的总结中都提及感受到了课本知识的实用性，有的同学还在家里尝试制作豆腐。这对学生来说是一次非常不错的体验。除此之外，在"小豆大用"这一课程中，小组协作贯穿始终，旨在锻炼学生的交流、配合能力。对于一些他们需要跳一跳才能够到答案的问题，"头脑风暴"更能激发学生思维的活跃度和广度。最后，教师所承担的踏板作用也十分重要。作为拓展型课程，很多内容是课本中不进行重点学习和讲解的，对于材料的选择和把控，如何给学生留下台阶，还需要教师不断地尝试学习。

在课程的实施中，主要存在以下三个问题。

一是任务要求不够明确，评价的标准不够细化，评价体系单一。本案例其实是由一个个问题链接在一起的；问题提出来了，学生需要做些什么、怎么做、从哪些方面思考，这需要老师的引导。在这一方面，笔者的经验还存在不足。例如在学生交流展示大豆用途的PPT这一环节，学生的PPT五花八门：有的在一页上展示过多的文字，字号很小，有的背景过于花哨，超时严重等，暴露出了很多问题。后来笔者专门抽出一点时间，请同学们针对上次分享出现的问题进行总结，制定了一个PPT分享交流打分表，分为PPT美观、交流表现、内容质量三个方面，从PPT的字号、PPT排版、语言流畅度、仪态、内容丰富度、是否贴合主题等方面进行要求的细化。其次，虽然有很多小组活动，但对小组的评价主要是对最终的成果进行评价，缺少过程性的评价。可以让学生针对小组活动设计相应的评价量表，进而了解学生在小组活动中更加关注的是哪些方面。

二是大豆饮食这一课时的活动安排要在40分钟内完成显得有些仓促，对于大豆在日本扎根的探究在一个课时内无法完成，可以作为作业在课后进行探究。

三是在课程的最后可以不单单是总结，也可以是提出新的问题。课程的最后是让学生撰写感受和总结，但也有学生在自己的总结中提出了新的疑问。所以最后除了总结，还可以让学生写一写在学习过程中遇到了什么困难，对老师的建议是什么，对课程的建议是什么，有没有新的疑问。这些能让教师从学生的角度了解自己在课程安排、提问、任务安排中的问题，在下一次的教学中更好地为学生搭设探究的平台。

教学案例 4-4

海上溢油消除记[①]

无论是中国学生发展核心素养,还是学生综合素质评价,都精准聚焦学生个人发展的必备品格和关键能力。为更好地助力学生核心素养的养成,上海市思源中学面向初一年级,构建了"神奇的水"跨学科探究型课程体系,着重在专题性与综合性的研究或探究过程中培养学生的创造性学力,以实现知识迁移及相应的创新精神和实践能力提高。

"海上溢油消除记"是"神奇的水"跨学科探究型课程体系中的专题之一。

学习者在了解"墨西哥湾漏油事件"后,需以溢油应急中心工作人员身份完成海上溢油(模拟)清除方案的设计与实施。学习者聚焦"如何清除海上溢油"这个核心问题,以子问题链为学习支架,逐步深入研讨如何应对因"风暴""大浪"等气候、环保因素的限制性条件导致的新挑战。

课程活动更多地关注学生成长的过程,通过课堂观察,开展多元、全面、有效的发展性评价,积极发展学生的科学意识与思维能力。

一、内容概述

2016年9月,中国学生发展核心素养研究成果发布。中国学生发展核心素养以培养"全面发展的人"为核心,分为文化基础、自主发展、社会参与三个方面。三个方面综合表现为人文底蕴、科学精神、学会学习、健康生活、责任担当、实践创新六大素养,具体细化为18个基本要点。"核心素养"之所以重要,是因为它聚焦于个人发展极为重要的两方面素质,即必备品格和关键能力,"核心素养"更为精准地描述了未来教育到底要培养什么样的人。[②] 其次,在学生综合素质评价中,明确提出了反映学生创新精神与实践能力的评价模块,主要反映学生的创新思维、调查研究能力、动手操作能力和实践体验经历等。学生需要在平台中上传探究学习报告或创新作品说明,学生们希望获得相关的指导和帮助。第三,在2018年上海市教委公布的《上海市进一步推进高中阶段学校考试

[①] 本案例由上海市思源中学任佳提供。
[②] 林崇德.21世纪学生发展核心素养研究(修订版)[M].北京:北京师范大学出版社,2020.

招生制度改革实施意见》中,750 分的计分科目里首次出现了 15 分的跨学科案例分析。① 旨在考查学生能否把理、化、生、地等所学知识综合应用起来,"要求学生有足够广泛的知识面"。

基于以上几方面原因,上海市思源中学面向初一年级,构建了"神奇的水"这门跨学科探究型课程,着重在专题性与综合性的研究或探究过程中培养学生的创造性学力,以实现知识的迁移以及相应的创新精神和实践能力的提高。本课程由通识课和专题课两部分组成。其中通识课主要为学生介绍本学期在各专题课中所需掌握的"研究技能"。专题课内容涉及化学、生命科学、地理等多学科知识,围绕"水"这个主题展开,让学生面对与解决生活中的真实问题。

"海上溢油消除记"是"神奇的水"第二学期的专题课。本活动分为"危机重重""应急预案"和"海上救援"三个阶段(图 4-19)。希望学生作为溢油应急

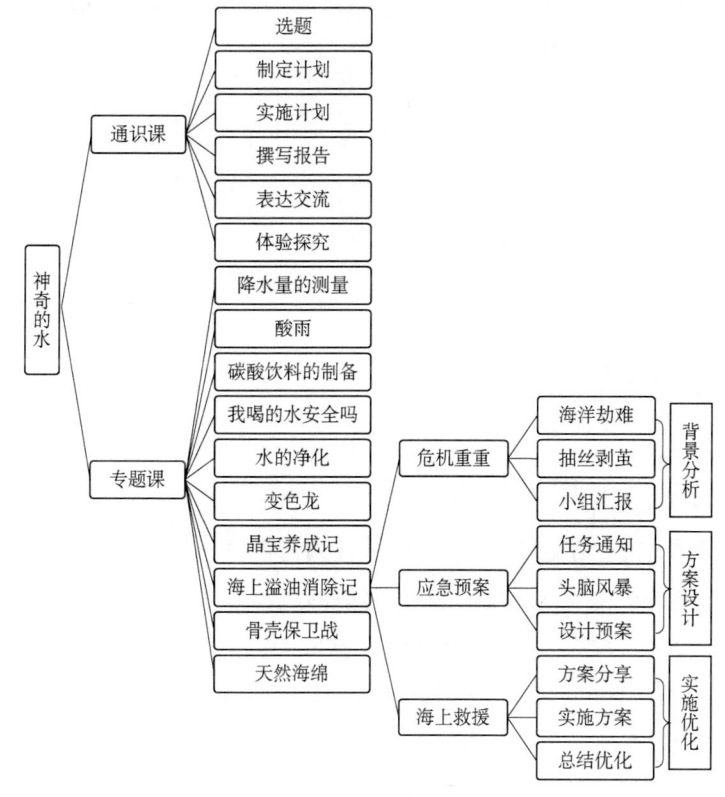

图 4-19 "海上溢油消除记"课程图谱

---

① 上海:出台《进一步推进高中阶段学校考试招生制度改革实施意见》[J]. 基础教育课程,2018(08).

中心的工作人员,完成模拟海上溢油的清除任务,发展跨学科技能,培养核心素养。

二、目标设计

如表4-10所示,融合学生发展核心素养与所涉及的基本问题,设计符合七年级学生认知和最近发展区的学习目标,并通过表现性任务和结果证据两方面进行评价。

表4-10 "海上溢油消除记"学习目标

基本问题	学生将会知道: 1. 什么是海上溢油? 2. 如何清除海上溢油? 3. 方案的优缺点是什么?怎样优化?
学习目标	1. 了解海上溢油对环境的影响,形成环保意识。 2. 通过小组讨论,确定小组实验材料,思考实验环境的模拟方法,设计探究清除海上溢油的实验方案。 3. 具有团队合作精神,能协商解决小组合作学习中的矛盾或冲突。 4. 对实验结果进行大胆质疑,并提出新的问题展开进一步探究,养成科学探究精神。
评估证据	表现性任务:作为溢油应急中心的工作人员,设计"清除海上溢油"的预案; 结果证据:个人档案袋; 每组一份:思维导图、方案设计; 每人一份:工作指南、工作项目书、活动评价表。

三、学习过程

(一) 危机重重

几千年来,人们一直在对海洋进行探索。上海位于太平洋西岸,亚洲大陆东沿,中国南北海岸中心点,长江和黄浦江入海汇合处,北界长江,东濒东海,南临杭州湾,有着丰富的海洋资源基础。然而随着海洋石油勘探开发与航运业的快速发展,溢油事故频发,海洋溢油污染已成为海洋环境的主要威胁之一。什么是海上溢油?

1. 海洋劫难

(1) 学生观看视频资料"墨西哥湾漏油事件"以及阅读文字资料"桑吉爆燃溢油事件",提出想要了解的问题,汇总至班级晓黑板讨论区。

(2) 引导学生整理筛选并思考主线问题,选择关注度高的问题建立学习清单。

2. 抽丝剥茧

学生问题清单：
1. 哪些原因会引起海上溢油？
2. 海上溢油会造成哪些危害？
3. 如果发生了海上溢油事件，有什么补救方法？
4. 如何预防海上溢油事件的发生？
……

学生分组上网查阅资料，围绕学习清单中的一个问题绘制思维导图。

教师提供一些资料查阅网站，如中国知网、百度学术等，并强调"知识产权"意识，如有引用资料及建议均需注明出处。

3. 小组汇报

各小组代表展示汇报，其他小组相互评价，教师点评（图4-20，图4-21）。

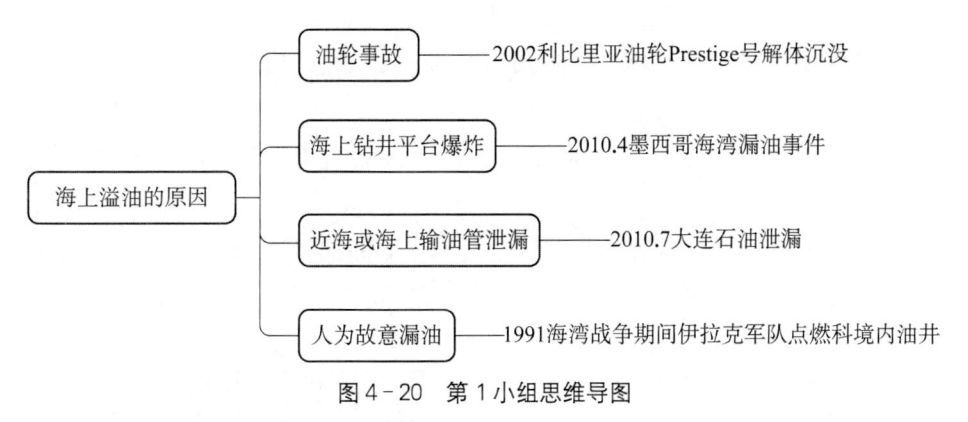

海上溢油的原因
- 油轮事故 —— 2002利比里亚油轮Prestige号解体沉没
- 海上钻井平台爆炸 —— 2010.4墨西哥海湾漏油事件
- 近海或海上输油管泄漏 —— 2010.7大连石油泄漏
- 人为故意漏油 —— 1991海湾战争期间伊拉克军队点燃科境内油井

图4-20 第1小组思维导图

资料来源：史录欣.海上石油泄漏事故危害及其应急处理[J].信息记录材料，2018，19(01)：186—187.

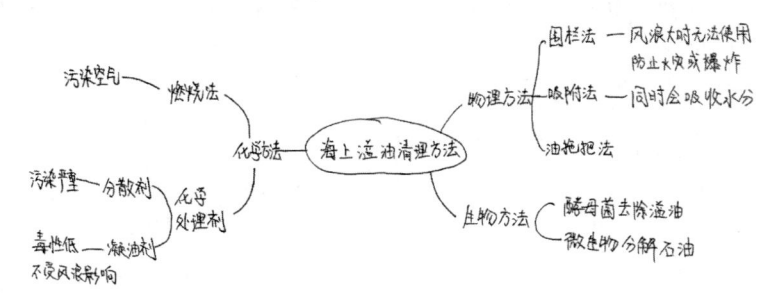

海上溢油清理方法
- 物理方法
  - 围栏法 —— 风浪太大时无法使用，防止火灾成爆炸
  - 吸附法 —— 同时会吸收水分
  - 油拖把法
- 化学方法
  - 燃烧法 —— 污染空气
  - 分散剂 —— 污染水
  - 凝油剂 —— 毒性低，不受风浪影响
  - 化学处理剂
- 生物方法
  - 酵母菌去除溢油
  - 微生物分解石油

图4-21 第2小组思维导图

师：通过各组的展示，大家基本了解了海上溢油，在下节课中，将接受新的任务。

（二）应急预案

在石油泄漏后，自然界会自动净化这些污染物。生活在海洋中的某些细菌能在石油上大量繁殖，最终这些细菌使受污染的海滩得到净化。但是，这一过程需要漫长的时间。当然，石油泄漏时会对所在地区带来很多危害，所以人们常常会主动清除泄漏的石油。如何清除海上溢油？

1. 任务通知

教师发布任务：为了应对海上溢油事件，作为溢油应急中心的工作人员需要制定相应的应急预案，以便有效清除海上溢油。

2. 头脑风暴

（1）以小循环模式组织讨论，即"开放式头脑风暴→对各个想法单独分析→头脑风暴"的流程，引导学生集思广益，讨论清理溢油面临的困难，同时解答学生可能会产生的问题，进行课堂观察。

师：在清理海上溢油时，我们可以用哪些方法，同时需要考虑哪些影响因素？

生1：因为油不溶于水，且会浮在水面上，所以可以把它们围起来，然后用桶舀掉。

师："不溶于水""浮在水面上"，这些都是溢油的特性，所以我们在思考方法的时候，是要有依据的。像这位同学一样，从溢油特性出发，就很不错。

生2：可是用桶舀太慢了。

生3：那就围在小范围内，再用火烧掉，这个方法处理起来比较快。

生4：不行，会污染大气的，而且可能会爆炸。

师：这位同学提出了一个关键因素，我们在处理溢油的时候，要尽可能地减少对环境的破坏。

……

（2）归纳总结应急预案需要考虑的因素。

学生将需要考虑的因素，逐一写到黑板上："溢油特性""强风暴雨""大浪""废弃材料""空气污染""费用"。

师：所以可以进一步将大家想到的因素进行归纳，也就是溢油特性、溢油回收设备、自然环境因素（天气、海况、地理位置等）、费用等。

3. 设计预案

师:接下来我们要尝试设计一份完整的预案了,根据刚才归纳的影响因素,在实验室或家里寻找合适的材料,模拟海上溢油的处理。需要注意的是"计划先行",在本阶段尽可能地将执行阶段和收尾阶段要做的事都计划清楚。

(1) 从实际和资源条件出发,确定海上溢油模拟环境的设计。

模拟海上溢油:

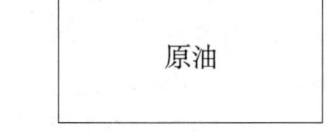

原油	菜籽油

- 凝固点:$-50℃\sim-35℃$
- 密度:0.75×10^3 kg/m$^3\sim0.95\times10^3$ kg/m^3

- 凝固点:$-10℃\sim-12℃$
- 密度:0.91×10^3 kg/m$^3\sim0.92\times10^3$ kg/m^3

模拟海上环境:

脸盆、水模拟海洋;轻轻向水面吹气来模拟风和浪。

(2) 提出实验假设,确定实验材料。

学生研究实验室已提供的材料:脱脂棉、羽毛、胶头滴管、量筒、塑料盒、木棒等。教师观察,引导或解答问题。

生:我们刚试了一下脱脂棉,吸油的效果没有我们想的那么好,我想再找找其他的材料。

师:当然可以,看来大家对方案设计都有了初步的思考,但是在清理所用的材料上还需要更多的想法。不妨回家后再查阅更多的资料,或者咨询家人等,看看有没有更好的选择,在下节课上将分享与实施小组方案。

(三) 海上救援

1. 方案分享

第1小组:爸爸告诉我面粉就可以去油。我们也去查了原理,因为面粉里的两种蛋白质和水结合形成了麸质,它会把油渍牢牢地吸附住。所以,我们最终的方案就是撒上面粉把油吸附住,再用漏勺把面粉连同油一起舀出来。我相信我们组的方案是最环保的。

第2小组:我们组想到了面包下面垫的吸油纸,把吸油纸放到油和水之间,然后上面再盖一张吸油纸,相当于把油包在两张吸油纸之间。但是,把吸油纸塞到油和水之间很难,如果在海上应该更难。而且吸油纸的效果也没有预想的那么好,反而增加了很多废弃的材料。我们分析了一下,可能是因为油的成分不同,也有可能是接触油的时间比较短。最后,我们找到了吸油污极强的吸油毡,它的成分是聚丙烯。无毒、无臭、无味,吸水率仅为 0.01%,但对油的吸附能力很强。所以,我们最终的升级版方案就是吸油毡。

第 3 小组:平时手上沾了油的时候,可以用洗手液或者肥皂来清洗,碗筷脏了,可以用洗洁精。洗洁精的主要成分是表面活性剂,它含有多种活性成分、乳化剂。这些成分可将各种油腻污渍和有害物质溶解、乳化,分散悬浮。我们还查找了一些关于海上溢油分散剂的文献,发现虽然分散剂有很多不同的类型,但绝大部分也都含有表面活性剂,毒性较低,在使用时注意用量即可。所以,我们组觉得洗洁精可以作为溢油的分散剂尝试。当然,为了尽量减少洗洁精的使用量,我们想用胶头滴管把水面上的油先吸掉一点。

第 4 小组:首先,我们用几根筷子变成一堵墙的样子,让油不再扩散。可是,筷子只是把油拦在一起,并没有把油清除掉。于是,我们在厨房找到了清洁擦。它的包装袋上写着:软质蜜胺泡沫塑料,不含任何化学清洁剂。我们小组还查了它的工作原理,原来它是由很多很多比头发丝还细的小颗粒组成的。它内部的毛细管开孔结构,可以自动吸附物体表面的污渍。所以,最终我们的方案是,先用木棒做成围栏,把油都聚在一起,然后再用纳米海绵把聚在一起的油清除掉。

师:我们可以发现,虽然每个小组的方案不同,但是大家所做的每一步都是用证据去支持假设。查阅资料、询问家人、做预实验等,当然,不是所有收集到的资料都是可以直接用,都是正确的,需要通过进一步实验去检验,用批判性思维去处理信息,会让你的思考也更有效。但是你们的计划是否可以成功,还要实施后才能见分晓。接下来,请大家在实践前再一次思考并完善自己的方案,然后按照方案去完成实验。

2. 实施方案

各小组按照本组探究方案实施。教师强调"计划先行",即从执行阶段起,就应该严格按照计划,按部就班地去做,在实验中要仔细、如实地记录观察到的现象(图 4-22)。

3. 总结优化

通过本组小结与其他组评价,引导各组对方案中的方法进行反思(表 4-11)。

图 4-22 "海上溢油消除记"课堂实录 1

表 4-11 学生探究方案实施结果分析

方案主要材料	实验结果	优点	缺点
面粉、漏勺		部分油被面粉包裹住,再随漏勺捞出	面粉无法完全清理干净,造成新的污染
吸油毡		水面上的油基本被清除干净	使用后的吸油毡成为大量的废弃材料,需要清理
洗洁精、胶头滴管		部分油被胶头滴管吸起,与水面分离	胶头滴管清理的效率较低,且洗洁精会对海洋造成新的污染
冰棒棍、纳米海绵		围栏内的油不再继续扩散,为油的清理争取了时间	方形的围栏能阻挡油的面积有限

网络信息技术的介入为课程的实施提供了良好的支持,为学生深度学习提供了对话交流的平台。在平台上进行实验现象的分享,实时的学习讨论与交流等,都能让学生间产生更多的思维碰撞的火花。

师：通过刚才大家的实验，其实大家可能都有的感觉是，我们可以取长补短，好方法一起来用。你们觉得怎样综合这些方法比较合适？

学生讨论并总结海洋溢油可以尝试的清理流程。

撒布凝油剂 ➡ 围油栏拦截 ➡ 机械回收油 ➡ 焚烧（外海溢油）微生物降解（深海溢油）

图4-23 "海上溢油消除记"课堂实录2

师：虽然我们对付海上溢油有了一些方法，但在真实的环境中，遇到的困难只会更多。比如，大家桌面上的废液缸，在清理过后堆满了各种废弃材料，这表示清理人员还要面对什么问题？

生：废弃材料处理。

师：这些都是我们要尽可能多地考虑到的因素。课后，大家还可以根据自己的反思和总结，为清理人员书写工作指南，也可以想一想有哪些是我们力所能及减少石油产品使用量的方法。当然，如果你有更多的发现和想法，也可以进一步探究。

课后"工作指南"的编写，是希望学生能对整个学习过程进行反思，实现知识的重构和能力的提升。

四、成效与反思

通过对学生的课堂观察，以及学习结果与预期目标实现程度的比较来看，学生展现了充分的兴趣，积极投入，不仅能创造性地应用多门学科知识，还提升了解决实际问题的能力。回顾课程设计与实施的过程，综合性的任务设计能促进学生思维能力的发展。

（一）创设真实情境

本案例中的"墨西哥湾漏油事件"以及"桑吉爆燃溢油事件"都是来自现实世界的新闻报道。真实的情境，其意义不仅仅在于营造贴切的教学环境以激发学生兴趣，而是作为一名社会的人面对未来的不确定性，真实的情境体验能帮助学生形成以科学的思维来解决实际问题的能力，进而稳固为关键能力、必备品格和价值观念。

（二）设置合理条件

解决现实世界的问题必定会面临各种各样的困难。因此，在设计任务时需要适当增加一些限制性的条件,让情境更加"复杂"一些,比如本案例中的"风暴"和"大浪"等气候因素、环保因素。这些条件的设置是希望学生在设计方案时能够深加工情境资源,从而具备综合利用多种信息的能力。

(三) 构建完整问题链

跨学科课程中构建的问题链是驱动学生思维的内在动力。在每一环节提出一个核心问题,再分解核心问题为若干子问题,逐步推进学生完成任务。跨学科课程中的核心问题通常应是"劣构问题"[1],比如"为了应对海上溢油事件,如何制定清理溢油的预案?需要考虑哪些因素?"学生在面对这类问题时,需要对搜集到的大量信息做出合理的选择,也需要对方案设计进行实践与优化等。如此,既能够引导学生关注生活实际,激发学习兴趣,又能有效融入跨学科思维。

(四) 设计评价方式

综合性的评价方式和活动,如方案设计、头脑风暴、展览等,能帮助教师在进行评价时,一方面能关注显性收获的评价,如学生的探究报告以及作品;另一方面也能关注学生隐性能力的提高,可通过工作纸等来反映学习活动过程中学生的思维表现。当我们从单一的评价产品转换到更多地关注学生成长过程时,才能更有效地对学生的核心素养发展进行评价。

综上,跨学科课程的教学范式,是从"知识本位"转向"素养本位"发展的必然,也是教师面临的挑战和努力方向。在设计时可以尝试以真实情境为基础寻找多学科知识的整合点,然后设置合理的限制条件增加挑战性,再通过一连串的问题链为学生学习提供支架,最终通过多元的评估方式和活动判断学生在预期目标上的进展。

◆ 教学案例 4-5

仿生机器人制作[2]

"仿生机器人制作"课程的开发是在学校现有的机器人课程基础上研发并实施的,同时也是科技不断进步的产物。

---

[1] 胡继飞. 中学生物学的劣构问题及其教学建议[J]. 生物学教学,2021,46(09):34—36.
[2] 本案例由上海市铁岭中学郝敬玮提供。

这里提到的"仿生"不是指对生物完全的模仿(bio-mimetic),而是指受到生物的启发(bio-inspired)以完成工程上的突破和设计。

课程期望学生通过学习,能了解仿生学的意义,以及它对仿生机器人所产生的影响。同时,通过实践与制作仿生机器人,将仿生学原理和机器人技术原理融会贯通,实现做中学、玩中学的能力与素养目标。

"仿生机器人制作"课程以学生的兴趣爱好为基础,引导学生自主走进课程;以单元活动为载体,加强学科间相互联系;以实践制作为教学手段,解决学习过程的问题。实践表明,该课程能有效激发学生对科学的兴趣,以及创新精神的培养。也正是这样的学科属性,帮助学生在学习过程中渐渐养成崇实、求实、创新、存疑的科学精神。这必将对学生的发展起到影响其终身的积极作用。

一、内容概述

随着"中国制造2025"的提出,制造业再次成为我国国民经济的主体。机器人技术是其中非常重要的一个板块,对机器人技术人才的需求,也使得相关人才的培养得到了社会的高度重视。为了加快人才培养,近年来我国许多著名高等学府相继开设了机器人专业,在中小学教育中,机器人教育也已成为一种新的教学手段,为科技教育、创新教育注入活力。

"机器人"教育涉及数学、物理、仿生学、电子学、机械学、计算机学、工程学、自动化技术、人工智能等多门科学,是科技综合体,"机器人"教育也是一项高水平的培养综合能力的课程。机器人课程主要有三方面内容:(1)机械感知,即孩子们自己动手组装机械装置如滑轮、杠杆、齿轮转动、弹性与弹力等,开始对身边机械设备有了认识和兴趣,他们知道汽车、自行车、塔吊等工作原理,并且开始自己动手改造和创新;(2)能量与能源,即太阳能开发利用、风力发电、水力发电、电与磁等,为将来人类对这些绿色能源的开发储备人才;(3)人工智能的实践,即人工智能的实践涉及使用红外线、各种传感器、学习编程并运用计算机编程,进行避障、寻轨、追踪等功能的综合运用和创造。

"仿生机器人制作"课程是学校核心素养课程群中围绕"机器人"教育开设的跨学科课程,课程对初一、初二年级学生开放,并以学生自主选修的方式参与学习,每周授课时间为一课时,排入学校正式课表(表4-12)。课程以培养学生的综合实践能力为宗旨,在拓宽学生的知识面,促进学生全面而又富有个性的发展上起到了重要作用。

表4-12 "仿生机器人制作"课时安排

课时	名称	内容
第1课时	仿生机器人制作课程概述	1. 仿生机器人的基本概念 2. 仿生机器人的特点、基本结构与分类 3. 仿生机器人的发展史
第2课时	仿生脑	1. 了解大脑结构 2. 了解仿生脑 3. 人脑与仿生脑的联系
第3课时	仿生感官	1. 了解动物的感官世界 2. 认识传感器 3. 了解仿生机器人的感官
第4课时	仿生运动(一) ——仿生龟的制作	1. 仿生机器人的传动系统 2. 认识仿生龟 3. 仿生乌龟的结构原理
第5课时	仿生运动(二) ——仿生龟的编程	1. 程序流程的三种结构介绍 2. 顺序结构的运用:超声波传感器模块的运用(1)
第6课时	仿生运动(三) ——仿生六足爬虫的制作	1. 仿生机器人的运动 2. 研究动物爬行的特点和方式 3. 六足爬虫的结构原理
第7课时	仿生运动(四) ——六足爬虫的编程	1. 循环结构的运用 2. 电机模块的介绍 3. 触动传感器模块的运用
第8课时	仿生机器人的能量(一) ——仿生青蛙的制作	1. 常见仿生机器人的动力 2. 认识仿生青蛙 3. 仿生机器人的结构原理
第9课时	仿生机器人的能量(二) ——仿生青蛙的编程	1. 判断结构的运用 2. 声音模块的介绍 3. 超声波传感器模块的运用(2)
第10课时	水下仿生机器人(一) ——仿生鱼的制作	1. 认识水下仿生机器人 2. 认识机器鱼 3. 仿生鱼的结构原理
第11课时	水下仿生机器人(二) ——仿生鱼的编程	1. 多任务程序的运用 2. 判断结构的嵌套使用方法 3. 颜色传感器模块的运用(1)——颜色辨别
第12课时	地面仿生机器人(一) ——仿生蛇的制作	1. 认识地面仿生机器人 2. 认识仿生蛇 3. 仿生蛇的结构原理

(续表)

课时	名称	内容
第13课时	地面仿生机器人(二)——仿生蛇的编程	1. 逻辑线与逻辑判断 2. 传感器的数据采集 3. 颜色传感器模块的运用(2)——红外监测
第14课时	空中仿生机器人(一)——仿生鸟的制作	1. 认识空中仿生机器人 2. 认识仿生鸟 3. 仿生鸟的结构原理
第15课时	空中仿生机器人(二)——仿生鸟的编程	1. 数字线与多条件判断 2. 传感器的数字信号 3. 陀螺仪传感模块的运用
第16课时	仿生机器人的未来	1. 仿生机器人带来的思考 2. 仿生机器人与人 3. 仿生机器人的课程总结

二、目标设计

(1) 通过主动接触和收集包括自然、人文、艺术等各方面涉及仿生机器人的知识与资料，拓宽知识面，提升空间、逻辑思维能力，从中获得自我提升的价值取向，为提高综合设计能力夯实基础。

(2) 通过理论了解仿生机器人技术知识发展与构建个人较为系统的机器人知识体系，联系所学知识，自行动手拼装仿生机器人，为仿生机器人编写程序，使仿生机器人完成既定任务。

(3) 通过利用技术思想和方法应用解决仿生机器人制作过程中遇到的问题，锻炼新作品规划、设计、制作和评价的能力，提高观察能力、动手能力以及探索精神和团队协作精神。

三、学习过程

课的引入：麻雀可以搭建错综复杂的巢，蜘蛛可以编织密密麻麻的网，这些本领都是在大脑支配下完成的。同样，仿生机器人想要完成一系列的动作，也需要靠自己"聪明的大脑"。今天我们就要一起来学习仿生脑。

(一) 了解大脑【生物学】

1. 大脑"主宰"主人的一切思维与行为

想一想：什么是大脑？它的作用是什么？（教师问）

画一画:同学们分成四组,画一画你们大脑中的"大脑",并列举其作用。

教师总结:大脑是所有器官中最复杂的一部分,并且是所有神经系统的中枢;虽然它看起来是一整块的样子,但它可以区分为三个部分:脑核(Central Core)、脑缘系统(Limbic System)、大脑皮质(Cerebral Cortex)。

大脑控制着身体的神经元,是控制运动、产生感觉及实现高级脑功能的高级神经中枢。

教学手段:通过PPT向同学们呈现各种不同动物的大脑。

2. 动物大脑的形态和功能

想一想:常见的动物大脑在动物机体中扮演什么角色?

列举几种具有代表性动物的大脑。

(1) 世界上最小的动物:仙女蜂

仙女蜂体长四分之一毫米,体型比一个单细胞变形虫还要小,但它拥有一套完整的器官,如:大脑、眼睛、翅膀、肌肉、食道和生殖器等。当仙女蜂从幼年期进入到成年期时,脑袋中的神经细胞停止生长,因为它们的头部没有足够的空间。

(2) 最接近人类智力的动物:瓶鼻海豚

瓶鼻海豚的大脑实际要比人类的大脑还大,而且大脑皮层比人类的更加复杂,所以瓶鼻海豚的智商很高,智力接近人类,具有识别、记忆、解决问题的能力,甚至拥有独特的个性和自我的观念,有类似人类的心理状况。

课堂讨论区:同学们分成四组,讨论关于你所熟悉的动物大脑构造和特点,并进行分享交流。

A组:我们组给大家介绍的是鸦科鸟类的大脑,常见的有乌鸦、寒鸦、松鸦、鹊等,它们的聪明程度远超人类的想象,可能和灵长类动物一样聪明。它们拥有超强记忆力、非凡的社会学推理能力、使用工具的能力等,这一点令科学家们备感兴趣。比如,它们使用工具的能力甚至超过黑猩猩等灵长类动物。鸦科鸟类如果看到有人在盯着它们,它们就会立即将食物收藏起来。同时,它们也会做一些伪装。这足以说明它们是拥有智力的。

B组:我曾经看到一篇报道,今天和同学们分享一下:我介绍的动物大脑是蜘蛛的大脑。蜘蛛的大脑与身体的其余部位相比显得如此巨大,以至于从头部溢出一直到腿部。科学家发现,世界上最小蜘蛛的中枢神经系统填充着整个体腔的80%空间。

C组：不是所有动物都有大脑的，我们组就来介绍一下没有大脑的动物吧。据国外媒体报道，一些极为简单的动物已经成功"摆脱"它们的大脑，例如海绵，因为大脑对它们的存活没有任何作用。摆脱对大脑的依赖可能就是它们生存至今的关键所在。甚至有科学家提出，有一个大脑是对能量的一种浪费，你无法让身体保持所需的能量水平。

D组：我们组将介绍寄生虫的大脑。可能谁也没有想到吸人血的水蛭有32个大脑。其实它只有一个大脑，但是这个大脑由32个神经中枢组成。

教师总结：在动物进化史上，从环节动物开始，就进化出了"脑"，但很原始，只是一个很大的神经节；软体动物中的头足类的脑很发达，其他种类也只是一个神经节；节肢动物的脑较发达；棘皮动物、半索动物、尾索动物、头索动物又退化成神经节或脑泡了。直到脊椎动物，脑才越来越发达。所以并不是只有脊椎动物才有大脑，但如果不算神经节及脑泡的话，只有头足类动物、节肢动物和脊椎动物有大脑。

动物大脑是一种神秘而又神奇的器官，它像是一台微型生物学计算机，主宰着主人的一切思维与行为。动物大脑形态和功能各异，有的仅仅是一小团神经细胞团，有的则像人类大脑一样结构复杂。由此可见，许多动物大脑中的某项功能可能超越人脑，所以随着科技的进步和发展，模仿动物大脑的仿生脑随着科技的进步也出现在我们眼前。

（二）了解仿生脑【仿生学、电子学】

想一想：什么是仿生脑？仿生脑由什么组成？

1. 什么是仿生脑？

教学手段：通过PPT向同学们呈现机器人的仿生脑。

教师总结：仿生脑主要由硬件和软件两部分控制，微处理器就是仿生机器人的大脑。

机器人的大脑就是一些电子部件的组合——微处理器。微处理器是一台机器的运算核心和控制核心。

微处理器的内部是一个很小的晶片，我们也称之为芯片，里面布满了线路。它们极其微小，在其中穿梭的电子全部按照指令有序流动着。

想一想:仿生脑的"脑细胞"有哪些？这些"脑细胞"有什么样的作用呢？

2. 仿生机器人大脑的作用和特点

作用:仿生机器人的大脑也就是机器人组件中的主控器,是机器人的控制中心,它具有记忆知识、运算、判断逻辑、简单的联想预测的功能,而且能控制、指挥机器人的行为。

特点:仿生机器人的大脑通常需要具备超快的计算速度和超强的记忆能力,它由机械和电子元件构成,自己不能思考,不能像动物大脑一样随机应变。

课堂讨论区:仿生机器人的大脑是怎样进行"思考"的？

(三) 人脑与仿生脑【生物学、仿生学、电子学】

想一想:仿生机器人的大脑应该具备什么样的能力？能否像人类或动物一样真正思考呢？仿生脑会超越人脑,并最终取代人脑吗？

1. 人脑与仿生脑的区别:复杂性（表 4-13）

表 4-13 人脑与仿生脑的差异

差异比较	人脑	仿生脑
数量	上百亿个神经元以及更多微小的细胞	上千个电脑的转换器和元件
组织结构性能	人脑细胞的复杂性	开关装置的单一性
"思维"方式	创造力	程序指令

2. 知识链接

(1) 人机大战:2011 年 2 月,IBM 计算机"沃森"在美国一档电视智力竞赛节目中战胜了两位人类选手。

(2) 全球第一台人工大脑机器的研制者、人工大脑之父、人工智能领域的霍金:美国犹他州立大学计算机教授加里斯。

课堂辩论:随着科技发展,人脑与仿生脑孰强孰弱？

(四) 了解机器人制作套件中的"大脑"【计算机学】

乐高机器人的核心——控制器。介绍该控制器的硬件参数、作用、特点以及各种按键的功能。

(五) 课堂实践操作

指导学生尽快熟悉编程软件的界面、菜单选项、图标功能、操作步骤。

实践任务：以小组为单位,运用机器人制作套件中的控制器,通过软件自行编写一段程序,可以是自己喜欢的音乐,并下载到控制器进行播放,分享交流。

(六) 课程评价(表4-14)

表4-14 课程评价表

评价项目	学生自评	小组评价	教师评价
明确知道机器人的大脑为微处理器(主控)			
具有维护人类文明发展的道德意识			
能够操作机器人制作套件中的控制器			
能够运用机器人制作套件中的控制器,并用软件自行设计一段音乐			

四、成效与反思

通过课程的开展,我们发现了一些问题,还需要在后续不断改进。

(一) 让学生在探究过程中激发探究意识

每个学生学习的起点不一样,所以在课堂上,教师作为学生探究学习的领路人,可以穿插介绍一些有趣的生物或科技现象,以及科学家的探究经历,使学生了解科学探究的过程及其复杂性,一方面培养学生的探究兴趣,激发学生的探究意识,另一方面使学生认识到一些伟大成就的获得其实就来源于我们身边,关键是我们应养成仔细观察、勤于思考的习惯。

(二) 转变学习方式,培养学生的探究学习能力

传统的课堂教学中学生养成一种被动、机械、僵化的学习方式,不利于学生长远发展。在"仿生机器人制作"的课堂上,倡导主动、合作、探究的学习方式。而实现这一转变的关键是教师将课堂真正交给学生,使学生成为课堂的主人,教师成为学生的引导者、组织者、合作者。课下则引导学生养成主动探究的习惯。

(三) 同学习、共探究

新的学习方式的转变对教师提出更高的要求,对教师来说这应是全方位的

挑战,一方面学生学习内容的开放性使学生的认知领域扩大化,学生吸纳知识的多元化也打破了教师原有的专业知识优势。另一方面,教师不再是教科书内容的搬运工,而应当是给学生砖块,能指导他们建成高楼大厦的工程师。以上问题要求教师彻底改变传统的教学观念和教学方法,不断学习,全面提高个人素质,强化教师的综合素养,完善知识结构,同时不断提升自身的组织协调能力和合作能力,广泛获取信息,积累教育科研经验,使自身不断完善自我,从而为更好地指导学生的探究学习奠定基础,使师生得到共同提高。

(四) 注重细节,促进探究

凡事有其相对性,学生的探究学习能力主要是在探究学习中获得的,探究学习的正确应用影响着探究能力的提高。教师要组织好探究性学习,应注意以下几点问题。

(1) 把握好对探究的要求。探究性学习作为一种学习方式,它不同于科学家的探究活动。对于初中学生而言,让学生在有限的时间内学到生物学科的基本知识和学科结构,不能像科学家进行科学探究的过程一样复杂,应予以简化。例如,提出问题大部分可由教师或教材提出,而且提出的问题应有针对性,并要符合初中学生的认知水平,不能太深奥;在获取事实这个环节上,也常常是教师和教材提供的,这样就省去了许多环节,保证学生在课堂上有更多的时间去体验科学探究的过程,体验通过自主学习获取知识后成功的喜悦。

(2) 在组织探究性学习过程中,教师要做好对探究活动的及时、有效的评价。如采用学生自评、学生互评、教师评定三者结合的方式来评价学生的探究活动。在探究活动中及时表扬能起示范作用的小组或个人,这样不仅有教育意义,也对后面的探究活动产生良好的影响。

(3) 在组织探究性学习时要避免两个极端。具体地说,就是一方面要避免教师在课堂上把自己当作观众,站在一边看热闹,全部放手让学生随意进行,这也称为放羊式的;另一方面要避免教师牵着学生鼻子走,把自己的思想强加给学生,不利于学生创新能力的培养,又回到昔日满堂灌的课堂中去。这两个方面都是与倡导探究性学习课堂理念不相符的,是不利于学生探究能力培养的。

总之,在我们的课堂教学中要不断摸索不断反思探究教学,让学生在自主学习中探究,在质疑问题中探究,在观察比较中探究,在矛盾冲突中探究,在问题解决中探究,在实践活动中探究,在探究中提高学生的跨学科综合素养。

第五章

跨学科课程的高中行动

2021年,《上海市普通高中课程实施方案》明确了探索跨学科学习活动的发展方向,要求在课程实践中明确跨学科学习目标,研究学生的学习需求,挖掘课程资源,形成跨学科主题,开发、开设丰富多彩的跨学科课程,并为学生提供整合性的跨学科学习空间。

"跨学科"迅速成为全面深化教育教学改革路上的热门话题之一。什么是跨学科课程、如何开展跨学科课程等关键问题也成为教育界人士研究与实践的焦点。

作为首批新课程新教材实施国家级示范区,上海市杨浦区在开展"跨学科课程设计与实施"项目研究期间,通过文献学习梳理理论依据,厘清核心概念的内涵;基于访谈调研,聚焦研究目标;结合项目校实践基础,提炼研究路径;通过与专家的对话,制定研究方案;通过对关键问题链的梳理,聚焦"实践创新"核心素养在的具体表现,形成对核心素养、跨学科课程间关联的认识;研究诸如怎样将跨学科课程与学校育人环境有机结合,怎样将跨学科课程与学生评价有效融合,怎样将跨学科课程与教师培训有益组合等关键问题。

第一节 | 跨学科学习的特征

所谓跨学科，就是有意识地去参与并整合多个学术领域的方法论和语言来研究某个核心问题或项目①，或者说"跨学科是指教或学的经历中明确地认可和联系多个学科或学术领域的内容与教学"②。因此，"跨学科"首先跨越了"学科"的边界，超越了某一个学科领域的知识范畴、研究方法，围绕某个主题创造性地连接起多学科的内容并进行整合。

此外，跨学科作为一种认知方式、教学方式和研究范式，它注定开启的是一种创造性的活动，新的认知视野与境界以及新的问题解决智慧。跨学科不是单纯地把多学科知识并列在一起，而是把多学科知识融合在一起，形成更为宽泛的知识体系，甚至超越学科边界，围绕共同主题将所有学科在探究的过程中融合，在解决问题的过程中发展出"超学科"理解，多学科、跨学科和超学科组成一个学科知识不断整合的"连续体"③。

艾伦·雷普克在《如何进行跨学科研究》一书中提出：跨学科研究是回答问题、解决问题、处理问题的进程，这些问题太宽泛、太复杂，靠单门学科不足以解决；它以学科为依托，以整合见解、构建更全面认识为目的。④ 学生学习知识的目的是将其应用于实践，解决具体的实践问题，而具体问题的解决往往涉及多学科的知识，一般情况下，学生关于学科知识的学习往往是各自进行，缺乏对多学科知识的系统整合，综合各学科的教学提高学生解决实践问题的能力是跨学科教学的内涵之一。

---

① Jacobs H H. Interdisciplinary Curriculum：Design and Implemention [M]. Alexandria, VA：Association for Supervision and Curriculum Development，1989：8.
② Taylor, Carpenter, et al. Interdisciplinary Approaches to Teaching Art in High School [M]. Natl Art Education Assn, 2006：7.
③ 胡庆芳. 跨学科研究的国际视野及教师跨学科教学设计的模型构建[J]. 基础教育课程,2020,6(上)：26.
④ 艾伦·雷普克. 如何进行跨学科研究[M]. 北京：北京大学出版社,2016：57.

综上，跨学科学习包含以下重要特征，即基于学科，但又超出单学科的视野，关注复杂问题的全面认识与解决；由现实问题的研究为驱动，以解决真实问题为目的；有明确、整合的研究方法与思维模式；旨在推动新认知、新产品的出现，鼓励在跨学科基础上完成创新与创造。

第二节 | 不同类型的跨学科课程

放眼全球，跨学科学习早已成为各国教育改革的焦点。例如，20世纪60年代由欧洲传播至美国的STS教育改革，旨在进行跨学科整合的科学教育，强调应用科学知识、技术方法，解决现实问题。21世纪初，STEM课程开始风靡世界，逐渐成为各个国家极力推崇的学科整合模式，受到政治、教育、经济等社会各界的广泛关注。在芬兰，基于现象的学习以每年至少九周的跨学科专题学习覆盖到了基础教育的全学段。此外，基于项目的学习（PBL）也引领进步主义教育思潮，逐步发展和完善，成为推进素质教育和课程改革的一种有效教学模式。

STS是科学（Science）、技术（Technology）和社会（Society）的简称。STS教育起始于20世纪六七十年代，以解决科学、技术与社会生活之间的关系问题为目的。美国国家科学教师协会（NSTA）将STS教育定义为在人类社会经验背景下的科学教学和学习，是一种培养大众科学素养的教育，也是一门综合性的交叉学科。它将科学、技术和社会中错综复杂的关系紧密地联系在一起。

我国在20世纪80年代中期引进了有关STS教育的理论，并进行了一定的理论研究和实践探索，形成如下观点：一是获得科技素养的过程与社会、文化背景密切相关；二是在获得科技素养的过程中，认知因素与社会、文化因素复杂地结合在一起；三是科技素养中充满了科学技术自身的价值和社会背景的价值；四是科学素养的培养是在特定的环境中进行的，并受到社会意识形态和社会实践的影响；五是科技素养的获得是一个积极活动的过程，因此必定受到学习者个人经验的影响；六是获得科学素养的重要途径之一是交流；七是通过一定的实践活动使课程有效地获得科技素养。

由此可以看出，STS教育以科学素养培育为核心，创设与学习相关的社会环境或背景，形成综合与开放的主题，注重学习过程中的探究、交流与体验，成为跨学科课程探索的一条有效途径。

STEM是科学（Science）、技术（Technology）、工程（Engineering）、数学（Mathematics）四门学科的简称，也就是我们通常所说的"理工科"。STEM课程强调科学、技术、工程和数学等学科的交叉融合，培养学生的创新精神与实践能力，具备跨学科、趣味性、体验性、情境性、协作性、设计性、艺术性等特征[①]。STEM课程从学科知识、生活经验和学习者中心等三个方向进行整合，将知识蕴含于情境化的真实问题中，调动学生的积极性，主动利用各学科相关知识设计解决方案，是一种典型的构建主义教学实践。

但在STEM跨学科整合设计的过程中，要避免出现知识结构性不足，演变成为伪探究、伪问题解决的状况，导致学生挫折感强，难以形成系统的知识结构等问题。

芬兰于2014年12月发布的《2014基础教育国家核心课程标准》，在保留学科教学的基础上试行以"现象教学"为核心的课程改革，鼓励培养学生的横向综合能力和跨学科学习能力。其实，芬兰早在2004年的课标中就已经明确了跨学科的理念。该理念将教学重新整合，提出"作为人的发展""文化认同与国际化""体技能与沟通""积极参与的公民和创业者""对环境的责任""福利和可持续发展""安全与交通""技术与个体"等主题，帮助学生审视不同知识领域中的现象，倡导多学科合作学习。

然而，现象教学法在实施过程中困难重重。例如，如何组织跨学科课程的设计、如何处理课程教学与教学目标之间的关系、如何整合课程之间的逻辑等问题都较多地依赖于教师的自主开发。一方面，教科书无法给予高针对性的指导，另一方面，地方课程中的内容也难以在教科书中体现。此外，对于"现象教学"而言，协调不同学科教师之间的工作与合作关系也面临极大的挑战。

项目（Project）这一概念，最初是由美国进步主义教育家克伯屈（Willam Heard Kilpatrick）于1918年9月在《师范学院记录》中提出的。他在杜威教授的指导下逐渐形成了有关"项目方法"的教学理论，并把项目定义为"热情且有目的的行动"。"在任何有目的的经历和目的性很强的活动中，目的要占有主导

---

① 余胜泉，胡翔. STEM教育理念与跨学科整合模式[J]. 开放教育研究，2015,21(4)：13—21.

地位,也是内在的激励因素,其中包含给行动目标定位、指导行动的过程、提供驱动力和内在动力"[1]。

目前,项目化学习已经成为一种显而易见的课堂教学模式。它脱离了短暂且孤立的教师中心的教学形式,逐渐发展为长期的、跨学科的、学生中心的、与现实世界中的问题和实践相融合的学习活动[2]。

2014年,巴克教育研究所提出了项目化学习的八大"黄金标准",覆盖两个方面:学生的学习目标——关键知识学习和理解、成功素养;项目设计的核心要素——挑战性问题,持续探究,真实性,学生的声音与选择,反馈,评论与修改,公开展示的作品。此外,学生在学科课程中获得的能力也不应只在这门学科中才有运用价值,更不应该只在学科考试中才有价值。学科中进行的项目化学习,在聚焦学科关键能力或概念的同时,更要指向创造性、批判性、探究与问题解决、合作等重要的跨学科素养。将学习方式的变革与真实问题解决情境整合,融通学科素养与跨学科素养,是学生解决跨学科问题的基础,也是目标。

综上所述,这些不同形式的课程都以产生跨学科理解为目的,基于原本学科的知识、观念与方法,在突破原有学科边界的过程中诞生新的理解。其次,以真实的问题为学习情境,构建不同学科之间的内在联系,发展并整合学科观点,以提高理解力和问题解决的能力。最后,跨学科学习有其独特的研究方法与思维模式。例如,重视教学的探究性,鼓励学生独立思考、积极探索、自主学习;重视合作、交流与分享的学习方式,鼓励学生表达观点、多角度分析、批判性思考、持续反思与迭代等。

当然,即使不同的课程都有其显著的特征与形式,但简单的"依葫芦画瓢"是不可取的,也是行之无效的。任何课程的产生与发展都需要一个逻辑起点。从课程方案的制定到科目、主题以及单元的设定也都需要围绕一个核心进行整体规划。在探索跨学科课程的过程中,以核心素养为出发点,关联其他学科素养,通过形成跨学科课程的素养描述,进一步明确跨学科课程目标,并以此形成课程发展的路径,才能博采众长,兼容并蓄。

---

[1] Kilpatrick, W. H. Dangers and difficulties of the project method and how to overcome them [J]. Teachers College Record, 1921, 22(4):283-321.

[2] Holbrook. Project-based learning with multimedia [DB/OL]. http://pblmm.k12.ca.us/PBLguide/WhyPBL.html, 2007.

第三节 | 分阶段构建的课程框架

核心素养包含三个层级，一是学科核心素养，依托于具体学习领域的知识体系；二是跨学科的共通素养，包括批判性思维、创造性解决问题、合作与沟通等；三是自我发展素养，个人心智的成熟程度，对自己、他人以及社会的认识、理解和感悟。

学生的素养水平处于不同层次，发展需要经历不同阶段。因此，跨学科课程的框架建立应从学生的知识结构、技能水平、学习方式等方面分层次、分阶段进行。

课程（Curriculum）一词最早是由英国教育学家斯宾塞在《什么知识最有价值》（1859年）中提出的。它是由拉丁语"Currere"派生而来，意为"跑道"。各种英文词典中对于课程（Curriculum）的解释都是"course of study"，也就是"学习的进程"。如果仅以内容为基点构建课程，那么这个"跑道"势必意味着为不同学生设计的不同跑道，从而形成传统的分科课程体系；而如果将着眼点放在个体认识的独特性和经验的自我构建上，就会得出一种完全不同的课程理论与实践。

跨学科课程作为学科课程的拓展与补充，将始终围绕"理解学生的学习过程""改善教学组织能力"与"构建学习共同体"这三个问题进行思考与探索。

作为课程整合的代表人物之一，雅各布斯于1989年编辑出版的《跨学科课程：设计与实施》一书引起了教育界的广泛关注。书中的课程整合模式也成为学者进行课程整合研究时所引用和参照的经典模式。其中，"连续体（continuum）"是雅各布斯课程整合模式中最重要的概念。它包括六种渐进的课程设计方式：学科本位（Separate subjects）、平行学科（Parallel Designs）、多学科学习（Multidisciplinary）、跨学科学习（Interdisciplinary）、统整日（Integrated-day）以及完全课程（Student Created Designs）[1]，体现了从学科本

---

[1] Jacobs H H. Interdisciplinary Curriculum: Design and Implemention [M]. Alexandria, VA: Association for Supervision and Curriculum Development, 1989:18-19.

位到完全脱离学科界限的课程设计形式,同时也说明,从课程整合的起始阶段就摒弃学科的界限是不切实际的。

事实上,在目前的学校课程体系下,谈论跨学科课程的设计与实施,多学科、跨学科(狭义)以及超学科之间的类型讨论是避不开的话题。保留学科界限,用多个学科的视角、观念和方法探究一个问题或主题,发展多学科理解,未尝不是跨学科课程发展初期阶段的有效尝试;基于真实需要、生活经验,追求真理、价值与意义的学习,发展对人与人、人与社会、人与自然的理解与思考的学习,形成终身学习的人生态度,即是完全超越学科界限的"超学科",也是跨学科发展的终极形式。

因此,每所学校在探索从学科到跨学科课程发展路径的过程中,只能循序渐进,并至少将多学科学习活动、跨学科单元或项目,以及由学生发起并实施的完全课程作为并存且发展的课程形式。

学生的素养培育不能一蹴而就,跨学科课程建设也不能眉毛胡子一把抓,可以从"兴趣发现"开始,通过"进阶提升"逐渐过渡到"自我发展"。这种分阶段构建的课程框架,既有助于实践探索,也贯彻了学生发展为本的课程理念(图5-1)。

图5-1 跨学科课程框架的三阶段构建

首先是兴趣发现阶段。该阶段注重以多学科方式组织课程内容,根据不同主题,把有联系的学科放在一起,形成教学单元,学生以探究式学习为主要活动形式。

作为第一阶段的跨学科课程,激发学生在某一领域的兴趣,以及学习的能动性是最重要的。"短平快"是兴趣发现课程的主要特征,也为学生尝试不同领域的学习提供了入口。因为,当学生的能动性被激发之后,对知识的渴求与对学习的热情将会促使他们乐于接受跨学科的学习挑战。而当热情一旦被点燃，就可以进入下一阶段的学习了。

其次是进阶提升阶段。第二阶段以学科知识的扩充、跨学科知识的联结、研究方法的训练以及研究过程的实践为主要目的。本阶段为那些兴趣使然并具备较强能动性的学生提供一定深度和广度的学术指导和训练，帮助学生从事符合一定规范的研究活动。

"主动学习"是进阶提升阶段课程的显著特征，会明显激发学生"我要学"的内在需求。在这个阶段，学生虽然还是需要在一定的框架、指导下尝试新的更深层面的学习，但逐渐掌握多种学习策略，养成主动学习习惯，是向自主学习发展的关键能力与必备品。当达到一定程度，便会主动进入下一阶段，以寻求更高质量的研究和创造。

最后是自我发展阶段。经历了进阶阶段的学习提升，学生丰富了某一领域的知识与技能，强化了进一步深入学习的能动性，更渴望来自未知领域的挑战。在为自我发展阶段的学生提供学习保障的同时，可成立以他们为核心的学术团队，借助"榜样效应"，鼓励自我发展，并承担起向其他学生传授学习经验、交流学习体会的职责。

当然，我们必须为处于自我发展阶段的学生进行跨领域自主学习提供支持与保障。

综上所述，无论哪个阶段，跨学科主题都由学习任务组成，而相关联的任务则形成教学单元。每个学习任务由学生活动组成。学生活动是跨学科课程的最小单位。活动以学生为主体，教师在活动中的角色和起到的作用是随着学生的发展而改变的，并逐渐从引导转向组织者和支持者。

例如，在"兴趣发现"阶段，学生可以在任何时候因为找到兴趣而进入"进阶提升"阶段的学习。此时，教师仅在需要的时候才会及时出现，学生被迫进行主动学习、合作学习，经过不断历练，逐渐产生自主学习的内驱力。主体地位也不断加强，自然过渡到"自我发展"阶段。此时，学生可以像研究者、工程师或者艺术家那样从事创造性工作。同时，当他们转回头去帮助迁移阶段的同学时，他们是学习榜样，甚至替代教师成为"兴趣发现"或"进阶提升"阶段的指导者。

第四节 | 聚焦学习证据的课程设计

证据既是评价依据,也是对学生学习的引导和对教师教学的反馈。证据能帮助师生开展对学习过程的反思与改进。

教师是跨学科课程的设计者之一,可以"构思内容→明确目标→评价依据→教学设计→反思改进"为流程进行指向素养、贯穿评价的跨学科课程设计(图5-2)。整个设计流程的核心聚焦于学生学习过程中学习证据的收集与反馈。这些证据既能反映学生对学习内容的理解与创造,也是指向学生核心素养发展的表现形式。

图5-2 聚焦学习证据的设计流程

《中国学生发展核心素养》总体框架是我国教育界最为宏观的指导原则。它体现了教育对学生发展最为全面的期望,对于从事跨学科教学的教师而言,了解学生发展核心素养对课程和教学改革至关重要。

储宏启在《核心素养的概念与本质》中提出,核心素养之所以是适应个人终身发展和社会发展所需要的"关键素养",是因为核心素养首先是跨学科的,高于学科知识。其次,核心素养是综合性的,是对于知识、能力、态度的综合与超越。核心素养尤其是那些跨学科素养,例如以自我认识、自主调控、终身学习为核心的个人成长,以批判性思维、创造能力、学会学习为核心的高阶认知,以及以沟通交流、合作能力、社会参与、跨文化理解为核心的社会性发展等,都需要在课程建设中加以落实。

此外,核心素养本质上也是与知识和情境紧密联系的(潜在的)综合能力,是知识、技能、经验、态度价值观的综合体,是一种理论构想。素养难以直接观察,但行为或动作上的外在表现可观察,可以通过观察到的学习表现推测、评估学生的素养养成。

钟启泉在《基于核心素养的课程发展、挑战与展望》中指出,探索以"表现性评价"(真实性评价)为代表的新型评价模式是基于核心素养的课程发展面临的重大挑战。

从某种意义上说,表现性评价创造了"真正的学习"。所以,需要建立表现性描述,以实现课程目标与学生发展核心素养的有效对接。我们可以在学习过程中及其终结部分给予学习者充分表现的机会,从而根据由此产生出来的学习证据评价"运用水准"的学历品质。例如,课堂中发言、笔记的记录,学生的学习表现等,且不拘泥于某种特定的形式。

我们发现,在思考如何落实核心素养,如何凸显其在跨学科领域的素养,明确课程目标与内容,设计主题、任务和活动,并通过评价工具反映学习的有效性等问题时,建立核心素养的表现性描述是帮助教师在"体验""思考与行动""促进知识、能力和态度的结合与综合提升"等关键过程中落实学生发展核心素养的有效手段。

表现性描述是在提倡情境化和处境式教学的过程中,通过大量教学实践中的观察记录、师生间的对话以及学生发展轨迹的跟踪调查而逐渐形成的。表现性描述既明确了教学的目标,也作为证据导向,表明学生的学习过程是否符合教学期望。此外,有了表现性描述,表现性评价也得以贯穿教学全过程,既提高教学的有效性,也为教学反思与改进提供参考依据。

杰罗姆·布鲁纳于1960年在《教育的过程》中提出"螺旋上升"的课程框架。他主张把与学生认知、能力相符的学习任务置于课程的中心地位,随着学习的深入和学生能力的提高,不断发展学习情境和学习任务的深度与广度,使课程螺旋式上升。

所以,我们可以把那些与学生认知水平相符的普遍概念、基本方法作为课程内容的中心,以学习任务的方式呈现出来;我们可以将多个学习任务相互衔接推进,组合成课程时,聚焦概念和方法形成的过程,关注学生在学习过程中的参与程度。以此构建遵循学生发展规律的"螺旋上升"的课程内容。

在构建课程内容的过程中,可以遵循以下原则:

原则一：体验经典科学知识产生的过程。

通过重复经典的科学实验、科学研究项目，学生一方面可以理解现有的科学知识从何而来，另一方面在掌握了科学规范的基础上大胆投身于新知识的创造。

原则二：保持学习的连续性和连贯性。

在跨学科课程开发中，学习周期短、前后知识内容无关联等现象比比皆是。因此，期望通过有意而为的设计，为学生的"无止境学习"提供条件。

原则三：注重不同学科交叉的合理性。

跨学科课程具有"围绕真实情境中的问题"的特征，要避免那些"窄化的日常生活问题"或"虚无的研究问题"。实际上，真实存在于科学实验、研究、生活与生产中的问题，无一不是"真实情境下的问题"。我们应围绕这些问题在解决过程中涉及的知识、技能及方法，产生合理的跨学科课程内容。

原则四：课程内容的可积累性。

如果课程的内容是不能自行发展的，那么这门课程将是单调重复的。因此，我们期望在最初的设计中，就为课程注入可以不依赖教师、在学生的学习活动中自行成长与发展的要素，以保证课程的开放性。那样，学生在学习过程中也会自发地产生更多的想法。

我们应该知道，教学评价不是流于形式的机制。教学评价应该关联教学内容，指向教学目标，反映教学效果，引领教学反思。学生在跨学科学习的过程中，素养的形成和发展往往是内在的、不可见的。因此，及时而有效的评价，既可以感知学生的素养达成，又能引导学生更加有效地开展持续学习。

此外，教学评价不能成为教学活动的目的和结果，应成为指导教学实施的重要依据。所以，贯穿"内容-目标-教学-反思"的评价，将评价浸润至课程的设计与实施，以提升跨学科教学的有效性。同时，对教学的反思与改进也能起到至关重要的作用。

课堂教学中的评价由教师评价、学生互评以及学生自评组成。课堂外的学习评价可由观察记录、活动记录、访谈记录等方式归并为实验中心学生的学习档案。这些记录的积累是反映学生在不同阶段学习发展的重要依据。

跨学科课程侧重于学生的学习体验与收获，不建议教师经常出现大段讲述。大多数时间，学生都沉浸在自主探索的学习过程中。所以，能否获得有效的支持是学习顺利开展的保障。此时，聚焦学习支持的教学活动设计就显得尤为关键。

借鉴实用主义教育学中关于"有效的教学"的观点,我们在建立学生的思维、利用与学生个人相关的问题、为学生探究搭建脚手架[①]三个维度,为学生创造机会提出自己的问题,帮助学生通过设计、操作和调查来回答问题。

在这样的支持下,学生根据个人理解进行评价与反思,使用个人语言表述观点。通过活动、操作、记录来使思维具有可见性。通过学习情境、学习任务、小组分工建立学生与学习之间的关联,并整合所有与学习相关的学习要件,如参考资料、实验设备、范例格式等,为学习提供支持。

第五节 | 生动的跨学科教学形态

以学生为主体的跨学科课程实施,应以"规范""规定""评价"引领其自主学习,以达到以"教"促学,深化自主学习的长远目标。

学生主体的跨学科课堂教学具有三个基本特征。一是课堂气氛活跃。学生能表现出较强的主动性,合作意识较强,丰富的学习体验激发了进阶学习的兴趣。二是教师角色丰满。在引导、组织、讲述、质疑、观察、聆听、调解、帮助等多种身份间转换,推动学习的发展。三是评价多样,记录翔实。评价是收集学习证据的过程,也是引导学生学习、改进课堂教学的依据。此外,当学生沉浸于学习时,教师亦有充足的时间观察学生、思考教学、形成记录,以便调整教学和课后反思。

自主学习是"学会学习"素养的重要表现之一,也是跨学科课程极力倡导学生采用的学习方式之一。自主学习既是一种能力,也是一种习惯。

通常情况下,不是给学生一个空间、一本书,学生就可以开始主动学习的。例如,在进阶提升阶段,向学生提供一些可以遵循的"规范"以及必须遵守的"规定",并将活动评价与活动记录相结合,激励学生独立分析、探索、实践、质疑、创

---

① Linn, M. C., Eylon, B., & Davis, E. A. The Knowledge Integration Perspective on Learning [C]. In M. C. Linn, E. A. Davis, & P. Bell (Eds.), Internet environments for science education, 2004: 29-46.

造等方法来实现学习目标,可以有效"迫使"学生主动学习。其中,"规范"包含事物发展的一般规律、通常的做法和经验,"规范"可以参考、质疑,也可以修改。而"规定"是指那些必须做或者不能做的事,尤其是损害他人或者会带来危险的事。学生及时记录这些"规范"与"规定"的实施情况,既是学习的反馈,也帮助他们在学习过程中明确学习目标,了解学习路径,逐渐养成独立自主的学习习惯。反之,如果没有这些"规范"和"规定",不强调学生的记录,教师就只能寸步不离,学生则始终处于被动学习,难以获得主动学习的机会。

从跨学科道路上一路走来,进入"自我发展"阶段时,学生已经在某一领域完全具备自主探索的能力,同时也具备了传播和推广知识的责任与意识。他们会自发或在受到鼓励后形成完全以学生为主体的"学生课堂"。这是深化自主学习,形成相互激发氛围的有效途径和积极表现。

这样的学生交流并不只是狭义上翻转课堂的教学模式,而是回归教育本质,即教育的目的是学,而不是教。教是个人视角的公开展示,任何人都可以选择接受他们的观点或选择离开,这要看他们是否感兴趣。很多时候,施教者首先得费劲地弄明白所需要解释的内容,经信息整合和逻辑梳理后,才能做出科学而规范的解释。因此,教也是通过解释以达到学习目标的一种有效方式。

"以教为学"是一种生动的跨学科教学形态。

第六节 | 走进案例

◆ 教学案例 5-1

茶叶有效成分的探究[①]

"茶叶有效成分的探究"重在引导学生基于阅读材料、收集证据,以提出科学性问题,并提升联系证据对问题提出假设和举证的意识。

通过课堂阅读文献材料,联系已有的健康卫生和学科知识与经验,对问题

---

① 本案例由上海交通大学附属中学曹益成提供。

展开讨论并提出假设、列举证据等。学生通过课前准备和课上阅读,形成对"茶叶有效成分和对应功效"问题的假设,再就阅读时记录的结果加以交流与讨论,积极阐述、表达想法和理解,以完成资料展示。

通过阅读大量涵盖不同学科中有关茶叶的知识,对茶叶进一步生成多元认知,同时也在阅读文言文时感受与体悟茶叶的千年文化魅力。

"茶叶有效成分的探究"体现了跨学科课程通过多学科融合提升学生对事物认知的特点。

一、内容概述

跨学科课程是以学科为依托,由教师个体或教师团队对两门及以上学科的概念、工具、理论等进行辨识、整合与评价,引领学生运用跨学科的知识与技能处理能力来解决问题、认识世界以及了解自然和社会。基于高中学段的学段特征,我校跨学科课程的研究重在探索跨学科课程的创新实施。

"茶叶有效成分的探究"是跨学科综合课中自然科学板块中的一个课题。本课以茶叶作为研究对象,利用查阅资料、文献检索等方法来探索茶叶的功效及其背后的有效成分。本课以生命科学为基础,融合化学、科学、信息科学等学科提升学生对事物的全面认知,重在引导学生阅读材料、收集证据,并且联系证据对问题提出假设,通过探究活动以培养学生提出科学性问题的方法和举证的意识(图5-3)。

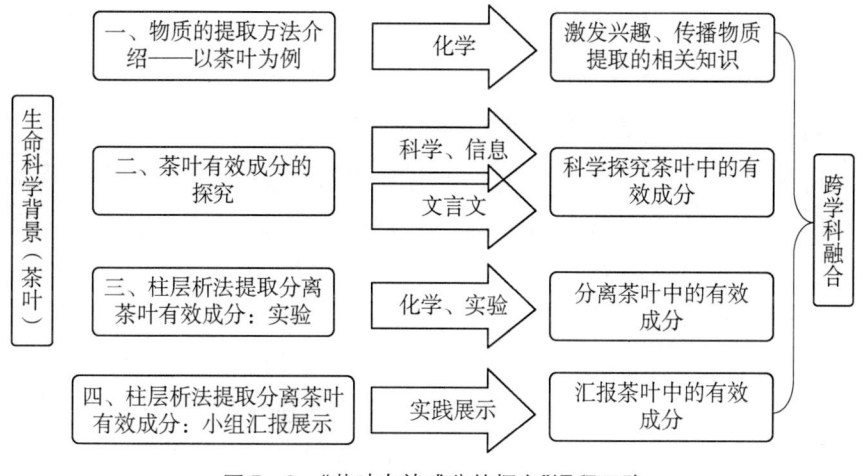

图5-3 "茶叶有效成分的探究"课程思路

选择茶叶作为研究对象,首先是因为茶叶与我们的生活息息相关,茶是生活中经常饮用的饮品。同时,现代人爱喝的奶茶的主要成分也是茶。所以,以茶作为研究对象,容易激发学生的兴趣,学生更加愿意去了解平时生活中摄入食物的营养成分和背后的功效。

其次,茶作为中国传统文化的重要元素,拥有千年的历史以及深厚的文化底蕴。其背后引申的茶的历史、茶文化、茶道、茶艺等诸多茶的概念,为学生在课后的深入研究提供广阔的平台。同时,学生在了解茶的过程中也提高对中华文化的认识,提升文化自信。

最后,茶的有效成分被现代科学研究得相对透彻,但同时其复杂的有效成分又蕴含许多未解之谜,在物质的研究中起着比较好的承上启下的"桥梁"作用。且茶叶种类较多,不同种类的茶叶如绿茶、红茶、普洱茶等,成分不尽相同,因此又拓宽了研究的广度。

二、学习目标

(1) 通过阅读课堂提供的文献材料,联系已有的科学、化学和健康卫生等自然科学知识和经验,对问题提出假设。

(2) 通过小组学习、小组合作以及小组讨论,在学习过程中意识到证据在概念形成中的重要性。

(3) 通过阅读文献材料,了解茶叶的功效及其有效成分,养成关注自身健康,关注生活中的科学和热爱生活的意识。

三、学习过程

课堂具体实施的教学流程如图 5-4 所示。

在本次教学的阅读文献环节中,学生通过课前准备和一段时间的课上阅读,形成了对"茶叶有效成分和对应功效"问题的假设。并且在小组展示环节中,积极阐述想法和理解。

(一) 课前阅读

在开展茶叶这堂课之前,我们有一堂以茶叶以及相关化学知识为目标的讲课,并且在课后留有学生的预习工作和作业。课前准备内容如下:

(1) 要求学生阅读下发的有关茶叶的阅读材料,完成阅读表格。

(2) 要求学生利用课余时间,查阅关于茶叶的相关信息,寻找感兴趣的茶

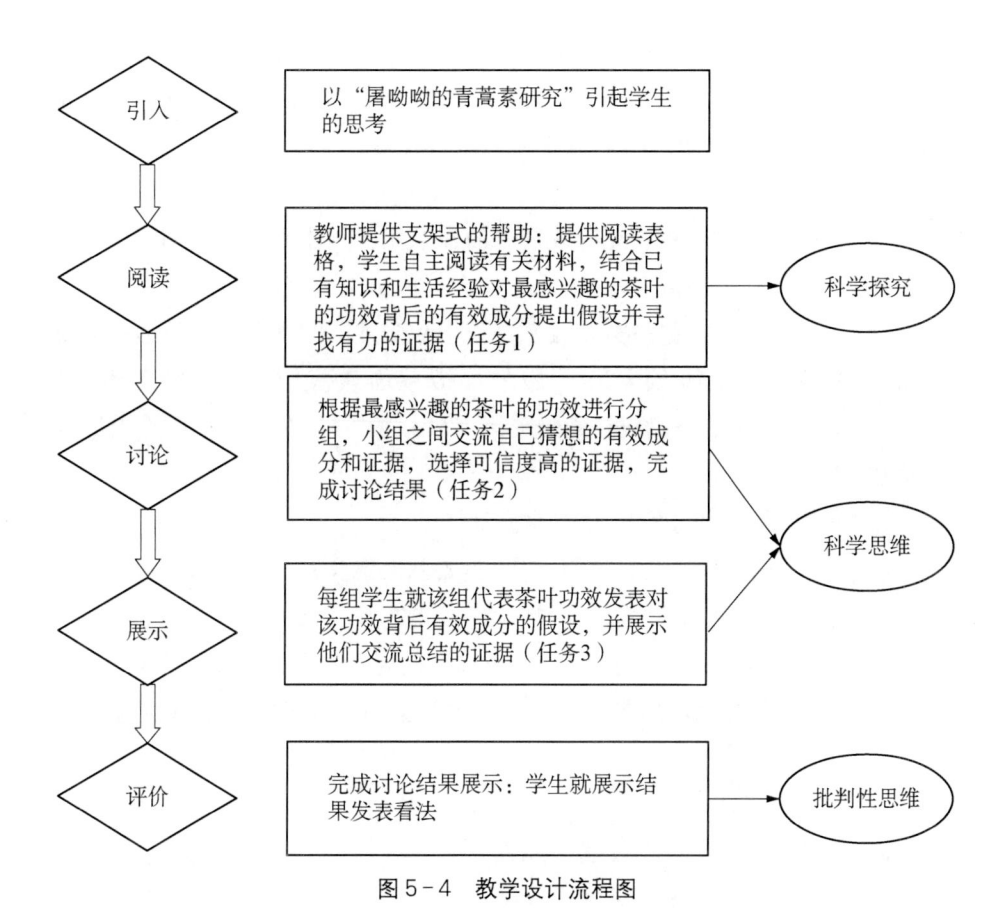

```
引入  →  以"屠呦呦的青蒿素研究"引起学生的思考

阅读  →  教师提供支架式的帮助：提供阅读表格，学生自主阅读有关材料，结合已有知识和生活经验对最感兴趣的茶叶的功效背后的有效成分提出假设并寻找有力的证据（任务1）  →  科学探究

讨论  →  根据最感兴趣的茶叶的功效进行分组，小组之间交流自己猜想的有效成分和证据，选择可信度高的证据，完成讨论结果（任务2）

展示  →  每组学生就该组代表茶叶功效发表对该功效背后有效成分的假设，并展示他们交流总结的证据（任务3）  →  科学思维

评价  →  完成讨论结果展示：学生就展示结果发表看法  →  批判性思维
```

图 5-4　教学设计流程图

叶有效成分的研究、文章或报道并进行深度检索，并带到下次课堂上。

开展课前阅读的主要目的在于让学生提前了解茶叶的知识，拥有一定的讨论话题和依据，为小组讨论提供基本素材。同时，有兴趣的同学通过自己的课外学习向同学们展示更加深入的茶叶知识的研究，促进学生间的相互学习，强化学习氛围。

(二) 课堂引入

1. 故事引入

师：屠呦呦是我国第一位科技类诺贝尔奖的获得者。她发现的青蒿素对治疗疟疾有着突出的疗效，能拯救数百万人的生命。屠呦呦是如何发现青蒿素的呢？

生：是从中药(青蒿)里面找到的青蒿。

师：对，屠呦呦和她的团队，光是搜集这些可能治疗疟疾的草药，就搜到了 2 000 多种，最终确定了 640 种具有抗疟疾的活性成分。于是，她们又拿小鼠的疟疾模型评估了 200 种中草药，其中就有这个青蒿。

2. 思维引导

师：一开始，屠呦呦对青蒿有效成分的提取实验并不理想。明明很多古书上记载青蒿对治疗疟疾是有效的，但为什么提取出来后，效果就不那么明显了呢？这个时候，她就翻阅古书，从葛洪的《肘后备急方》[①]里面找到下面一句话"青蒿一握，以水二升渍，绞取汁，尽服之"。从字面意思上看，就是把青蒿放入水里，然后榨汁。但是屠呦呦把她的关注点放到了"渍"这个字上，这个"渍"是什么意思？

生："渍"就是浸泡的意思，放在水里泡。

师：在有机化学的实验思维里，"浸"具备两层含义：第一是溶剂，第二是环境。浸在水里，不是在水里煎，说明提取青蒿是在室温条件下进行的。我们普遍对中医煎药的概念是在开水里烧几个小时，而屠呦呦通过对"渍"这个字的科学剖析，发现了提取青蒿的重要条件是温度不能高。温度高了，青蒿素就被破坏了。

3. 科学思维养成

师：《肘后备急方》的建议属于我们比较常见的经验证据，能为我们科学研究提供一些思路。但是，要想证明青蒿素的功效，则一定需要通过科学实验来直接证明其有效性。

师：首先，经过对青蒿素进行各种物质鉴定，我们可以得出青蒿素的分子式（图 5-5）。

在后续的工作中，还需要对动物模型的实验、细胞模型和临床试验等做进一步的深入研究，其目的是为了证明这个分子对治疗疾病有效，并且没有严重或者致命的副作用。

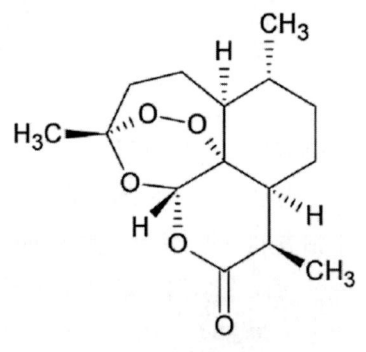

图 5-5 青蒿素的分子式

师：所以，在对药物进行研究的过程中，有经验证据带来的思考，也要有现代科学实验的结果进行的直接验证，从而形成具有科学研究结果的直接证据。

---

① 黄辉.《肘后备急方》[J]. 中医药临床杂志，2013(2)：1.

这才能完成对一个药物的研究。

(三) 列举茶叶的功效

1. 学生分组开展探究

(1) 对"茶叶有效成分及其功效"作出科学假设,小组进行分工。

(2) 根据阅读材料,以及课外检索的信息或文献,选择一个最感兴趣的功效,完成阅读表格。

(3) 小组内交流和讨论阅读时记录的结果,完成展示资料。

2. 各小组进行阅读与讨论,教师依次巡视指导(图5-6)

图5-6 课堂教学实况1

3. 每个小组选派代表展示小组讨论和总结的结果,教师及时点评(图5-7)

图5-7 课堂教学实况2

在小组展示环节中,为了方便学生分辨"茶叶功效"与"提出的证据",设计使用彩色纸条来表示:用白色纸条表示根据茶叶功效找到的相应"证据",不同"功效"对应不同的颜色。

(1)"提神"功效小组:我们小组从阅读材料里找到《神农·食经》[1]有这样的记载:"茶茗久服,令人有力、悦志。"从文章中可以看出来茶叶有提神功效。

(2)"抗氧化"功效小组:我们从阅读材料里发现茶叶中的儿茶素(酚)具有抗氧化(消除氧自由基)、抗炎、降低心血管病发病概率、预防癌症、降血脂、减少体脂形成、抗菌、改善肠道菌群生态等多项功效。还有一项研究表明,喝一杯茶半小时后,血中的抗氧化容量(对抗氧自由基的能力)增加41%—48%,并能在高水平状态持续一个半小时[2]。

(3)"抗菌"功效小组:我们找到的论述是,由于茶含有天然的氧化物,可以抑制口腔中的细菌,增强牙齿的釉质,有助于减少牙垢的形成,所以茶能起到防止牙病的作用。我们觉得茶叶可以抑制细菌,有抗菌作用。

(4)"其他1"功效小组:我们从资料里面发现,茶叶具有抗癌的作用。比如:"动物实验表明[3],饮用绿茶或红茶均能减少患癌症的风险——特别是肺癌、结肠癌和皮肤癌。人们认为,红茶中含有的成分有抗氧化的效果,能够阻止人体细胞中致癌物质的形成。"

(5)"醒酒"功效小组:我们找到有古文记载《广雅》[4]云:"荆巴间采叶作饼,叶老者饼成,以米膏出之,欲煮茗饮,先炙,令赤色,捣末置瓷器中,以汤浇覆之,用葱、姜、橘子芼,其饮醒酒,令人不眠。"这里,"其饮醒酒,令人不眠"说明茶叶可以醒酒。但是从其他资料里面推测,醒酒的功能可能是因为咖啡因提神的功效导致的。

(6)"利尿"功效小组:我们从《中国草药大典·上卷》[5]找到茶叶有利尿的功效。上面说:味苦、甘,性凉。有清头目、除烦渴、化痰、消食、利尿、解毒的功能。茶叶中有咖啡因,咖啡因有明显的利尿作用,我们觉得这一功效也有可能

---

[1] 陆羽,钟强.茶经[M].黑龙江科学技术出版社,2012.
[2] 于新蕊,曲军,丛月珠.茶叶的化学成分及药理作用研究进展[J].中草药,1995(4):219—221.
[3] 于新蕊,曲军,丛月珠.茶叶的化学成分及药理作用研究进展[J].中草药,1995(4):219—221.
[4] 张揖.广雅[M].中华书局,1985.
[5] 陈士林.中草药大典[M].军事医学科学出版社,2006.

是来自咖啡因这个成分的。

(7)"降血脂"功效小组:我们找到这样一段话——最近几年的研究表明[①],茶对防止心脏病、中风和血栓有益。因为茶叶中的咖啡因对于心血管系统有温和的促进作用,可以帮助血管壁保持柔韧,降低形成粥样硬化的可能性。人们还认为茶中的茶多酚可以抑制胆固醇被血液吸收,从而有助于防止血栓的形成。所以我们觉得茶叶中茶多酚有降血脂的功效。

(8)"其他2"功效小组:我们找到资料说茶叶中的吡咯喹啉醌成分具有延缓衰老、延长寿命的功效。吡咯喹啉醌于1970年左右被人们发现[②],之后的研究表明,它有抗氧化和保护神经的作用,因此常被用于保健产品及化妆品。所以茶叶中的这种成分可能有保护神经的功能。

4. 案例说明

本课程在设计教学目标时,关注了学生能力的养成。在课程实施中,虽然会有不同学科融合的知识与技能目标,但在本课时中不作为重点。

需要注意的是,能力目标对应的评价系统设计与单一学科的教学评价有很大区别。在单一学科教学中,我们比较注重学生知识与技能的掌握,评价知识与技能时就会侧重学生的考试成绩。因为将知识量化可以充分反映学生掌握知识的程度与能力。但是,对于能力素养的评价,则更是需要关注和评价学生的学习过程。虽然评价的标准需要根据教师的定性判断来衡量,但依旧需要有一个严格的评价尺度。

以"通过阅读文献材料,联系已有知识和经验对问题提出假设"为例。在科学研究的路径中,该过程属于起始阶段,即对提出的科学问题做出一定的判断和预设。但这种预设首先是要有科学依据的。那么我们在设计"提出有科学依据的假设"这项能力的考查时,考虑的应该是学生所提出的科学依据是否具有科学性。而这种科学性由学生提出证据的"数量"和"质量"两方面来评价。

对于学生举证的数量比较容易测量。对于证据质量的测量方法我们又进行进一步的细化(表5-1)。

---

① 澳洲网.喝茶或吃蓝莓可预防心脏病以及中风[J].食品工业,2019,40(1):1.
② 唐靓,张岭,李林子,等.吡咯喹啉醌研究新进展[J].食品科学,2015,36(19):5.

表 5-1 学生举证质量的测量

证据类型	证据的来源	数量	等级[2]
直接证据 (直接证明茶叶的某一成分具有某些功效的证据) 例:咖啡因具有提神功效	网站、新闻、公众号等大众媒体	1—3	D
	出版物、书刊	1—2	C
	高等教育教材	1	B
	科学研究的文献、期刊	1	A
间接证据[1] (通过间接推断的方法证明茶叶的某一成分具有某些功效的证据) 例:咖啡因的提神功效可能帮助醒酒	网站、新闻、公众号等大众媒体	1—3	E
	出版物、书刊	1—2	D
	高等教育教材	1	C
	科学研究的文献、期刊	1	B

注:(1) 间接证据是根据一些既有证据的推测,具有一定假设的成分。划分等级时需要进行可信度的降级处理;

(2) 证据的来源质量高低等级评价是根据文本的可信度进行等级划分。E—D:可信度有待商榷;C:具有一定可信度;B:基本可信;A:可信度较高

四、成效与反思

在小组讨论环节,学生了解到证据对于问题提出的重要性。在小组展示环节,学生代表提出若干证据,并在老师的讲解下,形成对证据来源以及可信度的批判意识。了解证据对于问题的解释需要足够的科学性,并且知道当证据的科学性不足时,需要进一步通过文献检索甚至实验来证明所提出的假设是否正确且合理。

通过本堂课,学生不仅重复了解茶叶的多重功效,同时开始关注起自身健康,更发现了自身生活里的科学问题。

学生通过阅读大量、涵盖不同学科中有关茶叶的知识后对茶叶有了多元的认知。在阅读文言文时也能感受到茶叶千年的文化魅力,体现了跨学科课程通过多学科融合提升学生对事物认知的特点,达到跨学科融合的目的。

但是,学生在课堂展示时过多展示了有关茶叶的文言文内容。类似这样的情况主要出现在教学引导的环节。老师在教学引导时用了屠呦呦的例子,屠呦呦在发现青蒿素的过程中参考的就是文言古籍。学生在后面的学习过程中就习惯性地以文言为重点搜证。同时,所提供的阅读材料有较大篇幅来自《茶经》,并且位于材料的首页。所以导致学生在阅读过程中非常习惯性地将文言

的内容作为考察的重点。

但是,关于文言古籍所展示的证据以及科学文章或其他证据的可信度的排序问题,的确需要在课堂上加以强调。因为,证据的类型作为学生掌握能力的评价标准之一是有重要地位的。

在学生讨论的环节中,老师要参与每组学生的讨论并向他们提出类似"如果要把你们手上的证据进行排序,你们认为哪个最重要?为什么?"等问题,从而加深学生对不同证据的分析与理解。并且,在学生展示环节中,需要对学生展示的证据进行追问与点评:"提供的证据是否与假设具有关联性?是直接关联还是间接关联(推论),或者是无关联(关联度低)?""提供的直接证据数量有多少?""证据的清晰程度如何?",从而形成一系列发展性评价。

通过课程的教学,体会到学生"跨学科学习"对教师素养的巨大挑战。茶叶作为本课程的载体,不仅孕育着中华千年的文化传统,而且携带着自然界丰富多样的成分。这些成分或被人类所利用开发,或因技术难度难以提取而埋藏于茶叶的体内。一片小小的茶叶蕴含的知识从文化背景到化学分子,从提取实验到临床医学,无一不挑战着教师的知识面、检索能力、学习能力以及教学能力。同样,如何将多学科的知识正确、有序、有意义地传授给学生,也是"跨学科"教学的重要挑战。

未来,高中的"跨学科"教学必将成为培养高中学生科学素养、创新精神的重要平台。这不仅对学生而言是新颖多样、信息知识丰富,具有挑战性的学习任务,对教师而言更是知识储备、教学规划设计的巨大挑战。

◆ 教学案例 5-2

让城市更新可持续发展[①]

上海市控江中学文创中心以城市更新、可持续发展、"双碳"行动等为基本理念,采"杨浦滨江"课程场景,用项目化教学模式协同艺术、历史、语文、劳动技术等学科,整合社会、环境、人际等跨学科资源,引导学习者经历思考与认知、行走与感受、实践与展示三个阶段,从经济更新、环境更新、文化更新多个维度,打造以"城市更新与可持续发展"为主题的跨学科课程。

---

① 本案例由上海市控江中学王独伊提供。

课程以了解城市更新的宗旨与目的为实施载体,关注学习者的自主发展、深度学习,探究如何更好地掌握核心学科知识,提升人文底蕴,并在社会参与中提升社会责任意识。

经实践与反思,已初步形成并梳理出具有真实情景的跨学科项目化文创实践路径。系列化文创成果得以落地、展示,生成了宝贵的教育教学经验。

一、内容概述

(一) 课程背景和缘由

2021年党中央提出实施"城市更新"行动。"城市更新"成为"十四五"政策新风口。2022年2月,上海公布城市更新实施细则(试行)。[①]

城市更新理念由来已久,进入21世纪日趋成熟,更加重视人、社区与城市的可持续发展。城市更新从一开始就是为了迎合城市更快、更好发展的需要,一直在实践中自我反省与不断完善。从最初的大规模推倒重建到后来的注重发展社区邻里环境和增进社区感情,从单纯注重城市建筑实体的改造到施行综合、系统的城市更新规划,从激进的急速转变到分阶段、分过程的更新节奏,这些都反映出城市更新理论的发展演变,体现出城市更新是一个连续不断实现自我更新的过程。[②]

杨浦滨江地区作为上海最早的工业区以及近代中国最大工业基地之一的杨树浦工业区,是上海工业发展的一个缩影,也是上海城市更新的成绩与写照。[③] 在更新过程中,充分尊重工业历史文脉,采用有限介入,低冲击开发模式,形成了"以工业传承为核,打造历史感、生态性、生活化、智慧型的杨浦滨江公共空间滨水岸线"。

在此背景下,本课程充分运用跨学科知识聚焦对于城市更新内涵的思考,引导学生走入杨浦滨江,感受可持续发展理念缩影,运用再生设计理念对废弃物进行艺术化改造,使之成为理念凸显的展示品与艺术品,成就05后青年人用艺术践行社会责任的情怀。

---

① 王蒙徽. 实施城市更新行动[J]. 人类居住,2020(4).
② 薛煜. 城市更新视角下资源型城市转型问题——以淮北市为例[D]. 中国海洋大学,2014.
③ 国际在线. 上海杨浦滨江:上百年的工业重镇一度沉寂,如今成"打卡"胜地工业锈带变成了生活秀带[EB/OL]. [2020年5月]. https://baijiahao.baidu.com/s? id=16679927836264158728&wfr=spider&for=pc.

（二）课程整体介绍

本课程是上海市控江中学高中文创中心开设的文创选修课，每周2课时，连续1学期，共26课时。"城市更新与可持续发展"课程图谱见图1-2。该课程协同跨学科资源，围绕城市更新、可持续发展、"双碳"行动的基本理念，从经济更新、环境更新、文化更新，给予学生全方位体验、指导与认识。课程采用项目化教学模式，涉及艺术、历史、环境、通识、语文等多门学科的互动，有策划、有体验、有思考、有实践、有成果，致力打造美育劳育结合的跨学科课程。让学生走出校园，把文创成果通过艺术漂流的形式，在多个场域中展示，充分提升课程影响力。

二、目标设计

（一）自主发展

充分应用PBL项目化教学模式，促进掌握核心学科知识，培养设计思维与批判性思维，根据项目目的进行主动思考与跨学科知识构建。

具体包括：在设计过程中，引入地理、微生物、信息技术、通用技术等多门学科，实现设计作品的概念意识表达与交互方式，思考如何让知识服务核心问题，如何通过不同学科间的知识构建解决问题的桥梁，如何在海量信息中辨别信号与噪声，如何让学习内容与实际相联系等。

（二）人文底蕴

通过课堂认知与实地行走，促进理解城市更新的宗旨与目的，了解历史传承的意义与方式。

具体包括：通过线上资源与线下讲座的形式，了解杨浦滨江历史沿革与改造，初步了解杨浦滨江公共空间滨水岸线的设计理念，思考历史传承的重要性，城市更新对于旧城区的意义所在以及杨浦滨江演变与城市发展、产业格局变化、文化背景的关联性。

（三）社会参与

通过认知、行走、实践，在参与过程中对城市更新与可持续发展的联系进行深入思考，在教学中提升责任意识。

具体包括：通过废弃物资再生设计实践，激发反思生活的习惯、改善快消生活的方式，倡导人与自然和谐共存的生态模式和绿色可持续的生活态度。思考如何通过项目形成对于"美"的主动追求，如何运用核心知识与手段服务社会发展,如何理解文化对于未来社会的影响等。

三、学习过程

(一) 教学阶段设计

本教学单元共有13次,26课时,分三个阶段展开。

第一阶段,思考与认知阶段。

围绕城市更新中关于经济更新的内涵进行理解与思考;就产业格局、城市规划、景观再造等方面进行讨论,完成团队破冰与分组;通过线上线下课程平台,让学生理解城市更新中可持续发展理念的重要性,引导学生列举城市更新资源再利用模式,导入"废弃物再生设计"相关子主题;结合废弃物物理属性观察,分析常规废弃物的再生制作方法与不同厚薄、材质的关联,针对一种材料拍摄1—2个微视频,建设云端"废弃物艺术塑性入门"线上资源库。学生用自己所学反哺推进课程。

第二阶段,行走与感受阶段。

围绕城市更新中关于环境更新的内涵,以小组为单位,行走杨浦滨江、根据线上课程资源,聚焦杨浦滨江一些重要景观与场所进行情况调研与收集,如白七咖啡馆、杨树浦发电厂、沿途景观植物等;根据教师发放的引导表,自主结合线下讲座与线上配套视频和学习资料深度学习,初步理解设计思维与常规调研方法。

第三阶段,实践与展示阶段。

围绕城市更新中关于文化更新的内涵,以集团校初中生、跨班级体验跨学段、异质小组合作方式,学会更多沟通方式与小组分工;以"艺术+文化"的方式,进行城市更新可持续发展废弃物艺术再造方向进行实践;在设计落地过程中,根据需要结合地理、微生物、信息技术、通用技术等多门学科的概念与部分相关内容,充分结合文脉传承与历史沿承,实现设计作品的内涵表达与情景交互;以小组为单位完成项目分享PPT,全面总结项目执行过程中的问题与难点;共同作出评价与改进建议,分享小组项目成果。

(二) 教学过程

第一阶段:思考与认知阶段。

(1) 理念导入与团队破冰。由教师导入城市更新的时代背景与主要做法,以杨浦滨江为具体实例,就经济更新、环境更新、文化更新做具体分析。结合控江文创中心"艺+"项目化课程案例,如定海街道旧改过程中的"废弃物再造乐队"让学生有更深刻的体会与认知。通过锡纸再造为主题的破冰,使来自不同班级、不同学段的学生能快速熟悉并在过程中增加凝聚力(图5-8)。

(2)线下"社会创新与调研方法"专题讲座(图5-9)。特别邀请合作多年的定海街道第四睦邻点社工,分享在睦邻中心孵化的定海社区营造的案例。通过国内外经典案例介绍,帮助学生快速了解可持续发展理念、经济更新在城市更新中的重要作用,在过程中了解基础的调研方法。

(3)线下"人民城市人民建——杨浦滨江掠影与皂梦空间的前世今生"专题讲座。邀请专注杨浦滨江课程开发的相关团队,通过杨浦滨江从工业锈带转型生活秀带的历史更迭介绍,了解工业遗迹如何转型的路径,以及生态滨江、生活滨江、科技滨江的战略定位。

(4)与学生共建云端"废弃物艺术塑性入门"线上资源库(图5-10)。融通物理、化学等多个学科,在保障安全的前提下,通过对废弃物物理属性的认知,产生与规模的认识,加工塑形的方学生以小组为单位拍摄1—2个微视频,共建云端课程资源,引导学生将通用技术加工方式与艺术再生设计结合起来,并应用到后续小组合作的废弃物艺术改造实践中去。

图5-8 课程回顾与项目介绍　　图5-9 线下讲座　　图5-10 线上资源库建设

第二阶段:行走与感受阶段。

(1)杨浦滨江城市更新行走(图5-11)。通过实地行走,与学生共同见证百年工业与历史变迁的皂梦空间。在行走前,教师形成资料收集表,明确实地考察的主要目的与任务,具体包括:历史文化传承与景观关联度、城市更新中环境更新的几个方面与效果等,促使学生关注杨浦滨江的一两个重要转型案例,如落成两年的皂梦空间与白七咖啡馆前身为上海制皂厂,是杨浦滨江新开发段中老工业遗迹转型成功的经典案例。通过行走与指导,将城市更新中可持续发展的理念进行延伸,让学生观察城市更新中建筑固废材料如何收集与再利用,现有实例中一次性咖啡杯回收问题。

(2) 具体实例探访(图5-12)。根据学生行走中观察到的几个关键案例，由教师与学生共同挑选实例进行集中探访。运用AEIOU观察法与访谈法进行数据收集与用户画像，就活动、环境、消费者互动、物品、用户群体等五个维度观察记录，一组选择两三位消费者进行半开放式访谈，了解进店诉求、历史与产品设计的关联、是否关注废弃物回收等问题。教师在线上对有需要的小组进行全过程引导，并提供参考建议。

(3) 线上微课"设计思维"观摩学习(图5-13)。通过分析经典设计案例是如何运用设计思维推进并迭代，了解设计思维的全流程，激发学生将设计思维的方法与步骤运用在后续自己的设计落地中。

图5-11 实地皂梦空间行走　　图5-12 AEIOU观察结果　　图5-13 白七咖啡馆访谈结果

第三阶段：实践与展示阶段。

(1) 资源可持续利用线下跨学科课程讲座。充分用好线下微讲座资源，组织学生参与"Bioart生物艺术""废弃物再生设计品牌赏析""大地艺术"专题微讲座，分别通过跨学科的不同表达形式，诠释多元艺术表达、实用艺术设计的魅力。"生物艺术"在最近二十年来蓬勃发展，常用的形式为媒体艺术或者装置艺术，通过一些国内外案例解释人与人、人与其他物种之间的平等对话；通过功能再生、精神再生、艺术再生等形式，将可持续再生设计的概念引入废弃物再造中，通过知名品牌FREITAG、本土品牌在地拾用的品牌创立与营销定位，从废旧物品再生设计的心理审美角度，分析如何用再生设计的手法，延续对废弃物的情感，改变废旧物品的功能固着以及废旧物品的设计审美；用平时学生在美术课里较少接触的大地艺术为例，介绍世界级大地艺术家克里斯托，把艺术与大自然有机地结合所创造出的一种富有艺术整体性情景的视觉化艺术形式。所录制的讲座可用于云端课程建设，被用于更多学校和年级。

(2) 线上跨学科系列课程建设。通过"你不知道的微生物""技术与设计""自然带与植被"微课观摩，将生物、通用技术、地理等微课资源上传云端，小组根据设计意向与需求选择性观看，鼓励使用多种学科知识，迁移性解决设计问题，实现设计作品的表达与交互。

(3) 城市更新可持续发展废弃物再造设计推进与落地。在了解杨浦滨江具体案例的废弃物回收情况后，围绕城市更新中文化更新的内涵，结合目标群体或新客群，推进废弃物再生项目设计，落地内容不限，可以是艺术装置、快闪、再生可穿戴服饰、日用品等等。学期内共开设 9 项有关塑料再生的创意落地，其中有白七一次性咖啡杯氛围灯设计、可穿戴的废弃塑料古风首饰与云肩设计、热带沙漠气候自然带仙人掌丛林大型装置设计、老年人用药安全设计等等。完成项目过程引导表与期末路演 PPT，全面总结项目执行过程中的问题与难点。学生在过程中拍摄从小组头脑风暴到设计落地全过程，并上传云端，完成相关课程资源库建设，以学生视角记录设计过程与其中点滴，更激发同龄人的共鸣与参与热情。

(4) 成果展示与交流。学生在中期汇报的框架上进一步深化，以小组为单位分享项目成果，从设计理念、制作过程、视觉效果与意识表达等三个方面，分享创意落地的过程，回顾碰到的困难与解决方式，并对成果进行自评与讲解（图 5-14，图 5-15，图 5-16，图 5-17）。

图 5-14 设计引导表

图 5-15 创意落地　　图 5-16 项目路演　　图 5-17 杨浦公园展示

四、成效与反思

(一) 课程与效果

(1) 形成了具有真实情景的跨学科项目化文创实践路径。通过紧抓城市更新的内涵，制定了一整套以艺术学科为基础的跨学科课程教学方案，以项目化教学为主要模式，以杨浦滨江为真实场景，让学生在教师的引导下，自主自发地进行跨学科学习，亲历知识发生的过程，学会构建跨学科知识桥梁，总结和反思经验与方法，培育学生的创新意识和提升学科核心素养。

（2）创意落地与展示。在课程实践中，共有 10 项有关可持续发展艺术实践创意落地，其中包含杨浦滨江白七一次性咖啡杯氛围灯设计、可穿戴的废弃塑料古风首饰与云肩设计、热带沙漠气候自然带仙人掌丛林大型装置设计、老年人用药安全设计等等。学生的作品在控江高中文创中心作公开项目路演，邀请区绿容局宣传科科长与街道团委青少年事务相关老师作为观摩嘉宾提出建议，并在 2022 年 1 月 5 日至 1 月 20 日在杨浦公园党群服务中心进行了为期 15 天的公众展出，官方媒体"上海杨浦""杨浦绿化市容"进行了 3 篇相关报道，累积近万点击量，获得了社会的广泛关注与赞誉。

（3）形成了相关经验总结。基于该课程的实践与梳理，发表于中国优秀科普期刊《中学科技》杂志，内容就是将该跨学科课程的一个项目化学习引入必修课堂的一次尝试与学生项目化成果展示。

（二）问题与挑战

（1）对于跨学科线上线下课程交互模式还需要进一步探索。跨学科课程涉及知识点多，部分内容专业性强，对于指导老师是一种知识积累上的挑战，通过线上线下课程平台建设，可以形成反复使用、随时调用的优势，帮助学生满足个性化自主学习，减轻教师负担，有利于跨学科课程建设。但是在实际操作中要与线下课程之间形成互补与分工，减少内容重合，避免核心内容缺失，进一步丰富表达形式，更好地激发学生的兴趣与主动认知。

（2）跨学科课程联动效率有待提高。如何以一门学科作为主体学科进行跨学科的方式与路径有待进一步摸索，尽可能地避免学科拼盘、学科割裂的问题。要活用项目化教学模式，引导学生探索跨学科知识构建，而不是把学科"拼盘"送到学生面前，忽视学生自主学习的主观能动性。在课程引导中也要重视关键问题设置与引入，在设计落地过程中潜移默化引导学生跨学科，鼓励学生使用综合知识解决系统问题。

（3）要持续提高学生对于文化内涵的认知与理解。在杨浦滨江改造与皂梦空间打造的资料寻找、实地寻访过程中，学生能够通过各种途径获取资料，但是对于时代背景、文化感知、问题提炼的能力仍然较为薄弱，思考问题的同质化程度较高,对于文化凝练的方式还比较单一。需要让学生通过多个维度对城市更新与工业遗迹转型进行设计,沉浸式地进入项目化教学中,才能真正产生更深层次的理解与认识。

◆ 教学案例 5-3

指尖大工程[①]

"指尖大工程"根据新高中课程方案要求,结合学校工程素养培育特色,作为促进学生发展创新思维和实践能力的校本课程应运而生。

该课程从现代社会建设工程的基建、建筑、运输、工具四大领域分设 4 个篇章、12 项内容逐层递进,螺旋式提升学生动手实践、创意思维、团队合作方面的能力,促进学生秉持工匠精神,在实践中精益求精、追求卓越。

作为一个难度适中、侧重动手的工程类跨学科选修课程,其每个项目主要通过"指尖造物"的任务挑战,提供学生充分的实践平台,并借助"奇妙工程"普及基础工程结构知识、拓展学生视野,再运用"思创遐想"提供点拨启发。

课程实施至今,学生选修热情高,课中参与度大,项目执行作品良好。同时,课程不断研究工程内涵如何能更深度有效地在实践中渗透,以帮助学生养成良好的思维品质和行为习惯,受益终生。

一、课程概述

在新一轮课程改革中,根据《普通高中课程方案》的要求,以跨学科研究为主的研究性学习经历纳入学分要求,成为学生高中阶段必要的学习板块。在选修课程序列中,学校要开发一系列校本课程,指导学生开展研究性学习。

"指尖大工程"传承学校"尚理"文化主线,依据"工程素养"的实践创新、系统思维、交流合作、责任伦理等四个方面培育目标而设计,是一门促进学生发展创新思维和实践能力的校本课程。

课程根据现代社会建设工程的基建、建筑、运输、工具四大领域分设篇章,从不同角度领略工程风采,同时在学习侧重点上依据学生实践技能发展特点而有所区分。每篇章包含三个逐层递进的项目,循序渐进提升难度,鼓励学生秉

---

① 本案例由上海理工大学附属中学顾凌燕提供。

持工匠精神,精益求精、追求卓越。每个项目内均设有"奇妙工程""指尖造物""思创遐想"三大活动环节,运用充满人文情怀的情景导入课题并从中提出问题,在实践挑战过程中指引学生创造性地解决问题,注重通过动手制作将各种知识与技能应用于实践,并在反思过程中不断总结、提炼、内化(图5-18)。

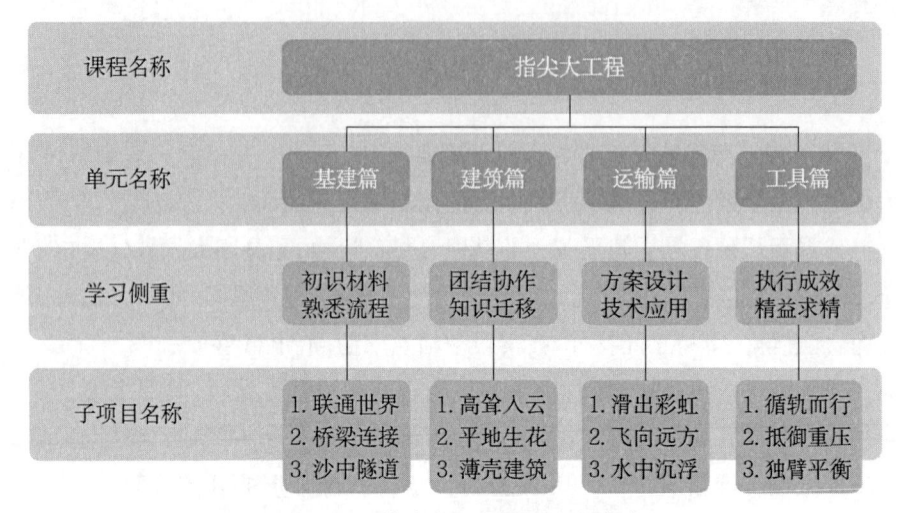

课程名称	指尖大工程			
单元名称	基建篇	建筑篇	运输篇	工具篇
学习侧重	初识材料 熟悉流程	团结协作 知识迁移	方案设计 技术应用	执行成效 精益求精
子项目名称	1.联通世界 2.桥梁连接 3.沙中隧道	1.高耸入云 2.平地生花 3.薄壳建筑	1.滑出彩虹 2.飞向远方 3.水中沉浮	1.循轨而行 2.抵御重压 3.独臂平衡

图5-18 "指尖大工程"课程设计框架

课程以CDIO工程教育理念为依据,适配高中生进行精心设计,旨在提供充足动手的实践平台,促进学生认知创新的意义与价值,更引导学生通过合作学会如何更有创意、更有步骤、更高效地去解决实际问题,从而培养具有较强的问题意识、创新精神、主动探究、动手操作的能力,形成具有严谨科学态度和作风的现代高中生。

二、课程目标

(一) 动手实践方面

通过项目实践,深层次构建运作修正、评价反思、工匠精神等。做到在面对问题时,能够快速分析抓住关键要素,讨论分析提出解题方案,动手制作执行力强;善于对实践成果进行反思、修正和评价;乐于琢磨、精益求精,能通过实际操作做到更好地解决问题。

(二) 创意思维方面

通过项目实践,多维度发展精准性、灵活性、独创性、全局性等。做到在面对问题时，能够清晰、全面理解问题，善于发现问题的突破口；能够灵活运用知识和方法分析问题；乐于对问题做出自己的理解、判断并付诸实践；能够考虑事物的多种因素，综合协调解决问题。

（三）团队合作方面

通过项目实践，全方位提升研究方法、团队合作、综合管理等。做到在面对问题时，能够将已学的知识技术和方法有效应用，乐于自主学习新知；能够进行分工与协作，能够较好地依托团队合作解决问题；能够较好地分配时间、人力和资源，处理好轻重缓急。

三、课程内容

（一）项目整体设计

"指尖大工程"的12个项目横有拓展，纵有递进，采用循序渐进的方式展开跨学科学习活动。

1. 充分动手实践

"指尖大工程"是一个难度适中、侧重动手的工程类跨学科选修课程，面向高一、高二年级学生开发，需要学生有一定的工程学习经历，对动手制作工程结构有兴趣和特长。课程不同于传统的研究型课程，不需要经过长时间对一个课题或项目进行深度研究，共设计了12个项目，每个项目1—2个课时即可完成，每个项目都是一个独立的挑战活动，具有一定的相似性，需要学生不仅要有想法、有设计，更要把想到的东西做出来，努力解决任务挑战。项目通过"奇妙工程"中的相关介绍学习一些基础的工程结构和成功案例，完成一个"指尖造物"的任务挑战并对其进行总结，通过"思创遐想"获得更多启发。因此在完成整个课程的12个项目学习后，学生一般在动手技能上面就能获得显著的提升，这也是课程设计的最核心的培养目标。

2. 横向拓展视野

当然，一味重复是不可能吸引住高中生的，课程横向拓展体现在：课程分设四个单元，包括基建篇、建筑篇、运输篇、工具篇，就从四大工程建设的领域拓展了学生的视野，展示了国内工程几乎家喻户晓的典型案例，促进学生了解这些伟大工程背后的一些最基础最浅层的工程结构原理，如港珠澳大桥对接桥梁结构、青藏铁路对接中空结构、中国国家大剧院对接曲面结构、C919大飞机对接伸展结构、三峡大坝的四面体截流石对接承压结构、臂架泵车对接平衡结构等，同时浓浓的人情味充分提升了学生的家国情怀,促进他们对国家基建产生更多的认同感、自豪感。

3. 纵向循序递进

"指尖大工程"的四个单元内,每单元共设 3 个项目,将围绕篇章主题从不同案例出发,兼顾有所侧重同时层层递进地开展活动。从学生的学习规律出发,基建篇作为开篇单元,提供了初识课程、材料的过程,经历几次挑战便可熟悉流程,对课程的基本思路了然于胸,同时第一单元依托项目提供了各种不同的挑战材料,能有效将学生的基础协调得更为统一,补足当前学生普遍常识匮乏的短板。进入建筑篇,单元一改基建篇以个人挑战为主的活动方式,开始要求团队合作参与挑战,更侧重团队协作能力的培养,同时任务设计提倡学生不断将学科知识、课外知识渗透与应用,充分鼓励学生提高知识迁移能力。运输篇再作递进,不仅仅要能通过团队参与活动,更要按照任务要求努力提出更好的方案设计,将合适的技能技巧运用于解题中。工具篇更加侧重成效检验,执行是否精益求精,成果是否显著在这一单元显得尤为重要,因此这一单元也是教学技术技能相对更少,学生发挥空间更大,同时个性化实践时间更长的单元。

从学生的技术提升角度出发,每个单元内的三个项目也具有递进性,主要是实操难度和任务要求的开放性增加,使得学生有足够的累积过程,例如第二单元建筑篇共设"高耸入云""平地生花""薄壳建筑"三课,从"高耸入云"的高结构到"平地生花"的伞状结构,其中延伸时连接点的关键制作要求是有所提升的,再到"薄壳建筑"去除中间主轴支撑,渗透着仿生原理,促进学生理解力的均衡,网状结构连接点制作工艺也更进了一步。

(二) 项目实施案例

"高耸入云"是该课程的一个案例,安排在课程第二单元的第一课,学生已经有了一些类似项目挑战的基础,对活动流程有了大概的认知。第二单元开始都以小组合作方式进行,更侧重团队协作能力的培养,同时这一单元都注重跨学科知识、技能的迁移,要将力学原理、材料性能等知识在具体的任务中体现,因此这节课的目标设定为以下方面:

(1) 能够将力学原理、材料的性能等知识、原理综合应用到实际问题的解决过程中。

(2) 经历团队合作的过程,培养学生间的默契,学习理解和包容。

(3) 培养利用现实材料创造性解决问题的态度,面对问题不畏困难,培养不怕跌倒的精神。

具体这节课是如何开展的呢？就让我们一起来看看。

1. 项目引入

课程用上海中心大厦作为"奇妙工程"板块的引入，这是学生熟悉的事物，易产生兴趣。同时从背景介绍中能感受上海城市的发展变化，及其背后蕴含的城市精神，从而引发家国情怀的共鸣。随后从其高度的简要分析介绍延伸进课堂，提出将进行高结构挑战的主题。其间提供关于上海中心的阅读资料，从建筑结构、制造工艺等角度拓展学生的认知，提供必要的学科知识阅读粗才，将现代建筑与学科知识紧密联系，辅助学生在后续挑战中获得必要的跨学科知识储备。

2. 布置任务

在老师的引导下同学们跃跃欲试，就进入"指尖造物"环节，发布即时任务要求，明确同学们需要组建 4—5 人的团队，合作完成符合要求的结构，得分越高越好。

"高耸入云"造物任务单

场地：

圆盘：1 个。

重物：若干个海洋球、乒乓球、塑料瓶、螺帽。

规则：

1. 第一部分，使用材料制作 3 个高塔，能水平支撑住一个圆盘；
2. 第二部分，将重物依次摆放到圆盘上；
3. 在第二部分可以对结构进行修补；
4. 限时：第一部分 10 分钟，第二部分 5 分钟。

评分：

1. 每个得分物得 3 分；
2. 每种得分物都摆放上结构，另得 10 分奖励分；
3. 高塔垂直高度每 1 厘米得 1 分。

耗材：【基本动手套装】吸管、牙签、A4 纸、标签纸、索引卡、橡皮泥、棉签、铝箔纸、餐巾纸、回形针、纸杯、搅拌棒、纸盘、纸牌、塑料叉子、绒条、铅笔、硬币、橡皮筋、冷饮棍。

工具：剪刀。

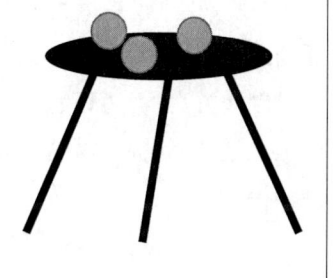

从"高耸入云"造物任务单中不难看出,即时动手挑战项目具有以下特点:

(1) 任务开放性。开放的任务目标给了学生充足的发挥空间,也是可以展现学生创造性的关键点。评分不设上限(得分物数量有限,而高度不限),需要团队想好解题策略:可以"争取放满得分物的同时结构越高越好",亦可"做一个特别高的结构,不放得分物也不要紧"。哪个方案更好?一来要对得分物进行清算,看看得分物上限,二来还要看看究竟如何做成一个足够高的塔。实际上,多数学生总是希望两头都兼顾,真正要做到却很难,要知道高和稳是很难同时做到的。有的学生灵机一动,只顾着"求高度"这一头,反而能获得更意外的成效。思维的灵活性、精准性就是在一个又一个这样类似的挑战中获得激发的。

(2) 材料选择性。可以说这是这节课的亮点,也在整个课程较常用的设计策略,因为"基本动手套装"所提供的材料其实非常多,实际操作时并不会每个都用上,也不会按照3的倍数去配备,也就意味着"结构的三条腿必然不一样",从而增加了难度。短短10分钟内究竟选什么来制作结构呢?纸杯、塑料杯还是A4纸张,抑或是意大利面?这是对学生的经验如何迁移进行考验。前一单元的多次类似过程已经给学生大量接触生活中常见物件的机会,学生也积累了不少制作方案,都可以嫁迁应用于新任务的挑战中。如何面对新材料寻找异曲同工之处,如何提升材料组合的创造性、材料个体的独特使用方式等,都值得关注和探讨。

(3) 团队要求较高。虽然在评分标准中没有单列团队合作的评分项,但要能达到好的成绩,必定是团队的每个成员都需要动起来的,善于思考的同学主要承担策略、方案的分享,动手能力较好的同学可以主要参与制作过程,在放置得分物承重环节必须相互帮助协调,保证结构不松散倒塌等。特别是这个任务中设计了"3个高塔共同承托一个圆盘"的要求,对成员配合默契度是一项巨大考验。学生要学着权衡利弊,制作工艺好、与创意想法有效协同,才有好的成果产生。有用、高效的标准并非说说而已,只有去做了才知道有多么不容易。

3. 活动实施

任务发布后进入实操环节,做好结构是动脑又动手的过程,想法很好,但是不是能做到还需要团队默契的配合。实施过程主要把握以下两个要点。

(1) 限时要求提升紧张感。活动设计在任务发布后,有3—5分钟的讨论环节,可以拿起材料感受其材质,可以讨论成员的分工,更要确定结构搭建的基本思路,必要时还可作图进行规划筹备。随后的挑战第一部分10分钟是实施结构制作的主要时间,可以预见小组合作过程中会有争辩、有尝试,常常会搭建失败并且重新再来,这个过程每个团队都会异常热闹,而学生的大脑都在高速运转,怎么做才能使结构更高、更牢?一切皆有可能。在挑战第二部分 5 分钟则往往更为紧张,得分物的放置不是一蹴而就的,结构的组合、承压过程总是会产生新问题,如何在有限时间里加速调整,从而更牢固,获得更多分数?应变能力在此过程不知不觉得到锻炼。在限时结束后,需要对各小组得分情况逐一清算,相互比一比赛一赛,总能看到些优秀的成果,也能从对比中获得些新的启发。整个挑战过程占据整节课的一半以上,但课上总是听到学生反馈"要是时间再多一点就好了",可见限时的紧张感对学生的快速反应、执行力都是挑战,更是他们积累经验的好机会。

(2) 技术操作边学边做边应用。技术问题一直是贯穿整个课程始终的,动手技能的训练和提升在于一次又一次的实践积累。虽然看似都是常见的物品,可如何变得更长更坚硬?如何站得住脚?学生可以借鉴第一单元"基建篇"中关于长结构的技巧,如将 A4 纸制作成纸棍,将纸牌、纸盘处理成类似榫卯结构的卡扣进行衔接,将冷饮棍、铅笔利用铝箔纸连接延长等等运用到高结构的处理中。还可以新学到类似吸管与牙签扦插制作高塔的制作方案,可以延伸如当没有牙签时用回形针替代,连接固定可以标签贴纸、橡皮泥与餐巾纸的组合等等新技能。而这些操作的背后正渗透着材料的性能、结构的基本原理,包括兼顾高度与稳度的协调统一,材料的刚性、韧性、原料特性有效利用等,这正是高中阶段物理、数学、化学、劳技等学科知识与技能的有机渗透。

4. 活动评价

课的最后进入讨论点评环节,由于活动过程总是紧张的、全情投入的,所以在分析环节则会更有意思。获得高分的同学会更乐于分享自己成功的经验,都更加令审视之前挑战过程的得与失。在学生交流的基础上,老师再做适当点评,结合"思创遐想"板块的内容,从结构技术、策略方法、态度合作等角度提供学生有益的意见建议。

> **"高耸入云"之"思创遐想"**
>
> 借鉴高耸入云的上海中心大厦,是不是会从中获得一些搭建高结构的启示?

> **高结构**也是动手实践类挑战中的基础结构,在追求高度的过程中,需要特别注重结构的稳定性。物体越高,重心上移,就越容易倒塌,这是在物理中再熟悉不过的知识。人常说"三足鼎立",三条腿的结构相对更牢固。但纸上得来终觉浅,面对实际问题,一切都和理论一致吗?如果有出入,又会是什么问题造成的呢?还有,该如何恰当地处理高度和稳度之间的关系呢?一切都将在实践中获得答案,这才是值得摸索的最有趣的地方。

四、成效与反思

"指尖大工程"课程旨在培养学生核心素养,其中偏向于学生动手实践能力、问题解决能力、创意物化能力的提升。自实施以来,不论是课程引入的中国基建大型工程,还是学生实践需要解决的具体问题,都充分融合工程知识、工程内涵,注重切实实现高中生工程素养培育。课程突出问题导向,充分融合不同学科,从人文情怀到科学知识的运用都在课程中得到有机结合,不论运用到什么技能、方法和知识,最终目的是更好地解决实际问题,也取得了良好的成效。

第一,从学习动机看,每年开课选课期间都会较早被选完,说明大多数学生对这门课程是有兴趣而来选修的。

第二,从学习过程看,学生的学习集中在课堂,课上紧张、活泼,参与度高,课后虽几乎没有作业,但总有学生愿意用课余时间延伸阅读建筑结构相关资料,自己动手再做些小结构,说明学生从课上有获得感,有自主发展的需求,较能体现主动学习的初衷。

第三,从对知识、技能的掌握程度看,随着课时的推进,学生制作作品的速度、效果都不断提升,前续课堂学习的简单技巧较易在后续解题时加以应用,但对一些比较复杂或者需要训练一段时间才能掌握的动手技能,后续有效应用的比较少,存在思路、方案都可行但就是实物做不到的情况,说明高中生对待技术层面的精进仍有不足。

第四,从学生对学习过程和内容的感受看,学生总体反映这是一门比较新颖,参与度也很大的课程,也乐于亲身挑战。但是每节课可能因需留出较多时间动手制作,总是觉得教学的部分有些少,特别是对工程结构的深度研究尚存不足。

总体上看,本课程基本符合高中生特点和工程素养培育需求,有校本学习资料作支撑,课时、场地均有保障,也积累了一定的教学经验,未来针对实施过程中反映出的工程结构专业领域还不够深、不够透的问题再作深入学习和探索,将专业领域复杂的问题以更清晰又浅显易懂的方式提供学生延伸学习。

"指尖大工程"不在于科学知识的高深,而在于实际运用能力的锻炼;不要求学生有成套的解题套路,而在于培养学生面对问题的时候能静下心来思考问题、努力解决问题的态度,更重要的是面对未知有勇气大胆尝试新事物、新组合、创造性解决问题的能力。希望未来学生可以养成良好的思维品质和行为习惯,并因此受益终生。

教学案例 5-4

建设"碳中和"校园[①]

"建设'碳中和'校园"课程聚焦如何建设"碳中和"校园这一核心,由"生物多样性经济学研究"及"模拟政协"两门选修课的师生共同完成。

课程以学生熟悉的校园生活为调研场景,调查校园碳足迹、访谈学校低碳措施,并基于调研数据以探索助力"碳中和"实现的措施,收集关于如何构建"碳中和"校园的提案汇编《上海财经大学附属中学"碳中和"校园生活指南》。

2021年是中国"碳中和"元年,参与模拟政协的学生把目光聚焦于这个议题。在确立各自的调研方向后,我们通过调研、访谈,对数据进行分析并分享给他人,通过课堂探讨活动确定提案的方向或明确案由。在青少年模拟政协活动中,我们通过调研报告及政协议案的分享交流,让更多青少年关注并助力"双碳"目标实现。生物多样性经济学研究的综合实践则以校园绿化对二氧化碳固定效益的调查为研究主线,从而达成了一个跨学科课程实施的闭环。

"建设'碳中和'校园"激发了学生主动开创和参与"碳中和"校园建设的系列活动。

[①] 本案例由上海财经大学附属中学刘奕、何翠提供。

一、内容概述

气候变化是人类面临的全球性问题,随着各国二氧化碳排放,温室气体增加对生态系统形成威胁,世界各国以全球协约的方式减排温室气体,我国由此提出"碳达峰"和"碳中和"目标。作为青年学生,我们也应该为此目标的实现贡献一份自己的力量。青少年这个群体可谓是实现"碳中和"目标未来的中坚力量,因此当下如何引导青少年树立低碳意识、践行绿色发展理念、培养绿色健康的生活方式等显得尤为重要,只有将地基打牢固了,未来中坚力量的发挥才会更加坚强和稳固。为此,我们以学生熟悉的校园生活为调研场景,通过对校园碳足迹的调查和学校低碳措施的访谈,基于调研数据来探索助力"碳中和"实现的措施,收集关于如何构建"碳中和"校园的提案汇编成《上海财经大学附属中学"碳中和"校园生活指南》,并由此激发同学们主动开创和参与"碳中和"校园建设的系列活动。

课程围绕如何建设"碳中和"校园为核心主题,由"生物多样性经济学研究"及"模拟政协"两门选修课的师生共同完成。建设"碳中和"校园既是"起点"又是两门课程的"交点",通过"生物多样性经济学研究"学习,了解我国提出"碳达峰、碳中和"的"双碳"目标的重要意义,能认识到生物学在坚持人与自然和谐共处,促进科技发展、社会进步和提高人类生活质量等方面的重要贡献,具有开展生物学实践活动的意愿和社会责任感。"模拟政协"是一项以高中学生为主体,通过模拟人民政协提案形成全过程并结合社会实践的活动,其核心是通过模拟人民政协的提案形成过程,同时模拟和体验人民政协的组织形式、议事规则以了解和体会中国特色的民主协商政治制度;着重培养和提高青少年学生公民意识、制度自信和社会实践能力的青少年教育实践活动。2021年是中国"碳中和"元年,参与模拟政协的同学们把目光聚焦在了这个议题上。同学们确立各自的调研方向,利用课余时间进行调研、访谈,对数据进行分析并分享给他人,通过课堂探讨活动确定提案的方向或明确的案由。在暑假参加全国第八届青少年模拟政协活动,通过调研报告及政协议案的分享交流,让更多的青少年关注并助力"双碳"目标实现。生物多样性经济学研究的综合实践则以校园绿化对二氧化碳固定效益的调查为研究主线,从而达成了一个闭环(图5-19)。

第五章 跨学科课程的高中行动

图 5-19 "建设'碳中和'校园"实践活动主线

二、目标设计

(1) 理解人与自然是生命共同体,人与环境是相互制约、不可分割的整体。[1]

(2) 懂得人类的生活和生产活动以各种形式不断地对环境施加影响。

(3) 初步养成环境友好的道德行为习惯,建立有利于生态安全的生活方式。

(4) 以模拟政协委员的身份,通过"研究型""参与式"实践活动,提升发现、分析、解决问题的能力及合作交流能力等人生基本的"四大能力"。[2]

(5) 关注时政,践行新发展理念[3](创新、绿色),树立环保意识。加强青年学生对中国协商民主制度优越性的了解和认识,进而提升学生公共参与、政治认同及科学精神等核心素养。[4]

三、学习过程

(一) 碳知道

1. 活动目标

(1) 树立以国家主人翁的姿态关心国家大事、民计民生的意识,了解政治生活,培养政治意识。

(2) 知道"碳达峰、碳中和";理解人与自然是生命共同体,人与环境是相互

---

[1]《普通高中生物学课程标准》(2017 年版 2020 年修订)[M].北京:人民教育出版社,2020.
[2]《全国青少年模拟政协活动组织开展指导书》,全国青少年模拟政协活动组织委员会,2017 年 3 月
[3] 思想政治必修 2《经济与社会》,人民教育出版社,2019 年版.
[4]《普通高中思想政治学课程标准》(2017 年版 2020 年修订)[M].北京:人民教育出版社,2020.

制约、不可分割的整体。

2. 活动内容

（1）观看视频：习近平在气象大会上宣布，中国将在 2030 年前实现碳达峰、2060 年前实现碳中和的目标。

（2）观看动画：地球为什么在变热？

3. 指导策略

（1）教师行为：播放视频前后予以关键问题引导。

（2）驱动任务：此项国家战略是基于怎样的科学论证呢？

（3）指导学生：什么是"碳达峰、碳中和"？二氧化碳、温室效应及灾害天气之间存在怎样的关系？

（二）碳足迹

1. 活动目标

（1）懂得人类的生活和生产活动以各种形式不断地对环境施加影响。

（2）提升设计、分析调查问卷的能力，问卷设计是否合理（内容、逻辑结构、顺序等）。

（3）提高分工合作的能力、沟通交流的能力和语言表达的能力。

2. 活动内容

（1）"生物多样性经济学研究"社团成员负责校园碳足迹的问卷调查，撰写并分享校园生活中的碳足迹调研报告。

（2）其他同学按照要求学习并做好摘录。

3. 指导策略

（1）教师行为：课前对于学生问卷调查的整个过程予以指导。

（2）驱动任务：了解学校师生的碳足迹即校园生活产生的碳排放量。

（3）指导学生：使用简明扼要的语言将自己的调研思路、过程及结果向大家作简要的汇报和分享，并对调研结果做初步分析；在听取他人的调研分享时，做好以下几点（数据分析、调研问题逻辑链及有待解决的问题）并做必要的摘录。

（三）碳减排

1. 活动目标

（1）初步养成环境友好的道德行为习惯，建立有利于生态安全的生活方式。

（2）访谈调研的注意事项及访谈提纲撰写。

(3) 概括、总结调研分享的核心内容,注意调研所要导向的问题和方向。

2. 活动内容

(1) "模拟政协"社团成员负责对学校相关职能部门负责人及教师学生代表进行访谈调研,分享学校有关节能减排的相关制度及活动的实施情况,分享学生自身对于低碳生活的践行情况。

(2) 其他同学按照要求学习并做好摘录。

3. 指导策略

(1) 教师行为:课前对于学生访谈调查的整个过程予以指导。

(2) 驱动任务:了解学校师生的碳减排意识及行动。

(3) 指导学生:使用简明扼要的语言将自己的调研思路、过程及结果向大家作简要的汇报和分享,总结调研分享的核心内容;在听取他人的调研分享时,做好以下几点(数据分析、调研问题逻辑链及有待解决的问题)并做必要的摘录。

(四) 碳中和

1. 活动目标

(1) 以模拟政协委员的身份,通过"研究型""参与式"实践活动,提升发现、分析、解决问题的能力及合作交流能力等人生基本的"四大能力"。

(2) 初步形成合作意识、大局意识,展现知识储备及综合应用能力,提升向公众表达观点的能力。

2. 活动内容

(1) 确定案由:在分享调研报告的基础上,小组讨论探索适合建设"碳中和"校园的建议和意见,为撰写提案报告提供思路和方向。

(2) 向老师及同学介绍本组的思路及核心观点,可将想法写在海报上,最终每组推选出1—2个建议进行重点介绍。

3. 指导策略

(1) 教师行为:全班整体指导及聆听小组讨论个别指导。

(2) 驱动任务:为如何建设"碳中和"校园建言献策。

(3) 指导学生:引导学生进行分组讨论,依据所分享的问卷统计数据及调研结果,每组自选角度和方向,聚焦一个或多个问题,为如何建设"碳中和"校园建言献策;依据学生的分享,向学生介绍由此观点出发该如何撰写一份规范的提案。

(五) 综合实践活动——全国青少年模拟政协

1. 活动目标

关注时政,践行新发展理念(创新、绿色),树立环保意识。加强青年学生对中国协商民主制度优越性的了解和认识,进而提升学生公共参与、政治认同及科学精神等核心素养。

2. 活动内容(表5-2)

表5-2　上海财经大学附属中学模拟政协提案小组提案准备

任务	具体分工	负责人	提交时间	提交方式	线下碰面	最终版提交
任务1 完成一份调查报告 (附件1略)	第一部分					
	第二/四部分					
	第三部分					
任务2 完成一份提案 (精简版的调查报告) (附件2略)	背景					
	现存问题 研究方法					
	提案整理					
任务3 3分钟视频制作						
任务4 10分钟展示PPT制作						
备注:						

3. 指导策略

(1) 教师行为:组织对这个主题感兴趣的学生一起完成一份完整的调研报告及规范的模拟政协提案。

(2) 驱动任务:以"减少碳足迹　助力碳中和——建设碳中和校园"为题,完成调研报告及提案,参加全国模拟政协活动。

(3) 指导学生:访谈报告如何撰写？研究目的与意义、调研基本情况介绍、现存问题和总结与建议;如何撰写提案？尤其是提案中建议部分的思路应该结合调查得出的结论和反映的问题。建议可从两个方面来展开,一是碳减排,二是碳吸收;如何制作提案调研过程性记录视频？(给一个视频作为学习参考)如何进行提案展示及答辩？展示的时候重点在于我们的做法和建议的讲解,而不是背景的阐述。

(六) 综合实践活动——绿色校园环境教育方案设计

1. 活动目标

通过测算和评估上海财经大学附属中学校园植被所具备的固碳能力,有针对性地提出改善方法,合理配置达到更好的生态效益,以期推广应用到其他学校,为绿色校园建设和城市生态环境建设提供参考。

2. 活动内容

本研究所采用的评估方式,是依照我国台湾地区现行"绿建筑标章制度"中2005年最新版的"绿化量指标"进行统计[①]。不同种类的植物对于二氧化碳固定能力有很大差异,例如,阔叶大乔木单位二氧化碳固定量为 $900\,kg/m^2$,灌木单位二氧化碳固定量为 $300\,kg/m^2$,而花圃、草坪等单位二氧化碳固定量仅为 $20\,kg/m^2$,但如果是大小乔木种植间距 $3.0\,m$ 以下、灌木和花草密植混种区,二氧化碳固定量则能达到 $1200\,kg/m^2$。

因此要较准确地评估一所校园绿化的二氧化碳固定效益,必须实地勘察、将校园植物进行统计分类,分别计算各类绿化植物群落的种植面积,从而推算出该校绿化对二氧化碳的总固定量效益。再依据合格判断公式,判断某一学校校园绿化是否达到建议的合格标准,从而提出改善方法。

3. 指导策略

(1) 教师行为:从收集资料、观察分类、绿化植物栽种面积的测量计算、二氧化碳固定量的数据统计和结果统计分析五个过程进行指导。

(2) 驱动任务:计算出上海财经大学附属中学校园绿化就二氧化碳固定这个指标是否达标[②]。分别计算各花坛是否达标,将各花坛依照 q 值从高到底进行排序,基于 q 值高的花坛绿植给出校园绿植改进方案,供学校总务部门参考。

(3) 指导学生:学生分小组学习了解校园植物进行归类的方法。这里我们选用根据植物特点进行分类的人为分类法,将植物分为复层栽种密植混种区、乔木、灌木、藤本、草本五类;各小组同学负责不同区域,以花坛为统计单位,对校园植物进行实地观察分类,并进行记录;准备好皮尺、木桩、绳子、记录本和笔,到校园各区域对不同的花坛进行距离测量。遇到不规则面积可以用木桩、

---

① 王希智. 校园绿化对二氧化碳固定效益实证解析[J]. 技术与市场(园林工程),2007(02):32—35.
② 邱泉. 桂林市城市绿化对二氧化碳的固定效应调查初报[J]. 广西园艺,2007(05):48—49.

绳子标定边界,分成若干小块进行计算(在实施过程中,我们用手机 APP 计算面积,替代原有的方法)(表 5-3)。

表 5-3 每个花坛中植物二氧化碳固定量统计表

植物种类	绿化面积 (m^2)	单位 CO_2 固定量 (kg/m^2)	CO_2 总固定量 (kg)
大小乔木、灌木花草密植混种区		1 200	
阔叶大乔木		900	
阔叶小乔木针叶、疏叶乔木		600	
棕榈类		400	
灌木		300	
多年生蔓藤		100	
草花花圃自然野草地、草坪		20	
合计			

把有关数据记录到统计表中。根据公式 $TCO_2 = [\sum(Gi * Si)]$ 计算得出校园绿化能够固定二氧化碳的总量。经调查得出,上海财经大学附属中学校园各花坛绿化能够固定的二氧化碳总量,与 $TCO_2 c$ 土地绿化总二氧化碳固定量基准值(kg)做比较,$q = TCO_2$ 测$/TCO_2 c$,当 $q \geqslant 1$ 为达标,$q < 1$ 为不达标(表 5-4)。

表 5-4 校园绿化二氧化碳固定总量统计表

花坛	总绿化面积(m^2)	CO_2 总固定量(kg)
博思楼		
停车场		
操场		
小白楼		
孝和楼		
……		
校园		

分别计算各花坛是否达标,将各花坛依照 q 值从高到低进行排序,基于 q 值高的花坛绿植给出校园绿植改进方案,供学校总务部门参考。通过我们此次基于数据调查及统计的研究,得出一套科学、简便、实用的调查方法,从校园绿化对二氧化碳固定效益指标入手,为"碳中和"助力。

四、成效与反思

建设"碳中和"校园是一次由两门选修课师生跨学科的合作,设计初衷是让两个社团的学生能够有一次更加深入的交流和合作,以拓宽学生的思维能力和知识面,即以政协委员的身份,从环保人专业的角度为"碳中和"校园建设建言献策,以培养学生的政治素养、增强学生参加实践活动的意愿及社会责任感。

起初只是设计了四课时的一个跨学科的短课程,通过碳知道、碳足迹、碳减排和碳中和四个主题活动,完成一份《上海财经大学附属中学"碳中和"校园生活指南》。随后两门选修课的师生在各自的领域参加了主题活动,将短课程中获得的知识技能综合应用,在平台上分享交流,收获了荣誉及肯定。模拟政协社团荣获 2021 年第八届全国青少年模拟政协活动"最佳提案""优秀调研报告"等奖项。TEEB 研究室社团成为"十四五"期间首批上海市学生科技创新社团,荣获杨浦区第十二届绿色校园环境教育方案设计二等奖。

此次开设跨学科综合实践课程的最大收获是建立了一种课程合作开发的模式,如图 5-20。采用 PBL 项目化学习方式(Problem-Based Learning method),确立一个核心问题,模拟政协则是寻找一个议题,基于现实世界以学生为中心,学生以政协委员的身份或视角,通过调研访谈获取信息资料,基于现实数据提出解决方案,每个议题可能会涉及或聚焦某个专业领域,可以寻找其

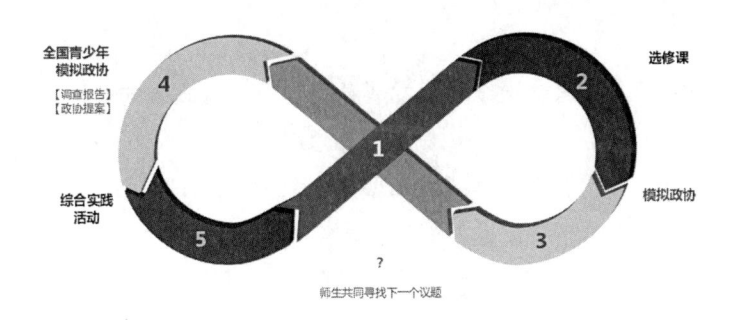

图 5-20 "建设'碳中和'校园"实践活动主线(迭代)

他选修课或者社团师生的协作,让跨学科所"跨"的领域有的放矢且有成效,让学科融合更凸显现实意义,让师生之间的合作有无限的可能性及更多的创造性。

◆ 教学案例 5-5

实验室艺术微改造[①]

"实验室艺术微改造"课程紧密对应学科核心素养,将艺术中的核心素养——审美判断、创意实践,工程技术素养——工程思维、创新设计、物化能力,信息技术核心素养——数字化学习与创新等有机融合;课程运用综合性、独创性的设计思维,培养学生的创新能力、解决问题的能力,培养学生乐于助人、敢于担当、善于合作的良好品质。

课程以"学生主参与,教师次引导"的师生融合方式共同改造学习环境。在教学实施过程中,以学习空间设计、文创产品制作为驱动开展课程教学。采用大单元模式,分阶段由浅入深,完成从手工艺术阶段到技术赋能阶段,逐渐过渡到人工智能阶段的创作设计。

学生在自主学习中创作出诸如实验室 logo、扎染屏风、轮胎沙发等一系列针对实验室改造内容的创意产品,并由此获得自主探究实践的快乐与心理环境建设方面的满足。

课程打破学科间壁垒,促进各学科知识的优化与整合,培养学生主动应用多学科思维解决问题的能力。学生在实践学习中达到共融互通,实现了学习中的五育融合。

一、内容概述

"跨学科"学习是符合当今时代发展潮流与新课程改革的一种学习方式,也是以一个学科为中心,选择一个中心主题,运用多个学科知识,对这个主题进行设计的教学方式。它能打破学科间的壁垒,促进各学科知识的整合与优化,培养学生用多学科思维解决问题的能力。

"实验室艺术微改造"课程是学生基于选修、自主探究和创新实践活动相结

---

① 本案例由同济大学第一附属中学易雪莲、潘青云、李冬青、王辉、韩余提供。

合而成的课程。

学校拥有钢琴创新实验室、低碳实验室、机械创意工作坊等 16 个创新实验室。虽然实验室数量多,种类齐全,设备领先,但教学实施过程中学生的参与度有待提高。同时,由第三方公司设计装修的实验室多侧重于单一环境的设计,缺少人性化教学理念体现。比如,内部区域划分不明确,不利于学生展开互动讨论等合作学习,导致学生创新学习的意愿不足,不利于学生个性化发展。

为此,我们以"实验室艺术微改造"为课程的显性目标,融合艺术、劳技、信息工程等学科,用跨学科教学方式开发四门单元课程——logo 设计、室内布局设计、墙面设计、软装设计,围绕"改造"这一富有自主和创意的主题开展跨学科创新教学(图 5-21)。

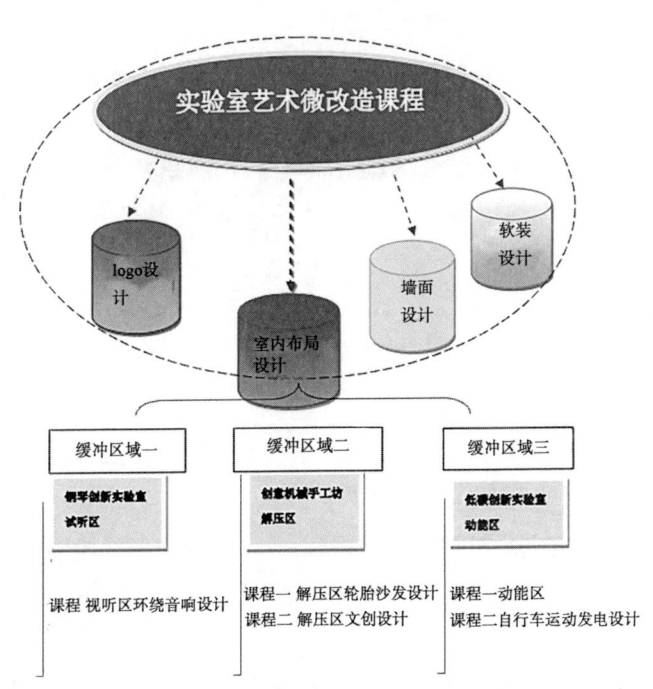

图 5-21 "实验室艺术微改造"课程架构

跨学科课程的教与学是教师与学生同步提升的过程。在本课程中,师生双方将关注"营造沉浸式学习体验环境""实践性学习探索""培养学科核心素养""指向心理健康建设""从内心深处触发对学习的留恋"等一系列问题,并在真实的教学活动中努力实现这些隐性的课程目标。

二、目标设计

(一) 理念

现代教育行为需要吻合现代教育理念。整合学科特征,引导学生在实践中互通,以实现学习中的五育融合,是新时代对教师与学生在教学中达到学科核心素养要求的有效方式之一。

本课程通过教师引导、学生参与,以师生融合方式共同改造实验室环境为具体的学习行动,来呼应"有理想、有修养、有爱心"这一学校育人目标。

(二) 目标

(1) 通过实践"微改造"这一项目化学习的全过程,提升审美意识、知识融合、设计创造、实践操作等工程创意素养。

(2) 在"微改造"项目的需求调研、方案设计、可行性研判等实践学习中,逐步形成综合性设计思维与独创性设计思维。

(3) 在"微改造"项目的施工改造、项目结算、成果发布等实践学习中,提升沟通、合作,以及问题解决能力,并成长为乐于助人、敢于担当、勇于创新、身心健康的一代新人。

三、学习过程

(一) 实施问卷,了解诉求

我校有16个创新实验室,每个实验室都有对应的功能与学科特色,但学生对实验室使用情况的反馈提出不少要求和建议。

真实情境一:就创意机械手工坊而言,实验室的内部环境不够温馨,器材硬朗与理性。学生提出:如果实验室里有一个可以用于边设计边探讨的小空间就好了,最好有点阳光。

真实情境二:智能钢琴创新实验室具备丰富的乐器,是艺术氛围良好的地方。但学生指出教室只有两个前置音箱,没有后置音箱。经仔细查看,发现确实没有安装环绕设备。对一个专业的音乐专用教室来说,音响的缺省一定会导致视听感受的下降。

为进一步获取相关信息,决定通过实施问卷来比较全面地了解学生对实验室的使用诉求(图5-22)。

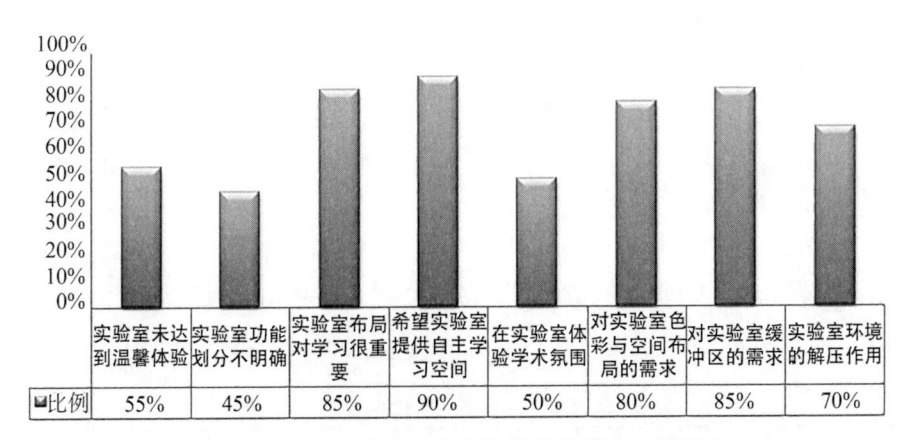

比例	实验室未达到温馨体验	实验室功能划分不明确	实验室布局对学习很重要	希望实验室提供自主学习空间	在实验室体验学术氛围	对实验室色彩与空间布局的需求	对实验室缓冲区的需求	实验室环境的解压作用
	55%	45%	85%	90%	50%	80%	85%	70%

图 5-22 针对"实验室艺术微改造"的学生问卷统计

对相关信息进行统计分析,我们发现:学生对自主学习空间有很强的渴望,同时针对学习场所的布局与宽松的体验也有着明确的要求。实验室应该是一个具有专项性强、宽松、有自主性、适于沉浸学习、具有留恋感的地方。我们的创新实验室在环境与体验感方面有明显的不足。

基于问卷反映出的情况,我们把"学习空间设计"和"教室环境配置"确定为本课程的两个核心驱动问题。"学习空间设计"对教室进行分隔,使空间灵活多变,增添不同的学习功能,满足层次丰富的学习空间的需求。"教室环境配置"则利用具有一定审美风格的软装产品来装饰教室空间,达到调节心理感知、营造沉浸的学习氛围。

(二) 创设情境,整体布局

艺术、劳技、信息、体育等不同学科的老师联合学校木工师傅,依据核心驱动问题,开发"实验室艺术微改造"跨学科课程。课程包括实验室 logo 设计,实验室空间布局改造、墙面装饰改造、文创产品设计与制作等四大内容。

(三) 师生共创,共同实施

每个内容的设计前期都由学生头脑风暴产生方案,教师参与共同比对方案。择优方案后,对设计与制作进行课程化编排,开发系列设计课程并完成制作,最终成果以产品发布会的形式展现。

以下以部分课程案例,呈现单元化课程实施过程。

单元一:手工艺术阶段

单元主题:创意手工坊解压区——空间屏风设计(文创产品)

涉及学科(领域):艺术设计、工艺、劳技手工制作

关联学科:艺术、劳技

授课年级:高二

教学课时:3课时

学科核心素养:美术与劳技学科的核心素养能够相互观照,同时得到发展(表5-5)。

表5-5 学科核心素养具体内容(手工艺术)

学科核心素养	美术	劳技
说明	美术表现	图样表达
	本课例中,对教室空间改造设计方案以及对解压区文创产品的材料选择、外观造型、色彩图案、制作方法确定之后,用草图图样的方式加以呈现。	
	创意实践	创新设计、物化能力
	本课例中,设计制作真实的解压区文创产品,在设计思维理论方法的指导下,整体构思、创意设计、方案对比、分步实施、手工缝制,物化呈现,并还原到真实环境中进行展示和检测,不断反思优化设计方案,为下一步学习积累经验。	

课程目标:

(1)创设真实学习情境,面对问题与需求,采用小组合作方式,以手工蓝染制作的文创为主,对教室局部微改造解压区域进行创意设计、装饰布置。

(2)建立美术与劳技学科的互相观照,引导学生将创意设计思维、创新观念物化为文创产品的能力。

(3)还原文创产品到真实教室环境中,灵活空间组合,优化学习环境,满足学生个性化的学习需求。

课程概述:

1. 教学活动框架(图5-23)

2. 课程教学概述

(1)提出问题、定义需求、确定方案

实地考察学校B416教室。该教室是一间普通实验室,主要为劳技学科开

第五章 跨学科课程的高中行动

阶段	步骤	内容
问题提出 需求定义 草图方案	1	实地考察实验室，定义实验室微改需求
	2	根据需求，展开头脑风暴，经过各组PK，确定最佳微改设计方案
	3	绘制草图方案，确定解压区文创的选材、工艺、制作以及审美风格
领取任务 创意设计 思维发展	4	各组领取真实任务：屏风、抱枕、桌布等解压文创产品
	5	创意设计文创产品，预想造型、图案、扎法染法、缝制细节等
	6	实施操作，对比操作前后效果，反思分析，促进思维发展
产品发布 真实还原 实际检测	7	组织产品发布活动，评价项目成果与学习过程
	8	产品还原真实环境，邀请师生来体验
	9	产品实际检测，听取意见，优化设计方案，积累学习经验

图 5-23　课堂教学活动框架

展教学活动的场所。

本学期，劳技学科开设有刺绣、手工制作等教学内容。学生以兴趣爱好为基础，以走班学习、自主选修的方式参与教学活动。

劳技学科的老师与学生希望通过教室空间的局部改造，增添新的功能，增加审美元素，营造更加舒适温馨的学习环境。

基于上述调研，确定本课程活动的核心问题：如何合理改造教室空间，增添新的功能并具使其有一定审美风格？

开展头脑风暴后，基本形成"屏风"和"垂帘"两种方案建议（图5-24，图5-25）。

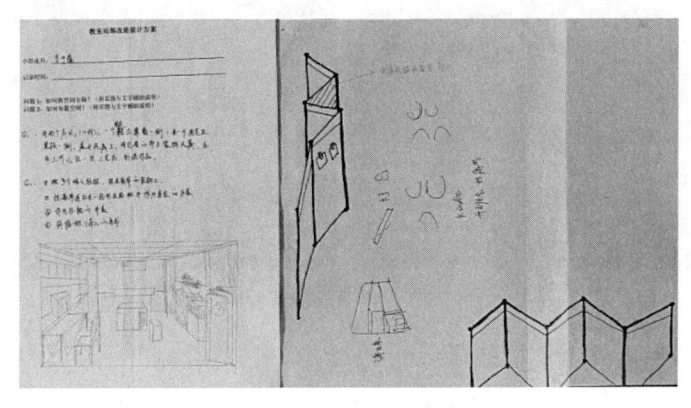

图 5-24　"屏风"方案

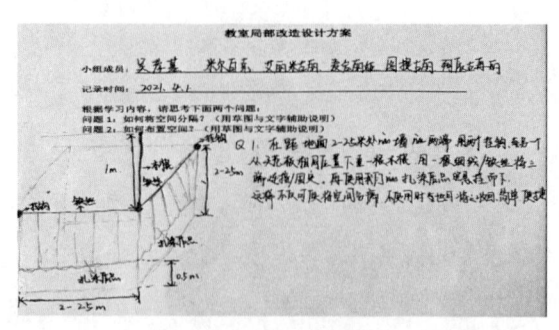

图 5-25 "垂帘"方案

大家觉得"屏风"方案的设计是将屏风放置于地面使用,自由分隔空间,但缺乏稳定性。而"垂帘"设计则从上方利用垂帘分隔空间,但因高空操作,可能存在一定的危险性。经过分组讨论,最终一致确定用可折叠、可移动的屏风来分隔,改造教室空间。同时,确定选材、工艺、制作、审美等细节要点,并以手工蓝染这一传统民间工艺形式,设计制作文创产品来装饰教室微改空间。

(2) 领取任务、创意设计、发展思维

学生以小组为单位自主选择,领取任务。根据任务,以学习单的形式记录创意设计的思维发展过程,包含:预想的造型图案、扎法染法,实际产生的图案效果,反思与分析原因。

(3) 发布产品、还原场景、检测实效

在产品发布活动中,各小组将屏风布与屏风组合、抱枕坐垫、桌布小物件等还原教室的真实场景,展示评价(图 5-26)。

图 5-26 B416 教室微改造(前后)对照

各小组代表交流创作过程,分享创作心得。邀请师生体验新教室空间,听取意见,优化设计方案,为后续学习积累经验。

教学评价:本课程教学以档案袋形式收集学习活动的过程性资料,包括两张学习单和一张成果评价表。另外,学生在各阶段学习活动中拍摄的照片、录制的视频等影像资料,也作为学生学习发展的佐证,以全面评价学生学习情况(表5-6)。

解压区文创产品设计学习单

学习单一:教室局部改造设计方案

小组成员:＿＿＿＿＿＿＿＿＿＿＿＿＿＿＿

记录时间:＿＿＿＿＿＿＿＿＿＿＿＿＿＿＿

根据学习内容,思考以下问题:

1. 如何合理分割教室空间?(用草图和文字辅助说明)
2. 如何布置分割的空间?(用草图和文字辅助说明)

学习单二:创意手工扎染学习单

小组成员:＿＿＿＿＿＿＿＿＿＿＿＿＿＿＿

记录时间:＿＿＿＿＿＿＿＿＿＿＿＿＿＿＿

1. 根据实际产品的功能、用途,记录预期设计的图案,使用的扎法染法。
2. 实际呈现的作品与最初设计一样吗?简单分析原因。

表5-6 解压区文创产品设计评价表

评价项目	评价指标	分值	组号			
			1	2	3	4
作品呈现	图案美观清晰	10				
	扎法有创新	10				
	技法能推广	10				
设计构思	设计意图	15				
	设计亮点	10				
创作过程	小组合作中印象最深的事	45				
	遇到的困难					
	引以为豪的事					
总计						

单元二:技术赋能阶段

单元主题:创意机械手工坊解压区——轮胎沙发设计

涉及领域:跨学科

关联学科:劳技、艺术、信息

授课年级:高一、高二

教学课时:5课时

学科核心素养:如表5-7所示。

表5-7 学科核心素养具体内容(技术赋能)

学科核心素养	美术	劳技
	审美判断	工程思维、物化能力
说明	本课例中,对实验室空间改造解压区中轮胎沙发的材料选择、色彩搭配,以及运用电脑绘图技术、调整尺寸,最后手工制作、物化结果等产生的学习步骤,进行详细的过程记录,完成学科核心素养的贯穿与实施。	

设计思维层面:

(1)制作解压装备,养成善于动脑思考的习惯,启发工程思维,加强团队合作。

(2)制作创意设计作品,拓宽视野,提高审美判断能力,提升多学科综合运用能力。

实践探究层面:

(1)通过多途径综合应用多学科知识,对废旧物品进行外观改造创作,呈现耳目一新的视觉效果。

(2)结合低碳环保的理念,对废旧物品从功能上进行创意设计,以达到废旧物品再利用的效果。

(3)以"创意机械手工坊解压区"为场域资源,体验设计制作的一般过程,提高物化能力。

课程目标:

(1)通过设计制作,知道并体验作品制作的完整过程。

(2)通过过程体验,会综合应用多学科知识完成作品,并锻炼创新创意能力、提升团队合作精神。

课程概述(表 5-8):

表 5-8 "创意机械手工坊解压区"方案对照

轮胎沙发方案 PK	图例	优点	缺点	中标方案
方案一		设计精细	体积庞大	方案三,节约材料,稳定性好,外观稍加修改即可
方案二		稳定性好	浪费材料	
方案三		节约材料	外形欠美观	

(1) 带领学生实地考察 OM 实验室需要改造的"休闲角",确定轮胎沙发和茶几制作的基本方向。

(2) 通过自行查阅资料并与相关老师沟通,用草图结合文本的方式制定方案。

(3) 对轮胎沙发和茶几的外形、色彩等以电脑动画形式,制作 3D 视觉效果,并加以完善与优化。

（4）分组、选材、制作、评价、改进、完善。

（5）电脑设计、实物制作（图5-27,图5-28）。

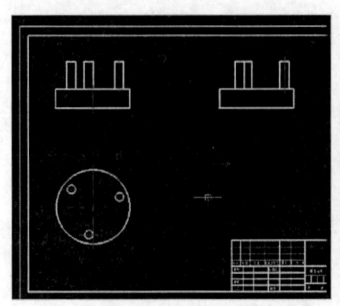

图5-27 轮胎沙发和茶几的电脑设计

图5-28 轮胎沙发和茶几的现场制作

教学评价（表5-9）：

表5-9 创意轮胎沙发评价表

评价项目	评价指标	分值	组号			
			1	2	3	4
作品呈现	轮胎外观装饰	20				
	轮胎打孔	15				
	轮胎网绳	10				
设计构思	设计意图	15				
	设计亮点	10				
创作过程	小组合作中印象最深的事	30				
	遇到的困难					
	引以为豪的事					
总计						

单元三:人工智能阶段

单元主题:实验室 logo 设计

涉及学科:跨学科

关联学科:劳技、美术、信息

授课年级:高一

教学课时:3 课时

学科核心素养:如表 5-10 所示。

表 5-10 学科核心素养具体内容(人工智能)

学科核心素养	美术	劳技
	审美判断、文化理解	图样表达、创新设计
说明	本课例中,对实验室空间 logo 的设计,借助美术学科的构图知识进行草图设计,从设计原理的角度完成 logo 的图样表达,从文化理解的角度理解 logo 的价值意义。同时,采用人工智能技术完成设计实施的全过程,学科核心素养贯穿其中。	

设计理性思维层面:能从艺术设计角度对设计主题进行审美判断、图样表达、理念解释。

实践探究层面:基于对设计原理的文化理解,能对设计的学习与探究过程进行思考、交流、评价、反思。

课程目标:

(1) 通过学习设计理念,明确实验室 logo 设计的个性需求。

(2) 通过了解设计原理,能识别不同设计元素通过视觉传达所表述的特定信息与内涵,并应用至学校创新实验室的方案设计与制作。

课程概述:

(1) 分析实验室的功能性差异,确立各实验室 logo 的设计需求。

(2) 掌握设计标志的基本理论,开设理论赏析课。

(3) 收集网络信息,了解设计的美学要求、创意要求、环境融合要求、技术可实现性要求,并建立一定的创意概念。

(4) 绘制并提交草图—设计方案比对—确立最优方案(表 5-11)。

表 5-11 "实验室 logo 设计"方案对照

Logo 设计方案 PK	图例	优点	缺点	中标方案
方案一		设计语言简洁统一，设计意图明确，内涵丰富	无	方案一，设计信息与内涵丰富，表达准确，设计语言简洁统一
方案二		设计内涵丰富	设计语言不够统一	
方案三		设计语言统一	视觉效果欠美观	

(5) 通过 3D 建模，使用激光雕刻机打印，并生成实物（图 5-29）。

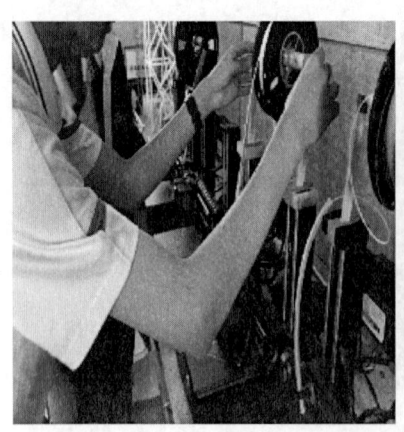

图 5-29 制作过程与成品实物

教学评价(表5-12)：

表5-12 课堂活动评价表

组别/□1 □2 □3 □4 □5

	评价内容	评价自述
1	课堂分步骤完成教学任务	
2	运用学科知识实施设计内容	
3	对新内容提出新想法	
4	与小组成员互助合作	
反思：		

四、成效与反思

当所有产品都真实呈现后，我们组织了产品发布会。在发布会上，经由各小组推选的发言人主要围绕"设计意图""设计亮点"阐述本组作品。设计的核心在于创意，大家通过聚焦创意的表述与聆听，及时进行学习与反思，逐步建立起了"好的设计"的概念与标准。

根据课程标准中"设计模块"的"学业质量水平"要求，我们还为学生设计了包括对学习成果与学习过程等多个维度的评价量表。其中，鼓励小组录制小视频，通过网络传播推广学习成果的创新，扩大学习影响。

基于课程的设计与实施，我们进行理论总结与反思，及时将教学生成聚焦项目化学习、设计思维、创意设计等核心概念的"基于项目化学习的实验室空间创意微改造"的思考。我们针对本课程的缘起、项目设计概念与实施做了详细的记录，对涉及的教育理念——跨学科学习下的项目化学习进行了细致的总结与反思。如，从驱动问题的形成到领取任务的实施，到合力协助完成项目以及成果发布与展示等一系列过程的总结与完善。同时通过后期反思，尝试对项目化学习进行分类，整理并提炼"设计制作类"项目化学习的方法、步骤与流程，借此给其他项目化学习类型提供参考依据。

在整个系列课程中，学生充分体会到学科知识交融的丰富性与运用力，体会到了动手设计与制作的快乐。学生在亲手营造自主学习空间的同时，也尝试用审美意识成就艺术空间。他们在课程进行中获得了有关设计思维与方法的学习；在项目准备期完成了问卷和驱动问题的确定；在项目实施期经历了草图设计、方案确立与实施的过程；在项目展示期完成了产品发布、实地检测等活动。整个流程的动脑动手与合力协作，健康科学地引导了提出问题、分析问题、设计方案、实施方案等重要环节。

我们认为，在项目化学习的实践探索中，虽然每个环节都很关键，但对驱动问题的界定尤其是一个难点。具有挑战性的驱动问题是项目化学习的特征之一，它起着"启发学生高阶思维，引领学生持续探究"的重要作用。因此，只有把握项目学习的核心、任务的实质，才有对驱动问题清晰的界定和准确的表达，才能逐步引导学生进入深度学习的境界。我们深刻体会到，加强学习、更新观念、开拓思路、勇于探索是提升自我的有效途径。

只有在真实的教学情境中，项目化学习的理念与方法才能促进知识与技能转化为解决问题的能力，发展高阶思维，并将能力迁移运用到实际生活中去。

附件：满意度测量问卷

跨学科项目化学习实践研究
——以实验室艺术化微改造为例

满意度调查问卷

亲爱的同学：你好！

以下罗列了创新实验室活动方面的一些观点，希望你抽出时间仔细阅读，并根据自身真实感受予以回答。

我们的问卷主要用于课程开发与研究，非常希望获得你的真实想法。

谢谢！

1. 基本资料

   性别：男☐　女☐　年级/班级_____

   你参加体验的实验室名称_____

2. 你参加的实验室是否给你带来温馨的体验

   A. 没有　　　B. 不确定　　　C. 一般　　　D. 很强

3. 你参加实验室的布局是否合理

   A. 基本符合　　B. 不确定　　C. 基本不符合　　D. 完全符合

4. 你认为实验室座椅排放是否合理

A. 基本符合　　B. 不确定　　C. 基本不符合　　D. 完全符合

5. 你认为实验室功能划分是否合理

A. 基本符合　　B. 不确定　　C. 基本不符合　　D. 完全符合

6. 你对参加的实验室

A. 很喜欢　　B. 比较喜欢　　C. 一般　　D. 比较厌烦

E. 很厌烦

7. 你参加实验室的学习氛围

A. 很不满意　　B. 不满意　　C. 一般　　D. 满意

E. 很满意

8. 你认为实验室环境与布局对学习重要吗？

A. 很重要　　B. 可有可无，有条件就做，不做也没关系

C. 不重要　　D. 有演示区域就可以，没必要功能划分

9. 参加的实验室中，你认为主要应培养我们哪方面的素质

A. 协作精神　　B. 动手能力　　C. 知识技能　　D. 感性认知

10. 你希望将来的实验室

A. 与实际生活联系密切一些　　B. 实验结果事先不知道，需要探索

C. 能为同学提供自己动手、进行制作、研讨的条件

D. 一些文化墙供参观的内容　　E. 其他

11. 怎样的实验室会带给你亲切的感觉？（多选）

A. 环境清爽　　B. 具有舒适感　　C. 学术气氛浓厚　　D. 器材完备

12. 你在实验室获得过何种体验（多选）

A. 脏乱无序　　　　　　　　B. 空间冷冰冰，不温暖

C. 学术气氛浓厚　　　　　　D. 环境过于理性

E. 实验室舒适感不足

13. 完成学习任务后，你是否对实验室有留恋的感觉？

A. 不留恋　　　　　　　　　B. 很愿意一直待着

C. 如果环境好，会想多待一会

14. 实验室的哪种体验会感觉舒适？

A. 空间布局　　　　　　　　B. 色彩

C. 可以有沙发坐坐　　　　　D. 可以喝喝茶水

15. 实验室内设计学习缓冲区你觉得有必要吗(多选)

A. 有

B. 没有

C. 缓冲区可以交流讨论问题,感觉很愉悦

D. 缓冲区是放松的地方

16. 你觉得实验室是一个解压的地方吗?(多选)

A. 环境可以给我解压　　　　B. 动手做实验可以解压

C. 和同学交流可以解压　　　D. 实验室布局可以解压

E. 阅读实验室书籍可以解压

第六章

跨学科课程的学段异构

将知识按照学科的划分开展分科教学,有利于学生对知识体系的整体把握和理解,但割裂了学生与真实世界的有机联系。同样,学生学习的场域空间不应受限于校园范围,可充分挖掘所在地的在地资源加以合理、科学地展开。当然,就学生个体而言,其终身学习也绝不允许因学段划分导致学习不连贯现象的发生。

在强调核心素养培育的时代大背景下,开展跨学科课程的设计与实施是当前课程改革的共同走向和应然诉求。由此,跨学科课程的设计与实施应加强天时地利人和的整合与融通。

杨浦滨江地带岸线总长度约15.5公里,是上海乃至近代中国百年工业的先行区。20世纪30年代,300多家纺织、造船、造纸等不同工业企业在此集聚。如今,"工业锈带"变身"生活秀带",美景处处可见。

我们充分挖掘杨浦滨江这一优势的在地资源,在不同学段分别启动"滨江DREAMS""杨浦滨江创意地图的绘制""模拟政协——塑造城市新地标"等系列课程开发,还组建首支中学生杨浦滨江红色旅游志愿讲解队,开展"滨江寻梦,红色传承"等各类活动。通过以"寻梦滨江,筑梦未来""创意滨江,放飞理想""魅力滨江,点亮志向"为各学段主题的学段异构跨学科课程,并基于"跨学科课程的设计与实施"的区域项目研究,使具有杨浦特色的跨学科课程在实践中得到不断优化与提升。

第一节 | 明晰核心素养，梳理关键问题

《基础教育课程改革纲要》指出"要改变课程结构过于强调学科本位、科目过多和缺乏整合的现状，重视课程的开放性和综合性；提倡不同学科相互联系、相互补充和相互渗透；整合学科知识、实际生活以及学生个人经验"。

作为"学科交叉教学""学科渗透教学"的跨学科教学呼应了基础教育课程改革对课程结构调整的要求，是基于多元智能理论的一种新思路，对教育目的的一种全新思考。

杨浦区开展的"跨学科课程设计与实施"项目，着力开发跨学科课程表现性样例，梳理提炼跨学科课程设计的主要流程、基本方法和设计规格，以及跨学科课程实施的主要路径，研发跨学科课程设计与实施的评估框架与通识工具，探索跨学科课程设计与实施的制度保障。

通过理论学习，阅读、分析、交流与整理，我们提炼出当前跨学科课题研究的最新进展，以及区域跨学科课程设计与实施的基本现状，进一步明确跨学科、跨学科课程、素养导向下的跨学科课程等核心概念，为开展跨学科课程设计与实施奠定良好的理论与实践基础。

通过对中学生科学素养中"实践创新"的实证研究，根据"实践意识、创新素养"两个维度，思考不同学段对应的具体表征和指标分解，从"创新思维、协作创新、实践创新、应用创新"四个层面，分解跨学科课程所呈现的"实践创新"素养的具体表征和指标（表6-1）。

表6-1 "实践创新"核心素养的具体表征和指标分解

	小学	初中	高中
创新思维	能够理解和构建材料与数据的意义，广泛生成新的想法。	在特定环境中产生新的想法，经过合理的推理和决策，创造出新的且有价值的想法。	以创新性的思维，对新的、有价值的想法进行考虑、精选、分析和评价，以应对新的情境或问题。

(续表)

	小学	初中	高中
协作创新	对新观点保持开放的心态并做出回应，与他人有效、积极交流新观点。	对情境信息或群体智慧的吸收和反馈，表现出原创性，理解在真实世界中采纳新观点的限制。	勇于面对错误和挑战，把失败看作是学习的机会，理解创造力和创新是一个长期、循环的过程；能够批判性反思自己的思维过程。
实践创新	能够根据有创意的想法拟定计划，将创造性的观点付诸行动。	将思想转化为行动，建设团队，利用相关资源和应用相关技术拟定有效执行的计划。	筛选和提炼创造性的想法以发现其可能性，并规划、实践与检讨反省，为发生革新的领域做出具体、有益的贡献。
应用创新	具有积极的实践态度和良好的实践习惯，掌握一定的实践技能。	深化实践体验，形成正确的实践价值观。	具有通过实践创造生活、成就人生的意识和行动。

我们聚焦"实践创新"这一核心素养，梳理关键问题，构建框架体系，形成研究方案，明确研究目标、研究内容和研究方法及各阶段任务。具体任务为如何理解跨学科课程；如何界定素养导向下不同学段、不同校情、不同学情的跨学科课程；如何构建和体现贯穿不同学段的跨学科课程建设的连续性；如何结合不同学段、不同校情、不同学情开展跨学科课程的设计、实施与评价；如何保障跨学科课程持续有效地开展。

第二节 | 聚焦整体目标，夯实框架体系

在明确个性化研究方向的同时，我们兼顾学段间研究的衔接与渗透。整体设计并形成有脉络、有架构、有内涵、可推广的研究内容，也充分体现项目"高结构设计，低结构实施"的研究特点与"合作创新"的工作亮点。

我们强调非学科逻辑的小学学段跨学科课程。

从有情境性、社会性和实践性等特点出发，旨在提升综合运用知识解决问题的能力，增强对世界的整体认识。按照非学科的逻辑，以学生兴趣和需求为

出发点,以学生感兴趣的主题或问题为逻辑线索组织课程。强调认知情景的创造,关注学生在具体情景中展开具身学习及其表现与能力发展。

同时,小学学段将学校育人目标融入跨学科课程的结构体系,有机融合课程设计,探索形成课程目标、课程内容、课程评价一致的跨学科课程。思考没有学科背景的小学生,如何基于学情,借助场域和活动日形式开展启蒙式跨学科学习意识培育的课程设计和实施;作为有研究基础、拥有丰富跨学科课程资源的学校,如何将学校育人目标作为无形之线以贯穿提供构建跨学科课程,使课程群由散到聚。

我们聚焦学科知识融合的初中学段跨学科课程。

素养导向下的初中学段跨学科课程要以现实问题的研究和解决、关注复杂问题或课题的全面认识与解决为目标,有明确的整合的研究方法与思维模式,旨在推动知识融合,鼓励在跨学科的基础上完成创新与创造。

同时,初中学段基于学段特征和课程标准,确定课程内容统整的主题线索,研究跨学科课程的开发流程、基本要素、具体方法等,关注学习任务评价设计,探索跨学科课程的多元实施路径。思考初步具备学科意识和学科基础,重感性和愿实践的初中生,如何基于学情培养多元思维的意识,开展模块式跨学科课程的设计和实施;面对中考新形势新要求,如何将学段特征和课程标准以及中考评价要求通过课程设计有机整合,由无至有地构建跨学科课程。

我们倡导课程连续体[①]的高中学段跨学科课程。

以"学习者为中心"的课程发展观为出发点,跨学科课程的整合过程是循序渐进的。在明晰"学科"与"跨学科"之间的关系和保证"学科"与"跨学科"之间共存与发展的前提下,从原有学科设置出发,将多学科学习活动、跨学科单元或项目教学,在一定范围内由学生发起并实施的完全课程形式,共同组成跨学科课程整合方案。

同时,跨学科课程资源、经验相对较丰富的高中学段,在总结提炼既有经验的基础上,侧重探索跨学科课程的实施路径和师资培养、组织重构、资源支撑、制度重建等保障机制。思考有较强学科意识和学科基础,注重理性思考的高中生,如何基于学情培养在学科研究中利用多学科知识和手段解决学科研究问

---

① 学科本位(Separate subjects)、平行学科(Parallel Designs)、多学科学习(Multidisciplinary)、跨学科学习(Interdisciplinary)、统整日(Integrated-day)、完全课程(Student created Designs)。

题;梳理使实施过程持续优化,以进一步完善跨学科课程的策略,使之由有到优。

我们运用基于项目的学习开展跨学科课程实施,并根据不同学段特点加以调整。小学阶段强调开展弱学科化的主题活动,通过形象生动的情境设定、简单但真实的问题解答,以达成对世界、社会、家庭等不同范畴的启蒙型认知。初中阶段以课程方式开展,要引导学生能够规范科学地理解和初步掌握必要的跨学科研究意识,以主人翁的态度完成比较复杂的跨学科项目化学习,并能够促生其主动的认同感。高中阶段侧重项目化实施,无论是意识观念,或是习惯能力,还是态度精神,都要以比较严格的标准落实,甚至需给予科学严谨的评价。

以项目化实施为例,实施历经"核心问题提炼—异质小组学习—亲历调研实践—反思回顾收获"四个阶段(图6-1)。在实施过程中,使用问题核心清单等引导表,提出驱动问题,帮助学生思考如何拆解核心问题,层层分析项目需要经历的过程与步骤,自主制定计划与方案。以异质小组为单位作为完成实践的核心载体,按照学习兴趣、能力倾向与个性特征等方面的差异,引导学生自发进行分组。组内围绕核心问题,形成问题分工清单。小组亲历调研实践,主动学习思考,推动项目进展。最后,通过反思回顾收获,形成汇报材料。

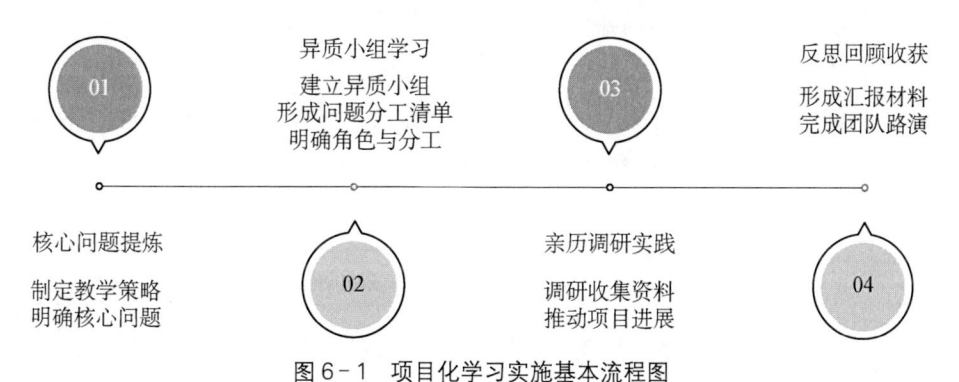

图6-1 项目化学习实施基本流程图

第三节 | 优化教学氛围,发挥辐射效能

我们联合区域内小学、初中、高中三个学段的试点学校,共同设计与实施以

"杨浦滨江"为在地资源的"学段异构"型跨学科课程(图6-2)。

图6-2 以杨浦滨江为在地资源的"学段异构"跨学科课程

"学段异构"即在充分挖掘与科学分析相同的在地资源的基础上,研判该资源在深度和广度上可利用的能级序列,以学生为主体设计适用于各学段的跨学科课程。虽然各学段在具体的实施方式上存在明显差异,但"学段异构"跨学科课程着力形成其内涵的关联与贯通,是区域跨学科课程设计与实施的具体行动。

"杨浦滨江"跨学科课程活动在关注中小学生核心素养发展这一基础教育长期目标的同时,还努力落实终身学习、职业形象等维度的发展目标。

为此,我们设立"引见科学现象""引导科学探究""引领职业形象"等具体的指导目标,引导学生学习以"杨浦滨江"为资源的相关知识与相关技能,用基于自主的合作学习方式开展科学探究,并规划职业梦想、勾画职业形象、树立职业志向(表6-2)。

表6-2 "学段异构"跨学科课程整体目标

目标 学段	引见科学现象	引导科学探究	引领职业形象
小学	认知基本知识,学习相关技能	形成兴趣探究的意识	畅想职业理想
初中	理解主题知识,应用相关技能	树立规范探究的态度	描绘职业导向
高中	掌握核心知识,运用相关技能	养成严谨探究的精神	强化职业志向

在实施过程中,建议老师在努力实现预设目标的同时,尝试在不同学段根据真实情况用互动开放的研讨、交流、分享等方式,引导学生开展深度学习,以反哺和优化课程的整体设计。比如,在"社交型"研讨中,教师与学生本着尊重

与合作的理念发生关于学习目标、学习设计、学习内容、学习方法、学习管理等关键内容的讨论互动，初步认识与理解跨学科课程的教学形态与发展要求等，并形成个人主张。又比如，"路演型"交流是基于实际情况，同学段不同学校或不同学段的学生以路演的形式展示学习成果，形成研讨与互动，进一步促进老师认识与理解跨学科课程的教学形态与发展要求等，并愿意分享和修正个人观点。

以此，将学习主体的主动性真正归还给学生，并调动学生更多的积极性与参与度，以彰显跨学科课程的价值与内涵。

随着研究的深入推进，区域内跨学科课程的教学氛围得到创新与强化。以跨学科教学为代表的新教学引领效用愈发显现。

当然，素养导向下跨学科课程概念的厘定是跨学科课程建设的逻辑起点，但绝不是终点，需要不断对标、反思和调整。同时，跨学科课程的地位与学科课程绝非对立，应为一体两面的关系，在进一步的研究与实践中，要加强跨学科课程功能定位的研究。不仅要关注跨学科课程实施的效果，更要聚焦和提炼基于学生需求的跨学科课程及课程体系建设的经验，进而使之可复制、可推广、能应用。着力探索与学科课程的整合与啮合，以真正提高课程实施的整体成效。

第四节 | 走进案例

课程方案 6-1

寻梦滨江，筑梦未来[①]
——平凉路第三小学"滨江 DREAMS"跨学科课程实施课程方案

为全面贯彻落实核心素养的培育，学校秉承课程建设的传承与创新原则，依据办学理念、办学特色、师资生源、可利用的社区资源（杨浦滨江段）对学校跨学科进行统筹考虑，力图将学生在生活中发现的问题转化为学习主题，主张学

---

① 本课程方案由上海市杨浦区平凉路第三小学提供。

生通过探究、服务、制作、体验等方式对学科知识进行综合运用,以充分发挥跨学科课程在立德树人中的重要作用,特编制《上海市平凉路第三小学"滨江DREAMS"跨学科课程实施课程方案》(以下简称"《方案》")。

本《方案》包括课程背景、课程目标、课程结构、课程内容、课程实施、课程评价、课程管理与保障七个部分。

一、课程背景

上海市杨浦区平凉路第三小学靠近杨浦滨江,尤其是分部就在杨树浦路上,学校见证了杨浦滨江这几年的发展和变化。有不少学生家住在杨浦滨江旁,周末常会和家人朋友一起到滨江游玩。反映了纺织业兴盛的时尚中心、反映了旧社会渔船码头的东方渔人码头,都是学生十分熟悉的场所。这些看得见、摸得着、走得近的场域资源,是最鲜活的教育载体和课程内容,值得学校进行智慧、科学、深入地利用。

为此,学校在"知行结合、内容融合、方法综合、价值契合"的原则倡导下,以"学生为本、滨江特色、素养养成"为重点,围绕"杨浦滨江"这个场域,创造性地开发"滨江 DREAMS"跨学科课程,带领学生走进滨江、认识滨江、参与滨江建设,将滨江的元素贯穿该主题的各项跨学科学习活动,进一步落实学科核心素养的培育(见图 3-4)。

二、课程目标

通过课程的学习与体验活动,让学生在个体生活、社会生活以及与大自然的接触中获得丰富的实践经验,根植红色基因与面向未来综合素养,发展问题意识、探究能力和创新精神,一方面引导学生在了解杨浦滨江的变迁与发展过程中热爱滨江,为身为新滨江小主人而感到自豪,珍惜今天的美好生活。另一方面在丰富的课程滋养中,提升学生社会认知水平,培养具有良好文化修养、创新意识,能够积极参与社会活动、寻求自主发展的现代小公民,为未来更好地融入社会,成为未来建设者做好充分准备。

根据各年段学生不同年龄特征、认知规律,按照"文化修养、创新意识、社会参与、自主发展"四个维度,特设表 6-3 分别列出学生低、中、高不同年段的目标,力求由纵向与横向共同发展,渐进地达到课程总目标。

表 6-3 "滨江 DREAMS"课程的具体目标

维度	整体目标	1—2年级	3—4年级	5年级
文化修养	有积极的体验意愿,熟悉自己所在的杨浦滨江地区,有较强的公民意识,为自己是中国人感到自豪	用自己不同的感官去感受和欣赏生活环境和艺术作品;喜欢集体,适应群体生活,了解自己的班级和学校	能理解和尊重文化艺术的多样性,热爱杨浦滨江社区,发现身边的多元文化现象,了解国情历史	具有艺术表达和创意表现的兴趣与意识,具有文化自信,理解、接受并自觉践行社会主义核心价值观
创新意识	有良好的应对能力,尝试找到问题、任务和挑战的多种解决方法,有细致的观察能力,善用各种工具进行探索	能在教师的引导下,对自己的疑惑提出问题,并设想简单的解决办法。能集中较长时间注意力进行观察	结合学校、家庭生活中的某些现象发现并提出自己感兴趣、具体真实的问题;能将问题表述清楚,尝试自己解决	能关注社会、生活中的现象,积极思考并提出比较有意义的问题;能有目的、有顺序地进行比较全面的观察,将观察和思考有机结合
社会参与	有良好的时间观念,遵守场馆参观的礼仪和实践活动规则,与同伴共同制定活动规则并如约遵守,有较强的责任意识	在教师的指导下,能够遵守场馆参观的礼仪和行为规范,总结自己是否按计划完成了任务	能够自觉遵守活动中的各种规则,违反规则时能及时承认并调整。在教师指导下,能总结自己完成计划时候的优点和不足之处	有良好的时间观念,对自己完成目标时存在的不足能以积极的态度拿出调整的措施方法;理解"社会中每个人都有责任"
自主发展	有积极的协作意识,以及良好的自我意识,与同伴分工商量并一同完成任务,自主制定计划并努力实现	能在教师帮助下,组建 2—3 人的小组,友好地与小组成员交往;初步养成自我规划的意识,尝试有计划地解决问题或完成一件事	有团队意识和责任感,乐意帮助同伴;明确分工,努力并较有条理地完成自己的任务。能执行计划,尝试完善和改进计划	能合理地安排自己的时间、活动步骤等,能自主建立合作小组,主动承担公共职责,对自我、同伴作出合理评价

三、课程结构

本课程由"人文滨江""生态滨江""科创滨江"三大板块共同组成。每个板块下设若干个跨学科,按照了解、感知、体验、探究、实践的顺序层层推进(见图 1-12)。

四、课程内容

(一) 内容筛选的具体要求

1. 立足历史与现实特色

杨浦拥有百年的工业辉煌,凝固了革命先辈的红色记忆,在延续城市文脉中实现创新发展。根据本课程所要达到的课程目标,将杨树浦路上的场地资源由近及远,从历史到现代,由文化到科技,依据学生年龄特点及学习兴趣,整合学科能力,帮助孩子们走进红色革命历史文化,从滨江的发展感受培养学生的文化自信心和文化判断力。

2. 立足兴趣与生活需求

在重视学生自身发展需求,尊重学生自主选择的基础上,以滨江特色为主题线索,广泛系统梳理课程内容,兼顾个体兴趣、个性化需要,坚持整合不同年级学生的发展水平,串联不同学科的知识积累,关注社会实践活动中学生对知识与方法的应用,良好学习品质的形成。

3. 立足年龄与学段特点

同样一个主题,不同年龄阶段的学生展开不同的学习内容,体现跨学科课程内容梯度。以"桥"的学习主题为例。三年级:学生简单了解关于杨浦大桥的几个感兴趣的问题,用简单的研究方法解决所提问题。四年级:学生能围绕杨浦大桥的某一方面提出问题并开展研究。五年级:学生能用合适的研究方法,研究身边的桥。

(二) 课程学习单元的设计

基于各年级学生的年龄特点和认知水平,依据四个维度的目标要求,制定各个主题目标,根据学科内容与生活实际,以及解决问题的各种能力、各种方法、各种工具的活动题材,聚焦主题设计五项综合活动及其相应的任务,体现跨学科课程的开放性与整合性。采用制作、绘画、故事、表演、歌舞、游戏、观察、探究等丰富多样的形式,帮助孩子感知杨浦滨江,激发探索的兴趣和喜爱的感情。

"生态滨江" 通过观察、实验、制作等活动,学习滨江水生动植物基本知识与实验基本操作技能。通过观察、体验、讨论等活动,了解空气净化器的内部结构和作用,了解净化空气的一般过程。通过观察、比较、操作等活动,探究水质的变化对水蚤心跳的影响,了解显微镜的种类及使用方法。在探究活动中,通过自己发现问题、寻找课题、开展研究等活动,增强保护滨江生态环境的意识,提高探究能力和协作交流能力,提升创新能力。

"人文滨江" 通过"人文行走",运用资料学习、聆听故事、实地探访等形式,探访滨江革命故地,了解革命人物,传承红色基因;探访滨江工业遗存,了解历史文脉,传承工匠精神;探访现代建筑,了解城市变迁,创想未来发展。

"科创滨江" 通过学生的独立思考、小组合作、实景观察、实地测量、动手操作、产品制作、实验改进等活动形式,引导学生在经历具体的综合与实践问题的过程中,体验如何发现问题、如何选择适合自己完成的问题、如何设计解决问题的方案、如何选择合作伙伴等,突出学生的主体性与活动过程中的思考,帮助学生能够保持对科学的好奇心,对各领域学习既有的兴趣和愿望,逐步形成实事求是的科学态度,同时体验现代科技带给人们的成就感和美感。

五、课程实施

(一)课程实施的要求

1. 学生主体和教师主导

学生始终是跨学科课程的焦点,在实施过程中需体现其主体地位。教师要充分发挥主导作用,采用多种方式激发学生的学习兴趣,鼓励学生创意求新,确保活动井然有序地开展。在选择跨学科的主题时,教师首先确保主题有一定的趣味性、实践性以及情境性,所选主题要能调动学生的学习兴趣,从而让其自主参与到活动中去。学校设计的综合实践课程活动与真实问题相联系,有效提炼设计驱动问题,引导学生进行学科互相融合的学习后,有序、自主地展开跨学科的探索。整个活动过程中,教师成为活动的组织者,在一旁发挥辅助作用,让学生真正成为课堂的主人。

2. 目标导向和准备充分

以主题活动作为跨学科的出发点和归宿,凸显学生创新素养的培养。活动准备充分与否关乎后续活动开展的成效。教师在活动流程、活动工具、环境创设等方面都需做好充足准备,并做好备案工作。基于学生生活世界和自然世界中的问题,以学科课程为依托,让学生综合运用各学科的知识和技能参与问题解决。跨学科课程打通了学科之间的边界,强调学科知识的运用和重构,活动中渗透育人目标和学科核心素养目标,为每一位学生创设实践创新的时空和机会,培养学生通过实践综合运用各个学科知识解决问题的能力,在实践创新中学会学习,体验责任担当,使学生得到全面发展。

3. 内容分层和形式多样

活动内容既需要符合学生发展需要,吸引学生兴趣,又要考虑学生的个性化差异,设计逐步递进的探索活动。小学低年级学生与中高年级学生相比,在智力和身心发展等方面存在一定的差异,比如,低年级学生好奇心强,但自控能力较差、合作意识较弱、注意力持续时间较短,缺乏解决问题的能力;而中高年级学生主动探究的能力和持久性都很强,能够逐步树立良好的合作意识,并且具备处理简单问题的能力。因此,在为不同年级制订跨学科的活动计划时,教师需要充分考虑学生的年龄特点,采用多样化的活动组织形式。例如某些学习主题,三年级的学生以年级为单位进行课题研究;四年级以班级为单位进行课题研究;五年级以小组为单位进行课题研究。教师和学生应明确活动流程和计划,教师可引导学生共同思考,使得项目计划更加合理与完善。

4. 灵活课时和走班实施

"主题式综合活动"由多个主题组成,结合具体的内容安排适当的课时,有机地将长周期课程(一学期)与短周期课程(一周)进行组合实施。在活动开展中给予学生一定的选择空间,并通过教师带着课程走班和学生自主选择课程走班这两种形式,确保课程实施的质量。

(二) 课程活动组织

1. 课时安排

主题式综合活动作为学校青苹果活动课程内容进入课表,采用课时连排的方式,周一下午进行集中授课,每周4课时。

2. 环境建设

学校根据主题式综合活动需要,力争优化各项场馆设施,以功能多样的场馆和完备丰富的器材为学生提供活动的空间。

3. 具体安排

(1) 教师走班。主题教师走班上课,使得教师有相对充分的时间与精力做某一主题的研究。每位跨学科课程教师每个学期确定一个学习主题,教师持续实施同一主题的教学活动,前一节课留下的遗憾与不足,可以在后一节课弥补。

(2) 学生走班。三大板块的所有跨学科向各年级学生开放。学生根据年段供给,可以先后选择自己感兴趣的跨学科课程进行学习。跨学科课程均采用20人的小班化授课制度。

(3) 长短课时相结合。根据各学习活动的特点、学习阶段的需要，采用长短课时相结合的方式灵活安排。

六、课程评价

(一) 评价原则

课程评价是跨学科课程的重要保障，一方面确保课程实施的效果，另一方面为课程的动态调整提供证据依据。基于"滨江 DREAMS"课程目标体系，对课程的评价从目标实现度、内容适切性、学生满意度三个维度来进行评价(表 6-4)。

表 6-4 "滨江 DREAMS"课程活动评价指标与检测点

一级指标	二级指标	主要检测点
活动目标	制定完备目标	具体明确、可检测的活动目标
	符合活动特点	与活动类型和主题特点相符
	符合学生特点	与本阶段年龄学生认知能力、情感发展要求相符
活动准备	撰写策划方案	有详备的活动策划方案
	场馆充分沟通	就活动策划方案的程序和分工馆员充分掌握并权责明确
	预先做好准备	发通知，依学生教育项目内容，各类材料要求安全、丰富、美观，资产、工具、设备与环境准备得当，外出安排好交通食宿
活动内容	内容设置合宜	围绕活动目标、难度适当、突出重点、时间适当
	结合场馆特色	活动内容建立在博物馆自愿基础上，加强传统文化，弘扬传统文化
	内容适合学生	活动内容有趣、新颖。符合学生发展需要和认知水平，有一定挑战性
活动过程	过程有序组织	优化活动过程，活动结构紧凑，组织安排有序
	体现学生自主	体现学生主体地位，发挥学生主观能动性，营造学生之间和师生之间互动的氛围
	采用多种方法	强调经验、实物、游戏，采用以语言传递、图像传递、实际操作、多媒体等多种教育方法
活动效果	目标实现度高	活动过程有序、完整，项目目标实现
	具备实践意义	获得新知识、新技术；认知能力、动手能力、合作能力与习惯、情感得以程度不同的提升
	学生参与性高	学生态度积极、心情愉悦、认真自主克服困难，参与性强
	合作与交往	提供与人分享机会，乐于合作

评价遵循落实以学生为学习体验的主体、注重活动过程和表现、倡导互动激励等原则,搭建具有学校特色的评价标准,并实现过程性数据的跟踪与记录,形成科学的评价机制。

(二) 评价策略

1. 对学生的评价

优化"评价之尺":遵循"教-学-评"一致的原则,将课程目标作为评价指标,设计具有真实性、情境性、综合性特征的问题。小学阶段是人格形成的重要阶段,对学生的评价不仅要重视对学生智力因素的评价,更要注重对学生非智力因素发展的评价,如动手能力、情感、态度、价值观的评价等。

聚焦"评价之核":根据"滨江 DREAMS"课程培养目标和评价方案,对学生发展和活动开展进行评价。主要从文化修养、创新意识、社会参与、自主发展四个维度对学生进行评价(表 6-5)。

表 6-5 "滨江 DREAMS"课程学生评价指标与检测点

一级指标	二级指标	主要检测点
文化修养	审美欣赏	具有健康的审美价值取向;具有艺术表达和创意表现的兴趣和意识,能在生活中拓展和大胆表达
文化修养	文化认同	具有文化自信,尊重中华民族的优秀文明成果;了解中国共产党的历史和光荣传统,具有热爱党、拥护党的意识和行动;理解、接受并自觉践行社会主义核心价值观
创新意识	问题解决	能关注社会、生活中的现象,积极思考并提出比较有意义的问题;能将问题简洁、明确地表述出来,就解决办法形成小方案并尝试实践
创新意识	探索发现	形成善于观察的习惯,能有目的、有顺序地进行比较全面的观察;掌握正确的观察方法,善于抓住事物的特点,将观察和思考有机结合
社会参与	守约遵规	有良好的时间观念,遵守场馆参观的礼仪和实践活动规则,与同伴共同制定活动规则并如约遵守
社会参与	履责践诺	能够自己设置目标,检查目标的进展情况,对自己完成目标时存在的不足能以积极的态度拿出调整的措施方法;理解"社会中每个人都有责任"
自主发展	团队合作	能自主建立合作小组,明确各自职责;在尽力完成自己任务的基础上,能主动承担公共职责;在小组内,能民主平等地参与研讨,对自我、同伴作出合理评价

(续表)

一级指标	二级指标	主要检测点
	自我规划	能合理地安排自己的时间、活动步骤等,结构化地设计计划,突出重点;能运用多种方法来设计活动过程,能周密安排各种因素,计划清晰、可行;在执行计划中协调资源;能根据具体情况,适当调整、完善方案,能对比计划评价活动是否成功

创新"评价之式":依据不同板块类别,自然融合小学生学习习惯和兴趣培养的要求,采用演讲式、导游式、演绎式等灵活多样的方式展开评价。

融合"评价之主":鼓励学生、同伴、家长和教师共同参与评价,实现评价主体的多元化(表6-6、表6-7)。

表6-6 _____主题活动学生满意度表

班级　　　　　　姓名

请用红笔涂星,红星越多,表示你越喜欢哦!

1	你顺利完成本次跨学科了吗?	☆☆☆☆☆
2	你觉得这次活动有趣吗?	☆☆☆☆☆
3	你参加这次活动的收获大不大?	☆☆☆☆☆

表6-7 _____主题活动学生评价表

班级　　　　　　姓名

自评表	学会思考	1. 这次活动我的收获(☺\☹\😝)。 理由是:(准备充分\观察仔细\善于思考\表现出色\乐于合作) 2. 我印象最深的是( )。
互评栏	学会表达	1. 我的同桌( )同学今天(☺\☹\😝)。 理由是:(准备充分\观察仔细\善于思考\表现出色\乐于合作) 2. 建议他(她)( )。
推优表	学会选择	1. 我们小组( )同学准备工作做得最好! 2. 我们小组( )同学观察最仔细! 3. 我们小组( )同学发言最积极! 4. 我们小组( )同学作品效果最好!

自我评价是一种带有浓厚情感体验的自我认识活动,这种自我认识既能帮助学生发现自己的优点,挖掘自身的潜力,又能帮助学生修正自己的缺点。

因此,在评价过程中,教师不能放任自流,而是要指导学生学会进行自我评价,并真正成为学习的主人。小学生正处在形成自我评价的阶段,但这种自我评价在很大程度上还依赖于别人的评价,所以对学生的欣赏和鼓励是他们进步和成长的助推器。

延迟"评价之机":对于社会实践课程实施的评价,兼顾过程性与阶段性评价,强调评价的及时性和客观性。对学生的素养表现不急于进行评价,做出对错的结论,而是以鼓励、动作和语言,激发学生动脑思维,提出有个性化的见解,进而形成开放、宽松的评价氛围,让每一个学生享受评价的乐趣。

巧用"评价之器":紧扣学生社会实践培养目标,依托活动内容设计过程性的争章活动,在活动实施的过程中,关注学生状态和活动目标实现。借助课程评价的信息化工具与平台,通过学校、班级、学生三级数据来进行动态调整和管理,以确保课程实施的均衡,兼顾不同能力学生的发展。

2. 对教师的评价

教师作为学生主动构建知识、生成良好学习状态及品德操行的帮助者和促进者,教师的课程理解、活动理念、策划能力、实战技巧也是我们跨学科评价体系中十分重视的组成部分。对教师的评价,遵循多元化评价、个性化评价、定性评价与定量评价相结合、形成性评价和终结性评价相结合的原则。针对教师的课程开发设计能力、组织指导能力、协调沟通能力、教学评价能力、活动反思能力等进行评价(表6-8)。具体操作程序为:建立评价领导小组、制定评价方案、展开教学评价、建立和完善教师评价档案。

表6-8 "滨江DREAMS"课程教师评价指标与检测点

一级指标	二级指标	主要检测点
活动设计	活动主题	主题恰当,体现学科融合,符合学生实际,学生感兴趣
	活动目标	活动目标明确、具体、翔实、可测
	设计方案	实施方案结构完整,包含活动准备、活动过程、活动成果、展示交流、评价等
	课前准备	指导学生恰当准备,引导学生做好分工安排;展开活动前动员和教育,安全教育、礼仪教育等;做好教学情境变化的替代方案
过程指导	定位明确	成为学生活动过程中的组织者、引导者、促进者,在适当的时候给予学生适当的指导
	方法得当	能够营造良好的活动氛围,为学生提供必要的帮助;能够帮助学生制定合理的活动方案;能够引导学生将自己所学知识应用于活动中

(续表)

一级指标	二级指标	主要检测点
	沟通协调	能够与社区、机关、研究院等机构有紧密的协作
教学评价	评价观念	强调对学生参与性、创新精神、实践能力和社会生活适应能力的评价，注重评价的激励功能
	评价方式	教师能够通过形成性评价和总结性评价继续有效地掌握学生的发展；评价方式多样、评价主体多元
	评价记录	能够做好学生的过程性记录，建立学生的评价档案
活动反思	反思过程	能够对自身的活动设计、活动内容、实施环节、学生的成长进行不断的反思，并进行调整改进

七、课程管理与保障

(一) 管理架构

该课程由校长总负责，学校教导处、德育室、科研室、总务处组织实施，形成以学校骨干教师、青年教师以及各学科教师为主，教研员、高校教师、场馆工作人员为辅的课程实施共同体，协同开展跨学科课程。

(二) 师资培训

学校将根据调研来了解跨学科指导教师专业发展的需求，搭建多样化的交流平台，强化培训和教研，推动教师的可持续发展。

1. 建立指导教师培训制度

对开展"滨江DREAMS"课程的专兼职教师进行全员培训，明确培训目标，努力提升教师的课程整合能力、课程资源的开发和利用能力、活动的设计与实施能力、指导学生进行跨学科的能力等。根据教师的实际需求，开发相应的培训课程，组织教师按照课程要求进行系统学习，不断探索和改进培训的方式方法，倡导参与式培训、案例培训和项目研究等，不断激发教师内在的学习动力。

2. 建立健全日常教研制度

学校以新课程的基本理念为指导，以教师价值观念和教育理念的变革为核心，通过专业引领、同伴互助、合作研究、主题活动等，积极开展以校为本的教研活动，及时分析、解决跨学科课程在实施过程中遇到的问题，切实提高课程实施的有效性。此外，学校积极发挥中心校的凝聚力，通过协同创新、校际联动、区域推进的方式进行联组教研，提高本方案整体实施水平。

（三）资源保障

强化资源统筹管理，充分发挥实验室、专用教室及各类教学设施在跨学科课程实施过程中的作用，提高使用效益，避免资源闲置与浪费；充分利用局拨专项经费开展软硬件建设，在打造与课程体系相适应的校园环境的同时，努力扩展资源利用的渠道，积极争取校外活动场所支持，建立课程资源的协调与共享机制，健全校内外跨学科课程的利用与相互转换机制，让学生在特定的情境中，通过各种活动，进入社会角色，激发学习的乐趣；引导家长关注学校课程建设，逐步开发引进家长资源，开设相关微讲堂、微课程、微视频，配合校内资源，形成校内外互动的良好态势。

（四）经费保障

学校为跨学科课程的顺利开展提供必要的经费，同时提升市拨和区拨的专项经费的使用效益，支持跨学科课程资源和实践基地建设、专题研究等。

（五）安全保障

学校与有关部门统筹协调，建立安全管控机制，分级落实安全责任。学校设立安全风险预警机制，建立规范化的安全管理制度及管理措施。教师要增强安全意识，加强对学生的安全教育，提升学生安全防范能力，制定安全守则，落实安全措施，确保跨学科课程安全有序地开展。

◆ 典型课例 6-1

一滴水的旅行[①]

作为杨浦滨江畔的学校，平凉路第三小学与水有着不解之缘，但是生活在校园里的学生们对杨浦滨江的了解却比较模糊。传统的分科教学压制了教育的生命力，减弱了教育的适应性，让学生们局限在简单的学科学习中。久而久之，学生们对做题熟悉，"纸上谈兵"的能力不断提升，实际应用方面却慢慢地退化。

一、避免"纸上谈兵"，实践创造活力

如何让教育真正充满活力，让学生真正能够将自己所学到的知识融会贯

[①] 本典型课例由上海市杨浦区平凉路第三小学杨璐、瞿菲提供。

通,应用到生活中去?而生活中的每件事绝不会只应用到一个学科的知识。如果能将各个学科的教学融合在一起,就能让孩子们在学到知识的同时应用到典型的事例中,将教育落到实地,与实践结合,让自己学到的知识与智慧用于解决生活中遇到的问题,让教育充满活力。

二、打破学科壁垒,生成滨江活力

教师们结合语文、数学、道法、科技、美术等学科从生活实际出发,充分利用滨江畔的特色资源,选取有着百年历史的杨树浦水厂、东区污水处理厂,以"一滴水的旅行"为主题的活动,让学生带着问题去探索、去体验、去了解。活动的本意在引导学生在与"水"的亲密接触中了解自然资源,学会珍惜自然资源,感知客观世界。

活动主要让孩子们在"感知—探索—实践—创造"的过程中以多样的视角去探索如何保护自然资源中的水资源,通过分解核心问题形成问题链(图6-3)。

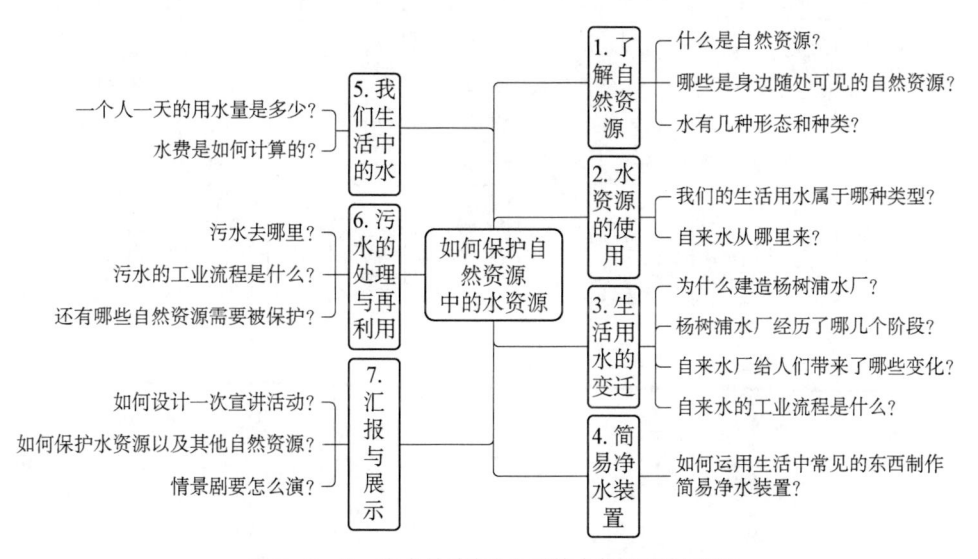

图6-3 "一滴水的旅行"主题核心问题及问题链

在课程中解决问题,让学生感受水资源与居民生活的密切关系,懂得珍惜水资源,利用好水资源,明白所有的自然资源都来之不易。理解并遵守社会基本行为规范,树立身为新滨江小主人的主人翁意识,懂得自己所需要承担的义务。

图 6-4 "一滴水的旅行"课程学习结构

（一）关键过程与学生学习表现

教师们根据主题和学习目标，针对活动对象的认知基础，整合现有的环境资源，设计了7个不同的主题，即"身边的大自然""水从哪里来？""走进杨树浦水厂""我们生活中的水""设计与制作简易净水装置""水到哪里去？""汇报与展示"，关注学生综合能力的培养，摆脱传统单科教学的局限，将各科内容融合在一起，寻找学生生活中会遇到的问题，敏锐地捕捉学生感兴趣的事件、问题或场景，让学生在满足学习兴趣的同时也学习到新的知识（图6-4）。

1. 科学整合问题，让学习更贴近生活

"自然资源"是一个很大的概念。在设计核心概念、核心问题和问题链时，教师们选择了源于学生生活，并涉及多学科交叉内容的"水资源"作为学习的主题。

我们在选择和确立主题的过程中，也突出主题本身的基本性和教育意义。

首先，在设计第一环节的教学时，提出三个探究问题：什么是自然资源？哪些是身边随处可见的自然资源？水有几种形态和种类？我们习惯于水随处可见，但是往往会忽略水的背后其水资源经受的挫折和现状。

其次，对各学科的三维目标进行整合，确定适合学生发展核心素养的目标——引导学生在有结构的活动中开阔视野，培养他们与人合作、积极探索的学习精神；制定学习目标——引导学生在课堂活动中经历从不同角度、用不同方法感受水、了解水。学习目标也是过程性评价和总结性评价的依据。

然后，授课教师也各展其能，讨论研究教学内容所涉及知识点之间的相互关联，随着主题学习进程进行有机组合，对于学生逐步深入接触的主题，学习主题具有重要的阶梯作用。例如在参观杨浦滨江的户外活动中，设计一项任务——"感受你身边的水"，让学生有意识地寻找身边随处可见的水，进行拍摄，并感受它们的区别。

最后，通过学习单完成情况和评价表，评价学生在第一环节的学习成效（表6-9）。

表6-9 "一滴水的旅行"探究活动评价表

时间		成员	
任务要求		1. 发现至少三种及以上的自然资源并收集其资料 2. 拍摄身边随处可见的水(至少两张) 3. 分组完成任务单和评价表	
人员分工			
我们遇到的困难以及解决的办法			
我们的收获、困惑与体会			
我们对自己课堂表现的评价			

2. 巧用多维资源,促进学生合作学习

本课程由课堂学习与现场学习组合而成。在学习过程中,学生经常会用到探究学习、合作学习、体验学习,这会改变学生原有的学习方式,促进学生深度学习。教师利用滨江畔的特色资源——杨树浦水厂,设计多元的课程内容和活动任务,打造开放式课堂。

教学片段1:

师(出示图片):同学们,你们都知道了自来水是从自来水厂而来,那你们知道我们用的自来水是从哪个自来水厂出来的吗?

生:杨树浦水厂。

师:回答得真好。那有没有人知道,杨树浦水厂几岁了呀?

生:这个不知道。

师:那老师告诉你们,杨树浦水厂已经有140年的历史了。

生:哇,那它在哪里呀?

师:它就在我们滨江畔的杨树浦路830号。想不想跟老师一起去一探究竟?

生:想!

师:那就跟着老师一起走进杨树浦水厂吧!

教学片段2:

师:今天我们来到了杨树浦水厂,有没有觉得很特别呀?

生：有！简直跟图片一模一样，好壮观的欧式城堡建筑风格。

师：不单单它的建筑风格是别具一格，厂内的自来水净化工业池也是非常漂亮，被称为杨树浦路上的古堡清泉。

生：从外观看一点也不像已经有着140年历史的老式工厂，真想知道它里面是什么样子的。

师：我们今天去的是它旁边的自来水科技馆，里面有杨树浦水厂的珍贵历史和未来展望，请同学们认真观察并完成任务单哦。

教学片段3：

师：同学们，看了这些，你们有什么想说的吗？

学生围绕"杨树浦水厂"这个主题，谈了很多自己的想法，如：原来在没有水厂之前上海的用水是这么困难；原来杨树浦水厂是英国人建造的；我喜欢杨树浦水厂的建筑风格，真漂亮；我想知道杨树浦水厂已经百年有余，它是怎么能经营这么久的，而且现在还这么厉害……

经过小组形式的实地探访，孩子们提高了独立思考和主观判断的能力，懂得和形成了交流合作的高效学习方法与互相协助的合作意识。教师在其中提供必要的学习指导和任务驱动，引导学生开展有效的学习。再结合不同的教学环境关注学生综合素养的提升，做到定量评价和定性评价、形成性评价和终结性评价、对个人的评价和对小组的评价、自我评价和他人评价之间的良好结合（表6-10）。

表6-10 "一滴水的旅行——探访杨树浦水厂"探究活动任务单

时间	
要求： 1. 有明确的标题 2. 具体清晰的内容 3. 写出设计思路	
我们遇到困难以及解决的办法	
我们的收获、困惑与体会	
我们对自己课堂表现的评价	

3. 学会自我反思，提高总结归纳能力

小组学习可以提高学习效率，但也会发生有学生自己在做别的事情的情况。只有让所有学生参与到活动中，学生才会感兴趣并保持积极向上的学习心态，对所学知识也会念念不忘。所以我们要为每个孩子创造实地探访的条件，让每个学生都参与其中。

在本阶段中，教师先带学生回忆前一阶段的计算水费。水费的计算中有"污水"的费用，由上一节课的学习内容衔接到下一节课，提出三个主要问题：

（1）污水去哪里了？

（2）污水处理的工业流程是什么？

（3）还有哪些自然资源需要保护？

教师先采用传统教学形式为学生讲解"污水的工业处理流程"，在学生对污水处理流程有初步了解后，再为学生准备实地探访，并在探访过程中为每人配备一份学习单，让孩子自己通过实地探究、记录，再以小组为单位进行汇报，分享感想，让每一个孩子都参与进来。

迁移能力在学习中也一样不可忽视。通过课堂讲解和实地探访，学生能对污水处理产生深刻的认识。那么，由"自来水来之不易""污水去之艰难"引出节水小妙招则水到渠成。

跨学科课程教学的对象是学生，他们才是课程的主体，要在教学过程中充分激发每一位学生参与探究和发表意见的愿望，为自主学习打下基础。

4. 勇于展示成果，发挥自身主观能动性

在传统的学习中，成绩是唯一的评价标准，而跨学科课程中则可以采用多元评价。课程中的成果展示能够提升学生学习的积极性，解放学生的时间，提供探索与试验的机会，让学生在收获成果的过程中体验快乐。

在"成果展示"阶段，教师给每个小组分配两项任务：

（1）设计一次环保宣讲活动。

（2）饰演情景剧"一滴水的旅行"。

在这一阶段中，教师通过"如何进行宣讲"和"如何演绎情景剧"来为学生搭建展示平台，从小组出发整合课程的学习内容，将保护自然资源的意识从个人、小组转变至学校，理解环保宣讲、情景剧的意义是了将"保护自然资源"根植于心。教学过程中，以如何进行宣讲为例，如何才能让学生愿意讲、有勇气讲显得十分重要。根据主题任务评价表，教师的课堂不再局限于学校，在课后也需要

不断地帮助学生,关心学生组内分工是否明确、对于在资料收集时遇到的各种问题及时为学生答疑解惑、及时帮助学生润色修改文稿,同时也需要教师不断给予鼓励,才能让学生有效地完成成果展示。

(二)实施效果与反思改进

由于本课程的所有学习单元中的学习活动均围绕"保护自然资源"这一概念而展开,表现性任务一方面可以培养学生的表达能力,另一方面可以检测学生的学习成效。在本课程中所有的学习活动都针对每个学习主题的表现性要任务制定相应的评标标准。因此评价标准不是唯一的,学生要根据自己的思考交出不同的答卷。

以"别让地球漂泊"主题为例,该主题的任务为:做保护地球的小卫士——以校园电视台的形式为全校师生进行保护自然资源的宣讲。该任务的评价从资料的收集、宣讲文稿的撰写、如何分工合作、介绍形式四个维度来展开等级评定,并对各个等级的要求展开具体的描述(表6-11)。

表6-11 "别让地球漂泊"主题任务评价表

评价指标	评价等级及分值				得分
	A(5分)	B(4分)	C(3分)	D(1分)	
资料的收集	能全面收集水资源和所选择的自然资源的素材,包括基本定义、资源的内容、与人类之间的关系、自然资源的现状等	对水资源有一个比较全面的介绍,但对所选的其他自然资源收集得不够全面,有关键信息遗漏	只收集了水资源的素材	几乎没有怎么收集素材	
文稿的撰写	文稿内容明确、观点清晰。语言通俗易懂,生动流畅,拥有正确的导向性,能很好地传播保护自然资源理念	文稿内容比较明确,观点较为清晰,能突出重点	文稿内容含糊不清,语言逻辑性不强,不能完整地传播理念	几乎没有构思和撰写	
是否合理分工合作	分工明确、科学合理地完成分配的任务,能互帮互助	分工较为明确,能按时完成分配的任务	没有科学地分配任务,合作较少	几乎没有分工合作	

(续表)

评价指标	评价等级及分值				得分
	A(5分)	B(4分)	C(3分)	D(1分)	
介绍形式	宣讲形式新颖，构思独特，宣讲人自信大方，让人记忆尤深	介绍的形式多样，图文并茂	能够引起观众的注意	介绍形式枯燥单调	
小计					

评价不仅关注学生在完成指定任务时的表现，更关注学生学习全过程中的表现，并对其展开多方评价。在本课程中，教师根据教学实施情况，从活动态度、交流合作和活动成果三方面对参与的师生展开评价(表6-12)。

表6-12 "一滴水的旅行"课程过程性表现评价表

评价项目	评价内容	自画像			伙伴			老师眼中的我		
		优秀	良好	加油	优秀	良好	加油	优秀	良好	加油
活动态度	对本次课程充满兴趣									
	学习积极，活动认真									
	能够主动参与各项活动									
交流合作	能经常与小组成员进行交流									
	和小组成员相处愉快									
	表达清晰且声音洪亮									
活动成果	课前任务单完成情况									
	个人作品完成情况									
	小组作品完成情况									
我的收获与努力方向										

三、丰富学习体验，增添教育活力

本课程打破了学科内容之间以及学科与学科之间的边界，学生围绕来自真实世界的学习主题，进行基于现实生活、以学科联动为特征的开放性学习，为教育注入新鲜活力。本课程实现了动态的组合式课程模块，学生在课程实践中的参与度、投入度非常高,获得了丰富多元的学习体验,让原本浮于文字的知识变成与生活有关的实践能力,促进了学生的个性化和多元化发展。

(一) 破除学科壁垒,强化不同学科教师的联合意识和主动性

跨学科课程让教师认识到各学科之间是有联系和相互交融的,开阔了教师的视野,提升了教师对跨学科概念的理解,打破了教师单学科教学思维局限,增强了不同学科之间的关联性,为学科学习找到新的方向,提高了教师的课程整合意识和主观能动性。同时,教师对跨学科教学策略与方法有了基本的尝试和了解,夯实了跨学科教学的基础。

(二) 丰富课程资源,促进学生的个性化和多元化发展

在本课程中学生能在课堂上接触到不一样的学习资源,知识面变得更加广阔,更愿意积极参与,激发学生参与学习的活力。通过跨学科课程的学习,学生学习的自信心得以增强,学习态度也得到很大改善,能在课程中发挥自己的特长并自主地学习。因此,多元的学习方式和丰富的学习体验让学生沉浸其中,受到学生的喜爱与欢迎。学生们走出教室,走进生活,结合现实生活去探索"一滴水的旅行",形成了"问题驱动、实地探究、解决问题、成果展示"等学习基本流程,为学生学习能力起到积极的引导作用。同时,多维度的学习环境不仅开阔了学生的视野和知识储备,对学生的社交技能和团队技能也提供了具体发展的平台,能够为学生胜任和创造未来做好准备。

与此同时,课程在实施过程中也暴露了很多问题,有许多不足。在下一阶段的研究中,我们会进一步加以改进。

(1) 完善课程总方案和总框架,细化课程目标和课时目标,弱化分科的体系和目标要求,把课程目标落实到内容与实施环节。避免在教学过程中出现强行将不同学科中零碎的知识点融合在一起,着重关注学生的学习过程以此探寻更合适、完善的课程目标和课时目标,将教学的基本步骤更规范化。

(2) 继续充实课程内容。积极寻找优质课程资源,结合现实生活有效提炼设计驱动问题,选择符合学生学情的课程内容,保证课程整合的科学性。

对于学生们来说,一门课程由很多位老师进行教学是全新体验,但对老师们来说却是一个未知挑战。目前,教师的教学都是分科的,一门跨学科课程的实施一般由几位老师共同确定主题,再提炼相关学科的关键驱动问题,分配至各个学科老师手中再进行教学准备,这样的准备过程就难以避免地让课程出现割裂感。在进行跨学科课程融合时,我们采取教师协作完成的形式,每人选择完成一课时的所有内容,再由不同学科的老师进行讨论补充,让教师在有限的时间里让课程变得更加充实。

(3) 夯实教师课程与教学的专业知识,提高教师对本课程知识与现象特点的了解,增加跨学科课程教育实践的鲜活经验。在教学过程中,很多教师仍然局限于原本的学科内知识,对自己的角色定位不清晰,对课程研究不深入。课程整合对教师的专业能力提出更高的要求,积极推进教师对课程的研究,鼓励教师从课程的实施者转变为课程的研究者,让教师有信心、有能力地进行教学。

(4) 落实与推进课程实施与评价。进行相关学习模块的实施,积极促进更加科学、自主、合作、探究的学习方式;探索设计更具过程性、体现关键能力生长的学习评价工具,并在实践中不断调整完善。

学生是课程中主体,跨学科课程中确实能够看到部分学生积极参与其中,多元的学习方式和丰富的学习体验让学生们很感兴趣,但在实施过程中,也有部分同学对"整合知识"的学习适应能力较弱,他们的学习效率反而有所下降,学习兴趣也逐渐下落。因此,教学实施过程中教师还必须要考虑到学生学习能力的差异、对课程的适应能力,推敲是否需要更加细化评价量表、增加或减少课时内的知识量,以达到更多学生保持学习积极性。

学生作为教育的主体,他们需要的是在以后的生活中都能够使用到的知识。当我们更关注知识点时就可能缺失教育的活力,让学生被困于枯燥的知识,丧失学习兴趣。打破枯燥课堂,链接生活,让知识融会贯通于生活之中,更能提升学生的学习兴趣,让教育充满活力。

◆ 课程方案 6-2

创意滨江,放飞理想[①]
——存志学校"杨浦滨江创意地图的绘制"跨学科课程实施课程方案

跨学科课程的实施是当代课程改革的共同走向与应然诉求,为了培养学生良好的综合性学习素养,为学生终身发展奠定基础,根据学校基础性课程教学计划、学生的认知水平发展以及学生实际情况,学校组织开发了以"杨浦滨江创意地图的绘制"为主题的跨学科课程,为学生提供综合学习的机会。在实施方

---

① 本课程方案由同济大学附属存志学校提供。

式上，本课程开展活动时注重增强学生的实践性、体验性以及趣味性，创造学生之间相互合作的学习环境，提升其实践与创新能力。本课程方案包括课程背景、课程目标、课程结构、课程内容、课程实施、课程评价、课程管理与保障七个部分。

一、课程背景

核心素养是不同学习领域、不同情境中不可或缺的共同素养，它强调任何学科的内容只是促进人发展的一个素材。只有将不同学科的知识与能力相关联，将知识与知识运用的情境相关联，才可能提升学生整合不同学科知识的能力，才可能切实促进一个"人"的发展，达到真正实现培养全面发展的人的目的。

在众多的可供课程开发的素材当中，"杨浦滨江"作为中国近代工业文明的发源地，注视着杨浦区的沧桑巨变，感受着百年的峥嵘岁月，成为杨浦区百年工业的见证者。滨江景观大道几乎可以提供各学科的课程开发素材。在一次偶然的工会活动中，地理、生物老师们突发奇想：可以利用滨江作为切入点，设计跨学科案例。在案例设计过程中，区教研室的专家给予了一些支持，认为可以将历史学科的相关内容融合进来，基于地理、生物、历史三门学科知识来开发一门跨学科课程。在选定了课程的载体后，如何将地理、生物、历史三门学科融合在一起成为重要问题。在对地理、生物、历史三门学科相关知识进行梳理后，我们团队发现，地理学科中"地图的阅读和使用"可以融入此课程，以课程检验所学知识。杨浦滨江工业区各类建筑、历史遗存等是历史学习的实物史料之一，有助于加强学生对中国近现代史的理解。由于生物课起始于八年级，学生刚开始接触生物时会感觉这门学科比较抽象，此次实地考察，可以增加学生的直观感受，提升学生的学习兴趣与热情，为第二册中植物与生态系统部分及微生物部分的知识学习奠定基础，同时实地考察也可以增加学生对于人类生活与环境关系的认识，体会绿色生活的意义。

从课程内容上看，从学科知识融合的视角开发这门课程有利于学生统整所学的地理、生物和历史知识，巩固已学内容，同时对于未学的知识可以在实践中得到感性认识。从课程实施上看，从学科知识融合的视角开发这门课程有利于引导学生融会贯通，将校内课堂扩展到校外，让学生在实践活动中掌握学科知识，并能跨学科理解运用，最终达到提升学生发展核心素养的目的。

二、课程目标

核心素养是一种"高级素养",它是跨学科的且高于学科知识,同时它还是综合性的,是对知识、能力、态度的综合与超越。因此我们在设计课程目标时,从学科知识融合入手,培养学生核心素养,从学生成长和发展的角度,不局限于某门学科知识,而应该关注人的长远发展,培养学生的创新与实践能力,去寻求课程与教学的改进。这一目标到底需要什么课程来实现,这才是我们跨学科课程的核心。

为了将培养学生的核心素养与学科知识有机结合,本课程制定了如下目标(表6-13)。

表6-13 课程的具体目标

维度	整 体 目 标
学会学习	掌握地图阅读方法并学会借助地图收集地理信息;掌握运用不同资料分析历史的能力,通过创意地图的绘制,体现学科知识的融合,实现学会学习核心素养培育任务。
责任担当	感受景观设计、城市规划对于人类生活的重要意义;建立人与自然和谐相处的观念和态度。通过在创意地图的绘制过程中感受景观设计等的意义,理解其中蕴含的责任担当。
实践创新	培养学生创新和实践能力与独立思考能力、系统思维能力,综合分析问题、解决问题的能力和理论联系实际的能力;培养学生在实践活动中掌握学科知识,并能跨学科理解运用,最终达到提升学生发展核心素养的目的。

三、课程结构

为了促进学生以合作的形式开展跨学科课题的学习,达到以培养学生创新与实践核心素养为主的目标,主要根据地理、历史、生物三门学科知识设置活动过程,同时还运用语文、美术、摄影、社会、心理、体育等学科知识作为辅助性工具,确立了课程结构,详见表1-12。

四、课程内容

课程结构中11个课时的具体内容安排如下:

(1) 主题报告"我眼中的杨浦滨江":由华东师范大学城市地理系主任何丹教授主讲。作为上海同济城市规划设计研究院特聘研究员,他将从专业角度讲解杨浦滨江的规划与设计。

（2）社会实践——参观杨浦区规划展示馆：由六年级年级组组织，属于学生社会实践的一部分。通过场馆参观，了解杨浦区的历史变迁，了解杨浦滨江的整体规划。

（3）创意地图怎么画——技能准备课：由各学科教师负责。包括地图的阅读方法、指南针的使用方法、资料收集的基本方法和途径、建筑资料简介卡的制作要求、植物叶的基本结构、生态系统的组成和类型、微生物的种类及各种类型的特点、基本绘画技巧以及安全教育、文明教育。

（4）地图中的点、线、面——绿之丘站：由地理学科领衔，通过实践学会用点、线、面状要素对地理事物进行概括。

（5）地图中的特殊符号——宁国路渡口站：由地理学科领衔，通过实践学会用特定（规定或约定俗成）的符号对地理事物进行概括。

（6）近代工业场所的变迁——船厂旧址站：由历史学科领衔，通过学生代表在实践活动中担任小导游，介绍毛麻仓库的发展变迁，引导全体学生思考毛麻仓库所属权变化背后的时代变迁。

（7）现代化城市的保障者——自来水厂站：由历史学科领衔，通过学生代表在实践活动中担任小导游，介绍自来水厂的发展变迁。教师可在活动中拓展李鸿章生平和洋务运动相关内容。

（8）乡土草本植物与水中微生物的观察——东方渔人码头站：由生物学科领衔，通过现场考察、实验室观察，识别雨水花园中的乡土草本种类及水样中的微生物，并从美学角度欣赏雨水花园生态景观设计。

（9）木本景观植物的观察——秦皇岛路渡口站：由生物学科领衔，通过实地操作，识别记录该区域大型植物树种、解剖植物花，绘制花的结构模式图。

（10）创意地图的个性定制：通过对不同人群发放问卷进行调查，定制针对不同人群（如不同年龄段、不同观赏需求）的创意地图，丰富创意地图的种类。

（11）创意地图的推广与应用：作为整个课程的结束篇，该活动旨在启发学生推广应用所学知识和所做成品，同时也可以交流优秀作品。对于优秀作品，可计入其成长手册与综合评价平台。

五、课程实施

在实践课程实施过程中，各个"站点"的活动基本按照"到达站点—安全教育—完成活动任务单—小结与返回"等流程来设计,同时每个站点的活动任务单的难度设计充分考虑到不同学段学生的知识水平差异与学科特色。下面将以课程实践中的六年级学段的"绿之丘站"和八年级学段的"东方渔人码头站"为例,详细介绍课程实施过程。

(一)站点一:地图中的点、线、面——绿之丘站

1. 活动目标

知识与技能:理解地图阅读方法;理解比例尺的含义;知道指南针的使用方法。

过程与方法:通过实地使用指南针,掌握野外判定方向的方法;通过实际测量,理解比例尺的含义;通过实地考察,掌握地图阅读方法并学会借助地图收集地理信息。

情感态度与价值观:通过实地考察,增强地理实践力,培养自主探索精神。

2. 活动过程

到达绿之丘站—安全教育—布置活动要求(见活动任务单)—小结与返回。

3. 活动任务单(表6-14)

表6-14 地图中的点、线、面——绿之丘站活动任务单

小组名称:_____ 组长:_____ 小组成员:_____   活动地点:绿之丘   活动要求:请利用步测法测量距离,利用指南针确定方向,在所给的底图中完成以下任务。 1. 补画出德纱路、宽甸路、安浦路。 2. 标注出绿之丘、人人屋(杨树浦驿站)、红色吊车和安浦路桥。 　提示:绿之丘占地面积较大,可以步测绿之丘的长、宽,在图上画出其外周轮廓并着色以示区分,并手绘其素描图来代替符号。人人屋(杨树浦驿站)和红色吊车占地面积较小,可以用点状符号在图上注明。 3. 标注方向和比例尺,添加必要的注记。 4. 将此图转绘制到A3纸上,注意和其他图大小要协调。 　　　　　　　　　绿之丘周边简图(待补充)

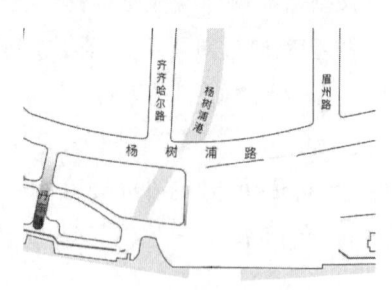

说明:该活动为六年级学生量身定做

4. 任务实施过程

进行课外活动之前，先将学生进行分组，并告知学生将以小组合作的形式完成活动任务。到达绿之丘站点时，教师组织学生按小组分队站好，强调安全问题后，分发活动任务单，根据活动任务单带领同学进行学习与研究。教师使用"绿之丘站"活动任务单进行讲解时需注意，可以引导学生如何选择适当的符号来表示地理事物，对学生自主设计的符号要及时点评。对于绿之丘，宜使用面状符号来表示，因此在活动任务单上提示学生，要求其画出绿之丘的范围，并着色与周围区分。考虑到创意地图的生动性，学生可在地图上手绘绿之丘的素描图代替符号。人人屋（杨树浦驿站）和红色吊车占地面积较小，可以用点状符号在图上注明。此活动旨在让学生体会不同地图符号的差异。在这一环节中，教师可以让学生互相指出使用指南针时出现的错误，指导学生通过自己的步伐来测量距离。由于所给的底图存在一定变形，各组绘图结果会有明显的差异，教师不应评点过多，可以让学生互相评价，找出差异产生的原因。完成活动任务单后，教师进行总结并带领同学安全返回。

5. 创意地图成果样例（图6-5）

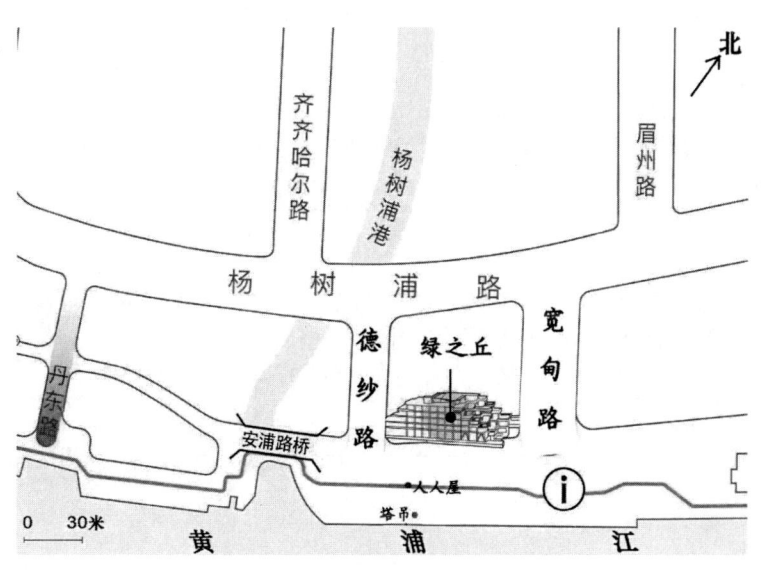

图6-5 创意地图成果样例（地理）

(二) 站点二:乡土草本植物与水中微生物的观察——东方渔人码头站

1. 活动目标

知识与技能:掌握植物叶片的基本结构和特征,掌握花的基本结构和特征;说出杨浦滨江几种主要植物的叶片识别特征;了解滨江水域环境中几种简单微生物的结构和类型。

过程与方法:通过实地考察,理解和识别不同植物的叶序、叶脉、叶缘等重要特征,并手绘植物叶片,突出以上特征。采集植物的花,经历花的解剖过程,感受由外向内的观察顺序。(生物)

情感态度与价值观:感受景观设计、城市规划对于人类生活的重要意义;建立人与自然和谐相处的观念和态度。

2. 活动过程

到达东方渔人码头站—安全教育—布置活动要求(见活动任务单)—小结与返回。

3. 活动任务单(表6-15)

表6-15 乡土草本植物与水中微生物的观察——东方渔人码头站活动任务单

小组名称:_____ 组长:_____ 小组成员:_____
活动地点:东方渔人码头(雨水花园)
活动要求:
1. 对照资料卡,识别2—3种雨水花园中的乡土草本种类,拓展了解其生理特性,归纳其与环境之间的关系。采集植物的花,实地进行简单解剖操作,参照资料卡,并拍摄成果照片。绘制花的结构模式图(选择开花期进行考察)。
2. 采集雨水花园中的水样,瓶身注明采集地点。带回实验室观察其中的微生物。
3. 拍摄雨水花园景观图,要求小组最终筛选提交一张,体现出"生物+环境"的特点,并且具有美感。
4. 在东方渔人码头周边简图的基础上绘制创意地图,可以适当变形,但道路和地理事物之间的相对位置不应明显改变。在适当位置绘制花的结构模式图。创意地图中还需标明所观察的乡土草本植物的位置。创意地图在考察结束后一周内完成。纸张大小为A3,宜为彩色图。

乡土草本登记表

乡土草本名称	生理特性	生存环境

(续表)

东方渔人码头周边简图

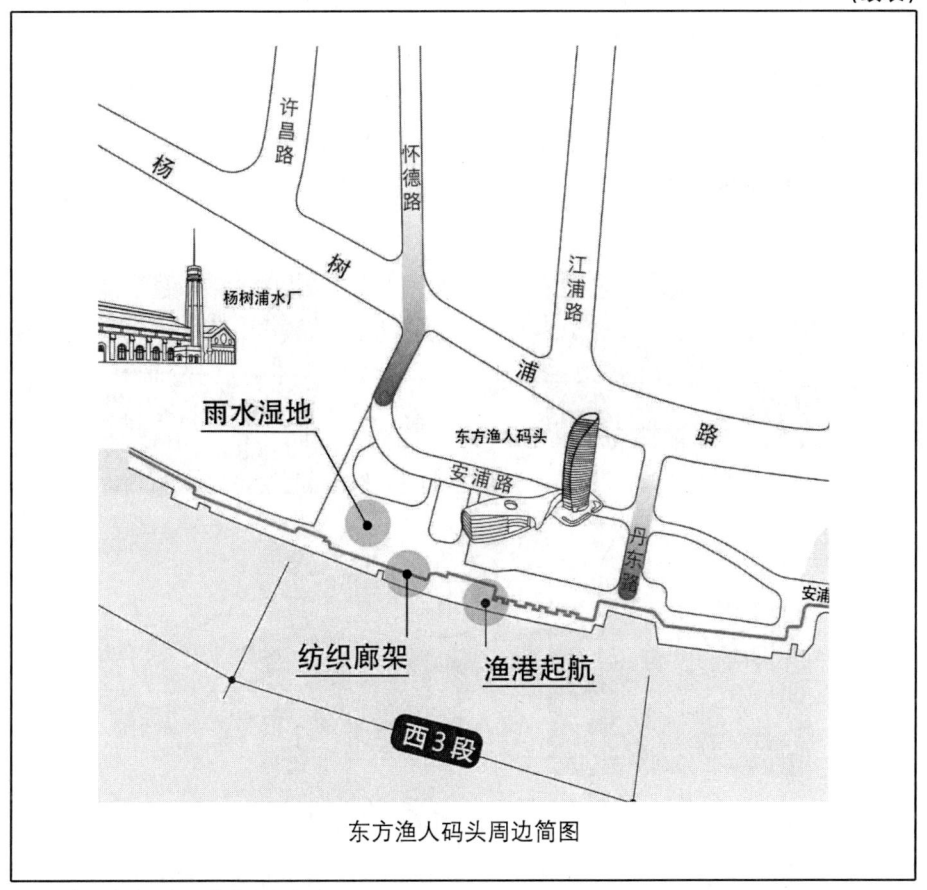

说明：该活动为八年级学生量身定做

4. 任务实施过程

同样地，在进行课外活动之前，先将学生进行分组，并告知学生将以小组合作的形式完成活动任务。到达东方渔人码头站点时，教师组织学生按小组分队站好，强调安全问题后，分发活动任务单，根据活动任务单带领同学进行学习与研究。在"东方渔人码头"站带领学生考察的过程中，教师应适当提醒学生，关于植物生理特性的观察，重点观察的是植物的整个树形特点、叶片的形态结构。采集植物的花并进行实地解剖观察应选择适宜的植物种类，并由教师先进行演示讲解，然后学生分小组进行，并参照资料中花的图式进行拍照。从实际操作的过程中观察到花的结构，也体验到花的观察顺序。采集水样的操作，也由教师先进行示范，学生分小组完成，因为不涉及流动水域，所以可行性比较高。照片的拍摄过程由各小组独立商讨完成,教师在现场不做评价和指导。最后一项任务,在绘制的地图简图中辨别方位,简单地标注观察到的植物的位置,是一个地理和生物比较结合的任务,教师可以在一旁稍作指导,鼓励学生合作探讨完成。完成活动任务单后,教师进行总结并带领同学安全返回。

5. 创意地图成果样例(图6-6)

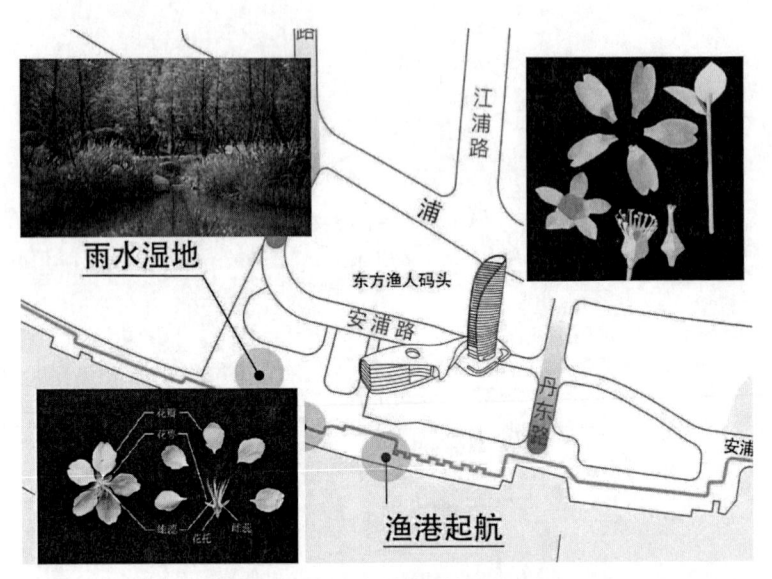

图6-6 创意地图成果样例(生物)

在确定课程结构的前提下,课程内容和课程实施可根据实际情况做相应调整。比如,课程内容中序号4—9的实践活动,既可以安排在校内时间进行,也可以安排在节假日、寒暑假进行,由老师或家长志愿者独立或协同引导加以完成。各活动的成果可集结成册,计入学生综合实践平台中。

六、课程评价

课程评价是对学生学习过程、结果的客观评价,是课程实施效果的有力保证,评价的过程是对核心素养再提升的过程。由于学校的跨学科课程还在预实施阶段,因此还没有足够的样本量作为支撑让我们在课程评价方面进行改进与完善。接下来,研究团队的主要任务就是在推进该课程实施的基础上,对课程评价体系加以分析和修改。

第六章　跨学科课程的学段异构

(一) 课程评价总表(表6-16)

表6-16　课程评价总表

序号	活动主题	评价方式	评价标准
1	主题报告"我眼中的杨浦滨江" 华东师范大学城市地理系主任何丹教授	活动感想	量表A
2	社会实践——参观杨浦区规划展示馆	参观小报	量表B
3	创意地图怎么画——技能准备课	阶段性检测	量表C
4	地图中的点、线、面——绿之丘站	作品	量表D
5	地图中的特殊符号——宁国路渡口站	作品	量表D
6	近代工业场所的变迁——船厂旧址站	作品	量表D
7	现代化城市的保障者——自来水厂站	作品	量表D
8	乡土草本植物与水中微生物的观察——东方渔人码头站	作品	量表D
9	木本景观植物的观察——秦皇岛路渡口站	作品	量表D
10	创意地图的个性定制	方案设计	量表E
11	创意地图的推广与应用	方案设计	量表F

(二) 课程评价量表示例(以量表D为例)

评价是以实现全体学生全面生动发展为目的的,因此课程评价必定是使学生更贴近人的最近发展区,向着更有利于人的发展水平接近,让评价成为学生持续发展的内在动力。基于这样的考虑,我们在量表D的设计中尽量多些标准,这样就能相对评出更多的好学生,而不是评出好"作业"。从纵向看,多些标准也是给学生提供一个发展的空间,教师可以引导学生向更高的层次迈进。因此量表D包括过程性评价和终结性评价。

学生在对于六个"站点"的活动课程学习中,主要以小组形式进行探究学习,对此我们设计了"团队合作"评价标准;进行活动探究前,需要学生进行大量的资料查阅、整理工作,因此我们设计了"准备工作"评价标准;在课外实践时,学生的行为不仅仅代表自身形象,也代表着学校形象,更代表了上海市初中生形象,因此我们设计了"文明考察"评价标准;最后针对学生的"作业"——创意地图,我们也设计了多个标准,从"准时完成""信息准确""设计美观""拓展创新"四个角度进行评价,希望能够综合考查学生各方面能力。另外,量表 D 的评价中"分数"是以"等第"的形式体现,意在模糊分数,减少档次,从而维护学生的面子,爱护学生的自尊心,充分体现"以生为本"的教学思想。因为重结果只能看到量化的东西,重过程才能看到非量化的东西(表 6-17)。

表 6-17 量表 D

		优秀	良好	合格	需努力
过程评价	团队合作	小组内所有人均积极参与	小组内有 1 人未积极参与	小组内有 2 人未积极参与	小组内有 3 人及以上未积极参与
	准备工作	活动中所有资料、装备齐全	活动中所有资料、装备有 1—2 项不齐全	活动中所有资料、装备有 3—4 项不齐全	活动中所有资料、装备有 5 项及以上不齐全
	文明考察	活动中未被教师点名批评	活动中被教师点名批评 1—2 次	活动中被教师点名批评 3—4 次	活动中被教师点名批评 5 次及以上
成果评价	准时完成	按时上交作业	晚于规定时间 1 天	晚于规定时间 2 天	晚于规定时间 3 天及以上
	信息准确	出现 0 处或 1 处错误或漏洞	出现 2—3 处错误或漏洞	出现 4—5 处错误或漏洞	出现 5 处及以上错误或漏洞
	设计美观	图形及字迹美观,无明显涂改	图形及字迹整洁,有 1—2 处涂改	图形及字迹清楚,有 3—5 处涂改	图形及字迹潦草,有 6 处及以上涂改
	拓展创新	有 3 处及以上活动要求以外的亮点	有 2 处活动要求以外的亮点	有 1 处活动要求以外的亮点	无活动要求以外的亮点

七、课程管理与保障

(一) 管理架构

由校长总负责,学校教导处、德育室、综合教研组组织实施开展跨学科课程。

(二) 师资培训

对课题组的教师进行系统的理论培训,着重组织他们学习当代先进的跨学科教育理论,促进教师加强对跨学科教育教学的认识,提高教师参与课程研究的能力,加强队伍建设。学校组建"校本课程团队",组织有特长、有事业心、有创新精神的一线教师担任教学工作。

(三) 保障措施

全力支持本课题研究,大力争取区教育行政部门特别是教师教育管理部门的支持,在时间安排、人员调配及课程设置、评价激励等方面予以充分保证。实行子课题组长责任制,建立课程常规工作制度,加强课程资料管理,确保课程研究任务落实到位。加强课程实施所需经费的筹措,按照市区有关科研经费的管理办法,为本课程实施设立专项科目,确保经费专款专用,保证校本课程的开发与实施工作不断得到完善并且向纵深发展。

◆ 典型课例 6-2

探秘雨水花园[①]

本课例为八年级的跨学科实践活动,以地理和生命科学两门学科为学科基础,以杨浦滨江雨水花园为真实情境,通过现场实践活动,增加学生跨学科学习体验,提升学生跨学科分析能力。

本课程以地理和生命科学两门学科为基础。在活动中,需要学生回顾已经掌握的学科基础知识(如地图语言等),并在实践中将所学知识再次利用。通过雨水花园实践活动,旨在夯实学科基础知识与基本技能。

本活动以雨水花园为载体,通过现场的观察、探索,培养学生的学科关键能力。通过雨水花园的切实体验,引导学生面对真实的现场环境,观察、感受环境的周遭信息,提出各种真实性、跨学科性的问题。以雨水花园为载体,在真实问题的研究中,唤起学生的好奇心、想象力,激发学生跨学科分析问题的欲望与学习的意识,提升学生发现问题、分析问题、解决问题的能力,让学生充分经历跨学科的学习,促进学生的终身发展。

在本次实践活动中,学生以任务单为线索进行探究,重跨学科探索的"过程"和"经历",在"过程"和"经历"的基础上产生结果。最终目标为完成任务单所列内容。此任务单可视为跨学科作业:任务一以实地观察、记录为主;任务二旨在引导学生从跨学科的角度分析真实问题;任务三旨在结合学科知识,引导学生完成个性化、多样化的成果(图 6-7)。

---

① 本典型课例由同济大学附属存志学校李思其、赵玄骄、代艳萍、徐妙廷提供。

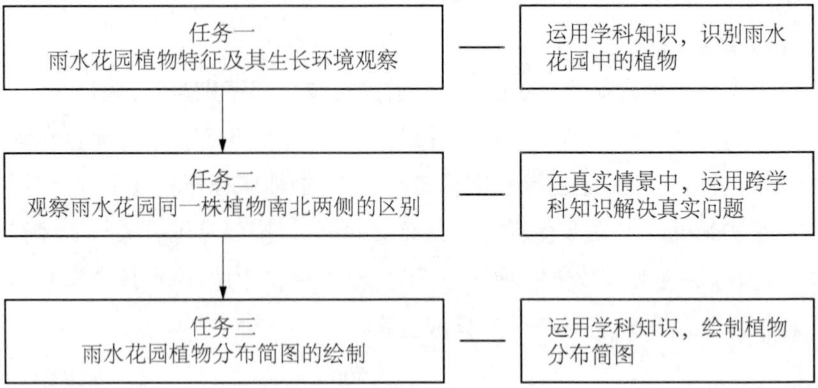

```
任务一                          运用学科知识，识别雨水
雨水花园植物特征及其生长环境观察 ——   花园中的植物

任务二                          在真实情境中，运用跨学
观察雨水花园同一株植物南北两侧的区别 —— 科知识解决真实问题

任务三                          运用学科知识，绘制植物
雨水花园植物分布简图的绘制      ——   分布简图
```

图6-7 "探秘雨水花园"学习结构

老师根据学习主题和学习目标，从学生的认知基础出发，整合现有环境资源，设计三个不同的真实任务，以增加学生对课程的体验和感知，让学生在真实的自然、社会情境中感受课程知识内涵和学习的快乐。

当面对生产与生活实际问题时，学生不再局限于单一学科视角审视，而是从多视角，运用多学科知识综合性分析，拓展思维的广度与深度。

片段一：雨水花园植物特征及其生长环境观察

本次实践活动地点为杨浦滨江雨水花园，利用学校周边的真实情境，设置具有探究意义并较为开放的活动任务，引导学生观察和感受各种信息，综合性地分析和解决实际的问题。

在小型人工湿地这一真实情境下，以探究任务为牵引线，了解植物的基本特征，并根据实际的观察，辨认树种，绘制所观察到的典型识别特征，作为最终植物分布地图中的植物图例。

除此之外，需要学生根据平时生活观察和学习积累的经验，结合雨水花园中植物的生活环境和资料卡中的介绍，辨认该植物是属于上海常见的观赏植物，即前面介绍的原有植物，还是湿地植物，即湿地生态系统的重要组成部分。这样的任务设计能够更有效地促进学生理解植物与其生活的无机环境的关系，也对生态系统这一概念的学习奠定基础。

实施过程：

探究活动开始前，学生分小组自行熟悉资料卡和任务单（资料卡中包含11种雨水花园中的常见植物，从《中国植物志》中选取八年级学生易于理解并且较为典型的植物识别特征)。

到达杨浦滨江雨水花园后,教师首先引导性地向学生介绍雨水花园人工湿地的设计原理和功能。

雨水花园是一片浅凹绿地,有利于汇聚地面的雨水,形成裸露在外的地表水体。在植被选种方面,雨水花园尽可能保留了原有的一些本土植物,增加水生植物种植。通过植物、微生物、沙土的综合作用使雨水得到净化,并使之逐渐渗入土壤,涵养地下水。这是一种符合生态可持续性的雨洪控制与雨水利用设施。

雨水花园的生物部分和非生物部分共同构成了一个小型人工湿地生态系统。

水质净化是人工湿地最重要的功能。因为探究活动在冬季开展,雨水花园景观相对萧条。教师向同学们展示了网络上查找的夏季雨水花园景观图。相对比,能够明显看出夏季雨水花园中的水生植物非常丰富。

那这些植物的遗体残骸都去哪了呢?

同学们纷纷抢答:"被打捞了。"

教师又进一步抛出问题:既然是一个生态系统,应该是能够内部分解这些遗体残骸的。那为什么还要打捞呢?

"不然水质会恶化,"同学们积极思考着。

的确,因为水体较小,生态系统的规模较小,不能完全将枯枝落叶、遗体残骸分解,所以必须要人工打捞。否则,水质甚至整个小型生态系统的稳定性都会受到影响。

对雨水花园这类小型人工湿地有了一定的认识之后,学生以小组为单位进行探究活动。活动内容为观察雨水花园中植物的实际特征,对照资料卡中的植物特征描述辨认植物物种,并结合植物的生长环境,区分其是属于上海观赏性常见树种还是湿地植物。

老师发现,学生们在探究过程中,很容易混淆水杉和池杉。好几个小组的同学都向老师求证自己辨认的对不对。虽然课本上学习过叶的相关内容,但是在叶形上,同学们的了解和观察还很少。

于是,老师带领同学们结合资料卡中的文字描述和实际两种植物的特征进行观察。经观察发现,池杉叶钻形,微内曲,在枝上螺旋状伸展,而水杉叶条形,排列成羽状。这下,同学们既能区分池杉和水杉,对钻形叶和条形叶也有了深刻了解和感受。

一个细心的小组看到资料卡上关于池杉的介绍为：池杉通常有屈膝状的呼吸根（低湿地生长尤为显著）。于是，大家纷纷走近池杉，仔细观察呼吸根，分析呼吸根的功能。大家从结构与功能相适应的观点出发，成功地分析出池杉属于湿地植物，向上生长的呼吸根能够帮助树体进行气体交换。然后在资料卡上手绘下观察到的典型特征。

有的同学在这个过程中提出疑问：可不可以根据树叶的颜色辨认植物。因为他们小组最先观察到该株植物的叶片颜色与资料卡上展示的一致，便认定这是池杉。其他小组的同学立即否定了他们的这个说法，并说明叶片的颜色是会受到环境影响而发生变化的，不能作为识别特征，比如秋冬，银杏叶片会变黄。

经过这一探究过程，同学们对于植物及其生活的无机环境有了进一步的认识（表6-18）。

表6-18 学生记录的雨水花园植物基本信息

1. 对照资料卡，识别4种雨水花园中的植物种类（包括2种上海观赏性常见树种和2种湿地植物物种），完成相应表格内容。

植物名称及类别（框内打勾）	参考资料卡描述实际所观察到的典型识别特征	绘制所观察到的典型识别特征图（叶、树形、树干等）
洒金叶珊瑚 □本地常见种 □湿地植物	掌状复叶，叶脉成网状，叶缘成重锯齿状	（手绘图）
芦竹 □本地常见种 □湿地植物	剑形叶，叶脉为平行脉，具有穗。	（手绘图）
鸡爪槭 □本地常见种 □湿地植物	树形为伞形，叶开裂似"鸡爪"，裂叶，叶序为互生，网状脉，叶缘成锯齿状	（手绘图）

(续表)

植物名称及类别（框内打勾）	参考资料卡描述实际所观察到的典型识别特征	绘制所观察到的典型识别特征图（叶、树形、树干等）
池杉 □本地常见种 ☑湿地植物	树形成尖塔形，二回羽状复叶，羽轴，叶脉成网状，叶形成条状。	（图）

片段二：观察雨水花园同一株植物南北两侧的区别

该片段对应任务单中的任务二。

该片段以真实情境入手，引导学生观察雨水花园同一株植物南北两侧形态上的差异，从跨学科的角度去分析造成这些差异的原因。

但实际上，由于雨水花园是人工建造、养护的景观，学生观察到的植物南北两侧的形态差异较小，甚至没有明显差异。所以在活动中，教师引导学生从其他角度思考导致这一现象的原因，不能单纯照搬学科经验去解释问题，而应该就事论事。

教学片段：

师：按照我们课本上学到的，植物南北两侧的茎、叶数量是不是有所不同？

生：不同。

师：为什么？

生：上海在北温带，北半球的植物（注：应该是"北回归线以北的植物"），朝南一侧，接受光热要比北边多，所以长势更好。

师：为什么你说是"北半球"的植物？

生1：因为太阳光在南边……

生2：太阳直射点一直在南半球……

生3：太阳直射点不一定在南半球，应该是在"北回归线以南"吧？

生1、2：对，应该是在北回归线以南。所以，北回归线以北的植物，阳光常年照射在它南边，因此朝南一侧，接受光热要比北边多，所以长势更好。

师：所以说，表述要准确。应该是"北回归线以北的植物"会出现上述现象。

那我们看一看,以池杉、樟树为例,南侧和北侧的枝条、叶片数量是否一致?有没有明显的差别?多看几株植物,看看是不是有共同的特点。

生:有一两株有(差异),大部分没有明显的差异。

师:那为什么我们观察到的和理论上的不一样呢?

生1:因为是新种的树木,所以没有区别?

生2:人工修剪过?

生3:有区别,但是可能观察的还不够细致,或者差别很小。

师:我觉得大家说的都有道理,个人觉得,人工的修剪导致植物南北两侧差别很小的可能性很大。毕竟这里不是野外,是一个人工修建的湿地。

片段三:雨水花园植物分布简图的绘制

该片段对应任务单中的任务三。

绘制地图对于学生来说难度相对较大。在绘制过程中,学生比较容易将雨水花园的路网绘制出来。尽管"比例"有所失调,但地理事物间的位置关系有一定的准确性。从"植物分布简图"的要求来看,可以满足读图者的实际需要。学生对于地图符号的辨别能力较好,而设计地图符号是难点。因此本案中,教师从形状、色彩两方面为主引导学生设计合适的符号,与任务一相呼应,让学生深刻理解地图符号是如何表达地理事物的。

此外,作为一幅地图,必要的图名、图例、注记、方向等应该准确标注。同时,教师也提示,鉴于测量的精准度较低,本图可不必标注比例尺。

教学片段:

某组学生先将雨水花园的主要道路画在草图上,但还没有标注植物及其分布。教师引导他们绘制植物分布简图。以下是部分对话。

师:你们小组已经将雨水花园的路网简单地画出来了,那植物分布情况应该怎么在图上标注出来呢?

生:(指着草图)不同区域圈起来,涂上颜色,然后标注图例。

师:这是个简单的方法,(这么做)没有问题。这样的表达也可以看出来雨水花园内某个区域分布了什么植物。那有没有别的方式来设计地图上的符号呢?你想一下,地图册上的地图,地理事物是不是都有一些特定的符号呢?

生:(思考)用特殊的符号来表示植物。

师:举个例子——银杏树,你觉得怎么设计图例更好呢?

生:黄色的圆点。

师：为什么用黄色呢？

生：因为它的叶子秋天是金黄色的，有特点。

师：那圆点是不是可以换一个形状……

生：我懂了，用叶子的形态来设计图例。

师：对，这样是不是更直观？

生：是的。

师：你看任务单，第一个活动是什么？

生：记录植物的典型特征。

师：那你可以怎么做呢？

生：第一个活动记下来的植物特征可以用来设计图例。

师：没错，但是图例不要太复杂，太复杂的话画起来麻烦，识别起来也累。

生：（开始尝试给每一种植物设计一种图例）这样可以吗？

师：你觉得能体现植物的特点吗？

生：应该可以吧。

师：它们之间有区别，方便别人辨认就可以。

生：嗯嗯（绘制了一幅草图，图6-8）。那需要标注比例尺和方向吗？

师：你这幅图上的数据都是估算的，而且读者主要借助图来看植物的分布，可以忽略空间上的距离。

生：那标注一下方向就可以了。

师：图例也要在一侧写好。

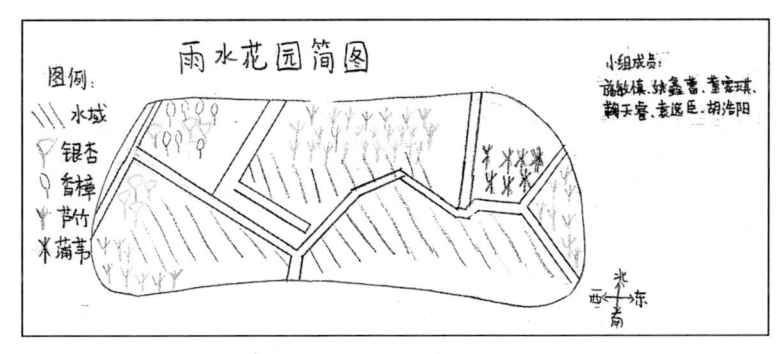

图6-8 学生绘制的雨水花园植物分布图简图（半成品）

在活动过程中，学生表现出了浓厚的兴趣与活跃度。这与他们在日常课堂中的表现有极大的不同，也从侧面说明了本次校外实践探究活动有效增强了学生学习的实践性、体验性以及趣味性。

　　活动中的主要任务基本都是由学生自主合作探究完成的,教师为学生创造相互合作的学习环境。从学生活动任务单的反馈来看,大部分同学完成情况较好,说明本次活动有效地提升了学生实践与创新能力,以及跨学科理解和应用知识的能力。

　　在活动实施过程中,教师对活动的设计尤为重要。要找到真实的情景,要在情景中挖掘真实问题,要给予该问题设计活动内容。教师既要兼顾夯实学科基础知识与基本技能,又要注重学科内容内涵与外延的构建,使活动既体现学科特色,又富含跨学科特色。同时,教师要在活动过程中增加学生的跨学科体验,引导学生多提出自己的想法与意见,减少对学生想法的评判,多一些归纳与总结。

◆ 课程方案 6-3

魅力滨江,点亮志向[①]
——杨浦高级中学"模拟政协"跨学科课程实施课程方案

　　为全面贯彻落实核心素养的培育,学校以双新课程改革的教育理念为指导,依据"德智融合、自主发展"的办学理念及特色,组织校内外优秀师资力量和可利用的校内外其他资源对学校跨学科进行统筹规划。以各类社会热点问题为主题,形成以实践和模拟为主的跨学科主题活动式课程,并通过理论学习和实践学习相结合的模式开展课程与教学。学生理论联系实际,应用多学科知识解决实际问题,以充分发挥跨学科课程在核心素养培育的重要作用,特编制杨浦高级中学"模拟政协"跨学科课程实施课程方案(以下简称《方案》)。本《方案》包括课程背景、课程目标、课程结构、课程内容、课程实施、课程评价、课程管理与保障七个部分。

一、课程背景

　　2019年11月2日下午,正在上海考察的习近平总书记来到杨浦滨江沿滨江栈桥察看黄浦江两岸风貌。习近平指出,这里原来是老工业区,见证了上海

---

① 本课程方案由上海市杨浦高级中学提供。

百年工业的发展历程。如今,"工业锈带"变成了"生活秀带",人民群众有了更多幸福感和获得感。人民城市人民建,人民城市为人民。在城市建设中,一定要贯彻以人民为中心的发展思想,合理安排生产、生活、生态空间,努力扩大公共空间,让老百姓有休闲、健身、娱乐的地方,让城市成为老百姓宜业宜居的乐园。

作为人民的一分子、国家未来的支柱,学生理应关注城市发展和人民群众需要并积极进行社会参与,在理论和实践中紧扣新时代生活旋律,紧跟新时代发展方向,在践行人民城市重要理念中培育对中国社会主义道路的认同感,激发爱国爱人民的真挚情感。因此,我校开展以"杨浦滨江"为主题内容的"模拟政协"课程。"模拟政协"课程符合双新课程改革的各项要求,又契合我校"致力于把学生培养为乐学善思,修德明理的终身学习者"的育人理念。

本课程在学校选修型课程建设中属于创新创造课程群,其核心活动是通过学生模拟和体验人民政协的提案形成过程。以公共政策或社会热点问题为主题,从理论学习到考察实践,再从具体实践升华到理性认识,最终形成提案。学生不仅能够关注民生、关注社会、认识国家,还能提升自身运用多学科理论知识联系实际进而分析和解决问题的能力,并体会中国特色政治协商制度的优越性,从而增强对中国特色民主的政治认同感。

政府政策依据方面,依据国务院《2020年关于普通高中创新育人模式》的指导意见,以及2017年出版、2020年修订的《普通高中课程方案》要求,"普通高中课程应坚持正确的政治方向,培养学生良好政治素养、道德品质和健全人格;坚持反映时代要求,关注学生个性化、多样化的学习和发展需求,着力发展学生的核心素养","把科学的质量观落实到教育教学全过程,打牢学生成长的共同基础,满足学生不同学习需要,进一步提高学生综合素质,着力发展核心素养"。"模拟政协"课程响应国家文件和指导意见,培育学生创新精神、理想信念和社会责任感、具备自主发展能力,进一步提升学生综合素质,促进学生全面而有个性的发展。

学校育人要求方面,学校始终坚持在办学中继承于漪老师提出的"德智融合"教育思想。即充分挖掘学科内在的育人价值,将其与知识传授、能力培养、素养养成相融合,真正将立德树人落到实处。在育人目标方面,学校致力于把学生培养为乐学善思、修德明理的终身学习者。"模拟政协"通过课内外模拟活动提升学生思辨能力与实践能力,学生乐于学习、善于思考,进而获得全面发展,在知行合一中培育学生的生命之魂。

国家素养培育方面,根据国家教育部发布的《中国学生发展核心素养》的文件要求以及新课标的教育背景,学生通过学校学习应具备能够适应终身发展和社会发展需要的必备品格和关键能力,而"模拟政协"作为一门包含社会实践的跨学科型课程,发挥着奠基作用。

二、课程目标

根据高中学生的学习基础和心理特征,经分析有以下发现:在认知层面,学生知道社会发展的一般过程和基本规律,知道人民政协的性质、地位、职能,部分在高一学年参与过"模拟政协"活动的高二学生,了解政协代表的履职流程。但是大多数学生综合应用知识的能力薄弱;在兴趣爱好方面,学生对社会热点有较高关注,对社会实践有较高热情和浓厚兴趣;在发展需求方面,经访谈,学生表示自身迫切需要建立对社会、国家客观实际的整体性认知,提升自身思维能力等综合能力需求度较高。

依据以上学情,本课程设置课程目标如下:

(1) 通过对杨浦滨江相关问题的发现、选择和研究,初步做到理论联系实际,能从多元角度提出问题、分析问题,养成尊重事实、注重研究、科学研判、全面思考的素养。

(2) 在小组合作的杨浦滨江实践考察活动中,发挥相互尊重的合作意识,提升自主思考和协同解决问题的实践能力。

(3) 通过"模拟政协"的角色体验,培育从关注滨江到关注社会的公民意识,增强参与社会公共事务的热情和社会参与的能力。

(4) 通过了解杨浦滨江的人文底蕴、现今建设与未来发展,进一步理解并认同中国特色社会主义道路和民主协商制度,自觉增进政治认同感并坚定文化自信。

按照《中国学生发展核心素养》所要求的"文化基础、社会参与、自主发展"三个维度,分别列出高一年级学生和高二年级学生的分层目标,力求由纵向与横向共同发展,渐进式达到课程总目标(表6-19)。

表6-19 "模拟政协——杨浦滨江系列主题"课程的具体目标

维度	整体目标	高一年级	高二年级
文化基础	知道百年杨浦的红色历史,进一步学会读懂城市、欣赏城市;学会并熟练运用调研方法;形成理性思维,培育科学精神。	学会关注社会和身边事、欣赏城市底蕴;学习并初步使用调研方法,对调研结果进行归纳与整理。	热爱滨江文化,学会主动发掘历史文化;熟练使用调研方法,并对调研结果进行理性分析,学会透过现象看本质。
社会参与	养成现代公民所需的社会责任感,增强对国家的认同感;解决问题时具备创新精神;在活动中提升实践能力。	能全程参与到实践活动之中;在教师引导下,能依据实际初步提出具有可行性的观点/方案;体会我国民主的优越性。	在实践活动中发挥积极引领作用;根据背景资料和调研情况提出有效建议,撰写全面、合理、有创意的提案;增强对国家和民主制度的政治认同感。
自主发展	有良好的自我管理能力;培养有效应对不同情况的应变能力;有积极的团队合作意识。	学会与小组成员有效完成任务;成员之间有效沟通;学会初步的时间管理和任务规划。	在团队中的分工任务完成度高,能合理安排个人时间;活动中乐意帮助其他成员、乐于倾听成员意见;愿意主动承担更多任务。

三、课程结构

本课程是以杨浦滨江为主题内容、模拟政协为形式的跨学科主题活动式课程。本课程设计三个主题内容,均来自杨浦滨江。在实践性的学习活动中,帮助学生发现问题并在思维广度上全面观察分析问题、对问题进行梳理和提炼,进而履行参政议政职能提出解决问题的建议,最终完成提案。学生在课程中自身各项能力和素养有层次地递进,由一开始的教师全程指导逐步转变为老生指导新生、教师辅导,以师生互动与生生互动的学习模式促使学生成为积极能动的学习者与指导者(图6-9)。

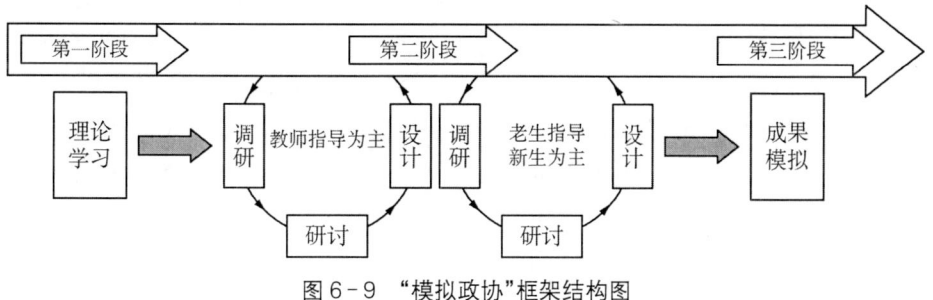

图6-9 "模拟政协"框架结构图

四、课程内容

（一）内容筛选的具体要求

1. 立足区域特色与社会现实

杨浦滨江是中国近代工业的发祥地，由于杨浦滨江的工业背景，此地拥有丰厚的红色文化资源和遗留的工业厂房。其地理位置拥有丰富的水源，使其形成了美丽的江边风景线，成为杨浦区雨水花园建设地。将杨浦滨江拥有的特色资源与当下"工业锈带"向"生活秀带"转型的建设方向相结合去选择课程内容，让高中生作为青年学生真正走进社会大课堂，学会一切从实际出发，将理论知识反哺到实践中去。

2. 立足兴趣爱好与认知水平

"模拟政协"课程内容每学期选择公共事件或时事热点为定向主题，本学期为杨浦滨江系列主题内容。此外，也关注学生自身兴趣点，学生可利用课余时间选择其他感兴趣的主题自主进行研究。在杨浦滨江系列主题的"模拟政协"课程中，统筹高一、高二学生整体学情，以此为依据，选择符合认知水平的内容以便开展活动。

3. 立足情境模拟与实践研究

本课程选择让学生在"模拟政协"的课堂活动中切身体验人民政协履职规则与程序，作为"政协委员"职责在于关注民生、关注社会从而进行"参政议政"，学生进行模拟所选取的内容须便于学生开展实践研究，从而让学生深刻理解我国人民政协是民主协商的重要形式及其优越性，才能对我国民主制度产生高度认同感和制度自信，增强主人翁意识。

（二）课程学习单元的设计

根据中国学生核心素养三大维度的要求，并基于重点高中学生的认知水平、兴趣爱好和自身发展需求，围绕一个大主题"杨浦滨江"进行各个小主题的单元活动设计，制定出各个主题下的具体目标，并以此制定学生各单元学习任务评价表。在各学习单元中，学生通过理论学习、查阅资料、问卷/访谈设计、实地考察、方案研讨、撰写提案等活动形式，不仅深入了解滨江建设，更掌握社会参与的能力，使认同感自发地根植于心。这具备了跨学科课程整体性、丰富性和实践性的基本特点。

在"滨江空间"单元中，学生查阅杨浦滨江公共空间资料并进行实地考察，通过交流调研资料并集体研判杨浦滨江公共空间问题，运用多学科知识分析杨浦滨江公共空间具体问题，提升全面观察分析问题的能力和团队合作能力；通过研讨设计相应解决方案，培育从客观事实出发解决实际问题的科学精神；通过对方案进行初步论证，评估方案的可行性并进行优化，提升社会参与的能力，培育批判性思维和创新精神，增强全局观念和人民当家作主的意识。

在"滨江基因"单元中，通过查阅"红色印记""江边往事"等革命事迹，了解杨浦滨江的红色历史；通过研究"黄浦区·红色之旅"案例分析不同区域的红色文化特点，培育具体问题具体分析的科学精神；通过实地考察，以小组合作的形式共同绘制"杨浦滨江·红色记忆打卡路线"地图，提升团队合作能力及实践规划能力；通过撰写关于宣扬杨浦滨江红色基因的完整提案，培养政治参与的能力，并在实践中增强对中国特色民主的政治认同感。

在"滨江生态"单元中，学生查阅杨浦滨江近年生态环境规划，以经典案例"雨水花园"为例进行合作研究并实地考察，进一步提升实践能力和调研能力；通过交流研讨资料并集体研判杨浦滨江生态环境建设问题，通过小组研讨设计生态建设、环境优化方案，进一步提升运用多学科知识解决实际问题的科学精神；通过对方案进行初步论证，评估建设方案的可行性和适配度并进行优化，提升社会参与的能力和理论联系实际的能力，培育批判性思维和全局观念。

五、课程实施

（一）课程实施的要求

1. 坚持以学生发展为本的理念

跨学科课程尤其突出以学生为主体的课程理念，即围绕学生这个中心展开教学活动，课堂中凸显学生主体性地位，重视培育学生高阶思维方式、批判性思维和实践创新素养。"模拟政协"作为日常课堂的延伸和拓展，理应在学情基础上为学生提供展现个性特长的平台，教师作为引导者适时点拨、启发诱导学生，而学生身为主体探究者则在指导下主动发现问题并解决问题，从而成为课堂真正的主人与课程核心。

通过拓展类活动，学生能在实践中培育公共参与的能力，学生在思考中培育分析和解决问题的能力，最终能够勇于实践、善于表达、勤于思考、乐于思辨，增进对国家大政方针、社会民生的了解，从而增强政治认同感。

2. 采取丰富多样的教学策略和模式

在教学策略设计方面,课程主要运用文献研究及指导策略、合作与探究策略、演示与模拟策略、问卷访谈调研策略,通过确定实施策略,把实施原则转化为实施路径和方法,作为课程教学的参考和依据,最终落实核心素养。

(1) 文献研究及指导策略

本策略是指参考教师提供的相关官方网站、文献资源库等,学生按照选题核心问题整理并汇总资料,将其作为研究背景和解决问题的依据;提升学生全面分析和科学研判的能力。

(2) 合作与探究策略

本策略是指教师根据不同主题的研究需要,引导学生以小组形式到校外基地进行实地考察,在社会实践中启发学生发现问题;学生梳理调研资料并通过课堂讨论或思辨的方式进行深度探究,提升理论联系实际去解决复杂问题的能力和协同合作能力。学生在问题解决等方面形成实践能力、创新意识。

(3) 演示与模拟策略

本策略是指通过教师设置模拟的政协情境,通过演示常规提案和流程指导学生,学生则以模拟政协委员的身份进行各项活动,教师和学生能多角度、辩证地分析问题,学会合理地批判质疑,掌握理性思维方式,逐步提升表达力、协调力和担当力,并在了解中认同我国的民主协商形式,坚定中华民族伟大复兴的信心。

(4) 问卷访谈调研策略

本策略是指学生在教师指导下通过书面形式设计与主题相关的多角度题目,邀请被访谈者填写问卷或者就研究主题展开交谈,从中获取一定的样本量与调研材料,培育尊重事实、科学研究的科学精神。

在教学模式方面,所采用的教学模式为传递-接受教学模式、问题-探究教学模式和情境教学模式。学生要进行理论学习和实践学习两大模块,首先在老师指导下接受对人民政协和调研方法的系统学习,其次教师创设模拟政协委员的情境,学生独立自主地完成实地考察与调研,在实践过程中学生发现问题并在思维广度上全面观察分析问题、对问题进行梳理和提炼,进而履行参政议政职能提出解决问题的建议,最终达成共识、完成提案。

3. 构建灵活的修习模式

在修习时间和空间方面，由于课程聚焦一个"大主题"下设三个"小主题"，学生在课程中既包括学校学习部分也包括社会实践部分，因此在学习空间上从传统课堂走向社会大课堂，在修习时间方面则以学校拓展课堂为主，课余自修为辅。在修习方式方面，学生在课程中自身各项能力和素养将有层次地递进，由一开始的教师全程指导逐步转变为老生指导新生、教师辅导，以师生互动与生生互动的学习模式促使学生成为积极能动的学习者与指导者。此外，在修习主题方面，在"大主题"背景下，学生还可以自行制定除了定向小主题以外自身感兴趣或有专长的小主题进行自主修习（表6-20）。本课程给予学生充分的空间挖掘自身潜能并获得自主发展。

表6-20 "模拟政协"实施一览表——以定向选题"优化城市新地标杨浦滨江公共空间"为例

模块	活动任务	学习内容	主要目标	场所	学习时间
选题	选择研究主题	选定限定主题	1. 知道"模拟政协"的时代背景和课程特点。 2. 了解研究的主题方向，准备相应研究。	学校	1课时
研究	研究文件政策、发展背景；调研方法	人民城市发展理念；杨浦滨江整体规划；访谈设计	3. 知道人民城市的发展理念和杨浦滨江相关背景资料，让学生身为杨浦人关心杨浦事、身为学子耳闻国家事。 4. 熟练掌握实地考察法和访谈法这两项调研方法。 5. 学会一切从实际出发分析问题，科学选择方案并撰写提案，提升科学精神和公共参与的能力。	学校	4课时+自修学时
研究	实地考察			社会	4课时+自修学时
模拟	进行思辨交流，设计可行性方案	全面分析问题，科学解决问题		学校	4课时+自修学时
模拟	提交提案	规范撰写提案		学校	4课时+自修学时
注：其他定向选题和自主选题略，流程同上			其余每个主题皆为4课时+自修学时		
成果发布	展示学习成果公布优秀学员学期总结	学会评价	无	学校	2课时

(二) 课程活动组织

1. 课时安排

作为跨学科课程,在校内为每周1课时,总课时15课时。此外,设置学生自修学时为32学时。

2. 环境建设

学校依据跨学科需求配置校内文科创新实验室、LED液晶屏幕、电子手写板等电子设备,根据不同主题内容配置相应视频、音频、文献资源。此外,依据课程需要,积极联合校外实践基地——区人民政协、杨浦滨江等。

3. 具体安排(表6-21)

表6-21 课程设置及学分安排

校本课程	学科拓展课程			14+
	跨学科课程	自我成长课程		
		创新创造课程		
总合计			88	42—64	14+

(1) 学习对象:学生根据自己的需求和特长在学校选修课管理平台上选课,包括高一、高二学生,跨学科课程人数为10—20人。

(2) 学分设置:1学分。

六、课程评价

(一) 评价原则

跨学科课程是融合多学科的综合性教学课程,往往需要开展研究型、项目化、合作式的学习活动,学生则需要运用多学科知识和技能进行实际应用,最终落实核心素养的培育。因而在学生学习经历中,跨学科课程的评价是衡量核心素养获得程度的重要标杆之一,如何评价每位学生在综合性学习活动中的表现尤为重要。其次,建立完整科学的评价体系能促进任务目标的管理,学生能以此为引导更加积极能动有效地完成活动,教师则能排除主观因素进行公正客观的学习评价。本课程具体评价原则如下。

1. 过程性评价

以注重评价学生在整个课程中的变化为主要特征的价值判断。

2. 自主性评价

学生对自己学习过程的体验、知识技能的掌握、思维能力的提升等多方面进行评价,是一个自我监控、自我反馈的过程,发现自身长处与短板。

3. 激励性评价

在课堂教学中,给予不同层次学生的思维和行为表现以一定的激励或赞扬,促进学生进行更积极的合作交流,更深入的思考探究。

(二) 评价策略

1. 学生学习评价

(1) 强化育人导向,完善选修课程综合素质评价制度

学校制订学生综合素质评价实施方案,建立学生综合素质档案,指导学生客观记录成长过程,集中反映选修课程修习情况。选修课程任课教师充分利用记录材料,对学生成长过程进行科学分析,加强对学生成长的指导。

(2) 充分利用信息技术,创新选修评价方式

学校完善选修课程信息化管理体系的一系列规章制度,运用教育数据构建学生成长档案,初步形成指标体系,架构管理科学化和评价过程化的选修课信息化管理体系。

(3) 继承学校文化传统,尝试校本课程特色评价方式

学校尝试以特色奖励为办法,开展活动与开展评价相结合的手段,综合观察、交流、测验、实际操作、作品展示、成长记录、自评互评等多种方式,考查学生综合素质发展情况,把学生的德智融合、自主发展作为评价的重点,给表现优异的学生颁发"于漪奖章",力求达到全面提高学生综合素质的目标,通过评价促进学生全面自主地发展。

2. 教师的教学评价

(1) 建立多样化的评价方法

学校采用多样化的评价方法评价老师:针对不同选修学科的性质和特点,设计不同针对性的分类评价指标;通过各类调研工作,提出改进措施;适时邀请相关专家来校教学指导,对教师提出教学改进建议,教师结合评教情况自我反思,总结得失,及时调整教学方法和策略。

(2) 发挥教师教学评价的帮扶作用

学校为教师共同体开展有效教学评价提供必要的条件保障,创设一个气氛融洽的环境,构建较为完善的跨学科教研新模式,组织观摩、互相切磋,促进教

和研、师和生、传道和授业乃至不同教学方法的协同。

3. 对学校课程的评价

学校课程评价是以学习为中心的课程分级评价，包含四个评价维度：课程管理、课程设计与开发、课程实施与发展、课程反思与调整。学校结合教育教学的实际情况，选取评价的观测点，将其细化为分级评价标准，实现学校课程的分级评价。

（1）课程管理评价

教务处、各教研组负责人定期分别对课程设计、课程实施和学生的学习情况进行评价。重点关注课程管理组织的设置与运作、课程选用教学材料的审核，健全、有力的管理机构和一套完善的管理制度是学校进行选修课程建设的前提与保障。

（2）课程设计与开发评价

课程设计与开发是保证课程质量的重要环节。在学校层面课程设计的框架下，对校本课程进行设计与开发时，注重课程价值、课程目标、课程内容和课程评价方面的内容与评估。

（3）课程实施与发展评价

课程实施与发展是课程建设的关键环节，也是一个发展、变化、生成的环节。学校强调用发展的眼光对教师的课程实施与发展进行评价，其评价结果用于对教师学校课程教学工作的考核。

（4）课程反思与调整评价

根据对课程的评价结果，对校本课程进行动态性、小步调的调整，在课程目标上逐步探索国家高中育人目标、学校课程目标三者之间的最佳联系点与实现路径，通过对课程的逐步迭代改进，稳步提升课程质量，实现课程的育人价值。

七、课程管理与保障

（一）管理架构

本课程由校长、分管教学的副校长总负责，学校教务处、德育室、科研室、总务处组织实施，形成以学校教师为主，教研员、校外专家、教育技术人员为辅的课程实施共同体，协同开展跨学科课程（图 6-10，表 6-22）。

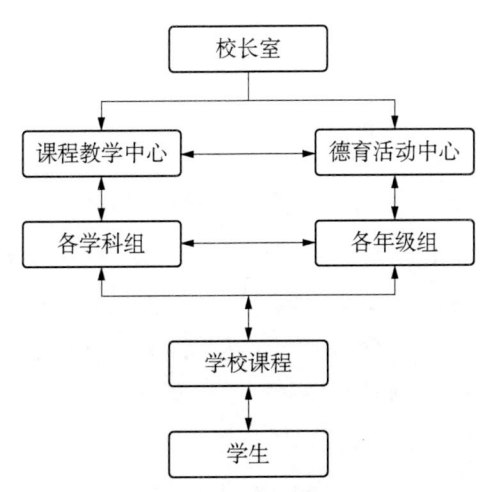

图 6-10　跨学科课程建设组织机构

表 6-22　各组织机构的成员构成与工作任务

组织名称	组织成员	任务简述
课程领导小组	校务委员	负责学校课程规划的顶层设计、过程管理及建设经验总结，发布校本课程开发指南等。
课程审议小组	课程专家、学科专家、教师代表、学生代表和家长代表	负责学校课程规划方案的审定、校本课程的课程纲要的审议，并决定教师申报课程是否立项等。
课程咨询小组	市区专家、社区共建单位、家长与学生代表	负责课程资源信息的提供、课程需求信息的提供以及优秀课程的遴选等。
学生选课指导小组	分管校长、教务处、年级组长、教研组长、备课组长、班主任	负责制定全校统一的各项学生选课具体政策，提供学校详细的跨学科课程安排，为学生选课提供指导。
学生学分认定小组	分管校长、教务处、跨学科指导教师	负责制定学分认定标准和程序，为每个学生建立学分档案。

（二）师资培训

充分发掘校内外教育教学资源，充分激发教师主动参与跨学科课程建设改革。认真抓好校内校外两支队伍：一是稳定的校外专家、学者资源，不断扩大和优化导师团队伍；二是充分鼓励和发挥本校教师在跨学科课程实施过程中的作用。在有机整合校内与校外互相配合的教师队伍的过程中,促进我校教师队伍教学观念的更新与业务素质的发展。结合于漪教育思想,加强师德教育和教学业务研训,提升教师教学理念和专业水平,全面提高跨学科课程的实施质量。

(三) 资源保障

根据课程实施需要,配齐专用教室与场馆,保障各类跨学科课程的开设。创设良好的课程实施环境,提供足够的教学、图书资料、设施设备及耗材;进一步开发学校网络系统,为提高课堂教学效益提供更好的环境,促进课堂教学方法与模式改革。在学校原有的各类市级创新实验室建设的基础上,逐步开展学习空间重构的规划设计、建设实施和应用研究,将先进的教育思想、办学理念、科学技术融入学习空间建设,构建以学生为中心,融合学习活动、空间设计和技术装备于一体的新型学习空间,形成关于学习空间重构的典型案例和经验。

◆ 典型课例 6-3

建言滨江空间[①]

杨浦滨江是中国近代工业的发祥地之一,也是一个有着光荣革命传统的区域,是上海市"城市记忆"的重要部分。但是学生大部分学习时间在传统课堂中度过,缺乏一定的社会经验,身为杨浦人却对此知之甚少,较少关注身边人、身边事,可谓是"两耳不闻窗外事",从而影响了学生对于经济社会的实际认知。

一、突破传统课堂,学生自主发展

跨学科课程的主题探究活动应该是多样化的,它打破了传统的课堂活动空间,也突破了传统课堂中单一学科知识学习与应用的局限。它是对单一知识型课堂的拓展与延伸,使理论与实践相结合、课堂与社会相结合,使学生能通过各种形式走进生活大课堂或社会大课堂,进而培育核心素养。

二、打破学科壁垒,探索滨江活力

学期课程整体围绕"杨浦滨江,人民城市"开展的"模拟政协"系列专题活

[①] 本典型课例由上海市杨浦高级中学许天韵提供。

动,教师在本节课中将结合地理、历史和政治学科,从现实实际出发,以"滨江空间"为主题,让学生自主查阅国家对于杨浦滨江的顶层设计,充分探索、挖掘杨浦滨江的工业遗产、红色历史、非物质文化遗产等资源,引导学生运用多学科知识剖析存在的问题及其原因。通过模拟政协委员讨论,学生发表持之有故、言之成理的见解并提出可行的解决对策,科学选择方案并表达其对社会发展的意义和影响。

活动主要让高中学生在"查阅—探索—实践—研判—设计"的过程中以多样的视角去探索如何通过优化滨江(城市)公共空间,从而让人民有更多获得感,为人民创造更加幸福的美好生活。通过分解核心问题,形成了以下问题链(图6-11)。

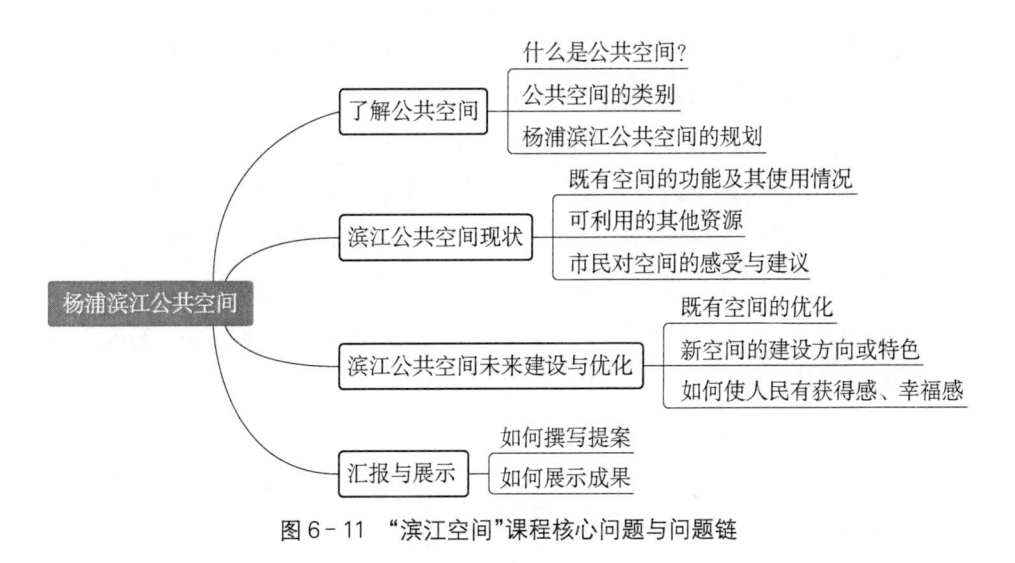

图6-11 "滨江空间"课程核心问题与问题链

(一) 学习结构图(图6-12,图6-13)

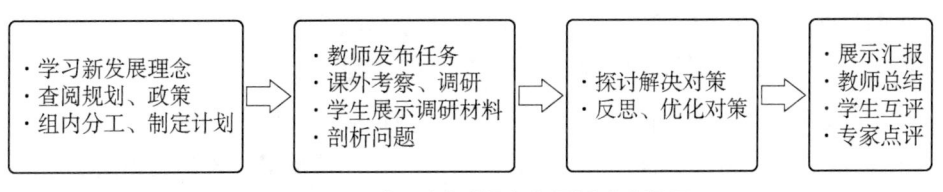

图6-12 "滨江空间"课程主题活动流程图

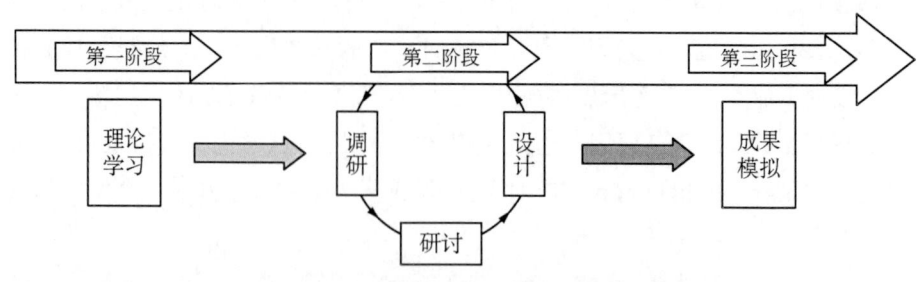

图6-13 "滨江空间"课程实施结构图

（二）关键过程与学生学习表现

教师们根据主题和学习目标，针对学习对象的认知水平，设计了几个核心问题，即"了解公共空间""滨江公共空间的现状""滨江公共空间的未来建设""汇报与展示"。在此过程中，教师创设模拟政协委员的情境从而激发学生自主探究的兴趣，学生自查查阅资料并通过小组合作完成实地调研与考察，在全面了解实际情况后履行参政议政职能，这有利于学生在思维广度上全面看待和分析问题。模拟政协委员们在引导下提出、修正并优化提议，使现实与情境接轨，进行深度思考后提出更加具有现实性、可行性的方案，更好地作为模拟委员履行职能。模拟政协委员最后展示活动录制的指导视频，以便调动学生的积极性、主动性和创造性，依据指导建议更加有序、规范地履行撰写提案的模拟政协委员职责。

1. 学生自主探究，从话题向问题转化

教师依据高中生发展需求选取社会热点话题"人民城市，塑造杨浦滨江公共空间"，教师教授调研技能。随后教师带领学生进行实地考察与调研。学生在实践中要通过观察与调查区域并且收集充足的材料，随后对问卷数据、访谈信息进行分析与梳理，根据生成的图表或访谈记录分析其背后的本质问题，进而进行问题归类，结合所学多学科知识归纳总结出共性问题。

2. 加强任务与情境的匹配度，促进学生讨论探究

"模拟政协"课程是在学生模拟政协委员履职尽责的情境下进行的，因而教师设置的主题任务是撰写一份具有科学性、可行性的提案。教师运用演示法展示人民政协的现实提案，进而引导模拟政协委员们修正、优化提议，使现实与情境接轨，引导学生进行深度思考，提出更加具有现实性、可行性的方案，更好地作为模拟委员履行职能。为了加强完成提案的情境感，教师还邀请政协委员录

制指导视频并展示给学生,在调动学生的积极性、主动性和创造性的同时,学生依据专业的指导建议更加有序、规范地履行撰写提案的模拟政协委员职责。

教学片段:

师:请各位同学阅读由大连市人民政协提交的一份同样关于城市建设的提案。

(学生认真阅读)

师:现在请一位同学说说现实中的政协提案具备怎样的特点?

生:可行性高、详细具体。

师:从哪些方面看出来的呢?

生:在对策部分,政协委员提出民生事项"掌上办"和企业事项"码上办",并对这两个APP进行详细介绍。

师:回答得真好。那么就请各位"小委员们"仔细对比,找出模拟提案相比现实提案的不足之处,然后进行反思并讨论,做到优化与完善!

生:好的!

3. 组组交流互评同,促进自我反思

教师运用案例示范,即展示人民政协的现实提案,让学生通过对比进行实时的初步自我反思,从而解放思想、实事求是,并对方案进行优化,发表持之有故、言之成理、更具可行性的见解,以此培养学生的科学精神素养、提升公共参与能力。

教师引导各组的学生代表对其他组的方案提出个人见解,通过组组互评交流对彼此方案的想法,促进学生接收不同的想法从而再一次进行反思,增强参与公共事业的幸福感和成就感,进而提升对构建人民城市的国家政策、对我国发展道路提升政治认同感,培养身为我国公民的主人翁意识和责任感。

教学片段:

师:听完各界别组的方案,大家再仔细研读一下,可以发表自己的看法。

(学生认真研读、思考他组方案)

师:现在请一位同学说说,你对他组"政协委员"的方案有什么想法?

生1:我认为刚刚提到的开发公共空间打卡小程序的想法很好,但是会不会面临参与度较低的问题,是否应该进一步提升宣传力度……

师:那么这组委员认同这位委员的建议吗?

生2:部分认同!这位委员的出发点是好的,但是过于理想化……

(生1与生2进行了一番激烈辩论)

师:回答得真好。那就请各位"小委员们"博采众长、取长补短吧。反思并讨论,优化与完善!

生:好的!

(三) 实施效果与反思改进

在传统课程学习中,成绩是唯一的评价标准,而本节课作为跨学科课程,注重评价学生在整个课程中以成长变化为主要特征的价值判断。同时,学生对自己学习过程的体验、知识技能的掌握、思维能力的提升等多方面进行评价,是一个自我监控、自我反馈的过程,发现自身的长处与短板。

首先,本节课采取多元主体的评价方式,学生、教师共同参与评价,同时邀请政协委员对学生活动进行评价。其次,采用档案袋评价方式,即档案袋以主题为单位收集过程资料(如调研资料、照片、课堂笔记和提案等),并进行合理的分析与评价,以反映学生在学习与团队活动过程中的学习情况、进步程度或实现目标情况。此外,教师还根据评价内容和相应的教学目标确定评价标准。为了更好地在课程中对学生进行表现性评价,将评价标准进一步分解为评价指标,并对评价指标进行分级,构建规范的评价量规(表6-23,表6-24)。

表6-23 综合评价量表

观察维度	评价指标描述			评价主体			评价结果
	优秀(A)	良好(B)	待改进(C)	自评	互评	师评	
课程参与度	积极参与活动/讨论、团队会议或独立时间,并有保持专注和抵御大部分干扰的能力。	在多数的活动/讨论、团队会议或独立时间能保持专注。	在多数活动/讨论、团队会议或独立时间无法保持专注,无法抗拒分心。				
团队表现 执行力	能积极主动自主地完成所分配的任务。	能完成一些任务,但需通过提醒。	无法按时完成任务。				
团队表现 合作力	能帮助团队解决问题并管理冲突;尊重队友,也能婉转表达不同意见。	有时会对他人施以援手;尊重队友的观点,对待队友礼貌友善。	无法给予团队及时帮助;无法听取或接纳队友的观点。				

(续表)

观察维度		评价指标描述			评价主体			评价结果
		优秀(A)	良好(B)	待改进(C)	自评	互评	师评	
提案评价	完整度	提案内容契合主题、结构完整。	提案完成度较高，内容比较明确。	未完成完整的提案。				
	方案质量	提出全面、有效、合理的观点/主张，该主张展示了对主题/任务的深入理解。	观点/方案较为清晰，能突出重点，但缺乏更全面科学的思考。	提出无效的观点/方案，与主题/活动任务理解有偏差。				
方案论证		能描述解决方案与问题之间的一些关键逻辑推理关系，并说明其现实合理性。	能描述解决方案与问题之间的一些逻辑推理关系，但没有找到核心点。仅能说明一定的合理性。	不能描述某解决方案与某问题解决之间的逻辑推理关系。				
展示效果		能在展示信息、论点、观点或结论时做到清楚、简洁、有逻辑。也能清晰完整地表达不同或相反的观点；台风稳健自信。	不能总是做到简洁或有逻辑，尝试提出不同或相反的观点，但不是很完整；台风较稳。	在展示信息、论点、观点或结论时冗长或无逻辑，论点缺乏支持性证据；展示时出现不自信不镇定的表现。				

说明：至少三项(含)"B"及"B"以上等级可获得本课程学分，否则考核不通过、不予学分

表6-24　学生成长档案袋明细表

20＿＿学年　第(　)学期　主题：＿＿＿＿＿＿		
年级：	班级：	姓名：
材料名称	提交情况(√或×)	质量等级(A-B-C)
问卷设计/访谈设计		
课堂活动笔记		
提案(仅提交个人分工部分)		
其他资料，如：考察照片、课堂体会等		

三、聚焦思维发展，挖掘教育深度

在本课程中，由于"跨学科"的性质而呈现出独具特点的要求，学生需要锻炼知识整合能力、跨学科应用能力并提升真实情境中的问题解决能力，更重要的是活动过程中高阶思维能力的培育，学生将成为学习真正的主人。

（一）开展实地调研与合作探究的活动模式

在本次主题活动中，教师组织学生通过实地调研、合作探究的方式有效地去发现问题并解决问题。整个活动过程突出了团队的作用，教师有意识地引导学生养成合作探究的学习习惯进而提升沟通能力和合作能力。

在调研准备工作中，能认真接受教师对于问卷设计、访谈纲要设计的建议并在引导下进行明确分工；在调研过程中，学生们在老师的陪同、鼓励与支持下逐渐克服社交恐惧，积极开展资料收集；调研结束后，分别根据各自分工梳理资料。可见，在实地调研的活动部分，学生不仅表现出了浓厚的活动兴趣，还提升了自主活动的主动性、积极性。在课堂活动部分，重点则是需要学生通过合作探究活动提出具有可行性的对策。

（二）坚持学生的主体性与教师指导性相结合

高中跨学科课程关键在于高中生有没有真正地成为课堂中的思考者，拓宽思维维度与深度。所以，在课堂活动部分，教师的作用应该是"抛砖引玉"，而学生则身为活动主角在引导下掌握方法、学会思考、表达展示。

在跨学科课程中，教师不仅是活动的参与者、学生的合作者，更应是组织者和引导者，需要教师及时提出要求去指导、规范学生的探究过程。如果没有摆正教师的具体作用，学生不仅无法真正实现相应的目标进而影响到后续活动环节的进程，更会影响其思维的进阶。教师应积极改进、不断精进，做到在探究教学中，教师作为引导者适时点拨、启发诱导学生，而学生身为主体探究者则应在指导下主动发现问题并解决问题，培养全面观察分析问题、具体问题具体分析的思维。跨学科课程让笔者深刻地认识并实践了教学观上的转变，以教师为本的观念应当转变为以学生为本，应该让学生成为思考的主角、发挥主体性作用，但同时也不能完全放任自流，否则会影响素养目标的实现。

（三）实行多元的评价体系

目前的活动评价通过教师赋分、组员互评赋分、跨组评分、自我评分、出勤率相结合，生成学生最终评分。采用生生互评、教师评价方式相结合，强调的是能够科学完整地评估学生的合作力、创新力和实践力,对课题的反思力、对研究成果的表达力、对研究内容的优化成果。但笔者认为还有值得改进之处,为了排除其他干扰,可以选择将教师评价、组组评价、自评这三者与组员互评分离,后者可以采取现场匿名评价以保证真实性与公平性。

高中生在跨学科课程中能打破学科局限,突破以往单一学科知识分析事物的思维定势,学会多角度分析事物并将理论应用到实际中去解决问题。同时,"模拟政协"的形式使学生走进社会大课堂,在社会实践和思考研判中认识国家、关注社会,从而形成科学全面的世界观、人生观和价值观,学生将最终成长为拥有高阶思维能力和具备关键品格的合格公民。

启思

第七章

跨学科课程的杨浦启思

正如前文所述,我们通过区域跨学科课程的整体设计,以及不同学段的课程理解、实践方案和典型样例的呈现,用文字大致绘制了杨浦区探索跨学科课程建设的景象。但是,跨学科课程是一个庞杂且深远的动态体系,其构建与研究远不止这些内容,更关键的是内容之间还存在着类似牵一发而动全局的作用与效能。

因此,还有很多问题可能在跨学科课程的持续构建与研究中或温和地产生,或激烈地爆发,或迭代,或延展。比如,跨学科教研活动的开展、跨学科学习资源的转化、跨学科课程构建的技术、跨学科作业设计的挑战,以及学校跨学科课程体系建设等。

我们直面这些问题,尝试寻找适切的解决方法。

我们创设以"学习、研究、实践"为行动整合的主题研修,采用"概念输出—实践研修—资源推送—案例验证"的研修机制,建构跨学科课程教师研修活动的新样态。在展望跨学科课程未来的同时,我们也回顾跨学科课程产生与发展的历程,剖析跨学科课程的内涵,描述跨学科课程的特征,转化跨学科课程的资源,丰富跨学科课程的作业,既加强教师对跨学科课程的认识,也助力教师对自身跨学科意识与能力的提升与修正。

我们直面这些问题,也在自我启思中不断前行。

第一节 | 跨学科课程体系建设的实践模型

如果学习的学科过于割裂,学生将难以理解各学科间的联系。在不断聚焦与推进核心素养的今天,学科整合将成为有效提升学生面对真实问题的判断和解决能力的关键之一。

跨学科课程是教育领域谋求课程整合的具体行动体现。跨学科课程体系的建设是课程与教学在稳定生长中得以发展与突破的必要举措。所以,跨学科教育正成为深化教育教学改革、推进教与学方式变革、培养学生创造性解决问题能力的重要抓手。

切实落实新时期跨学科教育的要求,需要学校提供给学生真实且具象的学习与体悟。课程体系建设是化解点,需要学校对既有课程体系做出系统有序的调整。因此,跨学科教育应当清晰地反映在学校课程体系中,成为其核心内容之一。

一、结构与分析

跨学科学习强调学习者以合作方式提出并解决复杂且有意义的问题,从而学习隐含在情境背后的科学知识,形成解决问题的技能和自主学习的能力[1]。

学生阶段的跨学科学习是今后面对真实社会复杂问题的学习化演练。所以,跨学科课程体系应以致力于学生的持续学习与终身发展为根本目标,其构建必须在不同学段、不同课程上保持协调与统一,各有侧重,循序渐进,以便长期有效。

跨学科学习的内容应聚焦不同学段学生的兴趣并尊重其学习特点。从义务教育阶段来看,小学阶段可开展学科弱化的主题活动,通过形象生动的情境

---

[1] 林多,陈伟炜,俞允,黄浩.基于问题学习(PBL)的教育方法思考[J].教育现代化,2019,6(13):151—153.

设定、简单但真实的问题解答,以达到对家庭、社会、世界等不同范畴的启蒙型认知。初中阶段侧重项目化实施,要引导学生能够达到规范科学地理解,形成必要的跨学科学习意识,以主人翁态度完成比较复杂的跨学科项目化学习,并促生其主动的认同感。高中阶段以课程方式开展,无论是意识观念、习惯能力,还是态度精神,都要以比较严格的标准落实,同时要给予科学严谨的评价。除此之外,不同学段的跨学科学习要存在衔接与传承,如使高的教育阶段的学习发生在低的教育阶段的基础上,形成深度递进与广度拓展,同时也必须避免学习的重复。

建立跨学科课程体系不是彻底颠覆原有的课程体系,而是在新的教育理念下做系统规划,稳步调整。这样,既能继续发挥已有体系的优势,还能使体系的转变更加自然贴切。其次,构建跨学科课程体系需要在已有课程体系中探索跨学科课程要素的生长点与整合点,在明确新课程体系指向的前提下,通过浸润式修整、再造与完善等方式落实契合跨学科的内容,在进一步补充与提升的同时促生新的课程要素,激发新的课程生命力。由此构建出更稳定、更具内涵的新体系。

建设跨学科课程体系,需要厘清学校原有活动、项目、课程中的关键要素与内在关联,并以此为基础,聚焦学生发展,由点及面地系统落实跨学科教育要求。由此,杨浦区构建设计了跨学科课程体系模型(图7-1)。

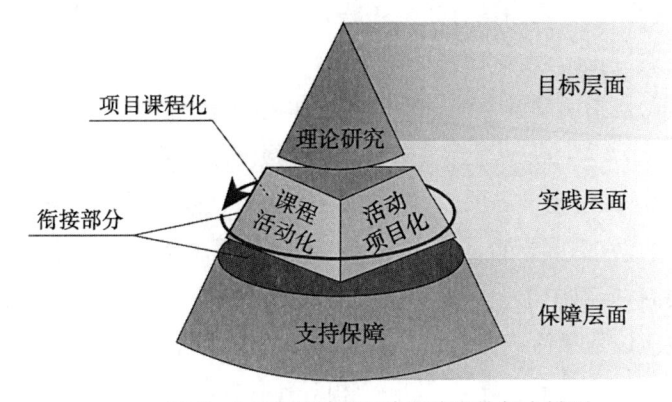

图7-1 跨学科课程体系建设的复合模型

该模型由目标、实践、保障三个层面构成,进一步可以分成理论研究、跨学科课程的活动化、跨学科活动的项目化、跨学科项目的课程化、支持保障等部分,交叉内容为衔接部分。

(一) 加强理论研究,聚焦课程体系建设的目标指向

芬兰教育拥有世界高质量教育体系的称誉,其学生在相对较少的课时学习下,仍在国际测评中展现并保持着卓越水平。芬兰在 2014 年提出的 7 项跨学科素养是其跨学科课程体系建设的重要目标指向。所以,构建跨学科课程体系首先要基于明确的核心素养。

核心素养是知识、情感、思维和态度的整体性体现。学生核心素养是指学生应具备特定的关键品格和能力以适应终身发展和社会发展的需求[①]。从另一个角度看,核心素养的整体性体现也弱化了各分科间的边界,并逐渐将它们进行一定效度的融合。

从实施表现的角度,跨学科课程可分为用分学科知识解决综合性问题、用综合性知识解决分学科问题和用综合性知识解决综合性问题三种基本类型。但就其共性而言,学生在不同阶段的活动实践、项目实施、课程学习中,均以学科知识为基本出发,以问题解决为实施路径,以实现育人价值为核心关键。从纵向上看,跨学科课程体系是一个学科复合的连贯结构。它聚焦问题,随着学生体验的增多,活动、项目、课程随之深化,学生的综合能力也随之提升,实现核心素养的真正生长与长期发展。

(二) 着力实践层面,激发课程体系建设的生长潜能

跨学科课程体系的建设重点在于核心素养目标引领下的实践层面。其中,跨学科课程、活动、项目之间具有递推关联,具体表现为跨学科课程的活动化、跨学科活动的项目化、跨学科项目的课程化。

这里的活动是指活动教学法。活动教学法之下,教师根据教学要求和学生获取知识的过程为学生提供适当的教学情境,根据学生身心发展的程度和特点,让学生凭自己的能力参与阅读、思考、讨论、游戏、学具操作等。这里的活动不仅是指肢体活动,更重要的是指学生自主建构的思考活动。对学生而言,肢体活动是必要的,但对中学生而言,内在的思维活动更是根本。外在肢体活动的最终目的也应该是激活或促进思维的活动。

项目教学是在老师的指导下,将一个相对独立的项目交给学生处理。信息收集、方案设计、项目实施及最终评价等,都由学生负责,并以学生核心素养的形成和提升为中心。一项针对杨浦区跨学科教师群体的问卷调查显示,约

---

① 庞珞珧.学生的核心素养及其培养[J].山西青年,2019(14):294.

35％和32.5％的教师认同课题研究与项目化学习最接近跨学科课程学习方式，而认同主题活动的教师约为10％。由此说明，很多教师至少在理论上认同了活动项目化的意义。这也源于将活动项目化能使活动的目标指向更清晰，操作实施流程更规范，并赋予活动更强的实用功能、更高的现实价值。

课程是某一独立学科的教学内容总和及教学进程安排。其中的学科概念是广义的，因此自成体系的跨学科教学内容与流程也属于定义中所指的学科。活动项目化使活动过程更规范、更有条理和更高效，项目课程化使项目在实施流程上更协调、更成体系，从而带来更好的教育效果。课程活动化是一个从整体到局部丰富和充实细节的过程。

跨学科课程实践可能会从课程活动化起始，也可能将活动项目化或项目课程化作为起始。这三个环节没有顺序的先后、层次的高低、地位的主次，任何一个环节都可以是起点，但没有任何一个环节会是终点。无论从哪个环节开始，最终必然会完整经历，关注不同维度的紧密关联，自然形成一个顺势衔接、动态递推、连贯发展的自然闭环。这是跨学科课程建设的使然，也是必然。

（三）搭建保障层面，夯实课程体系建设的持续稳定

杨浦区"双新"基础调研报告显示，"时间精力有限"和"激励机制缺乏"是教师开发跨学科课程所面临的主要困难。所以，跨学科课程体系的顺畅运作离不开保障层面的全力支持。

支持保障层面的内容包括硬件方面的学习环境、设施设备、教学资源等，以及软件方面的教师资源配置、教师队伍建设、教研合作机制、课程资源库建设、课程评价体系等。除此以外，还需创设家庭、学校、社会的协作机制使其更具整体性，以及设置专门的跨学科教育教研岗位来推动教师的实践和研究。通过以上这些人力及资源方面的统筹，再整体规划寻找突破口和落脚点，引导教师主动形成对跨学科教育的理解与实践意识，最终提升将跨学科教育积极融入学校课程体系中并常态开展的能力。

基于上述三个层面的功能，我们可以把保障层比作人的物质躯体，把目标层比作人的精神思想，把实践层比作人的创造性劳动和劳动方式，那么衔接部分则可以看作是待人接物的行为意识链。

（四）关注衔接部分，落实课程体系建设的内在勾连

跨学科课程体系各板块间的协同体现在衔接部分，具体表现为三个层面间和实践层面内部。

一方面是理论研究对实践过程的关键指导及实践过程对理论研究的必要反哺,另一方面是实践过程对保障措施的切实需求及保障措施对实践过程的有效支持。而在实践层面内部,密切串联课程活动化、活动项目化、项目课程化三个环节,形成环环相扣的自然过渡,则会最大程度促成跨学科课程体系的自然生成与良性发展。

新的国家课程标准要求学科教学中重视跨学科学习。为此,活动、项目与课程三种方式,必修、选择性必修与选修三类课程等不同维度的协同,是跨学科课程"融合实施"的关键。学校可在跨学科课程体系中建设不同主题的课程链或课程群,以模块化的方式促成协同,同时搭建学校与场馆、机构等的联通。在学校课程体系中提供课程、课堂与学习空间的对接口,形成支撑彼此啮合,体现课程建构的整体性。

二、思考与建议

跨学科课程体系是一个即时发展的动态稳定结构,构建跨学科课程体系远不止上述这些。同时,通过课程体系落实跨学科教育不可能一蹴而就,这一庞杂而系统的工作是学校在发展过程中面临的长期挑战。

(一) 提升教师的研究能力和教育素养

同样,来自针对杨浦区跨学科教师群体的问卷调查显示,有 62.5% 的教师认可"处理和解决真实问题的能力"是跨学科教学的主要目标指向之一。其余选项的选择情况是实践创新能力(17.5%)、信息提取与处理能力(12.5%)、知识的应用与迁移能力(7.5%)。这表明,多数教师能区分跨学科教学与学科教学在目标层面上的重要差异。但是,对于跨学科教学的实施条件,教师对教研团队的合作、激励机制或绩效管理制度、课时保障等内容的需求程度,远高于专业器材设备等的配备、自身学科背景以外的其他专业知识、学术类文献资料或其他专业资源等实践和理论研究层面的内容。由此,教师理论研究意识与动力不足的原因值得我们思考。我们首先做出假设:是否教师都已具备较好的理论研究条件和较高的理论素养,而导致了对理论研究的需求不大? 然而,几乎有一半老师又提出缺乏材料资源(57.2%)、时间精力有限(57.2%)、缺乏相关的专业知识和能力(54.7%)是跨学科课程开发的主要困难。更多教师希望在开发的技术、工具和样例等资源(63.5%)、专业开发团队(56.9%)、专家指导和专题培训(56.6%)上提供支持。这些足以说明,很多教师将理论研究能力的提升寄托于外在的实用性的保障层面的支持,而不是自身的主动学习与追求。

真实世界是复杂的,很多知识,尤其理科知识是历经千百年的人类成果,仅通过将各学科简单关联是肤浅的。从能力提升角度,我们不必超前学习,而一旦要解决一个未知答案的真实问题,超前学习往往又是必须的。这时的课程实施需要专业器材设备或应用软件,课程设计需要除自身学科背景外的其他专业知识、学术类文献资料或专业资源。所以,跨学科课程体系建设模型在目标层面上的理论研究要求是必须的。这一现象应基于教师研究能力和教育素养的提升。

(二) 强化课程体系内在的逻辑与结构

学科体系的形成源自其内在的逻辑结构,跨学科课程的设计也必须具备课程内各项目间的逻辑结构。"从未开发跨学科课程""参与但未主导开发跨学科课程"和"主导开发跨学科课程"的教师占比分别为 55.2%、40.5%、4.2%,由此可见,绝大多数教师缺乏对课程顶层设计的经验。所以,对教师而言,项目课程化是跨学科课程体系建设实践层面最具挑战的环节。教学设计是教师的常规工作,他们会在公开课教学或拓展研究型课程时,尝试用课程活动化或活动项目化等操作优化教学过程。而项目课程化是一个将课程内容从局部统整到整体的过程,更像是专家学者们的专长和应为,显得较为特殊。所以,跨学科课程体系建设模型给教师们提出了更高的要求。对于跨学科课程而言,教师不仅是课程的修饰者和实施者,更是课程的规划者和引领者,并以此加强课程体系内在的逻辑和结构。

(三) 凸显跨学科课程的整体育人功能

新课程政策证明,软化学科界限、寻求课程整合是核心素养视角下学校课程发展共同而突出的主题。素养导向下跨学科课程的开发不同于传统的将跨学科课程视为一种课程形态或组织方式,而是从思维方式变革的角度整体思考跨学科课程。因此,学校要从促进学生核心素养发展的角度思考跨学科课程体系的整体建设,将跨学科课程设计与学校办学理念、校训和培养目标等明确勾连,体现核心素养时代对跨学科课程设计提出的新诉求。

学校需要探索跨学科课程从无到有的开发过程和路径,研究跨学科课程的开发流程、基本要素、具体方法,关注跨学科学习任务的评价设计,构建跨学科课程体系。学校需要思考如何由散到聚地使原有课程转型为核心素养导向下的跨学科课程。在总结提炼既有经验的基础上,侧重探索跨学科课程的实施路径,如线上实施与线下实施,教师主导实施与学生自主实施等;探索跨学科课程实施的保障机制,如师资培养、组织重构、资源支撑、制度重建等。通过策略手段,优化实施过程,进一步完善跨学科课程体系,进而实现跨学科课程体系的从有到优。

当然,学校落实任何类型校本课程的本质,都逃不开学生学习时间的再分配。研发设计技术含量较高的跨学科课程,对教师而言是巨大挑战。因此,学校要落实有效的跨学科课程体系必然存在难点,但这些难点的突破更是必然。学校要引导教师更新观念、加强跨学科合作、提升跨学科能力,如鼓励不同学科间的教师合作,打造教师专业发展共同体,如针对现有学科课程的升级改造,又如对机构课程资源的校本化转型,并进行彰显校本特色的再造等。同时,学校还应该充分利用好课程设置与时间调配,提高与专业机构合作教学的效能,开展关注学生核心素养和终身学习的灵动的跨学科课程,使学校跨学科课程体系在稳定中动态发展、持续优化。

第二节 │ 构建跨学科教师研修新样态

跨学科课程育人是落实新时期教育变革的创新举措。当跨学科课程的开发与实施日益受到教育界关注的同时,自然也成为当今教师面临的巨大挑战之一。以跨学科学习与高阶思维发展为前提的跨学科育人不仅需要跨学科教师队伍,在很大程度上更需要跨学科教师具备跨学科知识与教学技能,以及相应课程设计能力。

由此可见,中小学教师的跨学科意识与能力亟需获得规范指导与提升。为此,以"学习、研究、实践"为行动整合的主题研修成为教师跨学科学习的突破点和生长点。

"学·研·教"主题研修引导教师自觉实现"跨界"组合,形成主动分享观念、提升课程设计水平、提高理论与实践融合能力,是跨学科教师队伍专业化发展的"应然"要求,更是"实然"要求。

一、"学·研·教"是跨学科教师研修的主要模式

教师围绕跨学科学习的课程理念、课程目标、实践流程、教学评价、实现条

件等,在跨学科课程实施充分结合具体课题的真实情境,采用"概念输出—实践研修—资源推送—案例验证"的研修机制。在分享优质活动资源的同时,通过征集、展示实验探究活动与感悟,以及教师撰写的个人、教研(备课)组或学校在资源利用过程的具体做法与成效,推动教师在资源开发与利用的实践案例验证过程中,围绕跨学科教学形成有价值的反思,切实促成跨学科教学理念的更新与教学方式的转变和终身发展(图7-2)。

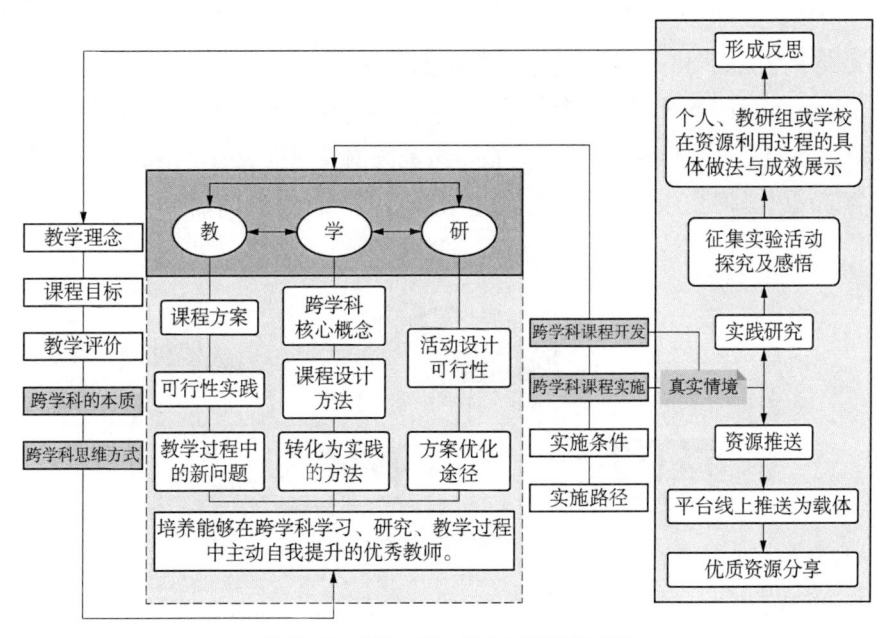

图7-2 "学·研·教"主题研修模型

二、"学·研·教"跨学科教师研修的理念与目标

"学·研·教"跨学科教师研修变单学科共同体为跨学科共同体,变被动接受为主动分享,变学科跨界为文化跨界,变单一目标为复合目标,变短时性触动启发为长程性系列支持。在着手于内容设计和评价参考等内容的同时,着眼于课程与教师的可持续发展,最终形成组团式合作、组合式活动、组建式成长、组网式发展等一系列创新经验,并着力实现"以共同体实践促教师终身发展"这一长远目标。

(一) 变单学科共同体为跨学科共同体

理论和实践都证明,教师要实现专业成长,必须以合作研修为基础。而事实上,各级各校亦在长期发展中形成了诸如学科教研组、年级备课组等较为固定的教师团体。这样的团体由同一学校、相同学科的教师组成,重点关注学校教学中本年级学生及教师的共同性和个别性问题,其模式属于"同校同科"的范畴。

然而,在"跨学科"教学的新形势、新背景下,这一较为传统和常用的教师研修共同体,其适用性显然不尽如人意。只有打破学科之间的屏障,才有可能"跨"出学科界域,真正走向学科融合。而"跨学科"教师研修共同体的构建,是转变研修方式、深化课程改革、促进教师发展的第一步,也是关键的一步。

为此,摒弃"同校同科"联动,采用"同校异科""异校同科"或"异校异科"的全新联动模式,由学习者与助学者在全区范围内共同形成跨学段、跨学校、跨学科的区域性学习型组织,以有效促进各学段、学校、学科间的交叉、融合、渗透(图7-3)。

图7-3 跨学科共同体联动模式

只有超越学段、学校、学科之间界限的教师,才能在实际教学中做到"瞻前顾后""左顾右盼",才能充分适切"跨学科"教学的目标意涵,满足学生综合发展的需要。

(二) 变被动接受为主动分享

当前,教师研修一直在提倡新观念,但是不少研修项目却仍然在实际中采取不符合新观念,甚至是与新观念相反的方式进行培训。例如,我们建议老师在课堂上鼓舞学生积极发言、发挥学习者的主观能动性,但在教师研修中往往只有专家在讲授,接受培训的老师则很少有机会能够参与其中。显然,此类基于"任务完成式"的研修方式,忽略了教师自身在职业经验中积累的价值,很难激发研修对象本身的参与愿望和实践热情。

为扭转由教师"被动参与"所带来的不利影响,可采用一种基于问题的"订单"式教师研修模式。

所谓"订单",即完全以教师实际需求为导向。比如,教师的切实需求为如何解决在"跨学科"教学中遇到的问题难点,更好地实现自身专业发展。我们以此为出发点,使用"订单"模式规划研修内容,既解决"被动"模式下研修与实际需求游离的问题,又有效提高研修的深度与广度。

同时,为使研修成为教师有意义的成长方式,除结合实际问题开展,还必须提供亲身体验场景,鼓励开放性交流,让教师从中学会倾听和反思,进行整合和总结,最终形成"个性化"的研修成果。

因此,采用以"研修"作为主要形式的多样化学习手段,强调受训老师自发参加、沟通交往、情景体会、深思分享,将受训老师已经拥有的经验、理论融合到研修当中。即,受训的老师不仅是受训者,更是积极的理论转化者和问题解决者。

而专家们则更多成为聆听者、评价者、问题解决的共同参与者。只有在这种模式下,在民主、平等、合作的研修共同体中,教师才能真正挖掘自身价值,将学习过程变成自主寻找突破口的过程,将原本枯燥的学习过程变成思维碰撞的过程,将被动的听讲变成快乐的分享过程,将完成任务变成生命自我实现的过程。

在此理念的指导下,本项目主要采取以下研修模式(图7-4、图7-5、图7-6)。

1. 项目式研修

分配任务 → 分工准备 → 集体合成 → 完成任务

图7-4 项目任务驱动促使教师主动成为问题解决的参与者

2. 四环节式研修

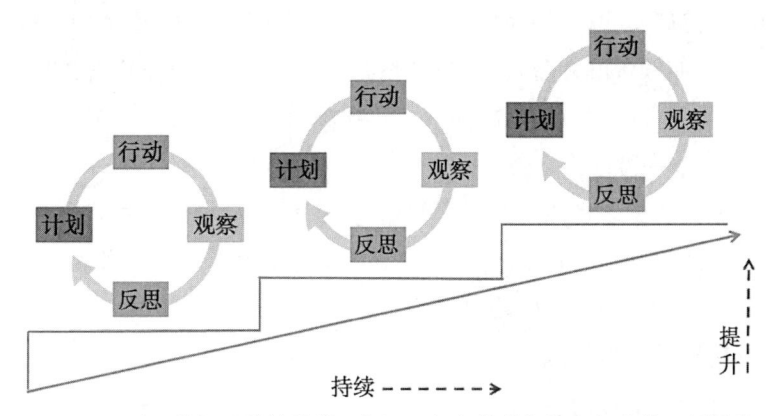

图7-5 对研修问题的持续学习与深入探究使教师能力与素养不断提升

3. 快乐分享式研修

图 7-6 民主、平等、合作的研修共同体使教师变被动听讲为快乐分享

（三）变学科跨界为文化跨界

当前，为适应"跨学科"教学的新挑战，各校虽然积极组织多学科共同备课、听课，甚至跨校组成跨学科研究团队，但范围始终囿于"教育"领域之内。

而跨学科教学从本质上只是育人的一种方式或途径，抑或为短期目标，其最终指向是学生用于解决实际问题的各项综合能力的总和。其实际问题必须是真实的，存在于实际生活的，源自社会现实发展的。

教师作为课堂与现实生活、学生与未来发展的关键链接点，势必要跳脱出当前学科局限，将眼光放到更大、更加实际的文化环境之中。小到学科文化、校园文化，再到专业文化、区域文化，大到行业文化、社会文化，只有在更大的"视界"和"世界"之中，才有可能实现自身专业领域的突破，才有可能进行系统化的综合课程设计，才有可能将教育教学工作真正对接现实社会的动态发展。

因此，可以"文化跨界"为理念上位，在"教师"职业之外，邀请到来自社会中不同行业、不同领域的专业人士，共同参与项目研修。以不同层次的跨文化共同体建设，为教师的"学科跨界"提供坚实支撑、有效助力（图 7-7）。

（四）变单一目标为复合目标

相比教师研修课程的主题、内容与活动而言，目标设计一直以来易被忽略。究其原因，往往是因为项目设计者心里对要将研修对象"带到哪里"是模糊的。为避免课程目标"大而无当"，或"形同虚设"，应从"成人""成文""成事"三个维度对目标进行思考与设定。

首先，满足研修对象的需求是研修项目的核心愿景与目标。通过多学科背

第七章 跨学科课程的杨浦启思

跨学段
小学、初中、高中等

跨文化
行业文化、区域文化、社会文化等

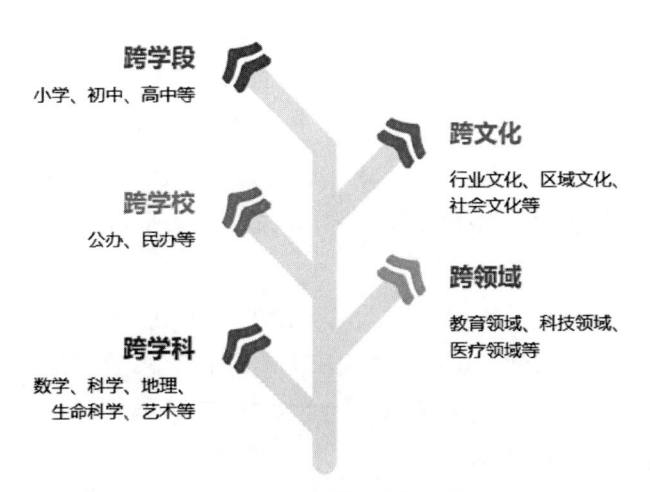

跨学校
公办、民办等

跨领域
教育领域、科技领域、医疗领域等

跨学科
数学、科学、地理、生命科学、艺术等

图 7-7 构建跨文化共同体

景的教师在一起研修,帮助教师实现理念转变、教学转型,持续提升课程意识、课程能力和课程建设水平,提升合作能力,实现教师专业发展,此为"成人"。

在提高研修人员满意度之外,一个高水平、专业化的研修,亦应当最大程度生成有效研修资源,既为当下研修对象服务,也为后续研修提供可持续发展的资源。因此,要通过任务驱动的方式,在提高研修人员主观能动性的同时,形成学习案例,成为研修的专业成果,此为"成文"。

通过多途径、多元素组合式的跨文化研修活动,项目参与人员围坐一起,探索共同聚焦的问题,能为国家课程校本化、校本课程特色化提供有实效的研究视角,从而提升学校综合实践活动类课程的内涵与品质,此为"成事"。

以上三个维度的目标相辅相成,互相促进与达成。通过教师研修共同体建设,既尊重共同体中每一位成员的专业发展自由,又注重实现团队、资源、学校的协同发展(图 7-8)。

成文
生成有效研修资源

成人
满足研修对象需求

成事
提升综合实践类课程内涵与品质

图 7-8 以研修课程目标引领内容设计与实施评价

(五) 变短时性触动启发为长程性系列支持

教师研修最忌的是思想上的"走过场",即教师在研修当下受到了"新视野""新理念"的触动,短时内自我审视后,对现存的某些问题有了一定的启发和改进的灵感,甚至能在"任务驱动"下落笔形成案例与反思。然而,在回到日常工作中后,却依然沿用"旧思想""旧办法",并未将研修所学融入教育教学活动实际,实现研修活动的真正价值。

造成这一被动局面的原因有二:其一,教师研修成果的转化需要一定"机制激励",才能更好提升教师实践创新的积极性与主观能动性;其二,教师在课程结束,后续进行自主的研修成果转化的过程中,不免有新问题、新困境,若无有力指导或帮助,转化易停滞或终止。

因此,教师研修可以设计、组织相关"系列"课程与活动,为成果的持续转化提供有效协助及展示交流平台。通过在"后课程时期"持续发挥研修共同体作用,进一步激活教师潜能,实现合力共赢,为教师终身发展,提供长程性支持(图7-9)。

图7-9 以相关"系列"课程与活动促进教师持续转化、分享研修成果

三、"学·研·教"模型的实践意义

(一) 有利于教师拓展课程视野

教师参与跨学科学习有利于最大程度地摆脱知识范式对个人能力发展的

束缚,聚焦核心素养的凝练,让深度学习真实发生。同样,跨学科教学也是超越单一学科视野,以现实问题的研究和解决为依托,关注复杂问题的全面认识与解构,关注研究方法与思维模式,引导教师的行为更贴近社会发展的需求。

(二)解决跨学科资源短缺问题

基础教育阶段的科学类学科对跨学科资源提出"适切""丰富"等具体要求,但现有活动资源稀缺且无法很好地满足教师开展相关教学活动的需要,教师需要通过自行改进与设计活动方案以解决这一问题。

如"初中科学跨学科活动方案的开发与剖析"课程,聚焦"科学类学科跨学科活动方案的开发与实施"这一主题,剖析课程开发团队前期设计的较为成熟的活动方案。研修者通过理论学习和实践感悟相结合的方式,经历跨学科活动方案的设计过程。通过活动方案的实施,调整与优化方案的合理性和科学性,并积极实践、思考、感悟,以达到提升跨学科意识与能力的目标。研修课程既提供了跨学科活动资源,也为教师自主设计跨学科活动提供关键工具和重要思路。

四、"学·研·教"可催生跨学科教师的研究共同体

(一)自觉实现教师跨学科组合

来自不同学校、不同学科背景、不同年龄阶段、不同爱好特长的教师进行"跨界"学习,突破自己原有的边界,围绕"学·研·教"开展跨学科教师主题研修,变单学科共同体为跨学科共同体。

在"跨学科"要求下,传统和常用的"同校同科"教师研修模式的适用性不尽如人意。只有打破学科屏障,才有可能"跨"出学科界域,真正走向学科融合。"跨学科"教师研修模式的构建是转变研修方式、深化课程改革、促进教师发展的第一步,也是关键一步。以"异校同科""同校异科",甚至"异校异科"的全新联动模式,由学习者与助学者自主形成跨学段、跨学校、跨学科的区域性学习型组织,将有效促进学段、学校、学科的交叉、融合、渗透。

(二)围绕主题展开跨学科研究

对学生而言,跨学科学习的实质是利用学科知识进行现实生活的观察和对真实问题的分析。例如用数学的眼光观察现实生活、用数学的思维分析思考现实生活、用数学的语言表达现实生活,并从中抽象出数学问题加以解决,再返回到具体的生活中。真正的跨学科不能脱离对学科知识的应用,不能因"跨"导致

忘了学科的根本任务。跨学科的实现，必须依赖学科的坚实基础。所以，教师的跨学科研修不能脱离学科本质这一主题。

以初中数学学科"比和比例"为例，主题研修设计了引导教师基于学科知识，融合劳动教育，培养创新创造能力的研修内核（图7-10）。

如"初中英语学科教师项目化教学"主题研修，将学科学习划分成人文、社会、自然、科学四个模块。其中，人文模块以"制定出国旅游攻略"为问题驱动，设计项目式学习内容，涉及英语的阅读和表达，地理、历史等学科知识，以及交际等相关技能（图7-11）。

五、"学·研·教"能提升跨学科教师的"课程领导力"

（一）"学·研·教"研修中的实践案例

"基于五育融合的学科项目化教学教师研修"是"学·研·教"主题研修内容之一。该研修引导跨学科教师将学习转向学科与专业支持并重的研究视野，既基于学科的独特性质，更关注学科间共同的育人价值表现。不仅基于学科特有的课程构架、过程策略，更重视优化学科育人成效共同的策略、路径和机制。研究路径既是学科的，也是跨学科的，开发的核心样例既具有学科独特性，又具有跨学科普遍性。培养学科教师以育人价值为优化教学基点、以创新能力为专业发展重点，从而获得跨学科的专业理解力，提升跨学科课程的思想力、设计力、执行力以及评价力（图7-12）。

（二）"学·研·教"研修中的教师成长

1. 形成主动分享的研修观念

中学教育过早的分科教学和细化教学，不能很好地发挥学生的综合学习能力。《中国学生发展核心素养》提出的素养是融合性目标，必须在融合性学习中才能实现。跨学科学习就是和其他人一起行动，在感受个人力量的同时，能够深切体会到与他人共在。跨学科学习中既要独立，更要合作。"学·研·教"研修中，变单学科共同体为跨学科共同体、变被动接受为主动分享、变单一目标建设为复合目标建设的教师行为，为教师观念转变提供强劲动力。

2. 提高理论与实践融合能力

"学·研·教"主题研修生成可应用的资源，形成可推广的案例，促成可发展的反思。教师深刻理解科学类学科的核心素养，提升跨学科意识与能力，不仅"收鱼，更获渔"。在实践活动中，教师从信息技术整合、实验探究内涵、教

第七章 跨学科课程的杨浦启思

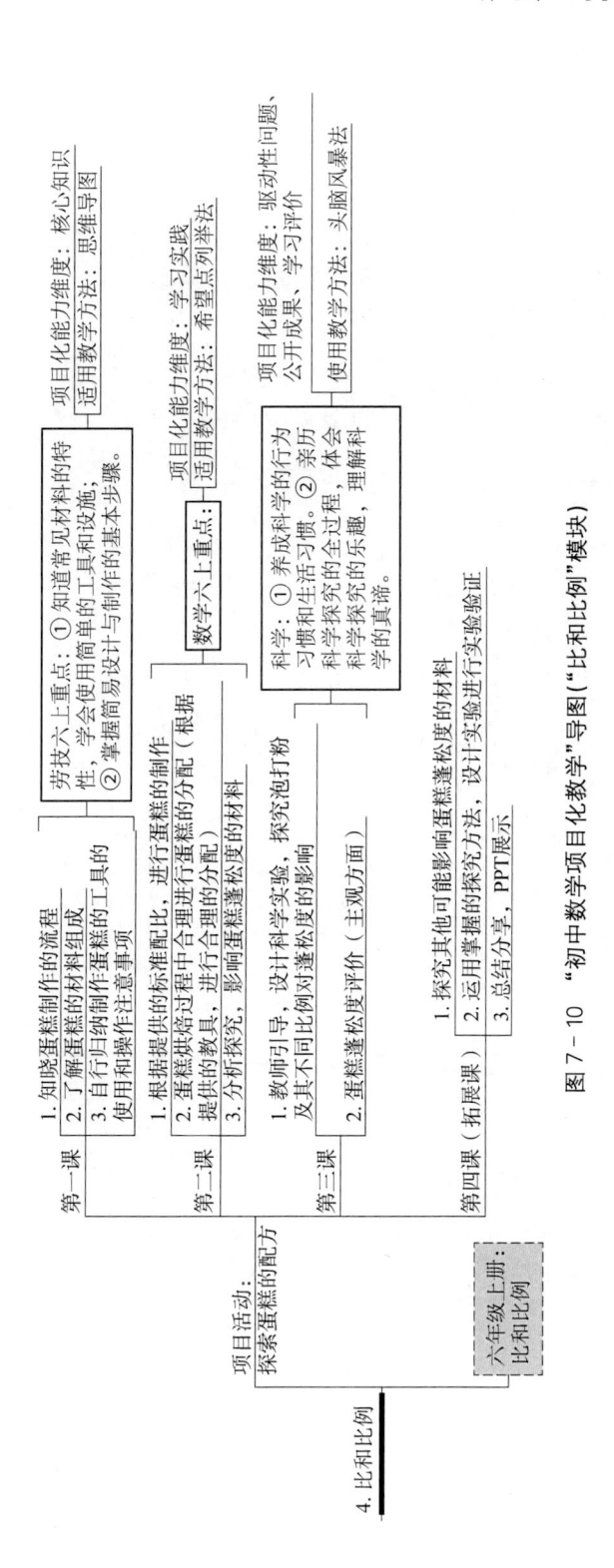

图 7-10 "初中数学项目化教学"导图("比和比例"模块)

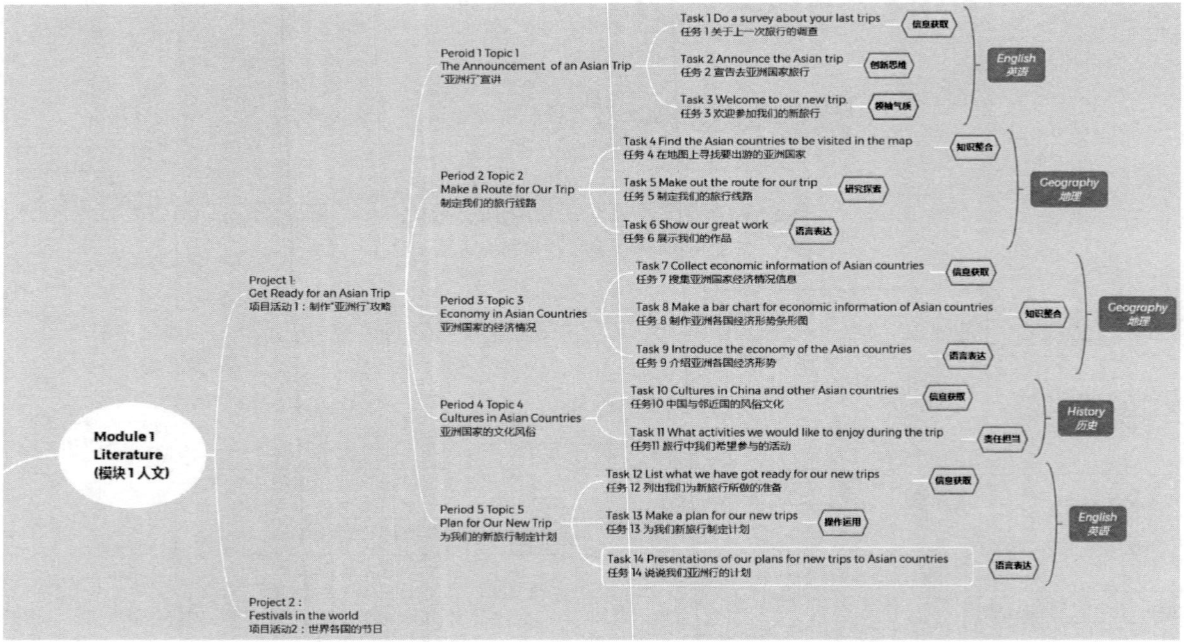

图 7-11 "初中英语学科教师项目化教学"导图(人文模块)

第七章 跨学科课程的杨浦启思

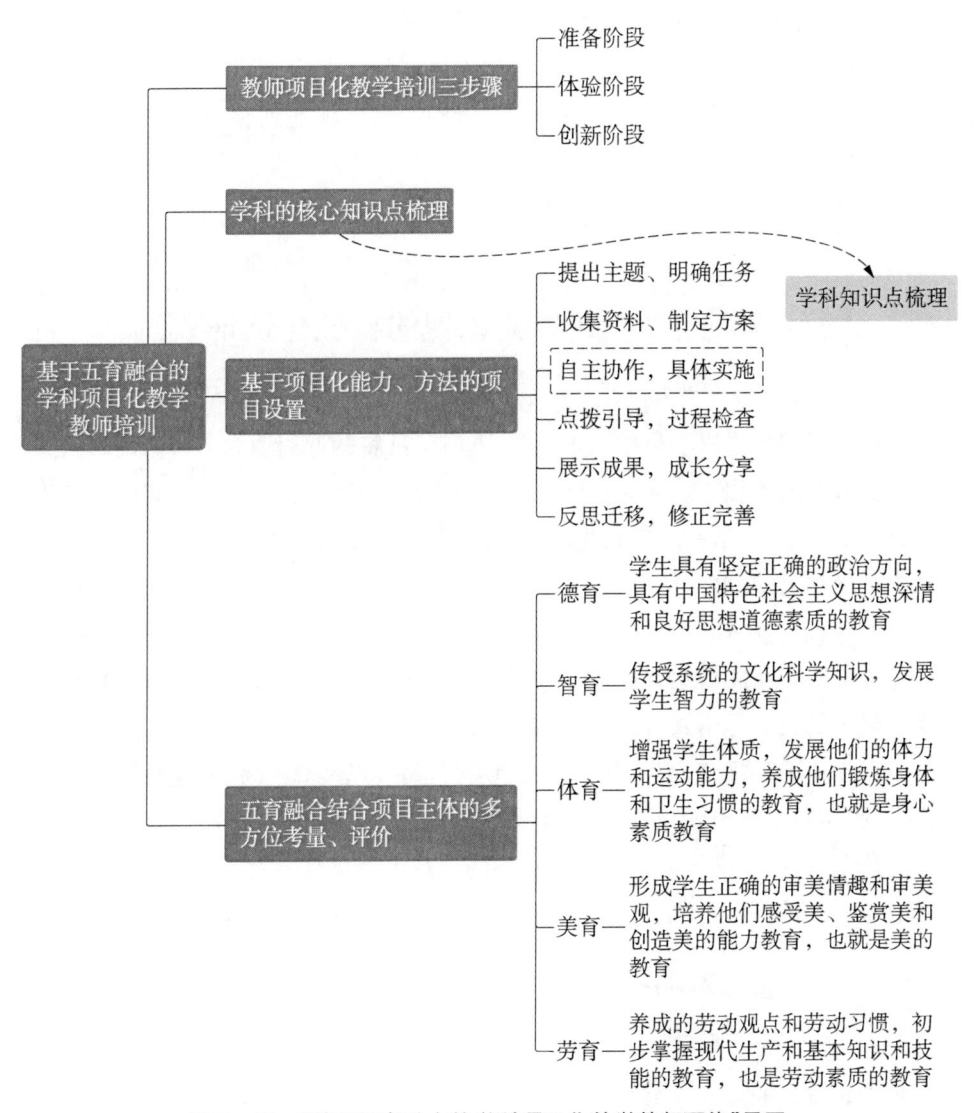

```
基于五育融合的学科项目化教学教师培训
├── 教师项目化教学培训三步骤
│   ├── 准备阶段
│   ├── 体验阶段
│   └── 创新阶段
├── 学科的核心知识点梳理 ┄┄┄→ 学科知识点梳理
├── 基于项目化能力、方法的项目设置
│   ├── 提出主题、明确任务
│   ├── 收集资料、制定方案
│   ├── [自主协作,具体实施]
│   ├── 点拨引导、过程检查
│   ├── 展示成果、成长分享
│   └── 反思迁移、修正完善
└── 五育融合结合项目主体的多方位考量、评价
    ├── 德育——学生具有坚定正确的政治方向,具有中国特色社会主义思想深情和良好思想道德素质的教育
    ├── 智育——传授系统的文化科学知识,发展学生智力的教育
    ├── 体育——增强学生体质,发展他们的体力和运动能力,养成他们锻炼身体和卫生习惯的教育,也就是身心素质教育
    ├── 美育——形成学生正确的审美情趣和审美观,培养他们感受美、鉴赏美和创造美的能力教育,也就是美的教育
    └── 劳育——养成的劳动观点和劳动习惯,初步掌握现代生产和基本知识和技能的教育,也是劳动素质的教育
```

图 7-12 "基于五育融合的学科项目化教学教师研修"导图

学研究精神等方面及时总结反思,分享心得,从行动上为其他教师提供切实的教学与研究指导。

持续学习将是教师专业发展与提升的应然与必然之路。为此,教师需要主动进行自我提升,学习与研究之前从未或较少涉及的领域,体悟新的角色定位。一定程度来讲,新时期教学过程更多则是教师与学生同步开展的协作型教学学习过程。教师在学习的同时应积极开展教学研究,研究跨学科课程设计与实施的科学性、合理性、严谨性，以及对接学生发展需求的适切度。教师需要自主开展围绕教与学的检验与反思。教师应树立这样的意识，不能将学、研、教割裂开去，而是主动构建起"学·研·教"整合的学习新样态，进而促进"学·研·教"的良性循环。

第三节 | 跨学科课程的特征与认证

跨学科课程是以学生的需求为核心，有着独特的课程理念、目标、内容实施与评价方式的课程。从宏观层面上说，跨学科课程即学校的课程模式。它是支撑学校的办学特色，激发学校生命力、提升学校内涵基准和核心竞争力的课程。从中观层面上说，跨学科课程即学科领域的课程。它有着差异的课程目标、多样化的课程选择、体验型的课程实施和个性化的学习评价。从微观上说，跨学科课程即有特点的校本课程。其建设的基点在学校，核心是共享，区域化推进课程建设的关键是引领。

但无论哪种视角，都有其独特的追求价值，"益智增趣""体验超越""实践创生"是跨学科课程设计与实施的"指南"。

所谓"特征"，简单而言是指与众不同。基于跨学科课程的产生、发展历程，结合跨学科课程的内涵，其特征表现可概括为独特、优质、典型等方面。

一、跨学科课程的特征

1. 独特性

独特性，即个性，是与学校内其他课程相比所具备的与众不同的特征品质，是其他学校没有或者不及的。独特性是依据时代发展对人才的多样化需求、学校资源配置的差异性和学校课程建设的自主性，对自身文化传统、教育资源的深刻挖掘，对教育规律的深刻认识而形成的单项课程或者课程群。

2. 优质性

优质性与独特性密不可分，是独特性形成和发展的环境与土壤。没有优质性，独特性就成了无源之水。独特性是优质性的外显形态，使优质性保持持久活力。跨学科课程的优质性，一方面表现为课程本身的科学与先进，另一方面表现为教育质量的优质。优质指向教育成果,而任何课程改革都源于实际的教育问题,跨学科课程的设置也立足于解决教学的真实问题,使课程本身成为推进整体课程改革的切入点与突破口。

3. 典型性

跨学科课程作为一种具有独特品质和优质成果的课程形态,其外在影响具有典型特征。这种典型性体现为三个方面:第一是充分体现一个时代、一个地域的主旋律,符合时代发展的需求,并能反映素质教育思想的本质;第二是因其独特性,应能体现某一地区或学校的办学特色,或某一教学理念的典型代表;第三是跨学科课程的典型形象必然形成于一定的典型环境,即形成于一定地域的现实关系。因此课程设计应具有一定的示范性,作为一种榜样或者典范进行课程建设方面的引导。

4. 整体性

跨学科课程的建设无论是单项课程还是课程群,都必须服从学校的办学理念、呼应学校的育人目标,并服务于学校的整体教育,有效融合在学校课程总框架中,协调与其他课程之间的关系,发挥学校课程体系的整体价值。特色课程的整体性体现在三个方面。一是作为国家主体课程要求,以项目化、社团活动等多种形式与国家课程形成融合互补,在课程整体框架中发挥价值与功能。作为学校课程整体形式存在,以"跨"为切入点和突破口,转型学校原有整体课程体系,以一定结构形式对学校课程进行整合,彰显学校特色。二是课程建设过程是全体师生共同努力的过程。不是仅仅依靠教师,忽略学生,也不是仅仅依靠部分教师,而是在学生、教师、学校、家长、社区、专家等的协作中形成学校的"课程整体氛围"。三是结果指向,跨学科课程的建设不是为了某类学生的发展,而是指向每位学生的发展,并且是为了每位学生的终身发展。

5. 实践性

跨学科课程的成形不是纯粹的理论思辨结果,而是学校长期实践探索的新产物。它既来源于实践,又在实践中获得检验。跨学科课程要以一门实际课程呈现,须在实践中,在先进的教育理念引领下,对课程建设涉及的相关要素进行分析与提炼,成为在课程开发者有目的、有计划的主观努力下的成果。这是一个实践摸索的过程,也是教育科学研究的过程。在实践的检验中,通过一定范围内教育实验检测实效,并根据实际条件的变化做出相应调整。既具有实实在在、看得见、摸得着,可操作的课程建设经验、课程建设技术、课程建设形态,也具有科学的课程建设理论与方法。[①]

6. 创新性

跨学科课程建设不是对原有课程的简单改造,而是在实践摸索和教育科研探索中发掘新的课程资源要素,为解决某一真实问题创造性地将资源课程化呈现的过程。要保持课程的"独特性",就必须创新。任何一门跨学科课程的形成与发展,都要经过长期锤炼。在发展过程中不断创新,保持课程生命力,即可持续的特色。如果仅仅将原有课程"改头换面",不仅无法适应新课改理念的需要,也无法体现学校特色。

跨学科课程创新,可以是对学校传统课程建设经验的改造,是对传统有所扬弃并赋予时代内涵的过程。可以是对已有课程资源的重组,从形式到实质都以全新的面貌呈现。可以是对潜在资源的挖掘,并在理论与实践的相互作用中构建优质资源与课程之间的内在联系,从而呈现创新性思维的结果。

二、跨学科课程的认证

跨学科课程的认证是对"课程"这一特定内涵进行分析、综合、归纳、判断,寻找其本质特征的主要表现和制约因素,研究其结构和运作规律的过程(表7-1)。

表7-1 跨学科课程认证指标

一级指标[②]	二级指标	三级指标	
跨学科课程理念	课程价值取向	内适:教育客观规律	三者融合,形成综合质量观
		外适:社会发展需求	
		个适:学生个性发展	
	学校实际困境	学校课程问题	
跨学科课程目标	目标内容规定	合法性:符合主流教育观点	
		一致性:与培养目标、课程理念保持一致	
		相关性:以学校客观条件为基础,并与之匹配	
	目标呈现形式	表述准确	

[①] 汤勇.特色教育理论与实践:区域性推进特色教育研究[M].四川出版集团,2009:8.
[②] 各一级指标是跨学科课程建设的必备要素。其指标的重要性不同,在实际运用中,可根据学校的实际情况以及评价的目的等因素,进行权重分配。

(续表)

一级指标	二级指标	三级指标
跨学科课程设置	课程内容	与课程目标一致
		综合性、前瞻性
		突出校本资源优势
	课程结构	各类课程的合理比例
		各类课程课时间的合理安排
跨学科课程实施	特色项目	特色科研教育项目
	教学队伍	科研团队：具有一定的学术能力
		教学团队：教学水平高，教学特色明显
	教学方法与手段	启发性：引导学生主动发展
		适应性：与学生特点、教学内容相适应
		多样性：课程形式、教学环节多样
跨学科课程保障	课程开发保障	学校所处地域优势资源的开发度
		学校传统的继承、发展、创新度
		利益相关者的参与度
	课程实施保障	课程研究领导团队：方案的开发与计划的执行
		课程管理职能机构：职责明确
		课程管理制度政策：完善的课程管理制度与政策
跨学科课程成果	学生素养提升	学习兴趣浓厚
		基础知识扎实
		学习能力提升
		思想认识提高
		个性特长培养
	教师专业成长	精神面貌：教师态度、情感等综合素养提高
		专业能力：科研能力、课程开发、实施能力
		教研成果：著作、论文、校本课程资源
	课程建设成效	影响力：知名度、美誉度
		认可度：满意度
		推广度：可借鉴度

认证指标遵循系统性和可行性原则,既保证全面性,又具备可操作性。在体现跨学科课程各方面特征的同时,保证指标突出鲜明的个性,兼具时代特征。

跨学科课程的认证指标可以为学校跨学科课程的创建提供指导,也可以对已有课程的提升进行诊断。

1. 课程理念设置

课程理念是课程设置的指导思想,关系着跨学科课程建设的全局。如果课程理念偏离了正确的轨道,在其指导下的课程设置与实施也就缺乏继续的意义。

课程理念的认证包括两个方面。一是课程普遍的价值取向,存在内适、外适和个适三种取向。内适取向是指课程建设以符合教育发展的客观规律和科学自身发展的逻辑为质量标准。外适取向是指课程建设以符合社会发展需要为质量标准。个适取向是指课程建设以促进学生个体的认知情感、兴趣、特长、意志、品质等个性发展为质量标准。二是学校发展的实际困境,主要是指学校课程建设中存在的问题。在认证中,要观察以下两个方面:一是课程建设的价值观是否综合三种取向,即在遵循教育客观规律与科学逻辑的基础上,在既定的社会条件下,培养学生满足社会现实和长远需要的充分程度以及学生个性发展的充分程度;二是课程建设是否结合学校课程的实际问题,并将课程问题的解决融于课程理念的定位。

2. 课程目标设计

课程建设总是指向一定的目标,跨学科课程的认证也要关注课程目标的设计。

课程目标的认证包括目标的依据缘由、目标的内容规定、目标的呈现形式。目标依据是指课程目标要体现一定的课程取向和文化观念的主流价值观或主流教育价值观,涉及培养什么样的人、为谁服务等根本性问题,一定程度上也体现出时代和社会要求。

目标内容是指课程目标要与学校的培养目标、课程理念相一致,并全面覆盖培养目标和课程理念的内容。如果一部分培养目标没有通过一定的课程加以体现,则会影响整体培养目标的具体落实。目标内容还理解为跨学科课程目标的内容要以学校所在的社会背景、社区环境、办学条件、师资队伍、常规管理、学生素质与结构等客观条件为基础。

目标的呈现形式是指目标的表述方式。在认证上,首先要求具有合法性,即满足主流教育价值观的要求。其次要具有内部一致性,即课程目标与学校培养目标、课程理念的符合度。再次,要具有外部相关性,要在学校已有条件基础上,根据学生发展的实际需求确定目标内容,即基于学校对学生的基础、学生的发展需求,做充分、全面的调查后设立的可行性标准。最后是课程目标的准确性,即以恰当的语言进行准确描述。

3. 课程设置特色

课程设置是对课程内容的合理规划。课程内容是指跨学科课程及其活动的设计。课程结构主要指各类课程间的统整方式,即它们之间横向和纵向的权重。

关于课程类型的认证,其一是课程内容要与课程目标保持一致。学习内容对课程目标的支持程度是课程目标得以实现的关键因素,也确保着课程价值的实现。其二是课程内容要具有综合性和前瞻性,能及时把学科最新发展成果和教改教研成果引入教学。其三是课程内容要凸显校本资源优势,从课程设置中看见个性化资源的表现。其四是课程结构要对各类课程间的比例关系做出科学判断和合理调整,以提升课程的整合度。

4. 课程实施特色

课程实施是对跨学科课程的具体落实,包括三个方面:特色项目、教学队伍、教学方法与手段。特色项目主要是指特色教育科研项目,是针对跨学科课程开展的具有对应关系的课题研究。教学队伍主要是指教师的学术水平、教学水平、知识结构、人员配置等。教学方法与手段主要是指采用何种教学方法与手段进行有效的教学设计与实施。

关于课程实施的认证,首先关注是否长期开展围绕跨学科课程的课题研究,并取得一定的成果。其次关注是否拥有一支学术能力强的科研队伍和一支具有合理知识结构、年龄结构、教学能力强、教学特色鲜明的团队。还要关注教学方法是否具有启发性,重视探究性学习、研究性学习。关注是否具有适应性,能否根据不同的学生特点、不同的教学内容,选择恰当的教学方法。关注是否具有多样性,能否与多样化的跨学科课程相适应。关注是否合理应用现代信息技术手段,并挖掘其对跨学科课程的支撑力。

5. 课程保障条件

跨学科课程保障,包括课程开发和课程实施两个方面。课程开发包括学校所处地域优势资源、学校历史传统和文化积淀、课程开发网络。课程实施包括课程研究领导团队、课程管理职能机构、课程管理制度和政策。

关于课程保障的认证，首先关注校内外优势资源的开发度，包括广度与深度。即优势资源挖掘的全面性，对资源本身背景、条件、课程化、实施方式的深入分析，对学校历史传统的继承、发扬与创新，以及课程开发网络中，学生、教师、家长、社区、专家等主体的参与度。其次关注课程研究领导团队的研究能力与领导能力，是否开发出合理的课程建设方案，并有效监控课程计划的落实。职能机构是否进行有效管理，确保课程的建设分工明确。是否有完善的课程管理制度保证课程的顺利实施。是否有相应完善的激励全体教师参与课程的研究与开发的政策。

6. **课程成果成效**

课程成果成效标志着跨学科课程建设的有效与成功，主要包括学生素养的提高、教师专业的成长、课程经验的积累三个方面。

关于学生素养方面的认证，包括学生的学习兴趣、基础知识、思想认识、个性特长等，即学生对跨学科课程的学习是否保持比较浓厚的兴趣。学生素养的全面性不仅体现在知识层面，还包括能力与价值观层面。学生在全面发展的同时是否培养了某一方面的个性特长。在教师专业成长方面的认证，包括教师的精神面貌，即是否全身心投入课程研究与教学，并保持课程、教学、研究的信心。教师综合素养的提高及业务能力的提升主要体现在科研能力与课程开发能力。教研成果，即在跨学科课程研究过程中出版相应的著作、发表高质量的论文，开发出有特色的、高质量与高效益的校本课程资源。课程建设经验方面，包括课程成果的影响力，即对理论的发展与对实践改进的推动，在社会上享有的知名度与美誉度。成果的认可度即学生、教师、家长、学校、社会等的满意度与支持度。成果的推广度，即经验传播与推广的范围，是否成为大范围内他者可借鉴的经验。

跨学科课程是课程发展历程中的否定之否定，是当今教育对时代复杂问题的一种积极回应。跨学科课程具有以个性引领的独特课程框架，以地方性知识为课程逻辑起点，以长期探索为过程特征，以研究视角为课程理性支持，以优秀实施成果为成效生成，最终能提炼出具有可推广的核心经验。所以，跨学科课程是新时代背景下，以学生发展需求为核心，有独特的课程理念、目标、内容实施与评价方式的课程形式。

第四节 | 发现身边的跨学科课程资源

课程资源是课程设计、实施和评价等整个课程编制过程中可利用的一切人力、物力以及自然资源的总和。它包括教材、学校、教师、家庭、社区和社会中所有有助于提高学生素质，或直接或间接的各种可利用资源。课程资源是知识、信息和经验的载体，也是课程实施的根本媒介。课程资源是相对于课程而言的，但任何课程又均是以一定的课程资源为基础的。

没有课程资源就没有课程。

跨学科课程资源无处不在。

一、学生：蕴含的跨学科课程资源

学生既是教育对象，又是跨学科课程建设的"生力军"，更是跨学科课程的主体。一方面，学生在教师的引导和帮助下以自己的生活经历、经验与感悟表达对课程的诉求。另一方面，学生在跨学科课程中选择属于自己的体验与研究、对话与交流等生活方式，使课程真正成为学生认识自己，获得自主发展的过程和"通道"。[①]

（1）学生的生活即课程

学生只有在真实的生活中才能真正学会生活。跨学科课程建设足以佐证此话的含义。多数跨学科课程源于学生的日常生活，来自学生对生活的盎然兴趣。同时，跨学科课程最终还要服务学生那些有个性的生活、有创意的生活、快乐幸福的生活。为此，课程是学生的一种生活方式，学生的生活即课程。

天真烂漫、多姿多彩的学生生活必定会给课程开发带来灵感。课程不是设计者预设的发展路径，学生的成长也不应该是通过对成人生活方式的复制来完成的。他们是在与课程的交互中，时刻用自己独有的眼光理解和体验课程，并创造出鲜活经验。这些鲜活的经验更是课程的一部分。从此意义上讲，学生才是课程的创造者和开发者。教师要细心观察、用心感悟、开心创作，才能培育出

---

① 余娟,郭元祥.教师的课程创生：意蕴与条件[J].课程改革,2009(12).

丰富多样的跨学科课程。

(2) 学生的兴趣即课程

学生的兴趣常常是外显的,学生对学习的兴趣、对生活的兴趣、对他人的兴趣,都能在日常生活中直接显现。跨学科课程建设的核心是指向学生已有的生活经验和个性化生活追求,激发学生对某个领域的兴趣爱好,进而引起思考与探索。因此,学生兴趣是最直接的跨学科课程资源。

发展学生的是开发跨学科课程的价值追求。学生有兴趣、感兴趣是决定他们能否走入课程的关键。开发和培育跨学科课程必须关注学生的兴趣、课程内容必须有利于激发学生的兴趣,多年之后,学生还能念念不忘的课程,才是开发课程应追求的最高境界。

(3) 学生的建议即课程

人与生俱来地拥有创造才能。相对成年人而言,中小学生的创造思维更加丰富与活跃。学生乐于在跨学科课程中学习、提出问题与建议,善于在实践过程中发挥独特的想象力和创造力,勇于提出教师未有的想法和主张。因此,学生的建议弥足珍贵。学生的每个建议都可以是跨学科课程开发的灵感。

跨学科课程资源应该来自课程的服务对象,即学生。学生的兴趣、个性特长、生活经验等都是开发跨学科课程的出发点和落脚点。让跨学科课程适应学生个性发展是跨学科课程资源开发的"目标和方向"。基于客观现实,将现有的校本课程资源作为跨学科课程建设的"基础材料"。

二、教师:创生的跨学科课程资源

每位教师都是独特、"富有"的。教师都有自己的专业特长和兴趣取向、成长经历和社会阅历。教师自身就是最重要的跨学科课程资源。同时,教师还是素材性课程资源和条件性课程资源的"复合体"。因此教师是开发跨学科课程不可或缺的要素。教师首先要认识自己、发掘自己,从自己的"空间"中调配出有价值的人生履历、发掘自己的才艺潜能、构建与开发跨学科课程。

(1) 教师的独特经历

每位教师都有许许多多令人难忘的成长经历,每个教师的人生经历都是独特的,教师的个人生活经历可以是宝贵的课程资源。

(2) 教师的才艺素养

生活中,老师的才艺素养异彩纷呈。教师的才艺能给自身带来生活享受,使自己陶醉于优美的旋律、优雅的艺术、优秀的创作中,还能给学生带来不一样的体验。教师可将自己的琴棋书画、体育健身等才艺技能应用于课程开发领域,给予学生个性化的课程教育。

(3) 教师的跨界爱好

跨界是跨越思维定势的界限。"跨界"能让教师的视野变得更宽广,更容易在教学中总揽全局。综合性、实践性是跨学科课程的基本特征,所以,教师在开发课程的过程中,需要做一些努力和探索,既要有跨界爱好,更要开展跨界合作,让跨学科课程内涵更加丰润,实施方式更加多元。

三、学科:延展的跨学科课程资源

在教育教学实践中,教师最熟悉、最擅长的是基础性课程教学。大多数教师最初开发课程,都会思考如何利用基础型学科知识。因此,被大家认可的跨学科课程缘起于学科知识,后经过多年课程建设的实践探索,逐步实现"学科资源"向"跨学科课程"的"蜕变"。学科知识、学科技能和学科思想是浑然一体,无法分割的,但在课程开发时,可有所侧重。

(1) 学科知识的延伸

中小学学科教学门类众多,丰富的学科知识及其背后的动人故事,都是孕育跨学科课程的"资源库"。

(2) 学科技能的延伸

跨学科课程从酝酿到开发,从开发到实施需要经过反复论证、反复讨论和反复修改,这些源自某个学科技能应用的跨学科课程,其学科技能应用的质量如何?精致程度如何?这里仍然需要在跨学科课程的建设中进一步实践与反思。

(3) 学科思想的延伸

跨学科课程不是孤立存在的,更不是教师凭空想象的。跨学科课程主要是基于学生的选课需要,教师在自己的兴趣爱好、专业特长的基础上,将专业领域的学科思想进行综合与延展,从具有实践性、前瞻性、兴趣性角度开发和建设,并在实施中逐渐凸显课程的独特性和优质性。因此,跨学科课程与必修课程之间存在着必然联系。

四、社区:蕴含的跨学科课程资源

我们可以把"社区"看成是一所学校、一个街区、一座城市。不论大小,"社区"均包含许许多多优质的跨学科资源。

(1) 社区文化内涵

上海的老式弄堂与石库门一定程度地代表着传统意义的海派文化。多少人在弄堂和石库门前留下过儿时快乐的往事。这些可以作为跨学科资源加以开发与利用,让今天的学生们也能重温祖辈们的生活与快乐,认同老城厢文化的历史内涵。

(2) 社区教育场馆

作为上海市重点城区,杨浦区拥有"百年大学文明""百年工业文明""百年市政文明",三个"百年文明"承载着上海的发展。各类教育场馆都是课程开发的显性资源。例如,一些学校直接利用博物馆资源开发课程,且结合学校办学跨特色,教师专业特点,或利用博物馆陈列品或挖掘文物背后的故事或探索文物纹饰内涵等作为课程资源,开发建设了诸多校本课程。

(3) 社区变迁历史

随着时代前进的步伐,一座城市、一个社区在历史长河中不断变迁与发展,处处留下历史刻痕。其背后的故事,同样需要我们去发现、挖掘、整理与利用。

由此看来,学生、教师、学科和社区等都是跨学科课程资源,都在跨学科课程建设中发挥着重要作用。其中,学生是核心,教师是关键。因为学生、学科、社区等资源需要教师发现、挖掘,将其转化为跨学科课程,使其在学生成长中发挥"提供选择、激发兴趣、丰富经历、拓展视野、身心健康"等育人功能,而此过程又与教师的课程意识直接相关。

课程意识是教师的一种基本专业意识,属于教师在教育领域的社会意识范畴。课程意识可概括为"主体意识、生成意识和资源意识"。教师是课程开发的关键因素,教师的课程意识是连接课程理念与课程行为的桥梁,是教师专业化发展的需要,是跨学科课程开发的迫切要求。[1]

教师的课程意识是开发跨学科课程的"动力系统"。跨学科课程应该是独特的课程资源与教师的课程意识不断碰撞的结果。跨学科课程开发需要教师

---

[1] 郭元祥.教师的课程意识与生成[J].教育研究,2003(6).

不断强化课程意识,尤其要强化课程资源意识。因为课程资源意识决定影响着教师能否及时发现身边的跨学科资源,决定着教师能利用哪些跨学科资源,某种程度上决定着教师的教学方式、行为方式和生活方式。所以,课程意识是每位教师课程观的重要组成部分。

跨学科课程资源开发对教师的具体要求有以下三个方面。

第一,教师要主动接受新课程的思想。作为教师,曾经历过多种形式、多样内容的课程培训,对以学生发展为本的新课程理念应当是耳熟能详的。但是,要想将新课程理念落实到课程过程之中,仍需要教师自觉、有意识、主动地转变观念,确立新型的课程观。只有转变课程观念,才能树立适应跨学科课程为学生发展的课程资源意识,才能让身边的课程资源发挥教育作用。

第二,教师要养成反思课程实践的能力。学习型理论"第五项修炼"提出要"系统思考"事物。如果将其应用在课程开发过程,其作用也是显而易见的。如果一名教师具有自觉反思意识,经常以自我为研究对象,带有批判性地分析自己的课程实践过程,必然能较为客观、全面地思考课程开发与课程改进等内容,这是强化课程资源意识的基础。

第三,教师要坚持收集课程资源信息。跨学科课程不是在一朝一夕形成的,实现课程资源与跨学科课程之间的"蜕变"是一个艰苦而漫长的过程。在信息化时代的今天,虽然网络信息十分便捷,信息广泛,但那些不一定就是跨学科课程所需要的信息。跨学科课程建设需要的资源信息应该具有一定的指向性,应该符合课程的价值取向。积累资源信息应该成为教师的一种自觉行为。

跨学科课程资源不仅具备一般性课程资源的特点,同时也具有一定的独特性。比如:跨学科课程资源是具有个性化的资源,具有独特的育人价值与实践意义的资源,能够对日常教学有一定的正向促进效果、对社会有一定影响的资源。跨学科课程资源应成为开发跨学科课程的依据、基础、素材,成为激发和支撑教师开发跨学科课程的直接资源。

对跨学科课程资源的定位和认识,可以使教师在理论探讨和行动实践上方向更加清晰明确。跨学科课程资源的开发,必须改变对课程资源研究的忽视态度,走出对课程资源的僵化思维观念定势。课程资源观的转变,将改变课程开发者和教师对课程性质的看法,使课程由狭变广、由静转动。课程不再只是学科的总和,而是学科、学生、生活、社会的有机整合。学生的生活及其个人知识、直接经验都将成为课程开发的基础和依据。课程资源由课堂延伸到课外,由学校延伸到社区和所在的地区,学生所处的社会环境和自然环境都开始成为学习探究的对象,成为学习的"课堂"。

第五节 用一定的技术建设跨学科课程

跨学科课程的建设过程大致可以分成筹备、开发、试点、实施、反思、调整、再试点、优化等八个过程。

当跨学科课程还处于筹备、开发等建设初始阶段时,其目标可能还停留在架构层面。此时,我们对课程的认识以及课程后续发展的研判都具有较明显的局限性。为此,跨学科课程建设的初始阶段让我们更加关注的是相对狭义的课程资源,建设行为多停留于寻找可直接用于架构与设计的显性课程素材。

因此,跨学科课程的建设应该通过一定的技术手段,以引导教师或相关人员直接运用技术要素进行课程开发的实践与尝试,发现和利用来自学生、教师、学科和社区等不同领域的课程资源,通过充分、合理、科学的加工,将资源建设成为跨学科课程,将跨学科课程的意识转化为跨学科课程的行为(图7-13)。

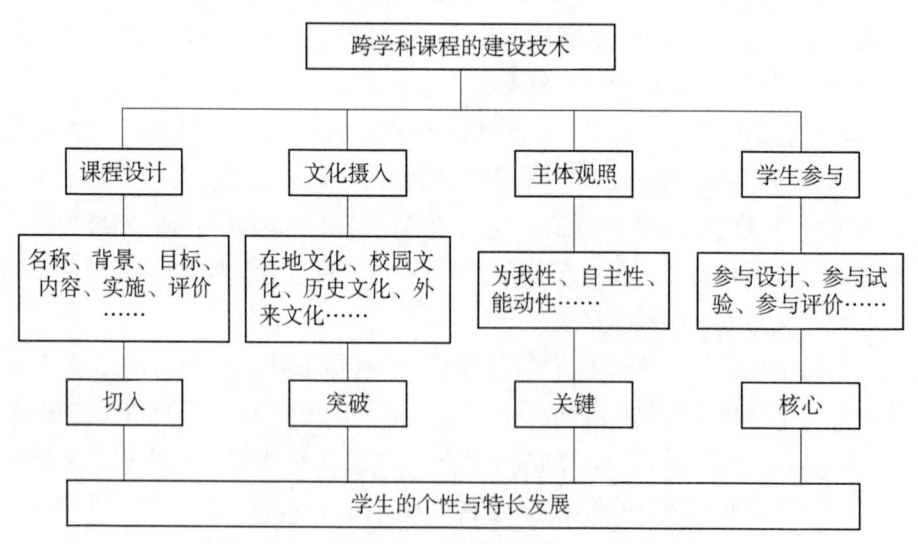

图7-13 跨学科课程开发的技术路径

一、课程设计是跨学科课程开发的切入

跨学科课程开发过程起始于课程设计。课程设计相当于基础型课程的"课程标准"。

教师在进行课程设计时,应以"丰富学生课程经历,促进学生个性发展"为核心目标和根本宗旨。

教师在编写课程讲义前,首先要自主制定"课程标准"。不论是名称的选择与确定,还是对目标、内容、实施规划和学习评价等课程要素的设计与分析,都要进行比较周全的规划。在这样的规划过程中,我们需要提出符合学生客观实际的课程主张,尽可能避免发生盲目或片面开发课程的情况(图7-14)。

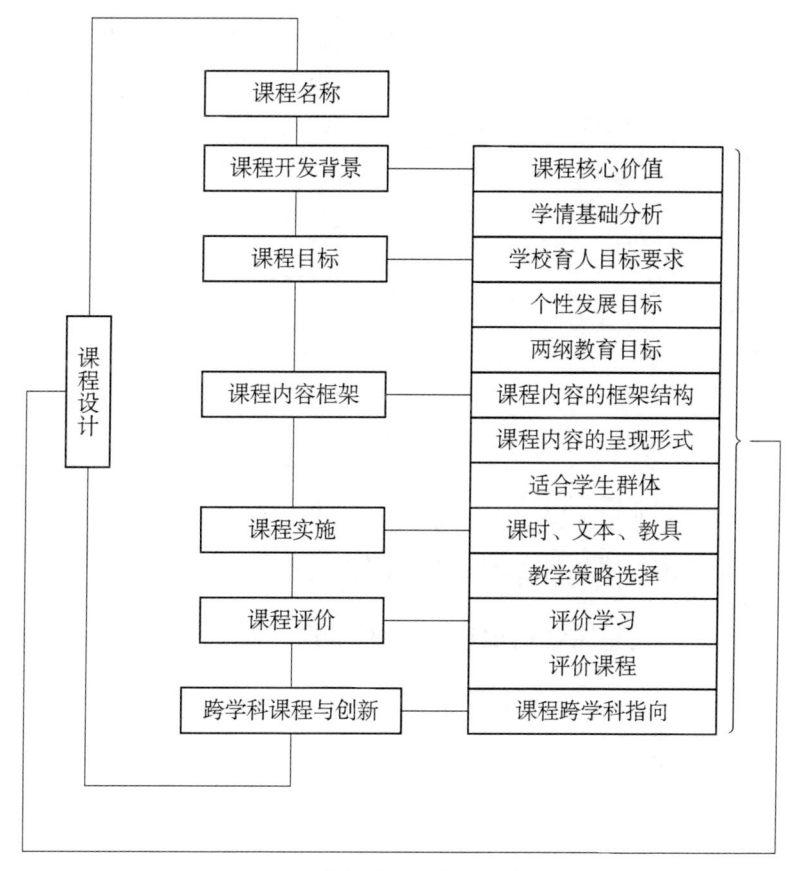

图7-14 跨学科课程建设的技术路线

我们可以把技术路线看作是跨学科课程的"育苗"过程,能够解决课程的从"无"到"有"。

当然,作为一门比较完整的跨学科课程,还应具备课程开发背景、课程背景、课程内容、课程实施、课程评价等具体内容,且每项内容都有其对应的聚焦点、要求以及呈现形式等相关规格(表7-2)。

表7-2 跨学科课程内容及设计要求

具体内容	内容聚焦	设计要求	呈现形式
课程开发背景	学情分析 育人价值 环境条件	以对学生的调查研究结果为依据 有对课程实际价值的论述 有对环境条件现状的说明	图标 图片 文字
课程背景	知识技能 过程方法 情感态度	将核心素养隐含其中 体现课程综合性目标 体现课程的育人目标	文字
课程内容	内容选取 内容框架 内容呈现	说明课程资源的来源 写出课程三级框架结构 设计内容的呈现形式	文字 表格 图示
课程实施	育人价值 适合对象 课时计划 学具准备 教学策略	有跨学科目标的落实计划 说明课程适合哪些学生 计划具体课时数量 教学场地安排和学具选择等 有凸显课程跨学科特点的策略和方法	文字 表格
课程评价	学生评价 课程评价	有学生学习过程的具体评价内容 有课程实施效果的具体评价内容	文字 表格

我们可应用"课程设计技术"开发课程,设计撰写与规划实施跨学科课程的方方面面,形成依稀而具有代表性的典型案例。

二、文化摄入是跨学科课程开发的突破

跨学科课程不仅能够带给学生某种特殊经历,同时能让学生感受其背后的文化。因为"文化"本身就是一种可贵的课程资源,以文化元素为主要内容开发跨学科课程,可以让跨学科课程成为传播文化的"驿站",文化亦可源远流长。

应该说,任何一门跨学科课程都承载和传播着自然与社会文化。所以,将文化摄入课程内容中,赋予课程思想和灵魂,是使一般课程凸显课程跨学科特点的充要条件。

比如，以"博物馆课程"为典型的历史文化。各级各类博物馆是重要的地域性课程资源。我们可以利用博物馆场域空间的各种有利因素，开发有具象内容、能突出展品传递的各种文化信息，带领学生提升认识与感知馆史文化、审美文化、古代文化、科技文化、服饰文化等多样化的跨学科课程。

又比如社区文化。社区是学生社会化过程中重要的素质教育载体，我们可将课程与社区共建合作，针对社区可持续发展、老龄化、文化提炼等问题，构建真实项目化教育场景。同时，引导学生用文化创意的多元艺术手段设计、帮助解决社区实际问题，提高社区发展品质。在思维导入、实地调研、团队创作、公开路演等阶段，让学生从社区的受益者变成社区的参与者与设计者，在实践中提升学生对于城市发展、社区共建的认知以及通过项目落地践行公民责任。

三、主体观照是跨学科课程开发的关键

观照，也叫静观。主体观照是指人（主体）在超功利的状态下观察、体验、判断、审视事物（客体）时特有的心理活动。

在开发跨学科课程的进程中，教师的地位与作用是毋庸置疑的。事实证明，跨学科课程是教师或教师团队对自然、社会、生活和教育的评价性反映，是教师主体性最鲜明、最生动、最集中、最具体的体现。

跨学科课程开发应从基于教师为我性、自主性、能动性的"主体观照"[①]角度实现跨学科课程从"有"到"优"的提升与进阶。

多数教师或教师团队在跨学科课程开发初期，是以"我"为中心回答"选择什么资源""开发哪类课程"之类的问题的。因此，答案基本是以"我"的需要为取舍标准做出。比如，以"我"为标准设定目标，以"我"的主体性和个性化追求确定课程名称，以"我"为核心寻求人生价值的实现与延伸。可见，教师的内在需求成为其参与跨学科课程开发的内在驱动力。跨学科课程在一定程度上需要教师激活内心的挑战，不断从"我"的内心深处获得实践能量。

所以，我们把发生于"为我"的"自主性"理解为教师按自己意愿行事的动机、能力或特性。其中，"质疑、独立思考、创新"是三要素。

教师最初参与课程开发的困惑与不安，来自对自己的不断质疑。例如，

---

① 周泓.人类学本体论：从文化、社会到人性、主观主体观照人类学本体研究之一[J].广西民族研究，2006(1).

"我"能否担此任务、选择的方向和主题在不在能力范围、学校的教学环境因素是否适合开发跨学科课程、学生会不会接受等一系列问题。也就是说,教师开发跨学科课程是从对问题的质疑开始的,质疑之声是伴随整个课程开发过程的。同时,随着课程开发能力的变化,教师质疑的内容将会不断更替。可见,自我质疑是教师独立思考的前提。开发跨学科课程需要教师把思考与实践整合起来,在课程实践中创生"思考"、孕育"课程"。

主观能动性是人类特有的认识世界、适应世界和改造世界的能力与活动来源。教师在跨学科课程开发中的自觉程度决定着教师主体性实践的水平,影响着跨学科课程的跨学科发展与成熟程度。在跨学科课程的发生、发展与成熟以及实践过程中,教师要不断学习课程理论,不断提高认识课程的能力,不断改变与充实课程内容以及课程实施策略,从课程试点中获取有价值的信息与数据反馈。

作为跨学科课程开发的关键因素,教师的主体性实践不仅是改变"课程"的过程,也是改变"自我"的过程。它将助推从"学科教师"向"跨学科教师"的华丽转身。

四、学生参与是跨学科课程开发的核心

我们可以认为,学生是跨学科课程的主要受众者。当学生经历了跨学科课程的体验、学习、共享和批判等过程,该课程的知识与技能、能力与方法、思想与文化等会在不经意间浸润到他们的生命成长中去。

所以,开发跨学科课程是以学生的个性化与多样化发展为终极目标的,即跨学科课程的开发不能缺少学生的决策性参与、构建性参与、共享性参与。

跨学科课程该选用哪个主题、如何"取舍"课程资源、如何在试点后修改和完善课程等问题不仅影响到跨学科课程的方向与定位,也影响着课程开发者的能力发挥。当面临这些问题时,请学生参与决策是一种适切的选择。

比如,让学生参与"课程名称制定"。当跨学科课程需要理性回归时,学生的意见至关重要。因为学生的喜不喜欢、投入不投入,将决定着课程的生命力。我们可以让学生参与"选题"过程,由学生根据对课程内容的理解决定课程名称。其方法、途径可以是通过问卷、访谈等。又比如,让学生参与"更换课程名称"。跨学科课程属于实践性课程,是生成性课程,一般至少要经过三至四轮的课程试点、实践与试验,才能够充分反映学生对课程主题的认同。我们应该审

慎地听从学生对课程主题等提出的更改建议,通过倾听学生心声,赋予学生对课程的更改权和决策权。

跨学科课程首先是从课程名称、目标、内容、实施和评价等几个大的方面进行设计和规划的。将课程设计转换为学生可使用的文本和学习活动,还需做进一步开发。这个进一步开发的过程需要通过师生合作、互动、对话等实践活动才得以较好地完成。

比如,让学生参与课程内容的构建过程。跨学科课程的每一个具体课程内容有"模块、章节、主题"等呈现方式,一旦学生选择了该课程,就必然对课程内容进行有形或无形的构建。我们还可以让学生参与课程评价的设计。一方面,可以吸收不同类型的学生参与学习评价设计,让评价内容、方式都能适应学生;另一方面,请学生及家长参与评价跨学科课程,让评价结果更具有亲民的价值。

在此过程中,教师要积极尊重并及时反馈,力争与学生真正达成共同构建课程的效用。

跨学科课程是可以共享的。其共享的不只是最终的课程文本,更应该是涉及人与人、人与物、人与灵的互动、互为与"互构"的过程。此过程中,学生在获取中共享、在共享中奉献,也在奉献中获取。

我们可以利用"共享平台",将跨学科课程的文本资料与视频资源有计划地呈现。学生可以不局限于时空地自主接受、选择、分享各具特色的跨学科课程。在共享中参与课程建设,也可以记录观课感悟、发帖讨论、表达观点。学生只要乐于参与,就能找到喜欢的课程。

第六节 | 跨学科课程的作业设计与实施

跨学科课程是新时代背景下,课程领域谋求课程整合的具体行动体现,应基于学校真实情况和学生发展需求来开展,需要有明显的校本化设计与实施的特征。

对学校而言,跨学科课程应对应学校规划、单元、主题及课程设计,其内容包括如何呼应学校整体育人目标和办学理念,如何统筹年级内和年级间的课程线索,如何构建课程内容,如何提升学校范围的课外经验和资源应用效能等。

从课程取向层面来看,跨学科设计是较高层级的课程整合策略,是将学校课程的相关学科有意识地统合在一起,形成常规的大单元或学程。

从学习者取向层面来看,跨学科整合更多体现为整合思维,可以应用于多学科或科际整合。其特征是概念、单元或主题不再是组织中心,辨认不出学科的界限,取而代之的是非常重视课程与真实情景和世界的联系,学生作为研究者参与课程活动。

综上所述,跨学科课程是在独特的课程哲学指引下,基于校本和教师长期探索实践和教育研究而建立起来的具有独特教育价值、优质实施效果和一定社会影响的一门课程或课程群。

因此,跨学科课程的作业设计和实施必然需要具有明显区别于传统课程作业的特征,应指向每位学生的终身发展,聚焦中学生综合素养导向,关注评价先行等。

一、跨学科课程作业设计与实施的特征

跨学科课程的作业设计必须基于"谁是学习者""学习者需要什么"等问题的正确理解,明晰作业决不是从教师角度思考的"如何完成教学任务"。其完成应鼓励学生积极完成基于思维的实践和安全有效的室内外物理空间的学习。

作业的设计与实施要具备以下特征。

(1) 合作性与实践性

多以小组协作方式,线下共同实践。这里的小组为在社区场域下的小伙伴、家长、专家等协作中形成的"整体氛围",并通过该范围内的教育实验进行实效检测,为根据实际条件的变化进而调整后续个性化学习提供依据。

(2) 创新性与合理性

必须是为解决某一真实问题创造性地将资源课程化呈现的重要过程。跨学科课程的教学作业可将"真实情境下的问题"窄化为学习者日常生活中的真问题,以便保持其独特性与合理性。

(3) 连贯性与复刻性

一般以项目化方式开展,周期较长。跨学科课程的作业要提升内容的关联度,为"终身学习"提供积极导引;要提升学生获得重复经典科学知识生产过程的体验感,既理解现有知识发展历程,又能在形成学习意识的基础上投身新知识的创造。

二、跨学科课程作业设计与实施的建议

跨学科课程不是简单的教与学。它是教师与学生,甚至更多主体不可分割的"学、教、研"的综合习得过程。所以,跨学科课程实施的具体落实,首先要关注是否长期开展围绕跨学科课程的课题研究,并取得一定的成果。其次要关注是否拥有一支学术能力强的科研队伍和一支具有合理知识结构、年龄结构,教学能力强,教学特色鲜明的团队。还要关注教学方法是否具有启发性,重视探究性学习、研究性学习。关注是否具有适应性,能否根据不同的学生特点、不同的教学内容,选择恰当的教学方法。关注是否具有多样性,能否与多样化的跨学科课程相适应。关注是否合理应用现代信息技术手段,并挖掘其对跨学科课程的支撑力。

因此,跨学科教师在设计作业时,要先努力思考本作业的目的是什么,以及哪些证据表明达到了该目的。因为只有先关注学习期望,才有可能随之产生适切、科学、有效的教学行为。因此,"以终为始"是跨学科课程作业设计和实施的重要原则之一。

在常态的作业设计中,评价是教师最后要做的工作,而"以终为始"的逆向作业设计要求教师在确定了所追求的学习效果后,就要着手设计评估方案,思考如何获得"可接受的学习证据",以便从学生作业启动时就收集信息。课堂教学过程中以表现性评价为主,通常由教师评价、学生互评以及学生自评构成。而课堂之外的学习过程由教师通过观察、访谈或调查等方式形成"观察记录表""访谈表"等工具,以及学生自行记录的学习日志,归入学生学习档案。

在明确教学所要关注的大概念的预期,以及如何对这些基于理解的预期进行评估后,教师开始展开有关学习活动以及后续作业的设计。这其中应包括各教学环节以及环节之间的顺序和连接方式,各教学环节作业的指向性和连贯性等关键要素。此时,跨学科教师应转向思考"谁是学习者?""学习者需要什么?"等问题,而不再从原来的教师角度思考"如何完成教学任务"。

(1) 聚焦"学习者为中心"的作业设计

以《K-12年级科学教育框架》为例,通过其中的"科学与工程实践"维度来实现学生对于核心概念以及跨领域概念的理解,并使学生学习的知识更有意义,更深入地融入他们的世界观。这些实践是科学、技术与工程的重要特征和需求。参与科学实践可以帮助学生理解科学知识如何构建,可以让学生认识到

调查、模仿和解释世界的各种方法。参与工程学实践同样帮助学生理解工程师的工作,以及工程学和科学之间的关系。

所以,为学生提供机会回答自己的问题,让学生通过设计并实际操作与自己相关的调查以优化起始阶段提出的问题,学生根据个人理解来评估数据和科学证明,学生用个性化语言表述和解释理论等都被称为"有效教学",也可作为作业评价方式。

(2) 关注"作业信息反馈"的课程改进

教学反思意味着教师需要回溯自己在课堂上所做的事情是否有助于实现教学目标,学生是否达到学习预期,而课堂教学过程中所收集到的各类评价数据就是最重要的证据。这些"作业信息反馈"能够表明学生对于学习目标的理解,学习过程中获得的帮助和支持是否充分,有限教学时间内的学习活动是否充分等。通过观察学生诸如学习活动、记录成长信息等各类"作业信息反馈",也可以帮助教师进一步理解学生的学习过程,以及理解跨学科课程设计与实施的意义与价值。教学过程中基于"作业信息反馈"的课程改进是为了帮助学生获得更好、更适合的学习体验,也是促进学生与教师等在此循环中形成"学习共同体",从中也提升教师的跨学科教学素养。

后 记

作为首批全国创新创业示范基地、上海市唯一的基础教育创新试验区，上海市杨浦区教育人在吕型伟先生和于漪老师教育思想及高尚人格的引领下，不断创造教育新高度。

多年来，上海市杨浦区围绕课程建设，多措并举，推动学校领导力、教师专业力、教育科研力、资源建设力、信息技术力等的持续提升。

三个百年底蕴，为课程推进提供不竭动力。杨浦区历史文化底蕴厚重，拥有百年大学文明、百年工业发展和百年市政文化。三个百年为课程实施创设了有利的变革环境，提供了丰厚的课程资源，铺就了以创新为主线的杨浦跨学科课程发展之路。三轮创新试验，为课程落地积淀丰厚基础。作为上海市唯一的基础教育创新试验区，我们秉持"为每一位学生的未来奠基"的理念，三轮创新试验区建设聚焦"育人方式转型""教学方式变革"，形成了创新培育推进机制、人才贯通培养机制、跨校协同共育机制，为跨学科课程落地提供了先期经验。

我们以国家课程方案及相关要求为依据，引领学校编制课程规划和跨学科校本课程纲要，重构五育并举的学校课程体系和学校特色鲜明的跨学科课程。以素养导向下的创智课堂建设为核心，着力从"知识为本"转向"育人为本"的新课程变革，探索国家课程校本化和校本课程特色化的实施之路。同时，加强区校联动的探索，持续完善学校跨学科课程建设与保障。

经过文献研究、基础调研、专家咨询、反复论证，我们以新时代育人形象建构为起点，以学校跨学科校本课程建设为重要抓手之一，以课程实施质量监测为导向，系统规划区域推进跨学科校本课程构建与研究的行动路径。

我们对标国际大都市的人才培养规格，回溯中国文化的育人传统，以培养有道德、有智慧的创造者为目标和起点，统领区域学校的课程建设，建构高质量的育人体系，开启跨学科课程建设新征程。

我们进一步探索从"以教为中心"走向"以学为中心"的跨学科课程学习活动设计，通过提炼规格以及编制课程纲要撰写手册，提供区域推进跨学科课程的工具支架。通过联片教研、网络教研、跨界教研、深度研修、资源推送等多种途径，推动教师跨学科意识与教学行为的转变，深化跨学科校本课程实施新样态。

跨学科课程建设是一项具有系统性、整体性、协同性的变革。杨浦教育人以立德树人的思想站位，学习研究新课程、践行理解新课程、突破创新新课程的区域行动。我们关注学校课改的内生动力，加强资源配置，统筹推进。通过深度联合，促进多级联动、协同育人，并不断提炼经验，形成可借鉴、可推广的做法和案例，充分发挥示范引领作用。

本书在编著过程中，获得了区域内诸多学校和老师的支持，在此表示感谢！

感谢上海市控江中学文创实践中心实验室联盟、上海理工大学附属中学人工智能实验室联盟、同济大学第一附属中学同育创新素养教育联盟、上海市市东实验学校（上海市市东中学）市政教育实验室联盟、上海财经大学附属中学财经素养培育实验室联盟，以及上海市包头中学、上海市黄兴学校等的经验分享。特别感谢上海市黄兴学校韩樑老师，上海市杨浦区平凉路第三小学朱远妃老师，以及同济大学附属存志学校李思其、代艳萍、徐妙廷老师，上海交通大学附属中学朱乔荣老师和其他各学校教师团队的智慧呈现。

愿我们能够凝聚起更多力量与智慧，将跨学科课程的创新实践探索向更纵深处推进！

陈　琳

2023 年 10 月